# DIDEROT

Essais sur la peinture

Salon de 1759

Salon de 1761

Salon de 1763

10 PEINTURES.

Par M. VIEN, Professeur.

23. Zéphire & Flore.

Tableau de quatre pieds de largeur sur trois pieds quatre pouces de hauteur.

Saint Germain, donne une médaille à Sainte Geneviéve.

Ce Tableau de onze pieds de hauteur sur six de largeur, doit être placé dans l'Eglise de S. Louis, à Versailles.

L'Amour & Psyché.

La Musique.

Ces deux Tableaux ont chacun cinq pieds sur quatre.

Une jeune Grecque, qui orne un vase de bronze, avec une guirlande de fleurs.

Tableau de deux pieds neuf pouces de haut sur deux pieds de large.

La Déesse Hébé.

Plusieurs Tableaux, sous le même Numero.

*ADJOINTS A PROFESSEUR.*

*Par* M. DESHAYS, *Adjoint à Professeur.*

29. Saint-André amené par des Bourreaux,

# DIDEROT

# Essais sur la peinture

Texte établi et présenté par

GITA MAY

# Salons de 1759, 1761, 1763

Textes établis et présentés par

JACQUES CHOUILLET

*Avec 17 illustrations dans le texte*
*et 21 illustrations en hors-texte*

HERMANN
ÉDITEURS DES SCIENCES ET DES ARTS
*Depuis 1876*

COUVERTURE :

Jean-Baptiste Greuze, *Un jeune berger qui tente le sort pour savoir s'il est aimé de sa bergère*. Exposé au Salon de 1761. Musée du Petit Palais, Paris.

FRONTISPICE :

Page du *Livret* de 1761 illustrée par Gabriel de Saint-Aubin. Il a dessiné tous les tableaux que Joseph-Marie Vien a exposés au Salon de 1761 et l'une des grandes toiles que Jean-Baptiste Deshays a montrée. Cabinet des Estampes, Bibliothèque nationale, Paris.

Nouvelle édition 2007

ISBN : 978 27056 6694 1

# Table

*Avertissement* ix

ESSAIS SUR LA PEINTURE

Introduction 3
*Essais sur la peinture* 11

SALON DE 1759

Introduction 83
*Salon de 1759* 89

SALON DE 1761

Introduction 107
*Salon de 1761* 112

SALON DE 1763

Introduction 173
*Salon de 1763* 179

Lexique 257

Table des artistes 289

*Abréviations* 291

## *ILLUSTRATIONS DANS LE TEXTE*


*face page*

1. Carle Vanloo. *Mademoiselle Clairon en Médée.*
Bildergalerie, Potsdam-Sans-Souci. 86

2. François-Hubert Drouais. *Portrait de M. le comte et M. le chevalier de Choiseul en savoyards.* The Frick Collection, New York. 87

3. François Boucher. *Une Nativité.* Musée Pouchkine, Moscou. 102

4. Jean-Baptiste Marie Pierre. *Le Jugement de Pâris.*
Le nouveau Palais de Potsdam. 103

5. Jean-Baptiste Deshays. *Saint Benoît près de mourir vient recevoir le viatique à l'autel.* Musée des Beaux-Arts d'Orléans. 134

6. Jean-Baptiste-Siméon Chardin. *Le Bocal d'abricots.*
Art Gallery of Ontario, Toronto. 135

7. Jean-Baptiste Greuze. *L'Accordée de village.* Musée du Louvre. 150

8. Louis-Claude Vassé. *Une Nymphe sortant de l'eau.*
The Metropolitan Museum of Art, New York. 151

9. Louis-Michel Vanloo. *Portrait de l'auteur, accompagné de sa sœur et travaillant au portrait de son père.*
Musée national des châteaux de Versailles et du Trianon. 182

10. Joseph-Marie Vien. *La Marchande à la Toilette.*
Château de Fontainebleau. 183

11. Lagrenée l'aîné. *Suzanne surprise par les deux vieillards.*
Collection particulière, Tampere, Finlande. 198

12. Jean-Baptiste Deshays. *Le Mariage de la sainte Vierge.*
Église Saint-Pierre de Douai, à Douai. 199

13. Joseph Vernet. *Vue du port de Rochefort.*
Musée de la Marine, Paris. 214

14. Joseph Vernet. *Le Clair de lune* ou *La Nuit.*
La Bibliothèque du Dauphin à Versailles. 215

15. Philippe Jacques de Loutherbourg. *Un Paysage avec figures et animaux.*
Walker Art Gallery, Liverpool. 230

16. Nicolas-Guy Brenet. *L'Adoration des Rois* (détail).
Église de Pont-de-Vaux (Ain) 231

*Note de l'éditeur :*

Sur les conseils de nombreux lecteurs, l'éditeur a choisi d'ajouter à la présente édition un cahier d'illustrations. Il en assume l'entière responsabilité.

# AVERTISSEMENT

*Depuis plusieurs années se réalise la première édition critique et annotée, monumentale, des* Œuvres complètes *de Diderot, prévue en trente-trois tomes et vendue par souscription.*

*Ordonnée selon la chronologie et les thèmes traités par Diderot, cette publication, appelée édition Dieckmann-Varloot et désignée par le sigle DPV, offre un texte sûr, établi le plus souvent sur les manuscrits originaux et accompagné de toutes les variantes. La graphie des noms propres et la ponctuation originale y sont conservées, mais l'orthographe est modernisée.*

*A mi-parcours de cette édition à tirage limité, on a voulu rendre plus accessibles à un large public certaines des œuvres qu'elle contient. On en trouvera une ici en réduction fidèle depuis les* Œuvres complètes, *avec l'intégralité de l'appareil critique, mais enrichie d'une iconographie.*

## NOTE

*Ce volume contient les* Essais sur la peinture, *suivis des* Salons de 1759, 1761 *et* 1763. *Les* Essais *ont été écrits « pour faire suite au Salon de 1765 »; on les a placés en tête des premiers* Salons *car Diderot y fait la synthèse de ses idées et de son savoir sur les problèmes généraux de l'esthétique, acquis au cours de son expérience de critique depuis 1759.*

*Dans l'édition Dieckmann-Varloot des* Œuvres complètes, *les* Essais sur la peinture, *édités par Gita May, sont au tome XIV et les* Salons, *édités par Jacques Chouillet, au tome XIII.*

*L'iconographie, propre à la présente édition, a été établie avec le concours de Mmes Else Marie Bukdahl et Marie-Catherine Sahut et de Pierre Rosenberg, à qui l'éditeur adresse ses remerciements.*

*On trouvera à la fin un lexique et la table des peintres que Diderot mentionne.*

## BIBLIOGRAPHIE SUCCINCTE

BUKDAHL E. M., *Diderot, critique d'art. I. Théorie et pratique dans les Salons de Diderot. II. Diderot, les salonniers et les esthéticiens de son temps*, Copenhague, 1980 et 1982.

CONISBEE P., *Joseph Vernet*, Musée de la Marine, Paris, 15 octobre-9 janvier 1977.

DIDEROT D. *Sur l'art et les artistes*, éd. J. Seznec, Paris, 1967.

MUNHALL E., *Jean-Baptiste Greuze*, Musée des Beaux-arts, Dijon, 4 juin-31 juillet 1977.

ROSENBERG P. et SAHUT M.-C., *Carle Vanloo*, Nice, Musée Chéret, 21 janvier-13 mars 1977.

ROSENBERG P., *Chardin 1699-1779*, Grand Palais, Paris, 21 janvier-30 avril 1979.

SAHUT M.-C., *Diderot et l'art, de Boucher à David, les Salons : 1759-1781*, Hôtel de la Monnaie, Paris, 5 octobre-31 décembre 1984.

SANDOZ M., *G.-F. Doyen*, Paris, 1975.

SANDOZ M., *J.-B. Deshays*, Paris, 1977.

SANDOZ M., *N.-G. Brenet*, Paris, 1979.

SANDOZ M., *Les Lagrenée I. Louis Lagrenée (l'aîné)*, Paris, 1984.

SEZNEC J., et ADHÉMAR J., *Diderot, Salons*, Oxford, vol. I, *1759, 1761, 1763*, 1957, 2e éd. 1975.

SEZNEC J., *Essais sur Diderot et l'Antiquité*, Oxford, 1957.

SMILEY J., « A list of Diderot's articles for Grimm's CL », *Romanic Review*, t. 42, 1951, p. 189-197.

# *ESSAIS SUR LA PEINTURE*

# *INTRODUCTION*

Dans son article *BEAU de 1750, Diderot s'était surtout attaché à passer en revue les théories esthétiques de ses prédécesseurs et avait opté en faveur d'une définition expérimentale de la notion de beauté entendue comme la perception de rapports harmonieux et nécessaires entre les parties d'un tout. Mais cet essai, tout brillant qu'il fût, relevait de la spéculation philosophique plutôt que de la critique ou de la théorie d'art (voir DPV, VI, 135-171).

La *Lettre sur les sourds et muets* de 1751, d'autre part, soulevait des problèmes plus spécifiques de linguistique et d'esthétique auxquels Diderot ne devait pas cesser de s'intéresser. Pour la première fois, il y analysait le traditionnel aphorisme *Ut pictura poesis erit* et, avant Lessing, le mettait en cause en montrant les ressources et les limitations de la poésie et de la peinture ainsi que le danger qu'il y a à rapprocher et à confondre ces deux genres[1]. On retrouve des échos et des prolongements de la *Lettre* dans tous les écrits de Diderot sur l'art, et en particulier dans les *Essais sur la peinture*. Par ailleurs, en 1755, Diderot s'initiait aux enquêtes purement techniques en rédigeant l'*Histoire et le secret de la peinture en cire*, qui parut dans l'*Encyclopédie* sous le titre ENCAUSTIQUE (voir DPV, IX, 122-167).

En se lançant dans la carrière de salonnier pour son ami Grimm, Diderot entreprend de se renseigner sur tous les aspects théoriques et pratiques des arts plastiques. Nous savons à présent que son initiation artistique remonte bien avant la composition de son premier *Salon*, celui de 1759, et même avant la rédaction de l'article *BEAU[2]. Les *Essais sur la peinture*, qui font suite au *Salon de 1765*, attestent l'étonnant enrichissement des connaissances de Diderot dans un domaine qu'il avait non seulement fait sien, mais dont il avait, avec son irrépressible besoin d'établir des rapports entre les diverses activités intellectuelles et artistiques, fait éclater les cadres traditionnels.

Les *Essais sur la peinture* témoignent également du plaisir que Diderot prenait à se renseigner sur les procédés d'exécution et de composition, sur le rôle de l'esquisse par rapport au produit fini, sur la signification exacte des termes d'atelier. Maint passage des *Essais*, et notamment du premier chapitre, nous montre un Diderot adversaire résolu de l'enseignement académique et travaillant infatigablement à ramener l'art français, qu'il jugeait menacé par un apprentissage trop mécanique d'une part et par la vogue de la peinture de décoration de l'autre, à une observation plus sincère et scrupuleuse de la nature. D'où sa sévère condamnation de tout ce qui est *maniéré*,

1. Voir J. Seznec, *Essais sur Diderot et l'Antiquité*, « Un Laocoon français », Oxford, 1957, p. 57-58. Voir aussi l'édition de la *Lettre sur les sourds et muets*, éd. P. H. Meyer, *D. Stud.*, VII, 1965 et DPV, IV, 109-233.

2. Voir J. Proust, « L'initiation artistique de Diderot », *GBA*, avril 1960, p. 225-232.

c'est-à-dire exécuté de routine, son évidente prédilection pour les grands coloristes aux dépens des dessinateurs, et la ferme conviction, exprimée en termes énergiques, que ce n'est pas dans l'atelier, mais dans la rue, à la campagne, que l'artiste doit étudier les passions humaines telles qu'elles se manifestent dans les diverses situations et occupations de la vie quotidienne et se familiariser avec les effets d'ombre et de lumière et les mystères du clair-obscur.

Contrairement au critique ou théoricien d'art du vingtième siècle, Diderot n'envisage pas la nature et l'art comme deux domaines séparés. Bien qu'il ne préconise pas l'imitation servile de la nature, il ne se lasse pas de s'émerveiller devant la richesse et la diversité dont celle-ci est susceptible, et il estime que le peintre ferait bien de ne pas tourner le dos à cette source inépuisable d'inspiration et de renouvellement artistiques.

Mais Diderot ne peut se contenter de contempler une composition picturale ou un groupe sculptural sous l'angle des pures qualités formelles. Dans les *Essais sur la peinture* se dessine déjà très nettement une tendance qui se manifestera encore plus vigoureusement dans les *Pensées détachées sur la peinture* : c'est celle qui consiste à envisager l'artiste dans ses rapports ambigus mais souvent déterminants avec la société en général et les institutions politiques en particulier. Diderot a appris, d'expérience personnelle, que l'homme qui vit de son talent, qu'il soit peintre, sculpteur, écrivain ou compositeur, est particulièrement vulnérable aux multiples pressions exercées par son milieu. Aussi est-ce en moraliste autant qu'en amateur d'art que Diderot rédige ce traité à la fois théorique et pratique où il espère produire ses titres et légitimer en quelque sorte sa fonction de salonnier.

L'allure familière et le ton d'assurance que l'on remarque dans les *Essais sur la peinture* s'expliquent à la lumière de la vaste expérience que Diderot avait acquise au cours de ses lectures, de ses conversations avec les artistes et de la rédaction de ses *Salons*. Il est lui-même conscient de sa compétence dans ce domaine et achève le *Salon de 1765* en annonçant en ces termes son intention d'énoncer les principes qui sont à la base de ses jugements pratiques : « C'est peut-être un moyen d'adoucir la critique sévère que nous avons faite de plusieurs productions, que d'exposer franchement les motifs de confiance qu'on peut voir dans nos jugements. Pour cet effet nous oserons donner un petit traité de peinture, et parler à notre manière et selon la mesure de nos connaissances, du dessin, de la couleur, de la manière, du clair-obscur, de l'expression et de la composition[3]. »

Ce traité, rédigé au courant de l'année 1766, et qui à l'origine ne comportait que cinq chapitres, fut adressé à Grimm pour la *Correspondance littéraire*, où il parut en août, novembre, décembre de la même année. Le fait que les *Essais sur la peinture* ne figurent ni dans le fonds Vandeul ni dans le fonds de Leningrad nous oblige à en rester aux conjectures quant à la genèse de l'ouvrage et à l'époque où il s'est grossi, non seulement

3. Ce paragraphe est omis dans l'édition Buisson de l'an IV, mais Naigeon, qui avait eu, dit-il, l'autographe du *Salon de 1765* entre les mains, le restitue dans son édition de 1798.

de deux chapitres sur l'architecture, mais aussi d'un supplément au troisième chapitre, celui que Diderot a consacré aux problèmes du clair-obscur.

C'est en 1795 que parut la première édition du traité, sous le titre *Essais sur la peinture* (à Paris, chez Fr. Buisson, Imprimeur-Libraire, rue Hautefeuille, N° 20, an quatrième de la République). Le volume contenait, outre les sept chapitres des *Essais* (mais non la suite du troisième chapitre), le *Salon de 1765*. Dans son avertissement, Buisson donnait libre cours à son enthousiasme pour Diderot esthéticien et critique d'art : « On n'insistera pas sur l'authenticité des deux ouvrages réunis dans ce volume. Ceux qui savent distinguer les écrivains qui ont un caractère, reconnaîtront Diderot dès la première page; ils retrouveront son cachet presque à chaque ligne. Pour les autres, toutes les protestations imaginables et tous les raisonnements seraient fort inutiles [...]. On verra dans le premier Essai sur la peinture quels secours peuvent tirer les arts de la perspicacité du véritable homme de lettres et des réflexions du philosophe. Peut-être s'égareront-ils quelquefois sur la partie purement technique; mais quant aux autres parties, il est impossible qu'elles ne s'étendent et ne s'éclairent entre leurs mains quand ils y appliquent leurs lumières et leurs méditations » (p. i).

Buisson négligeait malheureusement de donner le moindre renseignement sur la provenance de son texte. Grâce à certains commentaires de Mme de Vandeul et de Naigeon, nous pouvons néanmoins formuler des hypothèses sur son origine. Dans une lettre à Meister que celui-ci cite dans la *Correspondance littéraire*, Mme de Vandeul fait allusion à la première publication des *Essais sur la peinture* en termes qui se ressentent d'un évident déplaisir : « L'ouvrage de mon père sur la peinture est publié. Je crois qu'il a été dérobé chez notre ami[4], puisqu'il y a des notes de lui. Par cette raison, d'abord, cela me chagrine. Ensuite, sans égard pour le caractère moral de mon père, qui eût mille fois mieux aimé jeter au feu tous ces ouvrages que d'affliger un homme de bien, on y a laissé quelques feuilles qui doivent désoler ceux qu'elles concernent, entre autres, l'excellent Pajou[5], qui m'a toujours comblée d'amitiés[6] ». Il est évident, d'après le ton de cette lettre, que Mme de Vandeul était vexée de voir paraître une édition d'un ouvrage de son père dont elle ne possédait même pas de copie, et cela sans qu'elle eût été consultée ou du moins prévenue au préalable. Ce qui est plus significatif, c'est la lumière que ce commentaire projette sur le problème de l'origine du texte de Buisson. Le manuscrit utilisé par ce dernier avait sans aucun doute appartenu à Grimm, puisque, comme le fait justement remarquer Mme de Vandeul, il l'avait accompagné de notes de sa plume. Grimm, rappelons-le, était parti en émigration et tous ses papiers avaient été confisqués. C'est sans doute alors que disparut la copie manuscrite des *Essais sur la peinture*[7].

4. Il s'agit, bien entendu, de Grimm.
5. C'est dans le *Salon de 1765*, paru dans le même volume que les *Essais sur la peinture* dans l'édition Buisson, que Pajou est malmené.
6. C.L., XVI, 229.
7. André Billy, dans son édition des *Œuvres* de Diderot (Paris, Gallimard, 1951, p. 1455, n. 1) cite ce détail curieux mais sans doute apocryphe : « C'est en l'An IV de la République [1795] que les *Essais sur la peinture* furent pour la première fois publiés, ... d'après un manuscrit trouvé, paraît-il, dans l'armoire de fer des Tuileries. »

Au dire de Naigeon, cependant, Buisson avait travaillé d'après une des copies de la *Correspondance littéraire*[8]. Lorsqu'il publia à son tour en 1798 les *Essais sur la peinture*, au tome XIII de son édition des *Œuvres* de Diderot, il déclara fièrement avoir disposé du manuscrit autographe[9]. Comme il n'avait qu'hostilité et dédain pour Grimm[10], il commença par éliminer ses notes. Par ailleurs, il enrichit le troisième chapitre d'un important supplément inédit intitulé « Examen du clair-obscur ». Il est probable que l'autographe utilisé par Naigeon lui avait été personnellement confié par Diderot en 1773, à la veille du voyage en Russie. Ceci explique l'addition du supplément au chapitre III, vraisemblablement rédigé entre 1766 et 1773, et qui manquait dans l'édition de Buisson. Quant aux deux chapitres sur l'architecture, ils furent sans doute aussi composés postérieurement à 1766, mais avant le supplément au chapitre sur le clair-obscur, puisqu'ils avaient été incorporés à la copie de la *Correspondance littéraire* utilisée par Buisson.

Dans son Avertissement, Naigeon, à l'instar de Buisson, s'efforce de mettre en valeur l'originalité de l'ouvrage et son exceptionnel intérêt pour l'amateur d'art : « Cet Essai, où Diderot, entraîné, pressé, pour ainsi dire, par cette foule d'idées qui s'accumulaient tumultueusement dans sa tête, après une longue et forte méditation ne suit d'autre ordre que celui même dans lequel ses pensées se sont offertes à son esprit; cet Essai où l'on remarque, comme dans tous les pas de l'auteur, un génie original qui, dédaignant les sentiers battus où il n'y a guère que des préjugés, des erreurs ou des vérités communes à recueillir, s'ouvre partout de nouvelles routes, est d'autant plus digne de l'attention des lecteurs, que Diderot y discute, éclaircit, résout avec autant d'élégance que de précision, plusieurs questions très compliquées, très difficiles, et que ses résultats ont encore cette indépendance et cette généralité qui, en philosophie rationnelle, comme dans les sciences exactes, sont un des caractères des grandes conceptions et des vérités fécondes[11]. »

Dès la première édition des *Essais sur la peinture*, en 1795, un article d'Amaury Duval paraissait dans le numéro du 30 janvier 1796 de *La Décade philosophique* (t. VIII). L'auteur y traçait un vivant portrait du philosophe en pantoufles, discourant sur l'art avec ce feu et cette familiarité qui caractérisaient sa conversation : « Dans cet *Essai*, on voit Diderot tel qu'il était : on le trouve là sans apprêt, sans toilette, en bonnet de nuit enfin, et c'est ainsi qu'on aime à trouver quelquefois les grands hommes. Ceux qui l'ont entendu converser, dit un journaliste qui, si je ne me trompe, était des mêmes

8. Voir son Avertissement au *Salon de 1765* au tome XIII de son édition des *Œuvres* de Diderot (note 2).

9. Dans sa note au supplément du chapitre III, Naigeon écrit en effet : « Ce chapitre manque dans l'édition de ce Salon publiée l'année passée ; mais il se trouve dans le manuscrit autographe de cet *Essai sur la peinture* » (Naigeon [1798], XIII, p. 410).

10. Son Avertissement au *Salon de 1765* comporte une longue diatribe contre Grimm, qu'il accuse durement d'avoir modifié le texte des essais critiques de son ami en vue de faire sa cour auprès des « princes et princesses du Nord » auxquels il envoyait des copies de la *Correspondance littéraire*.

11. Naigeon (1798), XIII, 371-372.

sociétés que lui, n'ont qu'à ouvrir au hasard un des feuillets de ce livre; ils croiront l'entendre parler. » Une telle appréciation, malgré l'authentique sympathie dont elle faisait preuve, ne pouvait que perpétuer la légende simplificatrice d'un Diderot brouillon et bavard, cédant à de faciles élans d'enthousiasme et rédigeant ses ouvrages au courant de la plume.

En Allemagne, les *Essais sur la peinture* connurent immédiatement un large retentissement et furent traduits, dès la fin de 1796, par Karl-Friedrich Cramer[12]. L'ouvrage et la traduction allemande furent accueillis avec faveur, et quelquefois avec ferveur, dans les périodiques littéraires, et les journalistes et commentateurs s'accordèrent généralement pour saluer en Diderot le créateur d'une critique d'art neuve et originale. Quant à Goethe, sa première réaction fut si enthousiaste qu'il s'empressa de faire part de cette révélation à ses amis et correspondants. C'est ainsi que, le 8 août 1796, il exprimait son admiration dans une lettre à Heinrich Meyer, peintre suisse dont il avait fait la connaissance en 1786 durant son séjour à Rome[13]. Dans sa correspondance avec Schiller, Goethe lui apprend, le 10 décembre 1796, qu'il lui a envoyé les *Essais sur la peinture* la veille, et il ajoute cette recommandation : « J'espère que l'ouvrage de Diderot [...] vous fera plaisir[14]. » Schiller, à son tour, ne tarda pas à se déclarer charmé, conquis, car deux jours après avoir reçu la lettre de Goethe, il lui écrivait : « Je me suis mis à lire Diderot dont j'ai été enchanté. Chaque mot est un trait de lumière qui éclaire les secrets de l'art; et ses observations découlent si intimement de tout ce qu'il y a de plus élevé dans cet art, qu'elles touchent à tout ce qui lui est plus ou moins allié. Aussi cet ouvrage contient-il presque autant de conseils utiles pour le poète que pour le peintre. Si vous ne pouvez me le prêter quelque temps, veuillez me le dire afin que je me le procure[15]. » Et Goethe répondait le 17 décembre : « Quant à Diderot, vous pourrez le garder encore, c'est un magnifique ouvrage qui parle plus utilement encore au poète qu'au peintre, quoique pour ce dernier il soit un puissant flambeau[16]. »

Sans renier leur admiration pour Diderot critique d'art, et sans méconnaître la portée et l'originalité de ses vues, Goethe et Schiller, après leur premier élan d'enthousiasme, en vinrent à examiner plus sobrement les idées directrices de son esthétique et à souligner avec vigueur leurs réserves à l'égard de notions qu'ils jugeaient extrinsèques au beau. Goethe, non content de traduire partiellement les *Essais sur la peinture*, les enrichit de commentaires où il se proposait de corriger, de nuancer les observations de Diderot, surtout en ce qui concerne les rapports entre la nature et l'art[17]. Ces commentaires, qui portent sur les deux premiers chapitres de l'ouvrage, visent à démontrer que le naturalisme esthétique de Diderot aboutit à une confusion entre deux domaines absolument incompatibles. Le recours à la nature comme critère de vérité et de beauté

12. Pour plus de détails sur la réception des *Essais sur la peinture* en Allemagne, voir Roland Mortier, *Diderot en Allemagne (1750-1850)*, Paris, 1954, p. 305-307.
13. R. Mortier, o.c., p. 308.
14. *Correspondance entre Goethe et Schiller*, trad. Mme la baronne de Carlowitz, éd. Saint-René Taillandier, Paris, Charpentier, 1863, vol. I, p. 320-321.
15. O.c., vol. I, p. 321.
16. O.c., vol. I, p. 323.
17. Voir *Goethe's Sämmtliche Werke*, Stuttgart et Tübingen, éd. J. G. Cotta, 1850-1851, vol. 23, p. 283-327.

n'est, aux yeux de Goethe, que la survivance du préjugé néo-classique, de l'art en tant qu'imitation fidèle de la réalité extérieure. Certes, Goethe reconnaît les intentions polémiques et éducatives de l'auteur et le caractère historique d'un ouvrage largement dirigé contre les maniérismes d'école et les préceptes académiques. Mais il n'en finit pas moins par utiliser les *Essais sur la peinture* comme un repoussoir opportun et commode à ses vues personnelles sur l'art. D'où le ton polémique et agressif de ses remarques et sa tendance à simplifier quelque peu la pensée multiforme de Diderot. C'est en applaudissant d'abord et en critiquant ensuite les *Essais sur la peinture* que Goethe a ébauché les grandes lignes de sa propre doctrine esthétique[18].

## *NOTE*

Les *Essais sur la peinture* ne sont ni dans le fonds Vandeul ni dans le fonds de Leningrad. Grimm les a insérés dans la *Correspondance littéraire* (exception faite du chapitre intitulé « Examen du clair-obscur ») dans les livraisons des 1er et 15 août, 15 novembre, 1er et 15 décembre 1766, dans les copies de Gotha, Stockholm et Moscou (un court passage se trouve aussi dans la copie Firmiani). Nous avons :

*G* = *Gf* 475-478; 483-486; 539-542; 548-554; 562-563; 576-577; 564-571; 574
*S* = *S7* 373-380; 385-391; 497-503; 513-526; 541-566
*M* = *M1* 228-231; 234-237; 290-293; 298-304; 312-324
*Firm* = 12961, 184-187
N = Naigeon (1798), XIII, 375-482
Texte de base = *S*

Les *Essais* ont été publiés par Naigeon qui déclare avoir eu en main l'autographe (voir la note 9 de l'Introduction). Contrairement à ce que nous avons constaté pour le *Salon de 1765*, il existe des variantes importantes entre les différentes copies de la *Correspondance* : *G* diffère de *S* et de *M*, ces deux copies se rapprochant de N, donc très probablement d'un autographe. Grimm a corrigé les trois copies sans chercher à les harmoniser et il est difficile d'expliquer ces variantes. L'étude de l'apparat critique montre que *S* et *M* sont plus fiables que *G* qui présente quatre omissions et trois erreurs importantes. Aussi avons-nous choisi *S* comme texte de base. Nous donnons les variantes de *N* qui offre, comme pour le *Salon de 1765*, une leçon plus resserrée, souvent meilleure. Mais il est impossible d'émettre ici d'hypothèse sur l'existence d'un autographe intermédiaire.

Il faut considérer à part le chapitre intitulé *Examen du clair-obscur*. Ce texte ne se trouve que dans le fonds Vandeul et le fonds de Leningrad dans les mêmes volumes que le *Salon de 1765* :

18. Pour une analyse détaillée des commentaires de Goethe, voir R. Mortier, o.c., p. 313-318.

*V1* = 13744, 447-455
*V2* = 13750, 423-432
*L* = XIX, 486-495
Texte de base = *L*

L'*Examen du clair-obscur* forme la dernière partie du texte intitulé *De la Manière* (voir la Note du *Salon de 1765*). On peut alors se demander pourquoi nous avons dissocié ce chapitre de *De la Manière* et pourquoi nous ne publions pas ce texte dans ce volume. C'est que dans les premières lignes, Diderot y fait allusion à la mort de Damilaville survenue le 13 décembre 1768; le texte est donc postérieur à 1766; de plus Diderot l'a inclus dans sa mise au net autographe du *Salon de 1767*. On le trouvera donc avec ce *Salon* dans le tome XVI de DPV.

L'*Examen du clair-obscur* a été publié par Naigeon puis par Assézat-Tourneux comme suite au chapitre III (« Tout ce que j'ai compris de ma vie du clair-obscur ») des *Essais*. Nous faisons de même.

Il y a peu de variantes entre les copies, exception faite, comme pour le *Salon de de 1765*, de très importants remaniements de Vandeul dans *V1* auxquels H. Dieckmann et J. Seznec ont fait allusion mais sans les étudier en détail.

Vandeul a en effet détaché les pages 447-455 *(De la Manière)* avec l'intention de les inclure dans les *Pensées détachées sur la peinture* qui se trouvent dans le même volume. A la fin de la page 20 des *Pensées*, Vandeul a rayé le dernier paragraphe (« Je n'aime pas qu'Apollon [...] soit respectueuse »; A.T., XVI, 86), et après cette page 20, on trouve la page 447 de *V1*, c'est-à-dire le début de l'*Examen* (sauf le premier paragraphe), suivie des pages 448 à 454. La page 455 comprenant la fin de l'*Examen* mais aussi le début des *Tableaux de nuit de Skalken* a été transportée dans le *Salon de 1765*; aussi Vandeul a-t-il recopié de sa main la fin de l'*Examen*. Après la page 454, on trouve des feuilles non paginées sur lesquelles Vandeul a encore une fois recopié une partie de l'*Examen* (à partir de « dit à sa famille » jusqu'à « tableau de M. de la Tour »), sauf le dernier paragraphe qui a été reporté à un autre endroit des *Pensées*. Pour une petite partie de l'*Examen*, nous avons donc deux copies de la main de Vandeul. Nous avons donné à la seconde le sigle *V1a*; elle donne une version du vers de Marmontel non indiquée dans les autres copies où un blanc a été laissé (voir var. R, p. 38).

Pour ce chapitre, nous avons pris comme texte de base *L*, comme pour le *Salon de 1765* et pour les mêmes raisons.

### MODERNISATION

Le copiste de Stockholm a une graphie très moderne : imparfait en *-ait*, « temps » et « longtemps », et non *tems*.

Relevons les pluriels en *-ens* et *-ans*; des consonnes doubles habituelles (« appeller », « appercevoir », « attelier », « jetter », « sallon », « symmétrie », et aussi « gazettier » et « mammelle », « protocollier »); et quelques consonnes non doublées (« déveloper », « échaper », « enveloper »).

On trouve des graphies archaïques bien connues : « asyle », « avanture », « aulne », « décoëffer », « empyrisme », « graces », « hazard », « jusques », « logogryphe », « loix », « nud », « peristile », « quarré », « satyre » (pour *satire*), « sçu » (et « inscü » mais *savoir*), « stile », « verd », « vuide ».

L'emploi des accents aigus est tout à fait moderne (notons cependant « cortége »); l'accent grave est inexistant, sauf sur « à », « voilà », « là », « après », « près », « très ». Il est parfois remplacé par un accent aigu : « légérement », « grossiérement », et parfois par l'accent circonflexe : « systême », « problême », « blême », « emblême ». L'accent circonflexe est utilisé de façon assez moderne, mais manque sur certains mots : « enchaine », « naitre », « connaitre », « gout », « maitre », « accroitre », « brulant », « ame ».

Relevons quelques coquilles : « santifié » pour « sanctifié », « energume » pour « énergumène », « au feuilles », « aux fond », « fiancailles ».

Dans la copie de Leningrad de l'*Examen du clair-obscur*, on note « fesant » pour « faisant », « jetter », « appercevoir », « colerait » pour « collerait », « Sallon », et « crêche ».

# *Essais sur la peinture*

## *pour faire suite au Salon de 1765*

### MES PENSÉES BIZARRES SUR LE DESSIN

La nature ne fait rien d'incorrect. Toute forme belle ou laide a sa cause, et de tous les êtres qui existent, il n'y en a pas un qui ne soit comme il doit être.

Voyez cette femme qui a perdu les yeux dans sa jeunesse. L'accroissement successif de l'orbe n'a plus distendu ses paupières. Elles sont rentrées dans la cavité que l'absence de l'organe a creusée; elles se sont rapetissées. Celles d'en haut ont entraîné les sourcils; celles d'en bas ont fait remonter légèrement les joues. La lèvre supérieure s'est ressentie de ce mouvement et s'est relevée. L'altération a affecté toutes les parties du visage, selon qu'elles étaient plus éloignées ou plus voisines du lieu principal de l'accident. Mais croyez-vous que la difformité se soit renfermée dans l'ovale? Croyez-vous que le col en ait été tout à fait garanti? Et les épaules et la gorge? Oui, bien pour vos yeux et les miens. Mais appelez la nature, présentez-lui ce col, ces épaules, cette gorge; et la nature vous[A] dira, Cela c'est le col, ce sont les épaules, c'est la gorge d'une femme qui a perdu les yeux dans sa jeunesse.

Tournez vos regards sur cet homme dont le dos et la poitrine ont pris une forme convexe. Tandis que les cartilages antérieurs du col s'allongeaient, les vertèbres postérieures s'en affaissaient. La tête s'est renversée; les mains se sont redressées à l'articulation du poignet; les coudes se sont portés en arrière: tous les membres ont cherché le centre de gravité commun qui convenait le mieux à ce système hétéroclite. Le visage en a pris un air de contrainte et de peine. Couvrez cette figure, n'en montrez que les pieds à la nature; et la nature dira, sans hésiter, Ces pieds sont ceux d'un bossu.

A. *vous om.* G M N

Si les causes et les effets nous étaient évidents, nous n'aurions rien de mieux à faire que de représenter les êtres tels qu'ils sont. Plus l'imitation serait parfaite et analogue aux causes, plus nous en serions satisfaits.

Malgré l'ignorance des effets et des causes, et les règles de convention qui ont été les suites de cette ignorance[B], j'ai peine à douter qu'un artiste qui oserait négliger ces règles, pour s'assujettir à une imitation rigoureuse de la nature, ne fût souvent justifié de ses pieds trop gros, de ses jambes courtes, de ses genoux gonflés, de ses têtes lourdes et pesantes, par ce tact fin que nous tenons de l'observation continue des phénomènes, et qui nous ferait sentir une liaison secrète, un enchaînement nécessaire entre ces difformités.

Un nez tors en nature n'offense point, parce que tout tient. On est conduit à cette difformité par de petites altérations adjacentes qui l'amènent et la sauvent. Tordez le nez à l'Antinoüs[1], en laissant le reste tel qu'il est; ce nez sera mal. Pourquoi ? C'est que l'Antinoüs n'aura pas le nez tors, mais cassé.

Nous disons d'un homme qui passe dans la rue, qu'il est mal fait. Oui, selon nos pauvres règles; mais selon la nature ? C'est autre chose. Nous disons d'une statue qu'elle est dans les proportions les plus belles. Oui, d'après nos pauvres règles; mais selon la nature ?

Qu'il me soit permis de transporter le voile de mon bossu sur la Venus de Medicis[2], et de ne laisser apercevoir que l'extrémité de son pied. Si sur l'extrémité de ce pied la nature évoquée derechef se chargeait d'achever la figure, vous seriez peut-être surpris de ne voir naître sous ses crayons que quelque monstre hideux et contrefait. Mais si une chose me surprenait, moi, c'est qu'il en arrivât autrement[3].

B. *qui* en ont été *les suites M N [leçon première de* S *et* G *corrigée par Grimm]*

1. Sur l'*Antinoüs*, voir le *Salon de 1765* et J. Seznec, *Essais sur Diderot et l'Antiquité*, ch. II, « Hercule et Antinoüs », p. 23-42. L'*Antinoüs* semble avoir incarné pour Diderot la beauté parfaite.

2. La Vénus de Medicis se trouve aujourd'hui au Musée des Offices à Florence, n° 342. Voir F. Haskell et N. Penny, *Taste and Antique*, o.c., n° 88, fig. 173 (note du *Salon de 1765*).

3. Même développement dans le compte rendu du poème de Watelet, *Sur l'Art de peindre* (1760) (DPV, XIII, 133).

Une figure humaine est un système trop composé pour que les suites d'une inconséquence insensible dans son principe ne jettent pas[C] la production de l'art la plus parfaite à mille lieues de l'œuvre[D] de la nature.

Si j'étais initié dans les mystères de l'art, je saurais peut-être jusqu'où [l'artiste[E]] doit s'assujettir aux proportions reçues, et je vous le dirais; mais ce que je sais, c'est qu'elles ne tiennent point contre le despotisme de la nature, et que l'âge et la condition en entraînent le sacrifice en cent manières diverses. Je n'ai jamais entendu accuser une figure d'être mal dessinée, lorsqu'elle montrait bien [dans[F]] son organisation extérieure, l'âge et l'habitude ou la facilité de remplir ses fonctions journalières. Ce sont ces fonctions qui déterminent et la grandeur entière de la figure, et la vraie proportion de chaque membre et leur ensemble. C'est de là que je vois sortir et l'enfant et l'homme adulte et le vieillard; et l'homme sauvage et l'homme policé; et le magistrat et le militaire et le portefaix. S'il y avait une figure difficile à trouver, ce serait celle d'un homme de vingt-cinq ans qui serait formé[G] subitement du limon de la terre, et qui n'aurait encore rien fait; mais cet homme est une chimère[4].

L'enfance est presque une caricature; j'en dis autant de la vieillesse. L'enfant est une masse informe et fluide qui cherche à se développer; le vieillard est[H] une autre masse informe et sèche qui rentre en elle-même, et tend à se réduire à rien. Ce n'est que dans l'intervalle de ces deux âges, depuis le commencement de la parfaite adolescence jusqu'au sortir de la virilité, que l'artiste s'assujettit à la pureté, à la précision rigoureuse du trait, et que le *poco più* ou *poco meno*, le trait en dedans ou en dehors fait défaut ou beauté.

Vous me direz que[I] quels que soient l'âge et les fonctions, en altérant

C. *principe*, n'eussent *pas* jeté *la N*
D. *de l'œuvre om. G*
E. l'art *S* [*coquille*] *l'artiste G M N*
F. *bien* dans *son N* [dans *om.* G M S]
G. né *N*
H. *est om. G M N*
I. *direz* : *quels N*

4. Allusion typiquement irrévérencieuse à l'Adam biblique. Diderot n'a que faire du christianisme. Pourtant il n'est pas resté insensible aux ressources que la tradition chrétienne offre aux artistes qui savent exploiter la veine du tragique, du pathétique et du surnaturel (voir J. Seznec, o.c., p. 110-114).

les formes, elles n'anéantissent pas les organes. D'accord.... Il faut donc les connaître.... J'en conviens. Voilà le motif qu'on a d'étudier l'écorché.

L'étude de l'écorché a sans doute ses avantages; mais n'est-il pas à craindre que cet écorché ne reste perpétuellement dans l'imagination; que l'artiste n'en devienne entêté de la vanité de se montrer savant; que son œil corrompu ne puisse plus s'arrêter à la superficie; qu'en dépit de la peau et des graisses, il n'entrevoie toujours le muscle, son origine, son attache et son insertion; qu'il ne prononce tout fortement[J], qu'il ne soit dur et sec, et que je ne retrouve ce maudit écorché même dans ses figures de femmes? Puisque je n'ai que l'extérieur à montrer, j'aimerais bien autant qu'on m'accoutumât à le bien voir; et qu'on me dispensât d'une connaissance perfide qu'il faut que j'oublie.

On n'étudie l'écorché, dit-on, que pour apprendre à regarder la nature; mais il est d'expérience qu'après cette étude on a beaucoup de peine à ne pas la voir autrement qu'elle est.

Personne que vous, mon ami, ne lira ces papiers, ainsi j'y puis écrire tout ce qu'il[K] me plaît. Et ces sept ans employés[L] à l'Académie à dessiner d'après le modèle, les croyez-vous bien employés, et voulez-vous savoir ce que j'en pense? C'est que c'est là et pendant ces sept pénibles et cruelles années qu'on prend le maniéré[M] dans le dessin. Toutes ces positions académiques, contraintes, apprêtées, arrangées, toutes ces actions froidement et gauchement exprimées[N] par un pauvre diable et toujours par le même pauvre diable gagé pour venir trois fois la semaine se déshabiller et se faire mannequiner[5] par un professeur, qu'ont-elles de commun avec les positions et les actions de la nature? Qu'ont de commun l'homme qui tire de l'eau dans le puits de votre cour et celui qui n'ayant pas le même fardeau à tirer, simule gauchement cette action, avec ses deux bras en haut, sur l'estrade de l'école? Qu'a de commun celui qui fait semblant de mourir[O] là, avec celui qui expire dans son lit, ou qu'on assomme dans la rue? Qu'a

J. *tout* trop *fortement N*
K. *ainsi* je *puis N* / *ce* qui *me plaît G M*
L. passés *N*
M. *prend* la manière *dans N*
N. *froidement* imitées *par N*
O. *de se mourir G M N*

5. *Mannequiner* : voir le lexiqne.

de commun ce lutteur d'école avec celui de mon carrefour? Cet homme qui implore, qui prie, qui dort, qui réfléchit, qui s'évanouit à discrétion, qu'a-t-il de commun avec le paysan étendu de fatigue sur la terre, avec le philosophe qui médite au coin de son feu, avec l'homme étouffé qui s'évanouit dans la foule? Rien, mon ami, rien. J'aimerais autant qu'au sortir de là, pour compléter l'absurdité, on envoyât les élèves apprendre la grâce chez Vestris ou Gardel[P] [6], ou tel autre maître à danser qu'on voudra. Cependant la vérité de nature s'oublie, l'imagination se remplit d'actions, de positions et de figures fausses, apprêtées, ridicules et froides. Elles y sont emmagasinées, et elles en sortiront pour[Q] s'attacher sur la toile. Toutes les fois que l'artiste prendra ses crayons ou son pinceau, ces maussades fantômes se réveilleront, se présenteront à lui; il ne pourra s'en distraire et ce sera un prodige s'il réussit à les exorciser pour les chasser de sa tête[R]. J'ai connu un jeune homme plein de goût qui avant de jeter le moindre trait sur sa toile, se mettait à genoux et disait, Mon Dieu, délivrez-moi du modèle. S'il est si rare aujourd'hui de voir un tableau composé d'un certain nombre de figures sans y retrouver par-ci par-là quelques-unes de ces figures, positions, actions, attitudes académiques qui déplaisent à la mort à un homme de goût, et qui ne peuvent en imposer qu'à ceux à qui la vérité est étrangère, accusez-en l'éternelle étude du modèle de l'école.

Ce n'est pas dans l'école qu'on apprend la conspiration générale des mouvements, conspiration qui se sent, qui se voit, qui s'étend et serpente de la tête aux pieds. Qu'une femme laisse tomber sa tête [en devant[S]], tous ses membres obéissent à ce poids; qu'elle la relève et la tienne droite, même obéissance du reste de la machine.

Oui vraiment c'est un art et un grand art que de poser le modèle; il faut voir comme M. le professeur en est fier. Ne[T] craignez pas qu'il s'avise

P. *chez* Marcel *ou* Dupré, *ou N*

Q. *emmagasinées*; *elles* n'*en sortiront* plus que *pour N*

R. *pour les chasser de sa tête. om. N*

S. en devant *N* rêvant *G M S* [*nous corrigeons*]

T. *fier.* Et *ne G M N*

6. Vestris est un danseur qui débuta à l'Opéra en 1748, P.-G. Gardel débuta seulement en 1776. L'édition Naigeon donne le nom de deux autres danseurs : Marcel, célèbre maître de danse, assez fréquemment cité par Diderot comme un modèle de grâce artificielle et maniérée; et Dupré, également maître de ballet auquel Diderot a parfois fait allusion à propos de la grâce. Ils étaient d'une génération antérieure à celle de Gardel et Dupré.

de dire au pauvre diable gagé, Mon ami, pose-toi toi-même, fais ce que tu voudras; il aime bien mieux lui donner quelque attitude singulière que de lui en laisser prendre une simple et naturelle. Cependant il faut en passer par là.

Cent fois j'ai été tenté de dire aux jeunes élèves que je trouvais sur le chemin du Louvre avec leurs portefeuilles sous le bras : Mes amis, combien y a-t-il que vous dessinez là ? Deux ans ? Eh bien c'est plus qu'il ne faut. Laissez-moi cette boutique de manière. Allez-vous-en aux Chartreux[7], et vous y verrez la véritable attitude de la piété et de la componction. C'est aujourd'hui veille de grande fête; allez à la paroisse, rôdez autour des confessionnaux et vous y verrez la véritable attitude du recueillement et du repentir. Demain allez à la guinguette; et vous verrez l'action vraie de l'homme en colère. Cherchez les scènes publiques; soyez observateurs dans les rues, dans les jardins, dans les marchés, dans les maisons, et vous y prendrez des idées justes du vrai mouvement dans les actions de la vie. Tenez, regardez vos deux camarades qui disputent; voyez comme c'est la dispute même qui dispose à leur insu de la position de leurs membres. Examinez-les bien, et vous aurez pitié de la leçon de votre insipide professeur et de l'imitation de votre insipide modèle. Que je vous plains, mes amis, s'il faut qu'un jour vous mettiez à la place de toutes les faussetés que vous avez apprises, la simplicité et la vérité de le Sueur; et il le faudra bien si vous voulez être quelque chose[8].

7. Le couvent des Chartreux, fondé par saint Louis, se trouvait derrière le Luxembourg, à l'emplacement de l'actuel lycée Montaigne. Il conservait la suite de compositions sur la *Vie de Saint Bruno* de Le Sueur. Diderot fait allusion à cette série (Musée du Louvre, *R.R.C.*, t. I, 499-520), dans le *Salon de 1759* et dans le *Salon de 1761* (voir p. 93 et p. 130), et dans les *Pensées détachées sur la peinture* (A.T., XI, 94).

8. Tout ce développement constitue une vigoureuse critique de l'enseignement académique tel qu'il était pratiqué depuis le siècle précédent. Mais avant Diderot, Roger de Piles, dans son célèbre *Cours de peinture par principes* (Paris, Estienne, 1708), que Diderot a lu dès 1748 (J. Proust, « L'initiation artistique de Diderot », art. cit., p. 230 et n. 6), avait rejeté l'académisme dans la composition, l'expression, les attitudes, les actions, le dessin et la couleur. Il avait vivement recommandé au jeune peintre de se détourner le plus tôt possible des modèles de l'école et d'observer la nature, ainsi que les hommes livrés à leurs occupations quotidiennes.

Autre chose est une attitude, autre chose est[u] une action. Toute attitude est fausse et petite; toute action est belle et vraie[v].

Le contraste mal entendu est une des plus funestes causes du maniéré. Il n'y a de véritable contraste que celui qui naît du fond de l'action, ou de la diversité soit des organes soit de l'intérêt. Voyez Raphael, le Sueur; ils placent quelquefois trois, quatre, cinq figures debout les unes à côté des autres, et l'effet en est sublime. A la messe ou à vêpres aux Chartreux on voit sur deux longues files parallèles quarante à cinquante moines, mêmes stalles, même fonction, même vêtement, et cependant pas deux de ces moines qui se ressemblent; ne cherchez pas d'autre contraste que celui qui les distingue. Voilà le vrai, tout autre est mesquin et faux[9].

Si ces élèves étaient un peu disposés à profiter de mes conseils, je leur dirais encore: N'y a-t-il pas assez longtemps que vous ne voyez que la partie de l'objet que vous copiez? Tâchez, mes amis, de supposer toute la figure transparente et de placer votre œil au centre. De là vous observerez tout le jeu extérieur de la machine; vous verrez comment certaines parties s'étendent, tandis que d'autres se raccourcissent, comment celles-là s'affaissent, tandis que celles-ci se gonflent; et perpétuellement occupés d'un ensemble et d'un tout, vous réussirez à montrer dans la partie de l'objet que votre dessin présente, toute la correspondance convenable avec celle qu'on ne voit pas, et ne m'offrant qu'une face vous forcerez toutefois mon imagination à voir encore la face opposée; et c'est alors que je m'écrierai que vous êtes un dessinateur surprenant.

Mais ce n'est pas assez que d'avoir bien établi l'ensemble, il s'agit d'y introduire les détails sans détruire la masse. C'est l'ouvrage de la verve, du génie, du sentiment et du sentiment exquis.

Voici donc comment je désirerais qu'une école de dessin fût conduite. Lorsque l'élève sait dessiner facilement d'après l'estampe et la bosse, je le tiens pendant deux ans devant le modèle académique de l'homme et de

U. *est om.* *G M N*

V. Les attitudes sont toutes fausses et petites, les actions toutes belles et vraies. *N*

9. Cette doctrine du contraste joue un rôle important dans l'esthétique de Diderot.

la femme. Puis je lui expose des enfants, des adultes, des hommes faits, des vieillards, des sujets de tout âge, de tout sexe, pris dans toutes les conditions de la société, toutes sortes de natures, en un mot. Les sujets se présenteront en foule à la porte de mon académie, si je les paie bien; si je suis dans un pays d'esclaves, je les y ferai venir. Dans ces différents modèles le professeur aura soin de lui faire remarquer les accidents que les fonctions journalières, la manière de vivre, la condition et l'âge ont introduits dans les formes. Mon élève ne reverra plus le modèle académique qu'une fois tous les quinze jours; et le professeur abandonnera au modèle le soin de se poser lui-même. Après la séance de dessin un habile anatomiste expliquera à mon élève l'écorché, et lui fera l'application de ses leçons sur le nu animé et vivant; et il ne dessinera d'après l'écorché que douze fois au plus dans une année. C'en sera assez pour qu'il sente que les chairs sur les os et les chairs non appuyées ne se dessinent pas de la même manière, qu'ici le trait est rond, là comme anguleux; et que s'il néglige ces finesses, le tout aura l'air d'une vessie soufflée ou d'une balle de coton.

Il n'y aurait point de manière ni dans le dessin ni dans la couleur, si l'on imitait scrupuleusement la nature. La manière vient du maître, de l'Académie, de l'école et même de l'antique[10].

## MES PETITES IDÉES SUR LA COULEUR

C'est le dessin qui donne la forme aux êtres; c'est la couleur qui leur donne la vie. Voilà le souffle divin qui les anime[11].

Il n'y a que les maîtres dans l'art qui soient bons juges du dessin; tout le monde peut juger de la couleur.

On ne manque pas d'excellents dessinateurs; il y a peu de grands coloristes. Il en est de même en littérature. Cent froids logiciens pour un

10. Dans *De la manière*, Diderot va encore plus loin et affirme qu'il y a une manière nationale dont il est difficile de se départir, car « on est tenté de prendre pour la belle nature celle qu'on a toujours vue » (A.T., XI, 370). La manière affecte non seulement le dessin et la couleur, mais aussi le clair-obscur, l'expression et la composition.

11. A l'instar de Roger de Piles, Diderot tend à envisager la couleur comme le principal moyen d'expression du peintre.

grand orateur. Dix grands orateurs pour un poète sublime. Un grand intérêt fait éclore subitement un homme éloquent; quoi qu'en dise Helvétius, on ne ferait pas dix bons vers, même sous peine de mort[12].

Mon ami, transportez-vous dans un atelier, regardez travailler l'artiste. Si vous le voyez arranger bien symétriquement ses teintes et ses demi-teintes tout autour de sa palette, ou si un quart d'heure de travail n'a pas confondu tout cet ordre, prononcez hardiment que cet artiste est froid, et qu'il ne fera rien qui vaille. C'est le pendant d'un lourd et pesant érudit qui a besoin d'un passage, qui monte à son échelle, prend et ouvre son auteur, vient à son bureau, copie la ligne dont il a besoin, remonte à l'échelle, et remet le livre à sa place. Ce n'est pas là l'allure du génie.

Celui qui a le sentiment vif de la couleur, a les yeux attachés sur sa toile; sa bouche est entrouverte, il halète; sa palette est l'image du chaos. C'est dans ce chaos qu'il trempe son pinceau, et il en tire l'œuvre de la création. Et les oiseaux et les nuances dont leur plumage est teint; et les fleurs et leur velouté; et les arbres et leurs différentes verdures; et l'azur du ciel et la vapeur des eaux qui les ternit; et les animaux et les longs poils et les taches variées de leur peau, et le feu dont leurs yeux étincellent. Il se lève, il s'éloigne, il jette un coup d'œil sur son œuvre. Il se rassied, et vous allez voir naître la chair, le drap, le velours, le damas, le taffetas, la mousseline, la toile, le gros linge, l'étoffe grossière; vous verrez la poire jaune et mûre tomber de l'arbre, et le raisin vert attaché au cep.

Mais pourquoi y a-t-il si peu d'artistes qui sachent rendre la chose à laquelle tout le monde s'entend? Pourquoi cette variété de coloristes, tandis que la couleur est une en nature? La disposition de l'organe y fait sans doute. L'œil tendre et faible ne sera pas ami des couleurs vives et fortes. L'homme qui peint répugnera à introduire dans son tableau les effets qui le blessent dans la nature. Il n'aimera ni les rouges éclatants, ni les grands blancs. Semblable à la tapisserie dont il couvrira les murs de son appartement, sa toile sera coloriée d'un ton faible, doux et tendre, et

12. Allusion à *De l'Esprit* d'Helvétius, dont Diderot n'admettait pas les thèses sur le génie, considéré comme un produit de l'éducation ou des circonstances (voir notamment le ch. XXIX du troisième discours, sur les conditions qui avaient favorisé les progrès de l'éloquence à Rome, la note 8 du ch. XXX, et le ch. II du quatrième discours).

communément il vous restituera par l'harmonie ce qu'il vous refusera en vigueur. Mais pourquoi le caractère, l'humeur même de l'homme n'influeraient-ils pas sur son coloris ? Si sa pensée habituelle est triste, sombre et noire, s'il fait toujours nuit dans sa tête mélancolique et[w] dans son lugubre atelier, s'il bannit le jour de sa chambre, s'il cherche la solitude et les ténèbres, n'aurez-vous pas raison de vous attendre à une scène vigoureuse peut-être, mais obscure, terne et sombre ? S'il est ictérique et qu'il voie tout jaune, comment s'empêchera-t-il de jeter sur sa composition le même voile jaune que son organe vicié jette sur les objets de la[x] nature, et qui le chagrine, lorsqu'il vient à comparer l'arbre vert qu'il a dans son imagination, avec l'arbre jaune qu'il a sous ses yeux[13] ?

Soyez sûr qu'un peintre se montre dans son ouvrage autant et plus qu'un littérateur dans le sien. Il lui arrivera une fois de sortir de son caractère, de vaincre la disposition et la pente de son organe. C'est comme l'homme taciturne et muet qui élève une fois la voix. L'explosion faite, il retombe dans son état naturel, le silence. L'artiste triste ou né avec un organe faible produira une fois un tableau vigoureux de couleur ; mais il ne tardera pas à revenir à son coloris naturel.

Encore un coup si l'organe est affecté, quelle que soit son affection, il répandra sur tous les corps, interposera entre eux et lui une vapeur qui flétrira la nature et son imitation.

L'artiste qui prend de la couleur sur sa palette, ne sait pas toujours ce qu'elle produira sur son tableau. En effet à quoi compare-t-il cette couleur, cette teinte sur sa palette ? A d'autres teintes isolées, à des couleurs primitives. Il fait mieux : il la regarde où il l'a préparée, et il la transporte d'idée dans l'endroit où elle doit être appliquée. Mais combien de fois ne lui arrive-t-il pas de se tromper dans cette appréciation ? En passant de la palette sur la scène entière de la composition, la couleur est modifiée, affaiblie, rehaussée et change totalement d'effet. Alors l'artiste tâtonne, manie, remanie, tourmente sa couleur. Dans ce travail sa teinte devient

w. *dans sa tête mélancolique et om.* G x. *la om.* N

13. A comparer avec la lettre à Sophie Volland du 20 octobre 1760, sur les associations en jaune (CORR, III, 172-173).

un composé de diverses substances qui réagissent plus ou moins les unes sur les autres, et tôt ou tard se désaccordent.

En général donc l'harmonie d'une composition sera d'autant plus durable que le peintre aura été plus sûr de l'effet de son pinceau, aura touché plus fièrement, plus librement, aura moins remanié et[Y] tourmenté sa couleur, l'aura employée plus simple et plus franche.

On voit des tableaux modernes perdre leur accord en très peu de temps; on en voit d'anciens qui se sont conservés frais, harmonieux et vigoureux, malgré le laps du temps. Cet avantage me semble être plutôt la récompense du faire que l'effet de la qualité des couleurs.

Rien dans un tableau n'appelle comme la couleur vraie. Elle parle à l'ignorant comme au savant. Un demi-connaisseur passera, sans s'arrêter, devant un chef-d'œuvre de dessin, d'expression, de composition; l'œil n'a jamais négligé le coloriste.

Mais ce qui rend le coloriste vrai, rare[Z], c'est le maître qu'il adopte. Pendant un temps infini, l'élève copie les tableaux de ce maître, et ne regarde pas la nature; c'est-à-dire qu'il s'habitue à voir par les yeux d'un autre, et qu'il perd l'usage des siens. Peu à peu il se fait un technique qui l'enchaîne et dont il ne peut ni s'affranchir ni s'écarter; c'est une chaîne qu'il s'est mise à l'œil, comme l'esclave à son pied. Voilà l'origine de tant de faux coloris. Celui qui copiera d'après la Grenée[14], copiera éclatant et solide; celui qui copiera d'après le Prince[15], sera rougeâtre et briqueté; celui qui copiera d'après Greuse sera gris et violâtre; celui qui étudiera Chardin[16] sera vrai. Et de là cette variété de jugements du dessin et de la couleur, même entre les artistes. L'un vous dira que le Poussin est sec, l'autre que Rubens est outré; et moi je suis le lilliputien qui leur frappe doucement sur l'épaule, et qui les avertit qu'ils ont dit une sottise[17].

Y. *et om. N*

Z. *Mais ce qui rend le vrai coloriste rare, N*

14. Sur Lagrenée l'aîné, voir le *Salon de 1765*.
15. Sur Le Prince, voir le *Salon de 1765*.
16. Sur Chardin, voir le *Salon de 1765* et aussi Gita May, « Chardin vu par Diderot et par Proust », *PMLA*, juin 1957, p. 403-418.

17. Cette opposition entre Poussin et Rubens constitue une allusion malicieuse à la fameuse querelle des poussinistes et des rubénistes. Tout le passage a été emprunté à l'*Analyse de la beauté*, de Hogarth. Voir E. M. Bukdahl, o.c., 1982, p. 95-96.

On a dit que la plus belle couleur qu'il y eût au monde était cette rougeur aimable dont l'innocence, la jeunesse, la santé, la modestie et la pudeur coloraient les joues d'une fille; et l'on a dit une chose qui n'était pas seulement fine, touchante et délicate, mais vraie : car c'est la chair qu'il est difficile de rendre; c'est ce blanc onctueux, égal sans être pâle ni mat; c'est ce mélange de rouge et de bleu qui transpire imperceptiblement; c'est le sang, la vie qui font le désespoir du coloriste. Celui qui a acquis le sentiment de la chair, a fait un grand pas; le reste n'est rien en comparaison. Mille peintres sont morts sans avoir senti la chair; mille autres mourront sans l'avoir sentie.

La diversité de nos étoffes et de nos draperies n'a pas peu contribué à perfectionner l'art de colorier. Il y a un prestige dont il est difficile de se garantir, c'est celui d'un grand harmoniste. Je ne sais comment je vous rendrai clairement ma pensée. Voilà sur une toile une femme vêtue de satin blanc. Couvrez le reste du tableau, et ne regardez que le vêtement; peut-être ce satin vous paraîtra-t-il sale, mat, peu vrai. Mais restituez cette femme au milieu des objets dont elle est environnée, et en même temps le satin et sa couleur reprendront leur effet. C'est que tout le ton est trop faible; mais chaque objet perdant proportionnellement, le défaut de chacun vous échappe : il est sauvé par l'harmonie. C'est la nature vue à la chute du jour.

Le ton général de la couleur peut être faible sans être faux.

Le ton général de la couleur peut être faible, sans que l'harmonie soit détruite. Au contraire, c'est la vigueur de coloris qu'il est difficile d'allier avec l'harmonie.

Faire blanc et faire lumineux sont deux choses fort diverses. Tout étant égal d'ailleurs entre deux compositions, la plus lumineuse vous plaira sûrement davantage. C'est la différence du jour et de la nuit.

Quel est donc pour moi le vrai, le grand coloriste ? C'est celui qui a pris le ton de la nature et des objets bien éclairés, et qui a su accorder son tableau.

Il y a des [caricatures[A]] de couleur comme de dessin, et toute caricature est de mauvais goût[18].

On dit qu'il y a des couleurs amies et des couleurs ennemies; et l'on a raison si l'on entend qu'il y en a qui s'allient si difficilement, qui tranchent tellement les unes à côté des autres que l'air et la lumière, ces deux harmonistes universels, peuvent à peine nous en rendre le voisinage immédiat supportable[19]. Je n'ai garde de renverser dans l'art l'ordre de l'arc-en-ciel. L'arc-en-ciel est en peinture ce que la basse fondamentale est en musique; et je doute qu'aucun peintre entende mieux cette partie qu'une femme un peu coquette ou une bouquetière qui sait son métier. Mais je crains bien que les peintres pusillanimes ne soient partis de là pour restreindre pauvrement les limites de l'art, et se faire un petit technique facile et borné; ce que nous appelons entre nous[B] un protocole[20]. En effet il y a tel protocolier en peinture, si humble serviteur de l'arc-en-ciel, qu'on peut presque toujours le deviner. S'il a donné telle ou telle couleur à un objet, on peut être sûr que l'objet voisin sera de telle ou telle couleur. Ainsi la couleur d'un coin de leur toile étant donnée, on sait tout le reste. Toute leur vie ils ne font plus que transporter ce coin. C'est un point mouvant qui se

A. caractères *S* *caricatures* *G M N* [*nous corrigeons*]

B. *entre nous om.* *G*

18. « Caricature », en tant que représentation exagérée et grotesque, est un néologisme au XVIIIe siècle. En peinture, on désigne généralement ce genre par « charge » (voir le lexique), terme que Diderot préfère au mot d'origine italienne « caricature » récemment admis par l'Académie (1762). Au lieu de reconnaître la caricature comme un genre qui depuis le Moyen-âge exprime un aspect essentiel du génie national, Diderot limite le sens du mot et lui donne une signification exclusivement péjorative.

19. Allusion à de Piles qui, dans les remarques de sa traduction du traité de Dufresnoy, *De Arte graphica*, écrit : « Ce précepte oblige de savoir les couleurs qui ont amitié ensemble, et celles qui sont incompatibles » (*Œuvres diverses de M. de Piles*, Amsterdam et Leipzig, Arkstée et Merkus, et Paris, Jombert, 1767, V, 215). Dans sa « Deuxième conversation sur la peinture », de Piles note également : « Les couleurs, quelque ennemies qu'elles soient, sont réconciliées, ou par celles de la lumière dans les jours, ou par celles des ombres » (p. 152) et dans son *Dictionnaire des termes de peinture*, on trouve une définition identique sous la rubrique « Amitié des couleurs » (p. 152). Sur *Amie*, voir le lexique. On retrouve le même genre de réflexion dans les *Pensées détachées sur la peinture* : « On dit que le rouge et le blanc sont antipathiques. Mais est-ce Van Huysum qui le dit ? Si Chardin me l'assure, je le croirai » (A.T., XII, 112).

20. *Protocole* : terme péjoratif pour désigner un ensemble de règles et de recettes techniques. « Protocolier » est un néologisme de Diderot. C'est l'artiste qui se contente d'appliquer mécaniquement les principes théoriques concernant l'accord des couleurs. *Accord* : voir le lexique.

promène sur une surface, qui s'arrête et se place où il lui plaît, mais qui a toujours le même cortège. Il ressemble à un grand seigneur qui n'aurait qu'un habit, avec ses valets sous la même livrée. Ce n'est pas ainsi qu'en usent Vernet et Chardin; leur intrépide pinceau se plaît à entremêler avec la plus grande hardiesse, la plus grande variété et l'harmonie la plus soutenue, toutes les couleurs de la nature avec toutes leurs nuances. Ils ont pourtant un technique propre et limité. Je n'en doute point, et je le découvrirais, si je voulais m'en donner la peine. C'est que l'homme n'est pas Dieu; c'est que l'atelier de l'artiste n'est pas la nature.

Vous pourriez croire que, pour se fortifier dans la couleur, un peu d'étude des oiseaux et des fleurs ne nuirait pas. Non, mon ami. Jamais cette imitation ne donnera le sentiment de la chair. Voyez ce que devient Bachelier [21] quand il a perdu de vue sa rose, sa jonquille et son œillet. Proposez à Madame Vien [22] de faire un portrait, et portez ensuite ce portrait à la Tour [23]. Mais non, ne lui [C] portez pas; le traître n'estime aucun de ses confrères assez pour lui dire la vérité. Proposez-lui plutôt à lui qui sait faire de la chair, de peindre une étoffe, un ciel, un œillet, une prune avec sa vapeur, une pêche avec son duvet, et vous verrez avec quelle supériorité il s'en tirera. Et ce Chardin, pourquoi prend-on ses imitations d'êtres inanimés pour la nature même? C'est qu'il fait [D] de la chair quand il lui plaît.

Mais ce qui achève de rendre fou le grand coloriste, c'est la vicissitude de cette chair, c'est qu'elle s'anime et qu'elle se flétrit d'un clin d'œil à l'autre. C'est que tandis que l'œil de l'artiste est attaché à la toile et que son pinceau s'occupe à me rendre, je passe, et que lorsqu'il retourne la tête, il ne me retrouve plus. C'est l'abbé le Blanc [24] qui s'est présenté à mon idée,

C. *ne* le *lui N*

D. *qu'il* sait faire *de G*

21. J.-J. Bachelier exécuta en 1749 un tableau en cire, *Flore et Zéphire*, dont Diderot parle longuement dans l'*Histoire et le secret de la peinture en cire* (DPV, IX, 134-135).
22. Sur Mme Vien, née Marie-Thérèse Reboul, voir le *Salon de 1765*.
23. Sur La Tour, voir le *Salon de 1767*.
24. L'abbé Jean-Bernard Le Blanc (1707-1781), protégé de Mme de Pompadour, était l'auteur d'une tragédie, *Abenzaïde* (1735) et des *Lettres d'un Français sur les Anglais* (1745). Il était aussi critique d'art (voir la *Lettre sur l'exposition des ouvrages de peinture, sculpture, etc. de l'année 1747*). Diderot se moque de lui à deux reprises dans *Le Neveu de Rameau* (*Le Neveu*, p. 58 et p. 97).

et j'ai bâillé d'ennui. C'est l'abbé Trublet[25] qui s'est montré, et j'ai l'air ironique. C'est mon ami Grimm ou ma Sophie qui m'ont apparu, et mon cœur a palpité, et la tendresse et la sérénité se sont répandues sur mon visage; la joie me sort par les pores de la peau, le cœur s'est dilaté, les petits réservoirs sanguins ont oscillé, et la teinte imperceptible du fluide qui s'en est échappé, a versé de tous côtés l'incarnat et la vie. Les fruits, les fleurs changent sous le regard attentif de la Tour et de Bachelier; quel supplice n'est donc pas pour eux le visage de l'homme, cette toile qui s'agite, se meut, s'étend, se détend, se colore, se ternit selon la multitude infinie des alternatives de ce souffle léger et mobile qu'on appelle l'âme?

Mais j'allais oublier de vous parler de la couleur de la passion; j'étais pourtant tout contre. Est-ce que chaque passion n'a pas la sienne? Est-elle la même dans tous les instants d'une passion? La couleur a ses nuances dans la colère. Si elle enflamme le visage, les yeux sont ardents; si elle est extrême et qu'elle serre le cœur au lieu de le détendre, les yeux s'égarent, la pâleur se répand sur le front et sur les joues, les lèvres deviennent tremblantes et blanchâtres. Une femme garde-t-elle le même teint dans l'attente du plaisir, dans les bras du plaisir, au sortir de ses bras? Oh, mon ami, quel art que celui de la peinture! J'achève en une ligne ce que le peintre ébauche à peine en une semaine; et son malheur, c'est qu'il sait, voit et sent comme moi, et qu'il ne peut rendre et se satisfaire; c'est que ce[E] sentiment le portant en avant, le trompe sur ce qu'il peut, et lui fait gâter un chef-d'œuvre : il était, sans s'en douter, sur la dernière limite de l'art[26].

E. le *N*

25. L'abbé Nicolas Trublet (1697-1770) était l'auteur d'*Essais de littérature et de morale*. Ayant critiqué *La Henriade*, il était devenu une des victimes de la verve sarcastique de Voltaire, qui avait écrit sur lui une épigramme spirituelle et féroce. Diderot se moque aussi de lui dans *Le Neveu de Rameau* (o.c., p. 14).

26. Dans l'attention portée par Diderot à l'expression des passions, on retrouve les préoccupations esthétiques du dramaturge et du romancier. Grâce à J. Proust, nous avons appris ce que Diderot doit à la méthode de Charles Le Brun. Remarquons cependant que Diderot semble aller plus loin que Le Brun et que les artistes et théoriciens qui se sont préoccupés de cette question. En effet, alors que ceux-ci s'efforcent surtout de montrer qu'à chaque émotion correspond une certaine expression, Diderot semble surtout fasciné par le caractère *inconscient* de certains états d'âme, par la manière mystérieuse dont plusieurs expressions peuvent se fondre sur un visage ou s'y succéder rapidement, à l'insu du sujet, et par la faculté qu'ont certains artistes de percevoir ces subtiles nuances affectives. A propos d'un buste de lui, pourtant raté, par

## TOUT CE QUE J'AI COMPRIS DE MA VIE DU CLAIR-OBSCUR

Le clair-obscur est la juste distribution des ombres et de la lumière. Problème simple et facile, lorsqu'il n'y a qu'un objet régulier ou qu'un point lumineux; mais problème dont la difficulté s'accroît à mesure que les formes de l'objet sont variées, à mesure que la scène s'étend, que les êtres s'y multiplient; que la lumière y arrive de plusieurs endroits, et que les lumières sont diverses. Ah, mon ami, combien d'ombres et de lumières fausses dans une composition un peu compliquée! Combien de licences prises! En combien d'endroits la vérité sacrifiée à l'effet!

On appelle un effet de lumière en peinture ce que vous avez vu dans le tableau de Corésus [27], un mélange des ombres et de la lumière, vrai, fort et piquant: moment poétique qui vous arrête et vous étonne. Chose difficile sans doute, mais moins peut-être qu'une distribution graduée qui éclairerait la scène d'une manière diffuse et large, et où la quantité[F] de lumière serait accordée à chaque point de la toile, eu égard à sa véritable exposition et à sa véritable distance du corps lumineux : quantité que les objets environnants font varier en cent manières diverses, plus ou moins sensibles, selon les pertes et les emprunts qu'ils occasionnent.

Rien de plus rare que l'unité de lumière dans une composition, surtout chez les paysagistes. Ici c'est du soleil, là de la lune; ailleurs une lampe, un flambeau, ou quelque autre corps enflammé. Vice commun, mais difficile à discerner.

Il y a aussi des caricatures d'ombres et de lumières; et toute caricature [28] est de mauvais goût.

F. qualité *F* [*coquille*]

Falconet, il se demande dans le *Salon de 1767* : « Comment se fait-il que l'artiste manque les traits grossiers d'une physionomie qu'il a sous les yeux, et fasse passer sur sa toile ou sur sa terre glaise les sentiments secrets, les impressions cachées au fond d'une âme qu'il ignore ? » (A.T., XI, 23). C'est que le buste en question révélait « les traces d'une peine d'âme secrète » dont Diderot souffrait à l'époque.

27. Il s'agit de *Corésus et Callirhoé*. Voir le *Salon de 1765*.

28. Autre exemple de l'emploi péjoratif et restrictif que Diderot fait du terme « caricature » (voir plus haut, n. 18).

Si dans un tableau la vérité des lumières se joint à celle de la couleur, tout est pardonné, du moins dans le premier instant. Incorrections de dessin, manques[G] d'expression, pauvreté de caractères, vices d'ordonnance, on oublie tout; on demeure extasié, surpris, enchaîné, enchanté.

S'il nous arrive de nous promener aux Tuileries, au bois de Boulogne, ou dans quelque endroit écarté des Champs Elysées sous quelques-uns de ces vieux arbres épargnés parmi tant d'autres qu'on a sacrifiés au parterre et à la vue de l'hôtel de Pompadour[H 29], sur la fin d'un beau jour, au moment où le soleil plonge ses rayons obliques à travers la masse touffue de ces arbres dont les branches entremêlées les arrêtent, les renvoient, les brisent, les rompent, les dispersent sur les troncs, sur la terre, entre les feuilles, et produisent autour de nous une variété infinie d'ombres fortes, d'ombres moins fortes, de parties obscures, moins obscures, éclairées, plus éclairées, tout à fait éclatantes; alors les passages de l'obscurité à l'ombre, de l'ombre à la lumière, de la lumière au grand éclat, sont si doux, si touchants, si merveilleux, que l'aspect d'une branche, d'une feuille arrête l'œil, et suspend la conversation au moment même le plus intéressant. Nos pas s'arrêtent involontairement; nos regards se promènent sur la toile magique, et nous nous écrions : quel tableau! Oh que cela est beau! Il semble que nous considérions la nature comme le résultat de l'art. Et réciproquement, s'il arrive que le peintre nous répète le même enchantement sur la toile, il semble que nous regardions l'effet de l'art comme celui de la nature. Ce n'est pas au Salon, c'est dans le fond d'une forêt, parmi les montagnes que le soleil ombre et éclaire, que Loutherbourg et Vernet sont grands.

Le ciel répand une teinte générale sur les objets. La vapeur de l'atmosphère se discerne au loin; près de nous son effet est moins sensible. Autour de moi les objets gardent toute la[I] force et toute la variété de leurs couleurs, ils se ressentent moins de la teinte de l'atmosphère et du ciel; au loin ils

G. manque *G N* H. *Pompadour* (1766), *sur N* I. leur *G*

29. En 1753, Mme de Pompadour avait acheté l'Hôtel d'Évreux, construit en 1718 par l'architecte Mollet. C'est aujourd'hui le palais de l'Élysée. Diderot fait allusion aux travaux d'agrandissement qui datent de 1755. La date ajoutée par Buisson et Naigeon (1766) est fausse.

s'effacent, ils s'éteignent, toutes leurs couleurs se confondent; et la distance qui produit cette confusion, cette monotonie, les montre tous gris, grisâtres, d'un blanc mat ou plus ou moins éclairé, selon le lieu de la lumière et l'effet du soleil. C'est le même effet que celui de la vitesse avec laquelle on tourne un globe tacheté de différentes couleurs, lorsque cette vitesse est assez grande pour lier les taches et réduire leurs sensations particulières de rouge, de blanc, de noir, de bleu, de vert, à une sensation unique et simultanée.

Que celui qui n'a pas étudié et senti les effets de la lumière et de l'ombre dans les campagnes, au fond des forêts, sur les maisons des hameaux, sur les toits des villes, le jour, la nuit, laisse là les pinceaux, surtout qu'il ne s'avise pas d'être paysagiste. Ce n'est pas dans la nature seulement, c'est sur les arbres, c'est sur les eaux de Vernet, c'est sur les collines de Loutherbourg que le clair de la lune est beau.

Un site peut sans doute être délicieux. Il est sûr que de[J] hautes montagnes, que d'antiques forêts, que des ruines immenses en imposent. Les idées accessoires qu'elles réveillent sont grandes. J'en ferai descendre quand il me plaira Moïse ou Numa[30]. La vue d'un torrent qui tombe à grand bruit à travers des rochers escarpés qu'il blanchit de son écume, me fera frissonner[31]. Si je ne le vois pas, et que j'entende au loin son fracas, C'est ainsi, me dirai-je, que ces fléaux si fameux dans l'histoire ont passé. Le monde reste, et tous leurs exploits ne sont plus qu'un vain bruit perdu qui m'amuse. Si je vois une verte prairie, de l'herbe tendre et molle, un ruisseau qui l'arrose, un coin de forêt écarté qui me promette du silence, de la

J. des *M*

30. Numa Pompilius, deuxième roi légendaire de Rome (714-671 avant notre ère). Il recevait les conseils de la nymphe Égérie.

31. Diderot a fait à plusieurs reprises la poétique des ruines et du paysage « préromantique », mais c'est surtout dans le *Salon de 1767* qu'il marque le plus clairement sa prédilection croissante pour les aspects grandioses et mystérieux de la nature. C'est d'ailleurs le traité d'Edmund Burke, *A Philosophical Inquiry into the Origin of our Ideas of the Sublime and Beautiful*, paru en 1759 et dont la traduction française venait d'être publiée en 1765, qui a fourni à Diderot les éléments essentiels de cette nouvelle esthétique. Voir Gita May, « Diderot and Burke : a Study in Aesthetic Affinity », dans *PMLA*, 1960, LXXV, p. 527-539. Mais si Diderot emprunte parfois textuellement ses arguments et ses exemples à Burke, c'est devant les paysages de Vernet et les ruines d'Hubert Robert qu'il développe le thème esquissé ici. Voir E. M. Bukdahl, o.c., 1982, p. 109-110.

fraîcheur et du secret, mon âme s'attendrira; je me rappellerai celle que j'aime : où est-elle, m'écrierai-je; pourquoi suis-je seul ici ? Mais ce sera la distribution variée des ombres et des lumières qui ôtera ou donnera à toute la scène son charme général. Qu'il s'élève une vapeur qui attriste le ciel, et qui répande sur l'espace un ton grisâtre et monotone, tout devient muet, rien ne m'inspire ni[K] ne m'arrête, et je ramène mes pas vers ma demeure.

Je connais un portrait peint par le Sueur; vous jureriez que la main droite est hors de la toile et repose sur la bordure. On vante singulièrement ce merveilleux dans la jambe et le pied du Saint Jean Baptiste de Raphael qui est au Palais Royal[32]. Ces tours de l'art ont été fréquents dans tous les temps et chez tous les peuples. J'ai vu un Arlequin ou un Scaramouche de Gillot[33] dont la lanterne était à un demi-pied du corps. Quelle est la tête de la Tour autour de laquelle l'œil ne tourne pas ? Où est le morceau de Chardin, ou même de Roland de la Porte[34] où l'air ne circule pas entre les verres, les fruits et les bouteilles ? Le bras du[L] Jupiter foudroyant d'Apelle saillait hors de la toile, menaçait l'impie, l'adultère, s'avançait vers sa tête. Peut-être n'appartiendrait-il qu'à un grand maître de déchirer le nuage qui enveloppait Enée, et de me le montrer comme il apparut à la crédule et facile reine de Carthage :

Circumfusa repente
Scindit se nubes, et in æthera purgat apertum[35].

K. rien *F N*

L. de *M*

32. Voir C. Stryienski, *La Galerie du régent, Philippe, duc d'Orléans,* 1913, n° 121. *Saint Jean Baptiste au désert* se trouve actuellement au musée du Louvre. Il est attribué de nos jours à Raphaël et à ses élèves. Voir M. Prisco et P. de Vecchi, *Raffaello,* Milan, 1966, n° 128 et reproduction. Diderot a souvent visité la galerie du duc d'Orléans au Palais-Royal.

33. Claude Gillot (1673-1727) était un artiste français originaire de Langres. C'était un peintre de genre qui prenait ses sujets au théâtre. Il fut le maître de Lancret et de Watteau. Il a surtout laissé des gravures et des dessins inspirés par des scènes de la comédie italienne (voir H. Dieckmann, « Claude Gillot interprète de la Commedia dell'Arte » dans *C.A.I.E.F.*, n° 15, 1963, p. 201-224).

34. Sur Roland de La Porte, qui est inspiré par Chardin, voir le *Salon de 1765*.

35. « Le nuage soudain se déchire et se transforme en un air pur et transparent » (*Énéide,* liv. I, v. 586-587). Diderot a trouvé ces observations sur le *Jupiter foudroyant* d'Apelle, la description de Virgile et le clair-obscur dans les *Recherches sur les beautés de la peinture* de Daniel Webb. Voir E. M. Bukdahl, o.c., 1982, p. 85.

Avec tout cela ce n'est pas là la grande partie, la partie difficile du clair-obscur. La voici.

Imaginez comme dans la géométrie des indivisibles de Cavalieri[M][36] toute la profondeur de la toile coupée, n'importe en quel sens, par une infinité de plans infiniment petits. Le difficile c'est la dispensation juste de la lumière et des ombres, et sur chacun de ces plans, et sur chaque tranche infiniment petite des objets qui les occupent; ce sont les échos[37], les reflets de toutes ces lumières les unes sur les autres. Lorsque cet effet est produit (mais où et quand l'est-il ?) l'œil est arrêté; il se repose. Satisfait partout, il se repose partout; il s'avance, il s'enfonce, il est ramené sur sa trace. Tout est lié, tout tient. L'art et l'artiste sont oubliés. Ce n'est plus une toile, c'est la nature, c'est une portion de l'univers qu'on a devant soi.

Le premier pas vers l'intelligence du clair-obscur, c'est une étude des règles de la perspective. La perspective rapproche[N] les parties des[O] corps ou les fait fuir, par la seule dégradation de leurs grandeurs, par la seule projection de leurs parties vues à travers un plan interposé entre l'œil et l'objet, et attachées ou sur ce plan même, ou sur un plan supposé au delà de l'objet.

Peintres, donnez quelques instants à l'étude de la perspective; vous en serez bien récompensés par la facilité et la sûreté que vous en retrouverez dans la pratique de votre art. Réfléchissez-y un moment, et vous concevrez que le corps d'un prophète enveloppé de toute sa volumineuse draperie, et sa barbe touffue, et ces cheveux qui se hérissent sur son front, et ce linge pittoresque qui donne un caractère divin à sa tête, sont assujettis dans tous leurs points aux mêmes principes que le polyèdre. A la longue l'un ne vous embarrassera pas plus que l'autre. Plus vous multiplierez le nombre idéal de vos plans, plus vous serez corrects et vrais; et ne craignez pas d'être froids par une condition de plus ou de moins ajoutée à votre technique.

M. Cavalleri *N*  N. approche *N*  O. du *F*

36. Francesco Bonaventura Cavalieri (1598-1647), élève de Galilée et mathématicien, enseigna à Bologne à partir de 1629. Il est célèbre pour avoir fondé la géométrie des indivisibles, qui est à la base des recherches aboutissant à l'invention du calcul différentiel.

37. *Écho* : voir le lexique.

Ainsi que la couleur générale d'un tableau, la lumière générale a son ton. Plus elle est forte et vive, plus les ombres sont limitées, décidées et noires. Éloignez successivement la lumière d'un corps, et successivement vous en affaiblirez l'éclat et[p] l'ombre. Éloignez-la davantage encore, et vous verrez la couleur d'un corps prendre un ton monotone, et son ombre s'amincir, pour ainsi dire, au point que vous n'en discernerez plus les limites. Rapprochez la lumière, le corps s'éclairera et son ombre se terminera. Au crépuscule, presque plus d'effet de lumière sensible, presque aucune ombre particulière discernable. Comparez une scène de la nature dans un jour et sous un soleil brillant avec la même scène sous un ciel nébuleux. Là, les lumières et les ombres seront fortes; ici, tout sera faible et gris. Mais vous avez vu cent fois ces deux scènes se succéder en un clin d'œil, lorsqu'au milieu d'une campagne immense quelque nuage épais porté par les vents qui régnaient dans la partie supérieure de l'atmosphère, tandis que la partie qui vous entourait était immobile et tranquille, allait à votre insu s'interposer entre l'astre du jour et la terre. Tout a perdu subitement son éclat. Une teinte, un voile triste, obscur et monotone est tombé rapidement sur la scène. Les oiseaux même en ont été surpris, et leur chant suspendu. Le nuage a passé, tout a repris son éclat, et les oiseaux ont recommencé leur ramage.

C'est l'instant du jour, la saison, le climat, le site, l'état du ciel, le lieu de la lumière qui en rendent le ton général fort ou faible, triste ou piquant. Celui qui éteint la lumière s'impose la nécessité de donner du corps à l'air même, et d'apprendre à mon œil à mesurer l'espace vide par des objets interposés et graduellement affaiblis. Quel homme, s'il sait se passer du grand agent, et produire sans son secours un grand effet !

Méprisez ces gauches repoussoirs, si grossièrement, si bêtement placés qu'il est impossible d'en méconnaître l'intention. On a dit qu'en architecture il fallait que les parties principales se tournassent en ornement[q]; il faut en peinture que les objets essentiels se tournent en repoussoirs. Il faut que dans une composition les figures se lient, s'avancent, se reculent, sans

p. de *G*

q. ornements *M N*

ces intermédiaires postiches que j'appelle des chevilles ou des bouche-trous. Tesniere[R] [38] avait une autre magie.

Mon ami, les ombres ont aussi leurs couleurs. Regardez attentivement les limites et même la masse de l'ombre d'un corps blanc, et vous y discernerez une infinité de points noirs et blancs interposés. L'ombre d'un corps rouge se teint de rouge; il semble que la lumière en frappant l'écarlate en détache et emporte avec elle des molécules. L'ombre d'un corps avec la chair et le sang de la peau forme une faible teinte jaunâtre. L'ombre d'un corps bleu prend une nuance de bleu. Et les ombres et les corps reflètent les uns sur les autres[39]. Ce sont ces reflets infinis des ombres et des corps qui engendrent l'harmonie sur votre bureau où le travail et le génie ont jeté la brochure à côté du livre, le livre à côté du cornet, le cornet au milieu de cinquante objets disparates de nature, de forme et de couleur. Qui est-ce qui observe, qui est-ce qui connaît, qui est-ce qui exécute, qui est-ce qui fond tous ces effets ensemble, qui est-ce qui en connaît le résultat nécessaire ? La loi en est pourtant bien simple, et le premier teinturier à qui vous portez un échantillon d'étoffe nuancée, jette la pièce d'étoffe blanche dans sa chaudière, et sait l'en tirer teinte comme vous l'avez désirée. Mais le peintre observe lui-même cette loi sur sa palette quand il mêle ses teintes. Il n'y a pas une loi pour les couleurs, une loi pour la lumière, une loi pour les ombres; c'est partout la même.

Et malheur aux peintres, si celui qui parcourt une galerie, y porte jamais ces principes ! Heureux le temps où ils seront populaires ! C'est la lumière générale de la nation qui empêche le souverain, le ministre et l'artiste de faire des sottises. *O sacra reverentia plebis*[40]. Il n'y en a pas un qui

R. Ténieres *N*

38. Il s'agit de David Teniers, dit le Jeune (1610-1690), qui s'était spécialisé dans les scènes populaires, les intérieurs de cabarets et les kermesses. Il est fréquemment cité, et avec éloge, par Diderot qui admirait son réalisme puissant, sa science du coloris et de la composition.

39. Cette théorie « pré-impressionniste » des reflets doit sans doute beaucoup à Chardin qui, dans ses propres compositions, pratiquait une technique du coloris où l'on trouve déjà les éléments essentiels de la division des tons et du mélange optique des couleurs complémentaires. En effet, Chardin avait observé que tout objet possède non seulement sa propre coloration, mais réflète aussi sur sa surface les tons des objets environnants. Voir Gita May, « Chardin vu par Diderot et par Proust », dans *PMLA*, 1957, LXXII, p. 403-418.

40. « O saint respect pour le peuple. »

ne soit tenté de s'écrier : canaille, combien je me donne de peine pour obtenir de toi un signe d'approbation !

Il n'y a pas un artiste qui ne vous dise qu'il sait tout cela mieux que moi. Répondez-lui de ma part que toutes ses figures lui crient qu'il en a menti.

Il y a des objets que l'ombre fait valoir, d'autres qui deviennent plus piquants à la lumière. La tête des brunes s'embellit dans la demi-teinte; celle des blondes à la lumière.

Il est un art de faire les fonds, surtout aux portraits. Une loi assez générale, c'est qu'il n'y ait au fond aucune teinte qui comparée à une autre teinte du sujet, soit assez forte pour l'étouffer ou arrêter l'œil.

## EXAMEN DU CLAIR-OBSCUR

Si une figure est dans l'ombre, elle est[s] trop ou trop peu ombrée, si la comparant aux figures plus éclairées et la faisant par la pensée avancer à leur place, elle ne nous inspire pas un pressentiment vif et certain qu'elle le serait autant qu'elles. Exemple de[T] deux personnes qui montent d'une cave, dont l'une porte une lumière et que l'autre suit : si celle-ci a la quantité de lumière ou d'ombre qui lui convient, vous sentirez qu'en la plaçant sur la même marche que celle-là, elles[U] seront toutes deux également éclairées.

Moyen[V] technique de s'assurer si les figures sont ombrées sur le tableau comme elles le seraient en nature : c'est de tracer sur un plan celui de son tableau, d'y disposer des objets soit à la même distance que ceux du tableau, soit à des distances relatives, et de comparer les lumières des objets du plan aux lumières des objets du tableau. Elles doivent être de part et d'autre ou les mêmes, ou dans les mêmes rapports.

La scène d'un peintre peut être aussi étendue qu'il le désire; cependant il ne lui est pas permis de placer partout des objets. Il est des lointains où les formes de ces objets n'étant plus sensibles, il est ridicule de les y jeter, puisqu'on ne met un objet sur la toile que pour le faire apercevoir et dis-

S. *Une figure dans l'ombre est trop V1a*
T. *Exemple de om. V1 [rayé par Vdl]*
U. *celle-là,* elle s'éclairera successivement, de manière que, parvenue sur cette marche, *elles seront N*
V. Le *moyen V1 V1a [corr. Vdl]*

tinguer tel. Ainsi quand la distance est telle qu'à cette distance les caractères qui individualisent les êtres ne s'y font plus distinguer, qu'on prendrait, par exemple[w] un loup pour un chien ou un chien pour un loup, il n'y faut plus rien[x] mettre. Voilà peut-être un cas où il ne faut plus peindre la nature.

Tous les possibles ne doivent point avoir aucun[y] lieu en bonne peinture non plus qu'en bonne littérature; car il y a tel concours d'événements dont on ne peut nier la possibilité, mais dont la combinaison est telle qu'on voit que peut-être ils n'ont jamais eu lieu et ne l'auront peut-être jamais. Les possibles qu'on peut employer, ce sont les possibles vraisemblables, et les possibles vraisemblables, ce sont ceux où il y a plus à parier pour que contre qu'ils ont passé de l'état de possibilité à l'état d'existence dans un certain temps limité par celui de l'action. Exemple. Il se peut faire qu'une femme soit surprise par les douleurs de l'enfantement en pleine campagne, il se peut faire qu'elle y trouve une crèche, il est possible que cette crèche soit appuyée contre les ruines d'un ancien monument; mais la rencontre possible de cet ancien monument est à sa rencontre réelle comme l'espace entier où il peut y avoir des crèches est à la partie de cet espace qui est occupée par d'anciens monuments. Or ce rapport est infiniment petit, il n'y faut donc avoir aucun égard; et cette circonstance est absurde, à moins qu'elle ne soit donnée par l'histoire ainsi que[z] les autres circonstances de l'action. Il n'en est pas ainsi des bergers, des chiens, des hameaux, des troupeaux, des voyageurs, des arbres, des ruisseaux, des montagnes et de tous les autres objets qui sont dispersés dans les campagnes et qui les constituent. Pourquoi peut-on les mettre dans la peinture dont il s'agit et sur le champ du tableau ? Parce qu'ils se trouvent plus souvent dans la scène de la nature qu'on se propose d'imiter qu'ils[A] ne s'y trouvent pas. La proximité ou rencontre d'un ancien monument est aussi ridicule que le passage d'un empereur dans le moment de l'action. Ce passage est possible, mais d'un

W. *les êtres om. V1 V2* / [*rayé par Vdl*] / *individualisent* les autres, *ne se font N* / *par exemple om. V1* / [passez moi l'expression *add. int. Vdl au dessus de* individualisent *dans* V1]

X. *il* ne *faut plus* en *mettre. N*

Y. *aucun om. N V1 V2*

Z. *histoire* comme *les autres V1 V2* [*rayé par Vdl dans* V1]

A. *d'imiter*, qu'il n'arrive *qu'ils N*

possible trop rare pour être employé. Celui d'un voyageur ordinaire l'est aussi, mais d'un possible si commun que l'emploi n'en a rien que de naturel. Il faut que le passage de l'empereur ou la présence de la colonne soit donnée par l'histoire.

Deux sortes de peintures : l'une qui plaçant l'œil tout aussi près du tableau qu'il est possible sans le priver de sa faculté de voir distinctement, rend les objets dans tous les détails qu'il aperçoit à cette distance, et rend ces détails avec autant de scrupule que les formes principales, en sorte qu'à mesure que le spectateur s'éloigne du tableau, à mesure il perd de ces détails, jusqu'à ce qu'enfin il arrive à une distance où tout disparaisse ; en sorte qu'en s'approchant de[B] cette distance où tout est confondu, les formes commencent peu à peu à se faire discerner et successivement les détails à se recouvrer, jusqu'à ce que l'œil replacé en son premier et moindre éloignement, il voit dans les objets du tableau les variétés les plus légères et les plus minutieuses. Voilà la belle peinture, voilà la véritable imitation de la nature. Je suis par rapport à ce tableau ce que je suis par rapport à la nature que le peintre a prise pour modèle. Je la vois mieux à mesure que mon œil s'en approche ; je la vois moins à mesure que mon œil s'en éloigne.

Mais il est une autre peinture qui n'est pas moins dans[C] la nature, mais qui[D] ne l'imite parfaitement qu'à une certaine distance, elle n'est, pour ainsi parler, imitatrice que dans un point : c'est celle où le[E] peintre n'a rendu vivement et fortement que les détails qu'il a[F] aperçus dans les objets du[G] point qu'il a choisi ; au delà de ce point, on ne voit plus rien, c'est pis encore en deçà. Son tableau n'est point un tableau[;] depuis sa toile jusqu'à son point de vue, on ne sait ce que c'est. Il ne faut pourtant pas blâmer ce genre de peinture, c'est celui du fameux Rembrand ; ce nom seul en fait suffisamment l'éloge[41].

B. *principales.* Dans cette première sorte de peinture, *à mesure que* [...] *où tout disparaisse* et en revenant *de cette V1* [*corr. Vdl*]
C. *moins* bien *dans V2 N*
D. *nature ;* elle *ne l'imite V1* [*corr. Vdl*]
E. *point* ; dans *celle-ci le peintre V1* [*corr. Vdl*]
F. *qu'il a om. V1* [*rayé par Vdl*]
G. *objets* que *du point L V1 V2* [que *rayé par Vdl dans V1*]

41. Dans ces développements, les commentateurs ont vu, non sans raison, une préfiguration des expériences auxquelles devaient se livrer les impressionnistes. Cependant d'autres avant

D'où l'on voit que la loi de tout finir a quelque restriction. Elle est d'observation absolue dans le premier genre de peinture dont j'ai parlé dans[H] l'article précédent; elle n'est pas de même nécessité dans le second genre : le peintre y néglige tout ce qui ne s'aperçoit dans les objets que dans les points plus voisins du tableau que ceux[I] qu'il a pris pour son point de vue.

Exemple d'une idée sublime du Rembrand[J] : le Rembrand a peint une *Résurrection du Lazare*; son Christ a l'air d'un tristo[K][42], il est à genoux sur le bord du sépulcre, il prie, et l'on voit s'élever deux bras du fond du sépulcre[43].

Exemple d'une autre espèce. Il n'y aurait rien de si ridicule qu'un homme peint en habit neuf au sortir de chez son tailleur, ce tailleur fût-il

H. *parle à l'article V1* [*corr. Vdl*]
I. celui *N*
J. *du Rembrand om. V1* [*rayé par Vdl*] / Rembrant *N*

Diderot avaient perçu cette « manière large » qui « distingue les coloristes des dessinateurs ». Roger de Piles avait déjà écrit, précisément à propos de Rembrandt : « Il avait une suprême intelligence du clair-obscur [...] [Les touches] sont dans Rembrandt très distinguées et à les regarder de près mais dans une distance convenable elles paraissent très unies par la justesse des coups et par l'accord des couleurs. Cette pratique est singulière à Rembrandt » (*Abrégé de la vie des peintres*, Paris, Langlois, 1699, p. 438).

Sur la *manière large*, voir le lexique.

42. *Tristo* : mot italien désignant un scélérat, un coquin, un triste sire. Rien pourtant dans le passage du *Salon de 1759* concernant cette *Résurrection* (voir p. 95-96) n'appelle un mot aussi dur. Il est vrai que le Christ de Vien, dans *La Piscine miraculeuse* a l'air « benêt comme de coutume ».

43. Dans le *Salon de 1759*, Diderot évoquait à propos de la *Résurrection de Lazare* « ces disciples écartés; ce Christ en prière; cette tête enveloppée du linceul, dont on ne voit que le sommet, et ces deux bras effrayants qui sortent du tombeau » (ci-dessous, p. 95). Cette description et celle des *Essais sur la peinture* prouvent que Diderot ne fait pas allusion à l'une des deux célèbres peintures de Rembrandt intitulées la *Résurrection de Lazare*. D'ailleurs seule l'une d'elles est attribuée aujourd'hui à Rembrandt (voir G. Arpino, P. Lecaldano, *Rembrandt*, Milan, 1969, n° 52 et reproduction). Selon Seznec, il se peut que Diderot fasse allusion à une *Résurrection de Lazare* de Jan Lievens (*Salons*, I, fig. 12 bis). Mais cette toile ne correspond pas non plus à la description de Diderot (voir Gita May, « Diderot devant la magie de Rembrandt », *PMLA*, septembre 1959, p. 391-393, pl. 3-4). Le tableau de Lievens était connu en France par la gravure de J. Louys et aucun connaisseur du XVIII^e^ siècle ne l'a jamais attribué à Rembrandt; il n'y a donc aucune raison de penser que Diderot se soit distingué d'eux à cet égard. Il connaissait d'ailleurs bien le *Catalogue raisonné de toutes les estampes qui forment l'œuvre de Rembrandt* (1751), de E.-F. Gersaint, cité dans les *Nouvelles littéraires* (C.L., II, 89). Or, dans ce catalogue, l'œuvre de Lievens lui est clairement attribuée. On sait que Crozat possédait un tableau de Rembrandt intitulé la *Résurrection de Lazare* (voir M. Stuffmann, « Les tableaux de la collection de Pierre Crozat », *GBA*, 1968, II, n° 367). Diderot avait accès à la collection Crozat.

le plus habile homme de son temps. Mieux un habit collerait sur les membres, plus la figure aurait la figure d'un homme de bois. Outre ce que le peintre perdrait du côté de la variété des formes et des lumières qui naissent des plis et du chiffonnage des vieux habits, il y a encore une raison qui agit en nous sans que nous nous en apercevions, c'est qu'un habit n'est neuf que pendant quelques jours et qu'il est vieux pendant longtemps, et qu'il faut prendre les choses dans l'état qu'elles ont d'une manière la plus durable. D'ailleurs il y a dans un habit vieux une multitude infinie de petits accidents intéressants, de la poudre, des boutons manquants et tout ce qui tient de l'user[L 44]; tous ces accidents rendus réveillent autant d'idées et servent à lier les différentes parties de l'ajustement; il faut de la poudre pour lier la perruque avec l'habit.

Un jeune homme fut consulté par sa famille sur la manière dont on voulait qu'on fît peindre son père; c'était un ouvrier en fer. Mettez-lui, dit-il, son habit de travail, son bonnet de forge, son tablier; que je le voie à son établi avec une lancette à la main ou autre ouvrage qu'il[M] éprouve ou qu'il repasse, et surtout n'oubliez point[N] de lui faire mettre ses lunettes sur le nez. Ce projet ne fut point suivi. On lui envoya un beau portrait de son père, en pied, avec une belle perruque, un bel habit, de beaux bas, une belle tabatière à la main. Le jeune homme qui avait du goût et de la vérité dans le caractère, dit à sa famille en la remerciant : Vous n'avez rien fait qui vaille, ni vous, ni le peintre. Je vous avais demandé mon père de tous les jours, et vous ne m'avez envoyé[O] que mon père des dimanches[45]...

K. triste *V2*
L. *user V1 corr. Vdl* → usé
M. *lancette ou autre ouvrage à la main, qu'il éprouve N ouvrage om. V1 V2*
N. pas *N V2*
O. m'envoyez *que V2*

44. *User* : infinitif substantivé. C'est, selon Furetière (1690), l' « altération qui se fait des choses par l'usage. Il y a des draps qui sont plus beaux à l'user, qui s'embellissent quand on les a portés quelque temps ».
45. Il s'agit très vraisemblablement d'une anecdote autobiographique, puisque l' « ouvrier en fer » est un coutelier, comme le père de Diderot. Le tableau en question n'a cependant pas été retrouvé, bien qu'il existe au musée de Langres une peinture anonyme donnée comme représentant Didier Diderot. Selon certains, elle représenterait plutôt Denis Diderot âgé. Au cours d'un séjour à Langres, Diderot écrivait à Grimm, dans une lettre du 14 août 1759, qu'il se trouvait assis à table vis-à-vis d'un portrait de son père. Il est « mal peint », disait-il, mais on l' « a fait tirer il y a seulement quelques années », et il « ressemble assez » (CORR, II, 213). Angélique revendiquera ce tableau à la

C'est par la même raison que M.[P] de La Tour, si vrai, si sublime d'ailleurs, n'a fait du portrait de M. Rousseau qu'une belle chose au lieu d'un chef-d'œuvre qu'il en pouvait faire. J'y cherche le censeur des lettres, le Caton et le Brutus de notre âge, je m'attendais à voir Epictete en habit négligé, en perruque ébouriffée, effrayant par son air sévère les littérateurs, les Grands et les gens du monde, et je n'y vois que l'auteur du *Devin du*[Q] *village* bien habillé, bien peigné, bien poudré et ridiculement assis sur une chaise de paille; et il faut convenir que le[R] vers de Marmontel dit très bien ce qu'est M. Rousseau et ce qu'on devrait[S] trouver et ce qu'on cherche en vain dans le tableau de M. de La Tour[46].

On a exposé dans le Salon un[T] tableau de la *Mort de Socrate* qui a tout le ridicule qu'une composition de cette espèce pouvait avoir : on y fait mourir sur un lit de parade le philosophe le plus austère et le plus pauvre de la Grece[47]. Le peintre n'a pas conçu combien la vertu et l'innocence prêtes d'expirer au fond d'un cachot sur un lit de paille, sur un grabat, faisaient[U] une représentation pathétique et sublime.

P. *M. om. V1a*
Q. de *V1a*
R. *les V2 les V1 corr. Vdl* → le [*dans* L V1 V2 V1a *le mot* vers *est suivi d'un blanc, place laissée pour le vers*; *dans* V1a *un astérisque renvoie à une note* : Vitam impendere vero.]
S. *M. om. V1a* / devait *V1a*
T. *exposé* cette année *dans N Salon* (1765) *V1 V3*
U. *innocence* près *d'expirer N* / faisait *L*

mort de sa tante Denise. Nous ignorons s'il s'agit du portrait auquel Diderot fait allusion.
46. Voici les vers de Marmontel auxquels pense Diderot : « A ces traits, par le zèle et l'amitié tracés, / Sages, arrêtez-vous; gens du monde, passez. » La variante de *V1a* renvoyant à la maxime de Rousseau lui-même *(Vitam impendere vero)* est absurde. Diderot a probablement vu le pastel de La Tour au Salon de 1753.
47. « Socrate mourant » était devenu au XVIIIe siècle un thème fréquemment traité par les peintres d'histoire. Diderot pense peut-être ici à une composition de J.-F. Sané, dont la *Mort de Socrate*, hors concours pour le prix de Rome de 1762, avait obtenu un très vif succès, mais dont le décor trop somptueux n'indique pas que la scène se passe dans une prison. Voir J. Seznec, o.c., 1957, p. 17-18, pl. 6.

## CE QUE TOUT LE MONDE SAIT SUR L'EXPRESSION, ET QUELQUE CHOSE QUE TOUT LE MONDE NE SAIT PAS

Sunt lacrymæ rerum et mentem mortalia tangunt[48].

L'expression est en général l'image du[v] sentiment.

Un comédien qui ne se connaît pas en peinture est un pauvre comédien; un peintre qui n'est pas physionomiste est un pauvre peintre.

Dans chaque partie du monde, chaque contrée; dans une même contrée chaque province; dans une province chaque ville; dans une ville chaque famille; dans une famille, chaque individu; dans un individu, chaque instant a sa physionomie, son expression.

L'homme entre en colère, il est attentif, il est curieux, il aime, il hait, il méprise, il dédaigne, il admire; et chacun des mouvements de son âme vient se peindre sur son visage en caractères clairs, évidents, auxquels nous ne nous méprenons jamais.

Sur son visage! Que dis-je? Sur sa bouche, sur ses joues, dans ses yeux, en chaque partie de son visage. L'œil s'allume, s'éteint, languit, s'égare, se fixe; et une grande imagination de peintre est un recueil immense de toutes ces expressions. Chacun de nous en a sa petite provision, et c'est la base du jugement que nous portons de la laideur et de la beauté. Remarquez-le bien, mon ami, interrogez-vous à l'aspect d'un homme ou d'une femme, et vous reconnaîtrez que c'est toujours l'image d'une bonne qualité ou l'empreinte plus ou moins marquée d'une mauvaise qui vous attire ou vous repousse.

Supposez l'Antinoüs devant vous: Ses traits sont beaux et réguliers. Ses joues larges et pleines annoncent la santé. Nous aimons la santé, c'est la pierre angulaire du bonheur. Il est tranquille; nous aimons le repos. Il a l'air réfléchi et sage; nous aimons la réflexion et la sagesse. Je laisse là le reste de la figure, et je vais m'occuper seulement de la tête.

v. d'un *G M*

48. « Il y a des larmes pour l'infortune et les choses humaines touchent les cœurs » (*Énéide*, liv. I, v. 462). La citation et le développement qui en découle se trouvent également dans les *Recherches sur les beautés de la peinture* de Webb. Voir E. M. Bukdahl, o.c., 1982, p. 83-84.

Conservez tous les traits de ce beau visage comme ils sont, relevez seulement un des coins de la bouche; l'expression devient ironique, et le visage vous plaira moins. Remettez la bouche dans son premier état, et relevez les sourcils; le caractère devient orgueilleux, et il vous plaira moins. Relevez les deux coins de la bouche en même temps, et tenez les yeux bien ouverts; vous aurez une physionomie cynique, et vous craindrez pour votre fille si vous êtes père. Laissez retomber les coins de la bouche, et rabaissez les paupières; qu'elles couvrent la moitié de l'iris, et partagent la prunelle en deux; et vous en aurez fait un homme faux, caché, dissimulé que vous éviterez.

Chaque âge a ses goûts. Des lèvres vermeilles bien bordées, une bouche entrouverte et riante, de belles dents blanches, une démarche libre, le regard assuré, une gorge découverte, de belles grandes joues larges, un nez retroussé me faisaient galoper à dix-huit ans. Aujourd'hui que le vice ne m'est plus bon et que je ne suis plus bon au vice, c'est une jeune fille qui a l'air décent et modeste, la démarche[w] composée, le regard timide, et qui marche en silence à côté de sa mère, qui m'arrête et me charme.

Qui est-ce qui a le bon goût? Est-ce moi à dix-huit ans? Est-ce moi à cinquante? La question sera bientôt décidée. Si l'on m'eût dit à dix-huit ans : mon enfant, de l'image du vice, ou de l'image de la vertu, quelle est la plus belle? Belle demande! aurais-je répondu; c'est celle-ci. Pour arracher de l'homme la vérité, il faut à tout moment donner le change à la passion, en empruntant des termes généraux et abstraits. C'est qu'à dix-huit ans, ce n'était pas l'image de la beauté, mais la physionomie du plaisir qui me faisait courir.

L'expression est faible ou fausse si elle laisse incertain sur le sentiment.

Quel que soit le caractère de l'homme, si sa physionomie habituelle est conforme à l'idée que vous avez d'une vertu, il vous attirera; si sa physionomie habituelle est conforme à l'idée que vous avez d'un vice, il vous éloignera.

On se fait à soi-même quelquefois sa physionomie. Le visage accoutumé à prendre le caractère de la passion dominante, le garde. Quelquefois aussi

w. marche G

on la reçoit de la nature, et il faut bien la garder comme on l'a reçue. Il lui a plu de nous faire bons, et de nous donner le visage du méchant; ou de nous faire méchants et de nous donner le visage de la bonté.

J'ai vu au fond du faubourg Saint Marceau où j'ai demeuré longtemps[49] des enfants charmants de visage. A l'âge de douze à treize ans, ces yeux pleins de douceur étaient devenus intrépides et ardents; cette agréable petite bouche s'était contournée bizarrement; ce col si rond était gonflé de muscles, ces joues larges et unies étaient parsemées d'élévations dures. Ils avaient pris la physionomie de la halle et du marché. A force de s'irriter, de s'injurier, de se battre, de crier, de se décoiffer pour un liard, ils avaient contracté pour toute leur vie l'air de l'intérêt sordide, de l'impudence et de la colère.

Si l'âme d'un homme ou la nature a donné à son visage l'expression de la bienveillance, de la justice et de la liberté, vous le sentirez, parce que vous portez en vous-même des images de ces vertus, et vous accueillerez celui qui vous les annonce. Ce visage est une lettre de recommandation écrite dans une langue commune à tous les hommes.

Chaque état de la vie a son caractère propre et son expression.

Le sauvage a les traits fermes, vigoureux et prononcés, des cheveux hérissés, une barbe touffue, la proportion la plus rigoureuse dans les membres : quelle est la fonction qui aurait pu l'altérer ? Il a chassé, il a couru, il s'est battu contre l'animal féroce, il s'est exercé; il s'est conservé, il a produit son semblable : les deux seules occupations naturelles. Il n'a rien qui sente l'effronterie ni la honte. Un air de fierté mêlé de férocité. Sa tête est droite et relevée. Son regard fixe. Il est le maître dans sa forêt. Plus je le considère, plus il me rappelle la solitude et la franchise de son domicile. S'il parle, son geste est impérieux, son propos énergique et court. Il est sans loi et sans préjugé. Son âme est prompte à s'irriter. Il est dans un état de guerre perpétuelle. Il est souple, il est agile; cependant il est fort.

49. Il s'agit du faubourg Saint-Marcel, à l'emplacement du boulevard actuel du même nom. En novembre 1743, Diderot, qui venait de se marier, s'installa rue Saint-Victor, près de la place Maubert. En 1744, il alla loger rue Traversière, au faubourg Saint-Antoine. En 1746, le jeune ménage regagna le faubourg Saint-Marceau, rue Mouffetard, et le quitta en 1749 pour s'installer rue de l'Estrapade.

Les traits de sa compagne, son regard, son maintien ne sont point de la femme civilisée. Elle est nue sans s'en apercevoir. Elle a suivi son époux dans la plaine, sur la montagne, au fond de la forêt. Elle a partagé son exercice. Elle a porté son enfant dans ses bras. Aucun vêtement n'a soutenu ses mamelles. Sa longue chevelure est éparse. Elle est bien proportionnée. La voix de son époux était tonnante; la sienne est forte. Ses regards sont moins arrêtés. Elle conçoit de l'effroi plus facilement. Elle est agile.

Dans la société chaque individu[x] de citoyens a son caractère et son expression : l'artisan, le noble, le roturier, l'homme de lettres, l'ecclésiastique, le magistrat, le militaire.

Parmi les artisans il y a des habitudes de corps, des physionomies de boutiques et d'ateliers.

Chaque société a son gouvernement, et chaque gouvernement a sa qualité dominante, réelle ou supposée qui en est l'âme, le soutien et le mobile.

La république est un état d'égalité. Tout sujet se regarde comme un petit monarque. L'air du républicain sera haut, dur et fier.

Dans la monarchie où l'on commande et l'on obéit, le caractère, l'expression sera celle de l'affabilité et[y] de la grâce, de la douceur, de l'honneur, de la galanterie.

Sous le despotisme, la beauté sera celle de l'esclave. Montrez-moi des visages doux, soumis, timides, circonspects, suppliants et modestes. L'esclave marche la tête inclinée; il semble toujours la présenter à un glaive prêt à le frapper.

Et qu'est-ce que la sympathie ? J'entends cette impulsion prompte, subite, irréfléchie, qui presse et colle deux êtres l'un à l'autre à la première vue, au premier coup, à la première rencontre ? Car la sympathie, même en ce sens, n'est point une chimère. C'est l'attrait momentané et réciproque de quelque vertu. De la beauté naît l'admiration; de l'admiration, l'estime, le désir de posséder et l'amour.

Voilà pour les caractères et leurs diverses physionomies; mais ce n'est pas tout. Il faut joindre encore à cette connaissance une profonde expérience

x. ordre *N* y. *et om.* *G M N*

des scènes de la vie. Je m'explique. Il faut avoir étudié le bonheur et la misère de l'homme sous toutes ses faces; des batailles, des famines, des pestes, des inondations, des orages, des tempêtes; la nature sensible, la nature inanimée, en convulsions[z]. Il faut feuilleter les historiens, se remplir des poètes, s'arrêter sur leurs images. Lorsque le poète dit, *vero*[A] *incessu patuit dea*[50], il faut chercher en soi cette figure-là. Lorsqu'il dit, *summa placidum caput extulit unda*[51], il faut modeler cette tête-là. Sentir ce qu'il en faut prendre, ce qu'il en faut laisser; connaître les passions douces et fortes, et les rendre sans grimace. Le Laocoon souffre, il ne grimace pas[52]. Cependant la douleur cruelle serpente depuis l'extrémité de son orteil jusqu'au sommet de sa tête. Elle affecte profondément sans inspirer de l'horreur. Faites que je ne puisse ni arrêter mes yeux, ni les arracher de dessus votre toile.

Ne confondez point les minauderies, la grimace, les petits coins de bouche relevés, les petits becs pincés et mille autres puériles afféteries, avec la grâce, moins encore avec l'expression.

z. convulsion *N*

A. vera *N*

50. « Sa démarche a révélé une déesse. » Vénus se portant au secours d'Énée lui révèle ainsi son identité (*Énéide*, liv. I, v. 405).

51. « Il a levé sa tête calme au-dessus des flots » (*Énéide*, liv. I, v. 127). Cette citation se rapporte à Neptune surgissant de la mer pour calmer la tempête suscitée par Junon. Pour une analyse détaillée de la manière dont Diderot concevait ce sujet en poésie et en peinture, voir J. Seznec, o.c., 1957, p. 73-77. Dans le *Salon de 1767*, Diderot écrira : « J'en reviens toujours au Neptune de Virgile, ....*Summa placidum caput extulit unda*. Que le plus habile artiste, s'arrêtant strictement à l'image du poète, nous montre cette tête si belle, si noble, si sublime dans l'*Énéide*, et vous verrez son effet sur la toile » (A.T., XI, 73; *Salons*, III, 108). Et dans le développement qui suit, Diderot s'efforce de démontrer que certaines actions et certains moments peuvent exciter agréablement notre imagination, mais sont choquants ou déplaisants lorsqu'ils s'imposent directement à notre vue. A cette époque, Diderot connaissait sans doute déjà le *Quos ego* de Rubens par la gravure, où ce sujet est traité avec la liberté et la fougue qui caractérisent l'art de cet artiste. Mais ce n'est qu'en 1773, lors de son passage à Dresde, que Diderot pourra admirer l'original, qui se trouve encore à la Gemäldegalerie, Alte Meister, à Dresde, (J. Seznec, o.c., 1957, fig. 58).

52. Diderot possédait un dessin du *Laocoon* dans son cabinet, et il en a parlé avec transport dans sa correspondance, dans les *Salons*, dans les *Essais sur la peinture* et dans les *Pensées détachées sur la peinture*. Il ne se contentera d'ailleurs pas d'exprimer son admiration pour le Laocoon. Comme Lessing, il sera conduit à des réflexions psychologiques, esthétiques et morales que J. Seznec a analysées en détail (o.c., 1957, « Un Laocoon français », p. 58-78). Voir E. M. Bukdahl, o. c., 1982, p. 113-115.

Que votre tête soit d'abord d'un beau caractère. Les passions se peignent plus facilement sur un beau visage. Quand elles sont extrêmes, elles n'en deviennent que plus terribles. Les Euménides des Anciens sont belles, et n'en sont que plus effrayantes. C'est quand on est en même temps attiré et repoussé violemment, qu'on éprouve le plus de malaise, et ce sera l'effet d'une Euménide à laquelle on aura conservé les grands traits de la beauté.

L'ovale du visage, allongé dans l'homme, large par le haut, se rétrécissant par le bas : caractère de noblesse.

L'ovale du visage, arrondi dans la femme, dans l'enfant : caractère de jeunesse, principe de la grâce.

Un trait déplacé de l'épaisseur d'un cheveu, embellit ou dépare.

Sachez donc ce que c'est que la grâce, ou cette rigoureuse et précise conformité des membres avec la nature de l'action. Surtout ne la prenez point pour celle de l'acteur ou du maître à danser. La grâce de l'action et celle de Marcel se contredisent exactement. Si Marcel rencontrait un homme placé comme l'Antinoüs; lui portant une main sous le menton et l'autre sur les épaules, Allons donc, grand dadais, lui dirait-il, est-ce qu'on se tient comme cela ? Puis lui repoussant les genoux avec les siens, et le relevant par-dessous les bras, il ajouterait : on dirait que vous êtes de cire, et que vous allez fondre. Allons, nigaud, tendez-moi ce jarret, déployez-moi cette figure; ce nez un peu au vent. Et quand il en aurait fait le plus insipide petit-maître, il commencerait à lui sourire, et à s'applaudir de son ouvrage [53].

Si vous perdez le sentiment de la différence de l'homme qui se présente en compagnie, et de l'homme intéressé qui agit, de l'homme qui est seul,

53. Dans ce passage, Diderot s'inspire visiblement de la gravure qui illustre *Analysis of Beauty* de Hogarth. Voir J. Seznec, o.c., 1957, p. 25, pl. 11. Hogarth, comme Diderot, tire ses exemples de la sculpture antique, et une de ses intentions, dans cette planche, comme il s'en explique lui-même, est de montrer la différence entre la grâce naturelle et la grâce artificielle. A gauche de l'estampe, on aperçoit en effet un maître à danser s'efforçant de corriger l'attitude de l'*Antinoüs*, et dans sa Préface, Hogarth commente ainsi ce groupe insolite : « Si un maître à danser voyait son écolier dans l'attitude aisée et gracieuse de l'Antinoüs, *fig. 6, pl. 1*, il le blâmerait certainement de prendre une position si courbée, et lui dirait de tenir la tête droite » (*Analyse de la beauté*, trad. H. Jansen, 1805, p. 42). Voir aussi Peter Quennel, *Hogarth's Progress*, New York, 1956, p. 221. Diderot emploie le néologisme « académiser » pour dire « poser de manière académique ». Voir ce qu'il dit de *La Chaste Suzanne* dans le *Salon de 1765*.

et de l'homme qu'on regarde, jetez vos pinceaux dans le feu. Vous académiserez, vous redresserez, vous guinderez vos[B] figures.

Voulez-vous sentir, mon ami, cette différence? Vous êtes seul chez vous. Vous attendez mes papiers qui ne viennent point. Vous pensez que les souverains veulent être servis à point nommé. Vous voilà étendu sur votre chaise de paille, les bras posés sur vos genoux, votre bonnet de nuit renfoncé sur vos yeux, ou vos cheveux épars et mal retroussés sous un peigne courbé; votre robe de chambre entrouverte et retombant à longs plis de l'un et de l'autre côté : vous êtes tout à fait pittoresque et beau. On vous annonce M. le marquis de Castries[54]; et voilà le bonnet relevé, la robe de chambre croisée; mon homme droit, tous ses membres bien composés; se maniérant, se marcélisant[55], se rendant très agréable pour la visite qui lui arrive, très maussade pour l'artiste. Tout à l'heure vous étiez son homme; vous ne l'êtes plus.

Quand on considère certaines figures, certains caractères de tête de Raphael, des Carraches[56] et d'autres, on se demande où ils les ont pris[C]. Dans une imagination forte, dans les auteurs, dans les nuages, dans les accidents du feu, dans les ruines, dans la nation où ils ont recueilli les premiers traits que la poésie a ensuite exagérés.

Ces hommes rares avaient de la sensibilité, de l'originalité, de l'humeur. Ils lisaient, les poètes surtout. Un poète est un homme [d'une imagination forte[D]] qui s'attendrit, qui s'effraye lui-même des fantômes qu'il se fait.

B. *guinderez* toutes *vos G M N*
C. prises *S G M*
D. *d'une imagination forte G M N om. S*

54. Charles de La Croix, marquis de Castries (1727-1801), qui devait être maréchal de France en 1783, ministre de la Marine de 1780 à 1787, avait combattu dans toutes les campagnes de Flandre et d'Allemagne. Il fut l'un des protecteurs de Grimm (voir CORR, IV, 184 et 214, notamment). C'est ce qui explique l'exemple choisi par Diderot pour montrer à son ami, auquel, rappelons-le, les *Essais sur la peinture* étaient destinés, la différence entre la grâce naturelle et la grâce artificielle.

55. « Se maniérer » et « se marcéliser » signifient également fausser la nature en prenant des attitudes conventionnelles et apprêtées. Diderot écrira dans le *Salon de 1767* : « J'ai dit quelque part que le célèbre Marcel maniérait ses élèves, et je ne m'en dédis pas » (*Salons*, III, 338).

56. Les Carrache étaient une famille de peintres italiens dont le plus célèbre était Annibale (voir le *Salon de 1765*). Les deux autres sont Louis et Auguste Carrache. Diderot a vu les toiles des Carrache dans la galerie du duc d'Orléans. Fort admirés aux XVIIe et XVIIIe siècles, ils ont depuis subi une éclipse en faveur d'artistes italiens moins académiques et éclectiques. Voir C. Stryienski, o.c., 1913, n° 215-251 et DPV, XIII, 224.

Je ne saurais résister. Il faut absolument, mon ami, que je vous entretienne ici de l'action et de la réaction du poète sur le statuaire ou le peintre, du statuaire sur le poète, et de l'un et de l'autre, sur les êtres tant animés qu'inanimés de la nature. Je rajeunis de deux mille ans, pour vous exposer comment dans les temps anciens ces artistes influaient réciproquement les uns sur les autres, comment ils influaient sur la nature même, et lui donnaient une empreinte[E] divine. Homere avait dit que Jupiter ébranlait l'Olympe du seul mouvement de ses noirs sourcils[57]. C'est le théologien qui avait parlé, et voilà la tête que le marbre exposé dans un temple avait à montrer à l'adorateur prosterné. La cervelle du sculpteur s'échauffait, et il ne prenait la terre molle et l'ébauchoir que quand il avait conçu l'image orthodoxe. Le poète avait consacré les beaux pieds de Thétis, et ces pieds étaient de foi; la gorge ravissante de Vénus, et cette gorge était de foi; les épaules charmantes d'Apollon, et ces épaules étaient de foi; les fesses rebondies de Ganymede, et ces fesses étaient de foi. Le peuple s'attendait à retrouver sur les autels ses dieux et ses déesses avec les charmes caractéristiques de son catéchisme. Le théologien ou le poète les avait désignés, et le statuaire n'avait garde d'y manquer. On se serait moqué d'un Neptune qui n'aurait pas eu la poitrine, d'un Hercule qui n'aurait pas eu le dos de la Bible païenne; et le bloc de marbre hérétique serait resté dans l'atelier.

Qu'arrivait-il de là : car après tout, le poète n'avait [rien] révélé ni[F] fait croire; le peintre et le sculpteur n'avaient représenté que des qualités empruntées de la nature? C'est que, quand au sortir du temple le peuple venait à reconnaître ces qualités dans quelques individus, il en était bien autrement touché. La femme avait fourni ses pieds à Thétis, sa gorge à Vénus; la déesse les lui rendait, mais les lui rendait sanctifiés, divinisés. L'homme avait fourni à Apollon ses épaules, sa poitrine à Neptune, ses flancs nerveux à Mars, sa tête sublime à Jupiter, ses fesses à Ganymède; mais Apollon, Neptune, Mars, Jupiter et Ganymède les lui rendaient sanctifiés, divinisés.

E. impression *G*

F. *rien N om. G M S révélé* et *fait M*

57. Allusion à l'*Iliade*, chant I, v. 528-530.

Lorsque quelque circonstance permanente, quelquefois même passagère, a associé certaines idées dans la tête des peuples, elles ne s'y séparent plus; et s'il arrivait à un libertin de retrouver sa maîtresse sur l'autel de Vénus, parce qu'en effet c'était elle, un dévot n'en était pas moins porté à révérer les épaules de son dieu sur le dos d'un mortel quel qu'il fût. Ainsi je ne puis m'empêcher de croire que lorsque le peuple assemblé s'amusait à considérer des hommes nus aux bains, dans les gymnases, dans les jeux publics, il y avait, sans qu'ils s'en doutassent, dans le tribut d'admiration qu'ils rendaient à la beauté, une teinte mêlée de sacré et de profane, je ne sais quel mélange bizarre de libertinage et de dévotion. Un voluptueux qui tenait sa maîtresse entre ses bras, l'appelait ma reine, ma souveraine, ma déesse; et ces propos fades dans notre bouche, avaient bien un autre sens dans la sienne. C'est qu'ils étaient vrais; c'est qu'en effet il était dans les cieux, parmi les dieux; c'est qu'il jouissait réellement de l'objet de son adoration et de l'adoration nationale.

Et pourquoi les choses se seraient-elles passées autrement dans l'esprit du peuple que dans la tête de ses poètes ou théologiens ? Les ouvrages que nous en avons, les descriptions qu'ils nous ont laissées des objets de leurs passions, sont pleines de comparaisons, d'allusions aux objets de leur culte. C'est le souris des Grâces, c'est la jeunesse d'Hébé; ce sont les doigts de l'Aurore; c'est la gorge, c'est le bras, c'est l'épaule, ce sont les cuisses, ce sont les yeux de Vénus. Va-t-en à Delphes, et tu verras mon Batyle[58]. Prends cette fille pour modèle, et porte ton tableau à Paphos. Il ne leur a manqué que de nous dire plus souvent où l'on voyait ce dieu ou cette déesse dont ils caressaient l'original vivant; mais les peuples qui lisaient leurs poésies, ne l'ignoraient pas. Sans ces simulacres subsistants, leurs galanteries auraient été bien insipides et bien froides. Je vous en atteste vous, mon ami, et vous, fin et délicat Suard; vous, chaud et bouillant Arnaud; vous, original, savant, profond et plaisant Galiani[59]. Dites-moi,

58. Bathylle de Samos, jeune Grec célèbre pour sa beauté. Anacréon le chanta dans ses poèmes et le tyran Polycrate lui fit élever une statue.

59. Jean-Baptiste Suard (1733-1817), littérateur et ami des Philosophes, publia en 1766, un *Exposé de la contestation entre Hume et Rousseau*. L'abbé François Arnaud (1721-1784) fut aussi littérateur et ami de Diderot. En 1762, il obtint avec Suard le privilège de la *Gazette de France*. L'abbé Galiani (1728-1787), diplomate, économiste et littérateur italien

ne pensez-vous pas que c'est là l'origine de tous ces éloges des mortels, empruntés des attributs des dieux, et de toutes ces épithètes indivisiblement attachées aux héros et aux dieux? C'étaient autant d'articles de la foi, autant de versets du symbole païen consacré par la poésie, la peinture et la sculpture. Lorsque nous voyons ces épithètes revenir sans cesse, si elles nous fatiguent et nous ennuient, c'est qu'il ne subsiste plus aucune statue, aucun temple, aucun modèle auxquels nous puissions les rapporter. Le païen, au contraire, à chaque fois qu'il les retrouvait dans un poète, rentrait d'imagination dans un temple, revoyait le tableau, se rappelait la statue qui les avait fournies.

Attendez, mon ami: peut-être que ce qui suit donnera quelque vraisemblance à des idées qui ne vous ont amusé jusqu'à présent que comme un rêve agréable, que comme un système ingénieux. Si notre religion n'était pas une triste et plate métaphysique; si nos peintres et nos statuaires étaient des hommes à comparer aux peintres et aux statuaires anciens: j'entends les bons, car vraisemblablement ils en ont eu de mauvais et plus que nous, comme l'Italie est le lieu où l'on fait le plus de bonne et de mauvaise musique[G]; si nos prêtres n'étaient pas de stupides bigots; si cet abominable christianisme ne s'était pas établi par le meurtre et par le sang; si les joies de notre paradis ne se réduisaient pas à une impertinente vision béatifique de je ne sais quoi qu'on ne comprend ni n'entend; si notre enfer offrait autre chose que des gouffres de feux, des démons hideux et gothiques, des hurlements et des grincements de dents; si nos tableaux pouvaient être autre chose que des scènes d'atrocités, un écorché, un pendu, un rôti, un grillé, une dégoûtante boucherie; si tous nos saints et nos saintes n'étaient pas voilés jusqu'au bout du nez; si nos idées de pudeur et de modestie n'avaient proscrit la vue des bras, des cuisses, des tétons, des épaules, toute

G. [j'entends [...] musique *entre parenthèses dans* N]

résida longtemps en France. Diderot prisait fort son charme, son esprit et son érudition. Dans ses lettres à Sophie Volland, il se plaît à citer ses mots et traits plaisants (voir notamment la lettre du 20 octobre 1760, où il lui rapporte la belle fable du coucou et du rossignol que l'abbé venait de conter lors d'une des soirées animées du Grandval, chez le baron d'Holbach). Galiani est l'auteur des *Dialogues sur le commerce des blés* (1770).

nudité; si l'esprit de mortification n'avait flétri ces tétons, amolli ces cuisses, décharné ces bras, déchiré ces épaules; si nos artistes n'étaient pas enchaînés et nos poètes contenus par les mots effrayants de sacrilège et de profanation; si la Vierge Marie avait été la mère du plaisir; ou bien, mère de Dieu, si c'eût été ses beaux yeux, ses beaux tétons, ses belles fesses qui eussent attiré l'Esprit Saint sur elle, et que cela fût écrit dans le livre de son histoire; si l'ange Gabriel y était vanté par ses belles épaules; si la Magdelaine avait eu quelque aventure galante avec le Christ; si aux noces de Cana le Christ entre deux vins, un peu non-conformiste, eût parcouru la gorge d'une des filles de noces et les fesses de saint Jean, incertain s'il resterait fidèle ou non à l'apôtre au menton ombragé d'un duvet léger : vous verriez ce qu'il en serait de nos peintres, de nos poètes et de nos statuaires; de quel ton nous parlerions de ces charmes qui joueraient un si grand et si merveilleux rôle dans l'histoire de notre religion et de notre Dieu, et de quel œil nous regarderions la beauté à laquelle nous devrions la naissance, l'incarnation du Sauveur, et la grâce de notre rédemption.

Nous nous servons cependant encore des expressions de charmes divins, de beauté divine; mais sans quelque reste de paganisme que l'habitude avec les anciens poètes entretient dans nos cerveaux poétiques, cela serait froid et vide de sens. Cent femmes de formes diverses peuvent recevoir le même éloge; mais il n'en était pas ainsi chez les Grecs. Il existait en marbre ou sur la toile un modèle donné; et celui qui aveuglé par sa passion s'avisait de comparer quelque figure commune avec la Vénus de Gnide ou de Paphos, était aussi ridicule que celui qui parmi nous oserait mettre quelque petit nez retroussé de bourgeoise à côté de madame la comtesse de Brionne[60] : on hausserait les épaules, et on lui rirait au visage.

Nous avons cependant quelques caractères traditionnels, quelques figures données par la peinture et par la sculpture. Personne ne se méprend au Christ, au[H] saint Pierre, à la Vierge, à la plupart des apôtres; et croyez-vous qu'au moment où un bon croyant reconnaît dans la rue quelques-unes

H. à *N* [illisible dans *M* et *G*]

60. Julie-Constance de Rohan-Montauban, née en 1727, avait épousé en 1751 Charles-Louis de Lorraine, comte de Brionne. J. B. II Lemoyne exposa son buste au Salon de 1765.

de ces têtes, il n'éprouve pas un léger sentiment de respect? Que serait-ce donc si ces figures ne se présentaient jamais à la vue sans réveiller un cortège d'idées douces, voluptueuses, agréables qui missent les sens et les passions en jeu?

Grâce à Raphael, au Guide, au Baroche, au Titien[61] et à quelques autres peintres italiens, lorsque quelque femme nous offre ce caractère de noblesse, de grandeur, d'innocence et de simplicité qu'ils ont donné à leurs vierges, voyez ce qui se passe alors dans l'âme; si le sentiment qui nous affecte n'a pas quelque chose de romanesque qui tient de l'admiration, de la tendresse et du respect, et si le[I] respect ne dure pas encore, lors même que nous savons à n'en pouvoir douter que cette vierge est consacrée par état au culte de la Vénus publique qui se célèbre tous les soirs aux environs du Palais Royal? Il semble qu'on vous propose là d'aller coucher avec la mère[J] de votre dieu. Il faut avouer aussi que ces belles et grandes indolentes-là ne promettent pas beaucoup de plaisir, et qu'on les aimerait mieux en peinture à son chevet qu'en chair et vivantes dans son lit.

Combien de choses plus fines encore sur l'expression! Savez-vous qu'elle décide quelquefois la couleur? N'y a-t-il pas un teint plus analogue qu'un autre, à certains états, à certaines passions? La couleur pâle et blême ne messied pas aux poètes, aux musiciens, aux statuaires, aux peintres. Ces hommes sont communément bilieux; fondez dans ce blême une teinte jaunâtre, si vous voulez. Les cheveux noirs ajoutent de l'éclat à la blancheur, et de la vivacité aux regards. Les cheveux blonds s'accorderont mieux avec la langueur, la paresse, la nonchalance, les peaux transparentes et fines, les yeux humides, tendres et bleus.

L'expression se fortifie merveilleusement par ces accessoires légers qui

I. ce *N*

J. [avec la mère *écrit deux fois dans* S]

61. Le Guide [Guido Reni], disciple des Carrache, en particulier d'Annibale. Admiré à l'époque par Diderot pour la grâce de sa touche, il a subi, comme les Carrache, une certaine éclipse due à l'évolution du goût esthétique. Titien est un des maîtres vénitiens dont Diderot admire particulièrement le coloris. Baroche est Federico Barroci (1528-1612), disciple de Corrège, qui se spécialisa dans les scènes religieuses. Diderot avait vu ses œuvres chez le duc d'Orléans. Voir C. Stryienski, o.c., nº 151-155. Il est naturel que le nom de Raphaël vienne en tête de cette énumération puisqu'il incarnait à l'époque de Diderot le peintre parfait.

facilitent encore l'harmonie. Si vous me peignez une chaumière, et que vous placiez un arbre à l'entrée, je veux que cet arbre soit vieux, rompu, gercé, caduc; qu'il y ait une conformité d'accidents, de malheurs et de misère entre lui et l'infortuné auquel il prête son ombre les jours de fête[62].

Les peintres ne manquent pas ces grossières analogies; mais s'ils en connaissaient distinctement la raison, bientôt ils iraient plus loin. J'entends ceux qui ont l'instinct de Greuze; et les autres ne tomberaient pas dans des disparates qui font pitié quand elles ne font pas rire.

Mais je vais vous développer par un ou deux exemples le fil secret et délié qui les a conduits dans le choix délicat de leurs accessoires[63]. Presque tous les peintres de ruines vous montreront autour de leurs fabriques solitaires, palais, villes, obélisques, ou autres édifices renversés, un vent violent qui souffle; un voyageur qui porte son petit bagage sur son dos et qui passe; une femme courbée sous le poids de son enfant enveloppé dans des guenilles et qui passe; des hommes à cheval qui conversent[K], le nez sous leur manteau, et qui passent. Qu'est-ce qui a suggéré ces accessoires? L'affinité des idées. Tout passe, l'homme et la demeure de l'homme. Changez l'espèce de l'édifice ruiné. Supposez à la place des ruines d'une ville, quelque grand tombeau. Vous verrez l'affinité des idées opérer pareillement sur l'artiste, et attirer des accessoires tout contraires aux premiers. Alors le voyageur fatigué aura déposé son fardeau à ses pieds, et lui et son chien seront assis et se reposeront sur les degrés du tombeau. La femme arrêtée et assise allaitera son enfant. Les hommes seront descendus de cheval, et laissant paître en liberté leurs animaux, étendus sur la terre, ils continueront l'entretien, ou ils s'amuseront à lire l'inscription de la tombe. C'est que les ruines sont un lieu de péril, et que les tombeaux sont des sortes d'asiles.

K. *qui conversent om. G*

62. Diderot s'est servi plusieurs fois de l'exemple du vieil arbre tordu, non comme accessoire d'une imitation de la « belle nature », mais comme objet qui convient le mieux à mettre en valeur une composition pittoresque et rustique. Voir la *Lettre sur les sourds et muets* (DPV, IV, 182), l'article *BEAU de l'*Encyclopédie* (DPV, VI, 159), la lettre à Madame Riccoboni datée du 27 novembre 1758 (DPV, X, 449) et les *Pensées détachées* (A.T., XII, 104). Voir aussi le *Salon de 1765*.

63. En général, Diderot recommande au peintre de n'user des accessoires (voir le lexique) qu'avec modération. Voir le *Salon de 1767* (*Salons*, III, 311).

C'est que la vie est un voyage, et le tombeau le séjour du repos. C'est que l'homme s'assied où la cendre de l'homme repose. Il y aurait un contresens, à faire passer le voyageur le long du tombeau, et à l'arrêter entre des ruines. Si le tombeau comporte autour de lui quelques êtres qui se meuvent, ce sont ou des oiseaux qui planent au-dessus à une grande hauteur, ou d'autres qui passent à tire-d'aile, ou des travailleurs à qui le labeur dérobe le terme de la vie, et qui chantent au loin. Je ne parle ici que des peintres de ruines. Les peintres d'histoire, les paysagistes, varient, contrastent, diversifient leurs accessoires comme les idées se diversifient, s'unissent, se fortifient, s'opposent et contrastent dans leur entendement.

Je me suis quelquefois demandé pourquoi les temples ouverts et isolés des Anciens sont si beaux et font un si grand effet. C'est qu'on en décorait les quatre faces, sans nuire à la simplicité. C'est qu'ils étaient accessibles de toutes parts : image de la sécurité. Les rois même ferment leurs[L] palais par des portes; leur caractère auguste ne suffit pas pour les garantir de la méchanceté des hommes. C'est qu'ils étaient placés dans des lieux écartés, et que l'horreur d'une forêt environnante, se joignant au sombre des idées superstitieuses, remuait l'âme d'une sensation particulière. C'est que la divinité ne parle pas dans le tumulte des villes; elle aime le silence et la solitude. C'est que l'hommage des hommes y était porté d'une manière plus secrète et plus libre. Il n'y avait point de jours fixes où l'on s'y assemblât, ou, s'il y en avait, ces jours-là le concours et le tumulte les rendaient moins augustes, parce que le silence et la solitude n'y étaient plus[64].

Si j'avais eu à former la place de Louis XV[65] où elle est, je me serais

L. leur *G*

64. Voir le *Salon de 1767* pour un développement analogue : « La nuit dérobe les formes, donne de l'horreur aux bruits; ne fût-ce que celui d'une feuille, au fond d'une forêt, il met l'imagination en jeu [...] Les temples sont obscurs. Les tyrans se montrent peu; on ne les voit point [...] Le sanctuaire de l'homme civilisé et de l'homme sauvage est rempli de ténèbres [...] Prêtres, placez vos autels, élevez vos édifices au fond des forêts » (A.T., XI, 147; *Salons*, III, 165). Ce passage est d'ailleurs un emprunt direct à Burke (Gita May, « Diderot and Burke »..., p. 533).

65. La place Louis-XV, actuellement place de la Concorde, fut dessinée par Ange-Jacques Gabriel et ornée d'une statue équestre de Louis XV. Cette statue, détruite à la Révolution, était l'œuvre de Bouchardon, mais fut achevée par Pigalle en 1763. Voir *Sur Bouchardon et la sculpture* (DPV, XIII, 329-330) et

bien gardé d'abattre la forêt. J'aurais voulu qu'on en vît la profondeur obscure entre les colonnes d'un grand péristyle. Nos architectes sont sans génie. Ils ne savent ce que c'est que les idées accessoires qui se réveillent par le local et les objets circonvoisins. C'est comme nos poètes de théâtre qui n'ont jamais su tirer aucun parti du lieu de la scène.

Ce serait ici le moment de traiter du choix de la belle nature. Mais il suffit de savoir que tous les corps et tous les aspects d'un corps ne sont pas également beaux : voilà pour les formes. Que tous les visages ne sont pas également propres à rendre fortement la même passion; il y a des boudeuses charmantes, et des ris déplaisants : voilà pour les caractères. Que tous les individus ne montrent pas également bien l'âge et la condition, et qu'on ne risque jamais de se tromper quand on établit la convenance la plus forte entre la nature dont on fait choix, et le sujet qu'on traite.

Mais ce que j'esquisse ici en passant, se trouvera peut-être un peu plus fortement rendu au chapitre de la composition qui va suivre. Qui sait où l'enchaînement des idées me conduira ? Ma foi, ce n'est pas moi.

## PARAGRAPHE SUR[M] LA COMPOSITION OU J'ESPÈRE QUE J'EN PARLERAI

Nous n'avons qu'une certaine mesure de sagacité. Nous ne sommes capables que d'une certaine durée d'attention. Lorsqu'on fait un poème, un tableau, une comédie, une histoire, un roman, une tragédie, un ouvrage pour le peuple, il ne faut pas imiter les auteurs qui ont écrit des traités d'éducation. Sur deux mille enfants, à peine y en a-t-il deux qu'on puisse élever d'après leurs principes. S'ils y avaient réfléchi, ils auraient conçu qu'un aigle n'est pas le modèle commun d'une institution générale. Une composition qui doit être exposée aux yeux d'une foule de toutes sortes

M. *Paragraphe* de *la composition M*

L. Réau, *J.-B. Pigalle*, 1950, n° 17. Il existe beaucoup de représentations de cette statue, par exemple l'*Inauguration de la statue de Louis XV, le 20 juin 1763*, peint par J.-M. Vien et le *Monument équestre de Louis XV*, gravé par B.-L. Prévost. Voir *De la Place Louis-XV à la place de la Concorde*, Musée Carnavalet, 17 mai-14 août 1982, n° 53, n° 57 et reproductions.

de spectateurs, sera vicieuse, si elle n'est pas intelligible pour[N] un homme de bon sens tout court.

Qu'elle soit simple et claire. Par conséquent aucune figure oisive, aucun accessoire superflu. Que le sujet en soit un. Le Poussin a montré dans un même tableau, sur le devant, Jupiter qui séduit Calisto[O], et dans le fond, la nymphe séduite, traînée par Junon[66]. C'est une faute indigne d'un artiste aussi sage.

Le peintre n'a qu'un instant, et il ne lui est pas plus permis d'embrasser[P] deux instants que deux actions. Il y a seulement quelques circonstances où il n'est ni contre la vérité ni contre l'intérêt de rappeler l'instant qui n'est plus ou d'annoncer l'instant qui va suivre. Une catastrophe subite surprend un homme au milieu de ses fonctions ; il est à la catastrophe, et il est encore à ses fonctions[67].

Un chanteur que l'exécution d'un air *di bravura* met à la gêne, un violon qui se démène et se tourmente, m'angoisse et me chagrine. J'exige du chanteur tant d'aisance et de liberté : je veux que le symphoniste promène ses doigts sur les cordes si facilement, si légèrement que je ne me doute pas de la difficulté de la chose. Il me faut un[Q] plaisir pur et sans peine ; et je tourne le dos à un peintre qui me propose un emblème, un logogriphe à déchiffrer.

N. à *M*
O. Callisto *N*
P. employer *G*
Q. du *G M N*

66. Au XVIIIe siècle, *Jupiter et Callisto* de Poussin faisait partie de la collection du baron d'Holbach, que Diderot voyait souvent. Voir le *Catalogue des tableaux des trois écoles formant le Cabinet de M. le baron d'Holbach*, n° 21. La toile, qui est actuellement au Museum of Arts de Philadelphie, n'est plus attribuée à Poussin. Elle fut, selon A. Blunt, peinte par K. Ph. Spierincks. Voir J. Thuillier, *Poussin*, Milan, 1974, n° R73 et reproduction.

67. Diderot prise, en peinture, ce mélange des sentiments dû à la rapide succession d'événements et d'émotions. Le résultat, une expression où se mêlent et se confondent deux moments distincts de l'action, constitue un véritable triomphe lorsque le peintre a réussi ce tour de force de représenter un personnage dont les traits révèlent au spectateur des émotions contradictoires. C'est ainsi qu'il admire la *Naissance de Louis XIII* de la galerie de Médicis au palais du Luxembourg (aujourd'hui au Louvre), parce que dans cette composition Rubens « a montré sur le visage de la reine et le plaisir d'avoir mis au monde un fils, et les traces du douloureux état qui a précédé ». Dans une esquisse de *La Mère bien-aimée* de Greuze, Diderot perçoit également une ambiguïté d'expression du même ordre et qui met son imagination en branle. Un peintre antique, Euphranor, avait déjà réussi, selon le témoignage de Pline, à conférer aux traits de Pâris une expression où l'on reconnaissait simultanément « l'arbitre de trois déesses, l'amant d'Hélène et le meurtrier d'Achille » (A.T., XII, 117).

Si la scène est une, claire, simple et liée, j'en saisirai l'ensemble d'un coup d'œil; mais ce n'est pas assez. Il faut encore qu'elle soit variée; et elle le sera, si l'artiste est rigoureux observateur de la nature.

Un homme fait une lecture intéressante à un autre. Sans qu'ils y pensent l'un et l'autre, le lecteur se disposera de la manière la plus commode pour lui; l'auditeur en fera autant. Si c'est Robbé[68] qui lit, il aura l'air d'un énergumène, il ne regardera pas son papier, ses yeux seront égarés dans l'air. Si je l'écoute, j'aurai l'air sérieux. Ma main droite ira chercher mon menton et soutenir ma tête qui tombe; et ma main gauche ira chercher le coude de mon bras droit, et soutenir le poids de ma tête et de ce bras. Ce n'est pas ainsi que j'entendrais réciter Voltaire.

Ajoutez un troisième personnage à la scène, il subira la loi des deux premiers; c'est un système combiné de trois intérêts. Qu'il en survienne cent, deux cents, mille, la même loi s'observera. Sans doute il y aura un moment de bruit, de mouvement, de tumulte, de[R] flux, de reflux, d'ondulations; c'est le moment où chacun ne pense qu'à soi, et cherche à se sacrifier la république entière. Mais on ne tardera pas à sentir l'absurdité de sa prétention et l'inutilité de ses efforts. Peu à peu chacun se résoudra à se départir d'une portion de son intérêt, et la masse se composera.

Jetez les yeux sur cette masse dans le moment tumultueux, l'énergie de chaque individu s'exerce dans toute sa violence; et comme il n'y en a pas un seul qui en soit pourvu précisément au même degré, c'est ici comme aux feuilles d'un arbre, pas une qui soit du même vert, pas un de ces individus qui soit le même d'action et de position.

Regardez ensuite la masse dans le moment du repos, celui où chacun a sacrifié le moins qu'il a pu, de son avantage; et comme la même[S] diver-

R. *de tumulte*, de cris, *de G M N*

S. *même om. M*

68. Robbé de Beauveset, Pierre-Honoré (1712-1792), poète satirique pornographique, auteur d'un poème sur la *Vérole*, qu'il se plaisait à citer, et appelé par tout le monde « l'ami Robbé » depuis que Palissot l'avait décrit de la sorte : « Ami Robbé, chantre du mal immonde... » Diderot met également « l'ami Robbé » en scène dans *Le Neveu de Rameau*, où Lui le décrit en ces termes : « Nous avons quelquefois l'ami Robbé. Il nous régale de ses contes cyniques, des miracles des convulsionnaires dont il a été le témoin oculaire; et de quelques chants de son poème sur un sujet qu'il connaît à fond. Je hais ses vers; mais j'aime à l'entendre réciter. Il a l'air d'un énergumène » (*Le Neveu*, p. 58-59).

sité subsiste dans les sacrifices, même diversité d'actions et de positions. Et le moment du tumulte et le moment du repos ont cela de commun que chacun s'y montre ce qu'il est.

Que l'artiste garde cette loi des énergies et des intérêts, et de[T] quelque étendue que soit sa toile, sa composition sera vraie partout. Le seul contraste que le goût puisse approuver, celui qui résulte de la variété des énergies et des intérêts, s'y trouvera, et il n'y en faut point d'autre[69].

Ce contraste d'étude, d'académie, d'école, de technique, est faux. Ce n'est plus une action qui se passe en nature, c'est une action apprêtée, compassée, qui se joue sur la toile. Le tableau n'est plus une rue, une place publique, un temple; c'est un théâtre.

On n'a point encore fait, et l'on[U] ne fera jamais un morceau de peinture supportable d'après une scène théâtrale; et c'est, ce me semble, une des plus cruelles satires de nos acteurs, de nos décorations, et peut-être de nos poètes.

Une autre chose qui ne choque pas moins, ce sont les petits usages des peuples civilisés. La politesse, cette qualité si aimable, si douce, si estimable dans le monde, est maussade dans les arts d'imitation. Une femme ne peut plier les genoux, un homme ne peut déployer son bras, prendre son chapeau sur sa tête, et tirer un pied en arrière, que sur un écran[70]. Je sais bien qu'on m'objectera les tableaux de Watteau; mais je m'en moque et je persiste. Otez à Watteau ses sites, sa couleur, la grâce de ses figures, celle[V] de ses vêtements, ne voyez que la scène, et jugez. Il faut aux arts d'imitation quelque chose de sauvage, de brut, de frappant et d'énorme. Je permettrai bien à un Persan de porter la main à son front et de s'incliner; mais voyez le caractère de cet homme incliné; voyez son respect, son adora-

T. *de om. N* U. *et on M* V. *celle om. N*

69. Diderot a fréquemment dénoncé, dans l'enseignement académique, l'abus du contraste. Il répète souvent que les contrastes inhérents aux attitudes et aux émotions des figures peuvent seuls être acceptés, ce qui exclut le « contraste technique » qui est une des règles académiques de l'enseignement du dessin. Voir l'article *COMPOSITION de Diderot dans l'*Encyclopédie* (DPV, VI, 480) et aussi le lexique (note du *Salon de 1765*).

70. *Écran* : Petit meuble que l'on plaçait devant la cheminée pour se garantir de l'ardeur du feu. Au XVIIIe siècle, l'écran s'orna d'élégantes tapisseries dont les motifs étaient tirés des cartons de Watteau ou de Boucher.

tion; voyez la grandeur de sa draperie et[w] de son mouvement. Quel est celui qui mérite un hommage si profond? Est-ce son dieu? Est-ce son père?

Ajoutez à la platitude de nos révérences, celle de nos vêtements; nos manches retroussées, nos culottes en fourreau, nos basques carrées et plissées, nos jarretières sous le genou, nos boucles en lacs d'amour[71], nos souliers pointus. Je défie le génie même de la peinture et de la sculpture de tirer parti de ce système de mesquinerie. La belle chose en marbre ou en bronze qu'un Français avec son justaucorps à boutons, son épée et son chapeau!

Mais revenons à l'ordonnance, à l'ensemble des personnages. On peut, on doit en sacrifier un peu au technique. Jusqu'où? Je n'en sais rien. Mais je ne veux pas qu'il en coûte la moindre chose à l'expression, à l'effet du sujet. Touche-moi, étonne-moi, déchire-moi, fais-moi tressaillir, pleurer, frémir, m'indigner d'abord; tu récréeras mes yeux après, si tu peux.

Chaque action a plusieurs instants; mais je l'ai dit et je le répète, l'artiste n'en a qu'un dont la durée est celle d'un coup d'œil. Cependant, comme sur un visage où régnait la douleur et où l'on a fait poindre la joie, je retrouverai la passion présente confondue parmi les vestiges de la passion qui passe, il peut aussi rester au moment que le peintre a choisi, soit dans les attitudes, soit dans les caractères, soit dans les actions, des traces subsistantes du moment qui a précédé. Un système d'êtres un peu composé ne change pas tout à la fois. C'est ce que n'ignore pas celui qui connaît la nature et qui a le sentiment du vrai : mais ce qu'il sent aussi, c'est que ces figures partagées, ces personnages indécis ne concourant qu'à moitié à l'effet général, il perd du côté de l'intérêt ce qu'il gagne du côté de la variété. Qu'est-ce qui entraîne mon attention[x]? C'est le concours de la multitude. Je ne saurais me refuser à tant de monde qui m'invite. Mes yeux, mes bras, mon âme se portent malgré moi où je vois leurs yeux, leurs bras,

w. *et om. N*

x. imagination *N*

71. *Lacs d'amour* : « se dit des chiffres ou lettres entremêlées, ou des cordons noués de certaines manières, dont se servent les amants pour faire des cachets, des gravures sur les arbres, et autres choses qui leur servent de marque pour se connaître. Ils mettent d'ordinaire les premières lettres de leur nom en *lacs d'amour* » (Furetière 1690).

leur âme attachée. J'aimerais donc mieux, s'il était possible, reculer le moment de l'action, pour être énergique, et me débarrasser des paresseux. Pour les oisifs, à moins que le contraste n'en soit sublime, cas rare, je n'en veux point. Encore lorsque ce contraste est sublime, la scène change, et l'oisif devient le sujet principal.

Je ne saurais souffrir, à moins que ce ne soit dans une apothéose ou quelque autre sujet de verve pure, le mélange des êtres allégoriques et réels. Je vois frémir d'ici tous les admirateurs de Rubens; mais peu m'importe, pourvu que le bon goût et la vérité me sourient.

Le mélange des êtres allégoriques et réels donne à l'histoire l'air d'un conte, et pour trancher le mot, ce défaut défigure pour moi la plupart des compositions de Rubens. Je ne les entends pas. Qu'est-ce que cette figure qui tient un nid d'oiseaux, un Mercure, l'arc-en-ciel, le Zodiaque, le Sagittaire, dans la chambre et autour du lit d'une accouchée[72] ? Il faudrait faire sortir de la bouche de chacun de ces personnages, comme on le voit à nos vieilles tapisseries de château, une légende qui dît ce qu'ils veulent.

Je vous ai déjà dit mon avis sur le monument de Rheims exécuté par Pigalle, et mon sujet m'y ramène[73]. Que signifie à côté de ce portefaix étendu sur des ballots, cette femme qui conduit un lion par la crinière? La femme et l'animal s'en vont du côté du portefaix endormi, et je suis sûr qu'un enfant s'écrierait: maman, cette femme va faire manger ce pauvre homme-là qui dort, par sa bête. Je ne sais si c'est son dessein; mais cela arrivera si cet homme ne s'éveille, et que cette femme fasse un pas de plus. Pigalle, mon ami, prends ton marteau, brise-moi cette association d'êtres bizarres. Tu veux faire un roi protecteur; qu'il le soit de l'agriculture, du commerce et de la population. Ton portefaix dormant sur ses ballots, voilà bien le Commerce. Abats de l'autre côté de ton piédestal un taureau; qu'un vigoureux habitant des champs se repose entre les cornes de l'animal, et tu auras l'Agriculture. Place entre l'un et l'autre une bonne grosse paysanne qui allaite un enfant, et je reconnaîtrai la Population. Est-ce que ce n'est

72. Allusion à la *Naissance de Louis XIII* de Rubens. Diderot réprouve l'allégorie, même lorsqu'elle est pratiquée par un artiste aussi génial que Rubens. Il la réprouve aussi en littérature (voir DPV, XXIII, 43).

73. Diderot fait ici allusion à son compte rendu sur *Le Monument de la place de Reims* (DPV, XIII, 161-168). Sur ce monument de Pigalle, voir le *Salon de 1765*.

pas une belle chose qu'un taureau abattu? Est-ce que ce n'est pas une belle chose qu'un paysan nu qui se repose? Est-ce que ce n'est pas une belle chose qu'une paysanne à grands traits et grandes mamelles? Est-ce que cette composition n'offrira pas à ton ciseau toutes sortes de natures? Est-ce que cela ne me touchera pas[Y], ne m'intéressera pas plus que tes figures symboliques? Tu m'auras montré le monarque protecteur des conditions subalternes, comme il le doit être; car ce sont elles qui forment le troupeau et la nation.

C'est qu'il faudrait méditer profondément son sujet. Il s'agit vraiment bien de meubler sa toile de figures! Il faut que ces figures s'y placent d'elles-mêmes, comme dans la nature. Il faut qu'elles concourent toutes à un effet commun, d'une manière forte, simple et claire; sans quoi je dirai comme Fontenelle à la Sonate : figure, que me veux-tu[74]?

La peinture a cela de commun avec la poésie, et il semble qu'on ne s'en soit pas encore avisé, que toutes deux elles doivent être *bene moratæ*; il faut qu'elle ait[Z] des mœurs. Boucher ne s'en doute pas; il est toujours vicieux et n'attache jamais. Greuze est toujours honnête, et la foule se presse autour de ses tableaux. J'oserais dire à Boucher. Si tu ne t'adresses jamais qu'à un polisson de dix-huit ans, tu as raison, mon ami, continue à faire des culs et[A] des tétons; mais pour les honnêtes gens et moi, on aura beau t'exposer à la grande lumière du Salon, nous t'y laisserons pour aller chercher dans un coin obscur ce Russe charmant de le Prince, et cette jeune, honnête, décente[B], innocente marraine qui est debout à ses côtés[75]. Ne t'y trompe pas, cette figure-là me fera plutôt faire un péché le matin que toutes tes impures. Je ne sais où tu vas les prendre; mais il n'y a pas moyen de s'y arrêter, quand on fait quelque cas de sa santé.

Je ne suis pas scrupuleux. Je lis quelquefois mon Pétrone. La Satire d'Horace, *Ambubaiarum*, me plaît au moins autant qu'une autre[76]. Les

Y. *ne me touchera pas, om. M*
Z. qu'elles aient *N*
A. *et om. N*
B. *décente om. N*

74. Ce mot de Fontenelle est repris dans Cousin d'Avallon, *Fontenelliana ou Recueil des bons mots, réponses ingénieuses, pensées fines et délicates de Fontenelle*, Paris, an IX-1801, p. 56 : « Excédé des éternelles symphonies des concerts, il s'écria un jour dans un transport d'impatience : Sonate, que me veux-tu ? ».
75. Diderot se réfère au tableau de Le Prince, *Le Baptême russe*. Voir le *Salon de 1765*.
76. Il s'agit de la seconde satire du livre I.

petits madrigaux infâmes de Catulle, j'en sais les trois quarts par cœur. Quand je suis en pique-nique avec mes amis, et que la tête s'est un peu échauffée de vin blanc, je cite sans rougir une épigramme de Ferrand[77]. Je pardonne au poète, au peintre, au sculpteur, au philosophe même un instant de verve et de folie; mais je ne veux pas qu'on trempe toujours là son pinceau, et qu'on pervertisse le but des arts. Un des plus beaux vers de Virgile et un des plus beaux principes de l'art imitatif, c'est celui-ci :

Sunt lacrymæ rerum, et mentem mortalia tangunt[78].

Il faudrait l'écrire sur la porte de son atelier : *Ici les malheureux trouvent des yeux qui les pleurent.* Rendre la vertu aimable, le vice odieux, le ridicule saillant, voilà le projet de tout honnête homme qui prend la plume, le pinceau ou le ciseau. Qu'un méchant soit en société, qu'il y porte la conscience de quelque infamie secrète; ici il en trouve le châtiment. Les gens de bien l'asseyent, à leur insu, sur la sellette. Ils le jugent, ils l'interpellent lui-même. Il a beau s'embarrasser, pâlir, balbutier, il faut qu'il souscrive à sa propre sentence. Si ses pas le conduisent au Salon, qu'il craigne d'arrêter ses regards sur ta[C] toile sévère ! C'est à toi qu'il appartient aussi de célébrer, d'éterniser les grandes et belles actions, d'honorer la vertu malheureuse et flétrie, de flétrir le vice heureux et honoré, d'effrayer les tyrans. Montre-moi Commode abandonné aux bêtes. Que je le voie sur ta toile déchiré à coups de crocs. Fais-moi entendre les cris mêlés de la fureur et de la joie autour de son cadavre. Venge l'homme de bien du méchant, des dieux et du destin. Préviens, si tu l'oses, le jugement[D] de la postérité; ou si tu n'en as pas le courage, peins-moi du moins celui qu'elle a porté. Reverse sur les peuples fanatiques l'ignominie dont ils ont prétendu couvrir ceux qui les instruisaient, et qui leur disaient la vérité. Étale-moi les scènes sanglantes du fanatisme. Apprends aux souverains et aux peuples ce qu'ils ont à espérer de ces prédicateurs sacrés[E] du mensonge. Pourquoi ne veux-tu

C. la *N* D. *les jugements N* E. *sacrés om. M*

77. Antoine Ferrand (1678-1719), conseiller à la cour des Aides de Paris, publia à Londres (Godwin Harald, 1738) un recueil d'épigrammes et de poésies légères intitulé *Pièces libres de M. Ferrand.*

78. Voir ci-dessus, la note 48.

pas t'asseoir aussi parmi les précepteurs du genre humain, les consolateurs des maux de la vie, les vengeurs du crime, les rémunérateurs de la vertu ? Est-ce que tu ne sais pas que

> Segnius irritant animos demissa per aurem[F],
> Quam quæ sunt oculis subjecta fidelibus, et quæ
> Ipse sibi tradit spectator[79] ?

Tes personnages sont muets, si tu veux; mais ils font que je me parle et que je m'entretiens avec moi-même.

On distingue la composition en pittoresque et en expressive. Je me soucie bien que l'artiste ait disposé ses figures pour les effets les plus piquants de lumière, si l'ensemble ne s'adresse point à mon âme, si ses personnages y sont comme des particuliers qui s'ignorent, dans une promenade publique, ou comme les animaux au pied des montagnes du paysagiste.

Toute composition expressive peut être en même temps pittoresque, et quand elle a toute l'expression dont elle est susceptible, elle est suffisamment pittoresque, et je félicite l'artiste de n'avoir pas immolé le sens commun au plaisir de l'organe. S'il eût fait autrement, je me serais écrié comme si j'avais entendu un beau parleur qui déraisonne : tu dis très bien, mais tu ne sais ce que tu dis.

Il y a sans doute des sujets ingrats; mais c'est pour l'artiste ordinaire qu'ils sont communs. Tout est ingrat pour une tête stérile. A votre avis, était-ce un sujet bien intéressant qu'un prêtre qui dicte à son secrétaire des homélies ? Voyez cependant ce que Carle Vanloo en a fait. C'est sans contredit le sujet le plus simple et la plus belle de ses esquisses[80].

On a prétendu que l'ordonnance était inséparable de l'expression. Il me semble qu'il peut y avoir de l'ordonnance sans expression, et que rien

F. aures *N*

79. « Ce qu'on entend raconter frappe moins, que ce qu'on voit de ses yeux. Les yeux sont plus fidèles; le spectateur s'instruit lui-même » (Horace, *Art poétique*, trad. Batteux, 1771, t. I, p. 30-31, v. 180-182). Diderot a trouvé cette citation et l'analyse qui en dérive dans les *Réflexions critiques sur la poésie et sur la peinture* (1719) de l'abbé Du Bos. Voir E. M. Bukdahl, o.c., 1982, p. 92.

80. Allusion à la sixième esquisse de Carle Vanloo pour la chapelle de Saint-Grégoire, *Saint Grégoire dictant ses homélies*. Voir le *Salon de 1765*.

même n'est si commun. Pour de l'expression sans ordonnance, la chose me paraît plus rare; surtout quand je considère que le moindre accessoire superflu nuit à l'expression, ne fût-ce qu'un chien, un cheval, un bout de colonne, une urne. L'expression exige une imagination forte, une verve brûlante, l'art de susciter des fantômes, de les animer[,] de les agrandir; l'ordonnance, en poésie ainsi qu'en peinture, suppose un certain tempérament de jugement et de verve, de chaleur et de sagesse, d'ivresse et de sens froid dont les exemples ne sont pas communs en nature. Sans cette balance rigoureuse, selon que l'enthousiasme ou la raison prédomine, l'artiste est extravagant ou froid.

La principale idée bien conçue doit exercer son despotisme sur toutes les autres. C'est la force motrice de la machine qui, semblable à celle qui retient les corps célestes dans leurs orbes et les entraîne, agit en raison inverse de la distance.

L'artiste veut-il savoir s'il ne reste rien d'équivoque et d'indécis sur sa toile ? Qu'il appelle deux hommes instruits qui lui expliquent séparément et en détail toute sa composition. Je ne connais presque aucune composition moderne qui résistât à cet essai. De six à cinq figures, à peine en resterait-il deux ou trois sur lesquelles il ne fallût pas passer la brosse. Ce n'est pas assez que tu aies voulu que celui-ci fît telle chose, celui-là telle autre; il faut encore que ton idée ait été juste et conséquente, et que tu l'aies rendue si nettement que je ne m'y méprenne pas, ni moi, ni les autres, ni ceux qui sont à présent, ni ceux qui viendront après.

Il y a dans presque tous nos tableaux une faiblesse de concept, une pauvreté d'idée dont il est impossible de recevoir une secousse violente, une sensation profonde. On regarde, on tourne la tête, et l'on ne se rappelle rien de ce qu'on a vu. Nul fantôme qui vous obsède et qui vous suive. J'ose proposer au plus intrépide de nos artistes de nous effrayer autant par son pinceau que nous le sommes par le simple récit du gazetier, de cette foule d'Anglais expirants, étouffés dans un cachot trop étroit, par les ordres d'un nabab. Et à quoi sert donc que tu broies tes couleurs, que tu prennes ton pinceau, que tu épuises toutes les ressources de ton art, si tu m'affectes moins qu'une gazette ? C'est que ces hommes sont sans imagination, sans verve. C'est qu'ils ne peuvent atteindre à aucune idée forte et grande.

Plus une composition est vaste, plus elle demande d'études d'après nature. Or quel est celui d'entre eux qui aura la patience de la finir; qui est-ce qui y mettra le prix quand elle sera achevée? Parcourez les ouvrages des grands maîtres, et vous y remarquerez en cent endroits l'indigence de l'artiste à côté de son talent; parmi quelques vérités de nature, une infinité de choses exécutées de routine. Celles-ci blessent d'autant plus qu'elles sont à côté des autres; c'est le mensonge rendu plus choquant par la présence de la vérité. Ah si un sacrifice, une bataille, un triomphe, une scène publique pouvait être rendue avec la même vérité dans tous ses détails qu'une scène domestique de Greuze ou de Chardin!

C'est sous ce point de vue surtout, que le travail du peintre d'histoire est infiniment plus difficile que celui du peintre de genre. Il y a une infinité de tableaux de genre qui défient notre critique; quel est le tableau de bataille qui pût supporter le regard du roi de Prusse? Le peintre de genre a sa scène sans cesse présente sous ses yeux; le peintre d'histoire ou n'a jamais vu ou n'a vu qu'un instant la sienne. Et puis l'un est pur et simple imitateur, copiste d'une nature commune; l'autre est, pour ainsi dire, le créateur d'une nature idéale et poétique. Il marche sur une ligne difficile à garder. D'un côté de cette ligne il tombe dans le mesquin; de l'autre il tombe dans l'outré. On peut dire de l'un, *multa ex industria, pauca ex animo*; de l'autre au contraire, *pauca ex industria, plurima ex animo*[81].

L'immensité du travail rend le peintre d'histoire négligent dans les détails. Où est celui de nos peintres qui se soucie de faire des pieds et des mains? Il vise, dit-il, à l'effet général, et ces misères n'y font rien. Ce n'était pas l'avis de Paul Véronese, mais c'est le sien. Presque toutes les grandes compositions sont croquées. Cependant le pied et la main du soldat qui joue aux cartes dans son corps de garde sont les mêmes dont il marche au combat, dont il frappe dans la mêlée.

Que voulez-vous que je vous dise du costume? Il serait choquant de le braver à un certain point; il y aurait plus souvent de la pédanterie et du mauvais goût à s'y assujettir à la rigueur. Des figures nues dans un siècle,

81. « Beaucoup de choses inventées, peu de sincères... Peu de choses inventées, beaucoup de sincères. »

chez un peuple, au milieu d'une scène, où c'est l'usage de se vêtir, ne nous offensent point. C'est que la chair est plus belle que la plus belle draperie. C'est que le corps de l'homme, sa poitrine, ses bras, ses épaules, c'est que les pieds, les mains, la gorge d'une femme sont plus beaux que toute la richesse des étoffes dont on les couvrirait. C'est que l'exécution en est encore plus savante et plus difficile. C'est que *maior e longinquo reverentia*[82], et qu'en faisant nu on éloigne la scène, on rappelle un âge plus innocent et plus simple, des mœurs plus sauvages, plus analogues aux arts d'imitation. C'est qu'on est mécontent du temps présent, et que ce retour vers les temps antiques ne nous déplaît pas. C'est que si les nations sauvages se civilisent imperceptiblement, il n'en est pas tout à fait de même des individus; qu'on voit bien des hommes se dépouiller et se faire sauvages, mais rarement des sauvages prendre des habits et se civiliser. C'est que les figures à demi nues dans une composition, sont comme les forêts et la campagne transportées autour de nos maisons.

*Græca res est nihil velare*[83]. C'était l'usage des Grecs, nos maîtres dans tous les beaux-arts. Mais si nous avons permis à l'artiste de dépouiller ses figures, n'ayons pas la barbarie de l'asservir à un costume ridicule et gothique. Les yeux du goût ne sont pas ceux du pensionnaire de l'Académie des inscriptions. Bouchardon a vêtu Louis XV à la romaine, et il a bien fait[84]. Toutefois ne faisons pas un précepte d'une licence. *Licentia sumpta pudenter*[85]. Comme ces gens-ci sont ignorants, et qu'ils ne savent point garder de mesure, si vous leur jetez la bride sur le col, je ne désespère pas qu'ils n'en viennent à mettre un plumet sur la tête d'un soldat romain.

Je ne connais guère de lois sur la manière de draper les figures. Elle est toute de poésie pour l'invention, toute de rigueur pour l'exécution. Point

82. « L'éloignement augmente le prestige. » Mot célèbre de Tacite (*Annales*, I, 47).

83. « La coutume des Grecs est de ne rien voiler » (Pline, *Histoire naturelle*, liv. XXXIV, ch. V, sect. 10; trad. Falconet, 1808, p. 11). Diderot a trouvé cette citation chez Webb. Voir E. M. Bukdahl, o. c., 1982, p. 79 et n. 268.

84. Allusion à la statue équestre du roi pour la place Louis XV. Voir la note 65, ci-dessus.

85. « Qu'il ne porte cette liberté trop loin » (Horace, *Art poétique*, trad. Batteux, 1771, t. I, p. 12-13, v. 51).

de petits plis chiffonnés les uns sur les autres. Celui qui aura jeté un morceau d'étoffe sur le bras tendu d'un homme, et qui faisant seulement tourner ce bras sur lui-même, aura vu des muscles qui saillaient, s'affaisser, des muscles affaissés devenir saillants, et l'étoffe dessiner ces mouvements, prendra son mannequin et le jettera dans le feu.

Je ne puis souffrir qu'on me montre l'écorché sous la peau; mais on ne peut trop me montrer le nu sous la draperie.

On dit beaucoup de bien et beaucoup de mal de la manière de draper des Anciens. Mon avis qui est en ceci sans conséquence, est qu'elle étend la lumière des parties larges par l'opposition des ombres et des lumières des petites parties longues et étroites. Une autre manière de draper, surtout en sculpture, oppose des lumières larges à des lumières larges, et détruit l'effet des unes par les autres.

Il me semble qu'il y a autant de genres de peinture[G] que de genres de poésie : mais c'est une division superflue. La peinture en portrait et l'art du buste doivent être honorés chez un peuple républicain où il convient d'attacher sans cesse les regards des citoyens sur les défenseurs de leurs droits et de leur liberté. Dans un état monarchique c'est autre chose; il n'y a que Dieu et le roi.

Cependant, s'il est vrai qu'un art ne se soutienne que par le premier principe qui lui donna naissance, la médecine par l'empirisme, la peinture par le portrait, la sculpture par le buste, le mépris du portrait et du buste annonce la décadence des deux arts. Point de grands peintres qui n'aient su faire le portrait : témoins Raphael, Rubens, le Sueur, Vandeick. Point de grands sculpteurs qui n'aient su faire le buste. Tout élève commence comme l'art a commencé. Pierre disait un jour : Savez-vous pourquoi, nous autres peintres d'histoire nous ne faisons pas le portrait. C'est que cela est trop difficile[86].

Les peintres de genre et les peintres d'histoire n'avouent pas nettement le mépris qu'ils se portent réciproquement; mais on le devine. Ceux-ci

G. peintures *N*

86. Sur J.-B. M. Pierre, voir le *Salon de 1765* et J. Seznec, « Diderot et les plagiats de M. Pierre », *Revue des Arts*, 1955, p. 67-74.

regardent les premiers comme des têtes étroites, sans idées[H], sans poésie, sans grandeur, sans élévation, sans génie, qui vont se traînant servilement d'après la nature qu'ils n'osent perdre un moment de vue. Pauvres copistes qu'ils compareraient volontiers à notre artisan des Gobelins qui va choisissant ses brins de laine les uns après les autres, pour en former la vraie nuance du tableau de l'homme sublime qu'il a derrière le dos. A les entendre, ce sont gens à petits sujets mesquins, à petites scènes domestiques prises du coin des rues, à qui l'on ne peut rien accorder au delà du mécanique du métier, et qui ne sont rien quand ils n'ont pas porté ce mérite au dernier degré. Le peintre de genre de son côté regarde la peinture historique comme un genre romanesque, où il n'y a ni vraisemblance ni vérité, où tout est outré; qui n'a rien de commun avec la nature; où la fausseté se décèle et dans les caractères exagérés qui n'ont existé nulle part, et dans les incidents qui sont tous d'imagination; et dans le sujet entier que l'artiste n'a jamais vu hors de sa tête creuse; et dans les détails qu'il a pris on ne sait où, et dans ce style qu'on appelle grand et sublime, et qui n'a point de modèle en nature, et dans les actions et les mouvements des figures, si loin des actions et des mouvements réels. Vous voyez bien, mon ami, que c'est la querelle de la prose et de la poésie, de l'histoire et du poème épique, de la tragédie héroïque et de la tragédie bourgeoise, de la tragédie bourgeoise et de la comédie gaie.

Il me semble que la division de la peinture en peinture de genre et peinture d'histoire est sensée, mais je voudrais qu'on eût un peu plus consulté la nature des choses dans cette division. On appelle du nom de peintres de genre indistinctement et ceux qui ne s'occupent que des fleurs, des fruits, des animaux, des bois, des forêts, des montagnes, et ceux qui empruntent leurs scènes de la vie commune et domestique; Tesniere, Wowermans[1], Greuze, Chardin, Loutherbourg, Vernet même sont des peintres de genre. Cependant je proteste que le Père qui fait la lecture à sa famille, le Fils ingrat et les Fiançailles de Greuze, que les Marines de Vernet qui m'offrent toutes sortes d'incidents et de scènes, sont autant pour moi

H. idée *G*

1. Tenieres *N* / Wouwermans *N*

des tableaux d'histoire que les Sept Sacrements du Poussin[87], la Famille de Darius de le Brun[88], ou la Susanne de Vanloo[89].

Voici ce que c'est. La nature a diversifié les êtres en froids, immobiles, non vivants, non sentants, non pensants, et en êtres qui vivent, sentent et pensent. La ligne était tracée de toute éternité : il fallait appeler peintres de genre les imitateurs de la nature brute et morte; peintres d'histoire, les imitateurs de la nature sensible et vivante; et la querelle était finie. Mais en laissant aux mots les acceptions reçues, je vois que la peinture de genre a presque toutes les difficultés de la peinture historique; qu'elle exige autant d'esprit, d'imagination, de poésie même; égale science du dessin, de la perspective, de la couleur, des ombres, de la lumière, des caractères, des passions, des expressions, des draperies, de la composition; une imitation plus stricte de la nature, des détails plus soignés; et que nous montrant des choses plus connues[J] et plus familières, elle a plus de juges et de meilleurs juges. Homere est-il moins grand poète, lorsqu'il range des grenouilles en bataille sur les bords d'une mare, que lorsqu'il ensanglante les flots du Simoïs et du Xanthe, et qu'il engorge le lit des deux fleuves de cadavres humains ? Ici seulement les objets sont plus grands, les scènes plus terribles. Qui est-ce qui ne se reconnaît pas dans Moliere ? Et si l'on ressuscitait les héros de nos tragédies, ils auraient bien de la peine à se reconnaître sur

J. communes *M*

87. *Les Sept Sacrements* (deuxième série) se trouvaient à l'époque de Diderot dans la collection du duc d'Orléans. Voir C. Stryienski, o.c., n° 336-342. Ils sont actuellement à la National Gallery of Scotland, Edimbourg, et viennent de la collection du duc de Sutherland. Voir J. Thuillier, *Poussin*, 1974, n° 140-146 et reproduction.

88. *La Famille de Darius* de Le Brun fait partie de la série des *Batailles d'Alexandre*. Elle se trouvait du vivant de Diderot au château de Versailles et s'y trouve encore. Voir C. Constans, « Les tableaux du Grand Appartement du roi », *La Revue du Louvre*, 1976, n° 3, p. 166, n° 22, fig. 6. Cette toile a été gravée par Simon Gribelin. Les cinq autres toiles se trouvaient à l'époque dans la galerie d'Apollon au Louvre : *Le Passage du Granique*, *La Bataille d'Arbelles*, *Alexandre et Porus* et l'*Entrée d'Alexandre dans Babylone* sont actuellement au Musée du Louvre (*R.R.C.*, t. I, inv. 2894-2898, fig. 449-452). *Porus combattant* est la propriété du Louvre. Les *Batailles d'Alexandre* sont aussi citées dans les *Pensées détachées* (A.T., XII, 97 et 102). (Note du *Salon de 1765*.)

89. Le thème de la chaste Suzanne, ou Suzanne au bain, a souvent été traité par les peintres. Dans le *Salon de 1765*, Diderot compare celle de Carle Vanloo, dont il s'agit ici, à celle de de Troy et de Sébastien Bourdon.

notre scène, et placés devant nos tableaux historiques, Brutus, Catilina, César, Auguste, Caton demanderaient infailliblement qui sont ces gens-là. Qu'est-ce que cela signifie, sinon que la peinture d'histoire demande plus d'élévation, d'imagination peut-être, une autre poésie plus étrange; la peinture de genre, plus de vérité; et que cette dernière peinture, même réduite au vase et à la corbeille de fleurs, ne se pratiquerait pas sans toute la ressource de l'art et quelque étincelle de génie, si ceux dont elle décore les appartements avaient autant de goût que d'argent? Pourquoi me placer sur ce buffet nos maussades ustensiles de ménage? Est-ce que ces fleurs seront plus brillantes dans un pot de la manufacture de Nevers que dans un vase de meilleure forme? Et pourquoi ne verrais-je pas autour de ce vase une danse d'enfants, les joies du temps de la vendange, une bacchanale? Pourquoi si ce vase a des anses, ne les pas former de deux serpents entrelacés? Pourquoi la queue de ces serpents n'irait-elle pas faire quelques circonvolutions à la partie inférieure? Et pourquoi leurs têtes penchées sur l'orifice ne sembleraient-elles pas y chercher l'eau pour se désaltérer? Mais il faudrait savoir animer les choses mortes; et le nombre de ceux qui savent conserver la vie aux choses qui l'ont reçue, est facile à compter.

Un mot encore, avant que de[K] finir, sur les peintres de[L] portrait et sur les sculpteurs. Un portrait peut avoir l'air triste, sombre, mélancolique, serein, parce que ces états sont permanents; mais un portrait qui rit est sans noblesse, sans caractère, souvent même sans vérité et par conséquent une sottise. Le ris est passager. On rit par occasion; mais on n'est pas rieur par état.

Je ne saurais m'empêcher de croire qu'en sculpture une figure qui fait bien ce qu'elle fait ne fasse bien ce qu'elle fait, et par conséquent ne soit belle de tous côtés. La vouloir également belle de tous côtés, c'est une sottise. Chercher entre ses membres des oppositions purement techniques, y sacrifier la vérité rigoureuse de son action, voilà l'origine du style antithétique et petit. Toute scène a un aspect, un point de vue plus intéressant qu'aucun autre; c'est de là qu'il faut la voir. Sacrifiez à cet aspect, à ce point de vue, tous les aspects ou points de vue subordonnés; c'est le mieux.

K. [de *add. int. par Grimm dans* S *et* G]

L. en *N*

Quel groupe plus simple, plus beau que celui du Laocoon et de ses enfants ? Quel groupe plus maussade, si on le regarde par la gauche, de l'endroit où la tête du père se voit à peine, et où l'un des enfants est projeté sur l'autre ? Cependant le Laocoon est jusqu'à présent le plus beau morceau de sculpture connu[90].

## MON MOT SUR L'ARCHITECTURE

Il ne s'agit point ici, mon ami, d'examiner le caractère des différents ordres d'architecture; encore moins de balancer les avantages de l'architecture grecque et romaine avec les prérogatives de l'architecture gothique, de vous montrer celle-ci étendant l'espace au-dedans par la hauteur de ses voûtes et la légèreté de ses colonnes, détruisant au-dehors l'imposant de la masse par la multitude et le mauvais goût des ornements; de faire valoir l'analogie de l'obscurité des vitraux colorés, avec la nature incompréhensible de l'être adoré et les idées sombres de l'adorateur; mais de vous convaincre que sans architecture, il n'y a ni peinture ni sculpture, et que c'est à l'art qui n'a point de modèle subsistant sous le ciel que les deux arts imitateurs de la nature doivent leur origine et leur progrès.

Transportez-vous dans la Grece au temps où une énorme poutre de bois soutenue sur deux troncs d'arbres équarris formait la magnifique et superbe entrée de la tente d'Agamemnon; ou, sans remonter si loin dans les âges, établissez-vous entre les sept collines, lorsqu'elles n'étaient couvertes que de chaumières et ces chaumières habitées par les brigands aïeux des fastueux maîtres du monde.

Croyez-vous que dans toutes ces chaumières il y eût un seul morceau de peinture bonne ou mauvaise ? Certainement vous ne le croyez pas.

Et les dieux mieux révérés peut-être que quand ils sortirent de dessous le ciseau des plus grands maîtres, comment les y voyez-vous ? Fort inférieurs, beaucoup plus mal taillés sans doute que ces bûches de bois informes, auxquelles le charpentier a fait à peu près un nez, des yeux, une bouche, des

90. Autre exemple de la vénération que Diderot portait au célèbre groupe antique (voir ci-dessus la note 52). Il renvoie à l'analyse qu'il en a faite dans le *Salon de 1765*.

pieds et des mains, et devant lesquelles l'habitant de nos hameaux fait sa prière.

Eh bien, mon ami, comptez que les temples et[M] les chaumières et les dieux resteront dans cet état misérable jusqu'à ce qu'il arrive quelque grande calamité publique, une guerre, une famine, une peste, un vœu public, en conséquence duquel vous voyiez un arc de triomphe élevé au vainqueur, une grande fabrique de pierre consacrée au dieu.

D'abord l'arc de triomphe et le temple ne se feront remarquer que par la masse, et je ne crois pas que la statue qu'on y placera, ait d'autre avantage sur l'ancienne que d'être plus grande. Pour plus grande, elle le sera certainement : car il faudra proportionner l'hôte à son nouveau domicile.

De tout temps les souverains ont été les émules des dieux. Lorsque le dieu aura une vaste demeure, le souverain exhaussera la sienne. Les Grands, émules des souverains, exhausseront les leurs. Les premiers citoyens, émules des Grands, en feront autant; et dans l'intervalle de moins d'un siècle, il faudra sortir de l'enceinte des sept collines[91] pour retrouver une chaumière.

Mais les murs des temples, du palais du maître, des hôtels des premiers hommes de l'État, des maisons des citoyens opulents, offriront de toutes parts de grandes surfaces nues qu'il faudra couvrir.

Les chétifs dieux domestiques ne répondront plus à l'espace qu'on leur aura accordé; il en faudra tailler d'autres.

On les taillera du mieux qu'on pourra; on revêtira les murs de toiles plus ou moins mal barbouillées.

Mais le goût s'accroissant avec la richesse et le luxe, bientôt l'architecture des temples, des palais, des hôtels, des maisons, deviendra meilleure; et la sculpture et la peinture suivront ses progrès.

J'en appelle à présent de ces idées à l'expérience. Citez-moi un peuple qui ait eu[N] des statues et des tableaux, des peintres et des sculpteurs sans palais ni temples, ou avec des temples d'où la nature du culte ait banni la toile coloriée et la pierre sculptée.

M. *et om. N*

N. *eu om. G M N* [*add. int. par Grimm dans* S]

91. C'est-à-dire de Rome.

Mais si c'est l'architecture qui a donné naissance à la peinture et à la sculpture, c'est en revanche à ces deux arts que l'architecture doit sa grande perfection, et je vous conseille de vous méfier du talent d'un architecte qui n'est pas un grand dessinateur. Où cet homme se serait-il formé l'œil ? Où aurait-il pris le sentiment exquis des proportions ? Où aurait-il puisé les idées du grand, du simple, du noble, du lourd, du léger, du svelte, du grave[o], de l'élégant, du sérieux ? Michel Ange était grand dessinateur lorsqu'il conçut le plan de la façade et du dôme de Saint Pierre de Rome, et notre Perrault dessinait supérieurement, lorsqu'il imagina la colonnade du Louvre[92].

Je terminerai ici mon chapitre sur l'architecture. Tout l'art est compris sous ces trois mots : solidité ou sécurité, convenance et symétrie.

D'où l'on doit conclure que ce système de mesures d'ordres vitruviennes[93] et rigoureuses, semble n'avoir été inventé que pour conduire à la monotonie et étouffer le génie.

Cependant je ne finirai point ce paragraphe sans vous proposer un petit problème à résoudre.

On dit de Saint Pierre de Rome que les proportions y sont si parfaitement gardées que l'édifice perd au premier coup d'œil tout l'effet de sa grandeur et de son étendue, en sorte qu'on en peut[p] dire, *Magnus esse, sentiri parvus*[94].

Là-dessus voici comment on raisonne. A quoi donc ont servi toutes ces admirables proportions ? A rendre petite et commune, une grande chose ? Il semble qu'il eût mieux valu s'en écarter, et qu'il y aurait eu plus d'habileté à produire l'effet contraire, et à donner de la grandeur à une chose ordinaire et commune.

On répond qu'à la vérité l'édifice aurait paru plus grand au premier

O. *du grave om. M*

P. *qu'on peut en dire N*

92. Claude Perrault (1613-1688), architecte et frère de l'écrivain. Il a suggéré l'idée de la colonnade du Louvre et de l'Observatoire.

93. « Vitruvienne » est un néologisme de Diderot. Il est, bien entendu, dérivé du nom de Vitruve, le célèbre architecte romain du Ier siècle avant J.-C. à qui l'on doit l'important traité *De Architectura*.

94. « Grand en réalité, petit d'apparence. » Cette citation se trouve aussi dans le compte rendu de Du Machy dans le *Salon de 1765*.

coup d'œil, si l'on eût sacrifié avec art les proportions; mais on demande lequel était préférable, ou de produire une admiration grande et subite, ou d'en créer une qui commençât faible, s'accrût peu à peu et devînt enfin grande et permanente par un examen réfléchi et détaillé. On accorde que tout étant égal d'ailleurs, un homme mince et élancé paraîtra plus grand qu'un homme bien proportionné; mais on demande encore quel est de ces deux hommes celui qu'on admirera davantage; et si le premier ne consentirait pas à être réduit aux proportions les plus rigoureuses de l'antique, au hasard de perdre quelque chose de sa grandeur apparente. On ajoute que l'édifice étroit que l'art a agrandi finit par être conçu tel qu'il est; au lieu que le grand édifice que l'art et ses proportions ont réduit à une apparence ordinaire et commune, finit par être conçu grand, le prestige défavorable des proportions s'évanouissant par la comparaison nécessaire du spectateur avec quelques-unes des parties de l'édifice.

On réplique qu'il n'est pas étonnant que l'homme consente à perdre de sa grandeur apparente, en acceptant des proportions rigoureuses, parce qu'il n'ignore pas que c'est de cette exactitude rigoureuse dans la proportion de ses membres, qu'il obtiendra l'avantage de satisfaire le plus parfaitement qu'il est possible, aux différentes fonctions de la vie, que c'est d'elle que dépendront la force, la dignité, la grâce, en un mot la beauté dont l'utilité est toujours la base; mais qu'il n'en est pas ainsi d'un édifice qui n'a qu'un seul objet, qu'un seul but.

On nie que la comparaison du spectateur avec une des parties de l'édifice produise l'effet qu'on en attend, et répare l'illusion défavorable du premier coup d'œil. En s'approchant de cette statue qui devient tout à coup colossale, sans doute on est étonné, on conçoit l'édifice beaucoup plus grand qu'on ne l'avait d'abord apprécié; mais le dos tourné à la statue, la puissance générale de toutes les autres parties de l'édifice reprend son empire, et restitue l'édifice grand en lui-même, à une apparence ordinaire et commune : en sorte que d'un côté chaque détail paraît grand, tandis que le tout reste petit et commun; au lieu que dans le système contraire d'irrégularité, chaque détail paraît petit, tandis que le tout reste extraordinaire, imposant et grand.

Le talent d'agrandir les objets par la magie de l'art, celui d'en dérober l'énormité par l'intelligence des proportions, sont assurément deux grands talents ; mais quel est le plus grand des deux ? Quel est celui que l'architecte doit préférer ? Comment fallait-il faire Saint Pierre de Rome ? Valait-il mieux réduire cet édifice à un effet ordinaire et commun par l'observation rigoureuse des proportions que de lui donner un aspect étonnant par une ordonnance moins sévère et moins régulière ? Et que l'on ne se presse pas de choisir : car enfin Saint Pierre de Rome, grâce à ses proportions si vantées, ou n'obtient jamais ou n'acquiert qu'à la longue ce qu'on lui aurait accordé constamment et subitement, dans un autre système. Qu'est-ce qu'un accord qui empêche l'effet général ? Qu'est-ce qu'un défaut qui fait valoir le tout[95] ?

Voilà la querelle de l'architecture gothique et de l'architecture grecque ou romaine proposée dans toute sa force.

Mais la peinture n'offre-t-elle pas la même question à résoudre ? Qui[Q] est le grand peintre, ou de Raphael que vous allez chercher en Italie, et devant lequel vous passeriez sans le reconnaître, si l'on ne vous tirait pas par la manche, et qu'on ne vous dît pas Le voilà ; ou de Rembrand, du Titien, de Rubens, de Vandeick et de tel autre grand coloriste qui vous appelle de loin, et vous attache par une si forte, si frappante imitation de la nature que vous ne pouvez plus en arracher les yeux ?

Q. Quel *N*

95. Diderot, qui n'a jamais pu réaliser son vœu de visiter Rome, se réfère au témoignage direct d'écrivains et d'artistes qui connaissaient bien la Ville éternelle pour y avoir longuement séjourné ou pour être eux-mêmes d'origine italienne. C'est ainsi qu'à propos de la relation entre l'art et la religion, c'est d'après l'abbé Galiani qu'il nous donne une idée de la manière dont Michel-Ange a représenté le Christ et les saints (*Salon de 1767*, A.T., XI, 344-346; *Salons*, III, 315-316).

Grimm a cru devoir mettre ici cette note : « Interrompons le Philosophe un seul moment ; et, sans nous arroger le droit de prononcer sur le fond de cette question délicate, observons que Saint-Pierre de Rome n'a pas été achevé comme il a été d'abord conçu dans le premier plan. L'incohérence ou la discordance qui en est résultée entre la nef et le chœur de ce superbe édifice, ne serait-elle pas, plutôt que l'observation rigoureuse des proportions, la véritable cause du peu d'effet qu'il fait au premier coup d'œil ? Si le premier plan eût été exécuté en son entier, peut-être l'effet en aurait-il été d'un imposant sans égal, malgré l'exactitude la plus scrupuleuse des proportions. C'est ce que nous déciderons, mon cher philosophe, sur les lieux, pendant notre voyage d'Italie. En attendant, reprenons le fil de vos observations. » Buisson ajoute ici, entre parenthèses et en italiques : *note du correspondant de Diderot*.

Si nous rencontrions dans la rue une seule des figures de femmes de Raphael, elle nous arrêterait tout à coup, nous tomberions dans l'admiration la plus profonde, nous nous attacherions à ses pas, et nous la suivrions jusqu'à ce qu'elle nous fût dérobée. Et il y a sur la toile du peintre, deux, trois, quatre figures semblables; elles y sont environnées d'une foule d'autres figures d'hommes d'un aussi beau caractère, toutes concourent de la manière la plus grande, la plus simple, la plus vraie, à une action extraordinaire, intéressante; et rien ne m'appelle, rien ne me parle, rien ne m'arrête! Il faut qu'on m'avertisse de regarder, qu'on me donne un petit coup sur l'épaule, tandis que savants et ignorants, grands et petits, se précipitent d'eux-mêmes vers les bamboches de Tesniere. J'oserais dire à Raphael : *oportuit hæc facere et alia non omittere* [96]. J'oserais dire qu'il n'y eut peut-être pas un plus grand poète que Raphael : pour un plus grand peintre, je le demande; mais qu'on commence d'abord par bien définir la peinture [97].

Autre question. Si l'on a appauvri l'architecture en l'assujettissant à des mesures, à des modules, elle qui ne doit reconnaître de loi que celle de la variété infinie des convenances, n'aurait-on pas aussi appauvri la peinture, la sculpture et tous les arts enfants du dessin, en soumettant les figures à des hauteurs de têtes, les têtes à des longueurs de nez ? N'aurait-on pas fait de la science des conditions, des caractères, des passions, des organisations diverses, une petite affaire de règle et de compas ? Qu'on me montre sur toute la surface de la terre, je ne dis pas une seule figure entière, mais la plus petite partie d'une figure, un ongle, que l'artiste puisse imiter rigoureusement. Mais laissant de côté les difformités naturelles, pour ne s'atta-

96. « Voici ce qu'il fallait faire, et ne pas oublier le reste. »

97. Autre note de Grimm : « Je nie la mineure. Je nie que Denis Diderot et moi nous passions devant un tableau de Raphaël sans y prendre garde. Je nie qu'on m'ait jamais frappé sur l'épaule pour m'arrêter devant *La Sainte Famille* de Versailles. Je soutiens que je n'ai jamais pu m'en arracher et que j'ai été obligé de m'acheter la plus belle épreuve que j'aie pu déterrer de l'estampe qu'Edelinck en a faite, pour l'avoir sans cesse devant les yeux. Je voudrais, sans doute, que Raphaël fût aussi grand coloriste qu'il est poète sublime; mais depuis quand la poésie n'appelle-t-elle plus, n'arrête-t-elle plus Denis Diderot ? Quelle que soit la définition de la peinture, il faudra toujours y faire entrer la poésie comme chose essentielle. Nous en demandons jusque dans une fleur ou dans une pêche de Van Huysum, car si elle n'a pas l'aspect poétique, pourquoi la peindrait-on ? Un peintre de fleurs ou de fruits peut être froid ou chaud, comme un peintre d'histoire. » Voir aussi la discussion de Grimm sur la « poésie » dans la peinture.

cher qu'à celles qui sont nécessairement occasionnées par les fonctions habituelles, il me semble qu'il n'y a que les dieux et l'homme sauvage, dans la représentation desquels on puisse s'assujettir à la rigueur des proportions; ensuite les héros, les prêtres, les magistrats, mais avec moins de sévérité. Dans les ordres inférieurs il faut choisir l'individu le plus rare, ou celui qui représente le mieux son état, et se soumettre ensuite à toutes les altérations qui le caractérisent. La figure sera sublime, non pas quand j'y remarquerai l'exactitude des proportions, mais quand j'y verrai tout au contraire un système de difformités bien liées et bien nécessaires.

En effet, si nous connaissions bien comment tout s'enchaîne dans la nature, que deviendraient toutes les conventions symétriques? Un bossu est bossu de la tête aux pieds. Le plus petit défaut particulier a son influence générale sur toute la masse. Cette influence peut devenir imperceptible; mais elle n'en est pas moins réelle: Combien de règles et de productions qui ne doivent notre aveu qu'à notre paresse, notre inexpérience, notre ignorance et nos mauvais yeux!

Et puis, pour en[R] revenir à la peinture d'où nous sommes partis, souvenons-nous sans cesse de la règle d'Horace:

Pictoribus atque poetis
Quidlibet audendi semper fuit æqua potestas;
Sed non ut placidis coeant immitia, non ut
Serpentes avibus geminentur[98].

C'est-à-dire, vous imaginerez, vous peindrez, célèbre Rubens, tout ce qu'il vous plaira; mais à condition que je ne verrai point dans l'appartement d'une accouchée le zodiaque, le sagittaire, &c. Savez-vous ce que c'est que cela? Des serpents accouplés à[S] des oiseaux.

R. *en om. G*

S. avec *N*

98. « Les peintres et les poètes ont toujours eu la permission de tout oser [...] Mais c'est à condition qu'on n'abusera point de ce droit, pour allier ensemble les contraires, et qu'on n'accouplera point les serpents avec les oiseaux » (Horace, *Art poétique*, o.c., p. 8-9, v. 9-10, et 12-13). C'est chez Du Bos que Diderot a trouvé cette citation ainsi que la critique de la toile de Rubens, *La Naissance de Louis XIII*. Voir n. 72, les *Réflexions critiques sur la poésie et sur la peinture* (7e éd., 1770, 1re part., p. 196-198) et E. M. Bukdahl, o.c., 1982, p. 92-93.

Si vous tentez l'apothéose du grand Henri[99], exaltez votre tête ; osez, jetez, tracez, entassez tant de figures allégoriques que votre génie fécond et chaud vous en fournira ; j'y consens. Mais si c'est le portrait de la lingère du coin que vous ayez fait : un comptoir, des pièces de toile dépliées, une aune, à ses côtés quelques jeunes apprenties, un serin avec sa cage, voilà tout. Mais il vous vient en tête de transformer votre lingère en Hébé ? Faites, je ne m'y oppose pas, et je ne serai plus choqué de voir autour d'elle Jupiter avec son aigle, Pallas, Vénus, Hercule, tous les dieux d'Homere et de Virgile. Ce ne sera plus la boutique d'une petite bourgeoise, ce sera l'assemblée des dieux, ce sera l'Olympe ; et que m'importe, pourvu que tout soit un ?

Denique sit quodvis simplex duntaxat et unum[100].

## UN PETIT COROLLAIRE DE CE QUI PRÉCÈDE

Mais que signifient tous ces principes, si le goût est une chose de caprice, et s'il n'y a aucune règle éternelle, immuable, du beau ?

Si le goût est une chose de caprice, s'il n'y a aucune règle du beau, d'où viennent donc ces émotions délicieuses qui s'élèvent si subitement, si involontairement, si tumultueusement, au fond de nos âmes, qui les dilatent ou qui les serrent, et qui forcent de nos yeux les pleurs de la joie, de la douleur, de l'admiration, soit à l'aspect de quelque grand phénomène physique, soit au récit de quelque grand trait moral ? *Apage, Sophista*[101] : Tu ne persuaderas jamais à mon cœur qu'il a tort de frémir, à mes entrailles, qu'elles ont tort de s'émouvoir.

Le vrai, le bon et le beau se tiennent de bien près. Ajoutez à l'une des deux premières qualités quelque circonstance rare, éclatante ; et le vrai sera beau, et le bon sera beau[T]. Si la solution du problème des trois corps n'est que le mouvement de trois points donnés sur un chiffon de papier,

T. *et le bon sera beau om. M*

99. Il s'agit d'Henri IV.

100. « Enfin quelque sujet que vous traitiez, qu'il soit simple et un » (Horace, *Art poétique*, o.c., p. 10-11, v. 23).

101. « Arrière, sophiste ! »

ce n'est rien; c'est une vérité purement spéculative. Mais si l'un de ces trois corps est l'astre qui nous éclaire pendant le jour, l'autre, l'astre qui nous luit pendánt la nuit, et le troisième, le globe que nous habitons, tout à coup la vérité devient grande et belle.

Un poète disait d'un autre poète : *il n'ira pas loin, il n'a pas le secret.* Quel secret ? Celui de présenter des objets d'un grand intérêt, des pères, des mères, des[u] femmes, des enfants.

Je vois une haute montagne couverte d'une obscure, antique et profonde forêt. J'en vois, j'en entends descendre à grand bruit, un torrent dont les eaux vont se briser contre les pointes escarpées d'un rocher. Le soleil penche à son couchant; il transforme en autant de diamants les gouttes d'eau qui pendent attachées aux extrémités inégales des pierres. Cependant les eaux, après avoir franchi les obstacles qui les retardaient, vont se rassembler dans un vaste et large canal qui les conduit à une certaine distance vers une machine. C'est là que sous des masses énormes se broie et se prépare la subsistance la plus générale de l'homme. J'entrevois la machine. J'entrevois ses roues que l'écume des eaux blanchit. J'entrevois au travers de quelques saules le haut de la chaumière du propriétaire. Je rentre en moi-même, et je rêve.

Sans doute la forêt qui me ramène à l'origine du monde est une belle chose. Sans doute, ce rocher image de la constance et de la durée, est une belle chose. Sans doute, ces gouttes d'eau transformées par les rayons du soleil brisés et décomposés, en autant de diamants étincelants et liquides, sont une belle chose. Sans doute, le bruit, le fracas d'un torrent qui brise le vaste silence de la montagne et de sa solitude, et porte à mon âme une secousse violente, une terreur secrète, est une belle chose.

Mais ces saules, cette chaumière, ces animaux qui paissent aux environs, tout ce spectacle d'utilité n'ajoute-t-il rien à mon plaisir ? Et quelle différence encore de la sensation de l'homme ordinaire à celle du philosophe ? C'est lui qui réfléchit et qui voit dans l'arbre de la forêt, le mât qui doit un jour opposer sa tête altière à la tempête et aux vents; dans les entrailles de la montagne, le métal brut qui bouillonnera un jour au fond des fourneaux

U. *mères,* des époux, *des G M N*

ardents, et prendra la forme et des machines qui fécondent la terre et de celles qui en détruisent les habitants; dans le rocher, les masses de pierre dont on élèvera des palais aux rois et des temples aux dieux; dans les eaux du torrent, tantôt la fertilité, tantôt le ravage de la campagne; la formation des rivières, des fleuves; le commerce, les habitants de l'univers liés, leurs trésors portés de rivage en rivage et de là dispersés dans toute la profondeur des continents; et son âme mobile passera subitement de la douce et voluptueuse émotion du plaisir au sentiment de la terreur, si son imagination vient à soulever les flots de l'océan.

C'est ainsi que le plaisir s'accroîtra à proportion de l'imagination, de la sensibilité et des connaissances. La nature et[v] l'art qui la copie, ne disent rien à l'homme stupide ou froid; peu de chose à l'homme ignorant.

Qu'est-ce donc que le goût? Une facilité acquise par des expériences réitérées, à saisir le vrai ou le bon, avec la circonstance qui le rend beau, et d'en être promptement et vivement touché.

Si les expériences qui déterminent le jugement sont présentes à la mémoire, on aura le goût éclairé. Si la mémoire en est passée, et qu'il n'en reste que l'impression[w], on aura le tact, l'instinct.

Michel Ange donne au dôme de Saint Pierre de Rome la plus belle forme possible. Le géomètre de la Hire[102], frappé de cette forme, en trace l'épure, et trouve que cette épure est la courbe de la plus grande résistance. Qui est-ce qui inspira cette courbe à Michel Ange, entre une infinité d'autres qu'il pouvait choisir? L'expérience journalière de la vie. C'est elle qui suggère au maître charpentier aussi sûrement qu'au sublime Euler[103] l'angle de l'étai avec le mur qui menace ruine. C'est elle qui lui a appris à donner à l'aile du moulin l'inclinaison la plus favorable au mou-

v. ni *N*

w. expression *M*

102. Philippe de La Hire (1640-1718), astronome et géomètre français qui exécuta pour Colbert de grands travaux de nivellement. On retrouve ce développement dans une lettre à Sophie Volland du 2 septembre 1762 (CORR, IV, 125-126).

103. Léonard Euler (1707-1783), mathématicien suisse, auteur de l'*Introduction à l'analyse de l'infini* (1748), des *Institutions de calcul différentiel* (1755) etc. Après l'avènement de Catherine II, il s'installa à Saint-Pétersbourg où il contribua à développer l'Académie des sciences.

vement de rotation. C'est elle qui fait souvent entrer dans son calcul subtil des éléments que la géométrie de l'Académie ne saurait saisir.

De l'expérience et[x] de l'étude, voilà les préliminaires et de celui qui fait et de celui qui juge; j'exige ensuite de la sensibilité. Mais comme on voit des hommes qui pratiquent la justice, la bienfaisance, la vertu, par le seul intérêt bien entendu, par l'esprit et le goût de l'ordre, sans en éprouver le délice et la volupté, il peut y avoir aussi du goût sans sensibilité, de même que de la sensibilité sans goût. La sensibilité, quand elle est extrême ne discerne plus; tout l'émeut indistinctement. L'un vous dira froidement, Cela est beau, l'autre sera ému, transporté, ivre. *Saliet tundet pede terram, ex oculis stillabit amicis rorem*[104]. Il balbutiera; il ne trouvera point d'expressions qui rendent l'état de son âme.

Le plus heureux est sans contredit ce dernier. Le meilleur juge? C'est autre chose. Les hommes froids, sévères et tranquilles observateurs de la nature, connaissent souvent mieux les cordes délicates qu'il faut pincer. Ils font des enthousiastes sans l'être; c'est l'homme et l'animal.

La raison rectifie quelquefois le jugement rapide de la sensibilité; elle en appelle. De là tant de productions presque aussitôt oubliées qu'applaudies; tant d'autres ou inaperçues ou dédaignées qui reçoivent du temps, du progrès de l'esprit et de l'art, d'une attention plus rassise, le tribut qu'elles méritaient.

De là l'incertitude du succès de tout ouvrage de génie. Il est seul. On ne l'apprécie qu'en le rapportant immédiatement à la nature. Et qui est-ce qui[y] sait remonter jusque-là? Un autre homme de génie.

x. *et om. M*

y. *Et qui sait G*

104. « Il bondira, il frappera du pied, il pleurera de tendresse » (Horace, *Art poétique*, o.c., p. 60-61, v. 429-430). Diderot a quelque peu bouleversé les vers d'Horace.

# *SALON*
## *DE*
## *1759*

# *INTRODUCTION*

Parmi les éléments qui ont contribué à la formation du goût et au développement de la critique picturale au dix-huitième siècle, le plus important est certainement l'exposition du Louvre, qui eut lieu d'abord dans la Grande Galerie, puis, à partir de 1737, dans le Salon Carré. Les cabinets particuliers, comme celui de Mariette, les comptes rendus de voyage, comme celui de Cochin, les galeries, comme celles du Luxembourg ou du Louvre, bien connues de Diderot, n'ont pas eu, et de loin, le même retentissement. C'est parce que La Font de Saint-Yenne a vu les « principaux ouvrages exposés au Louvre le mois d'août 1746 » qu'il a eu l'idée d'écrire les *Réflexions sur quelques causes de l'état présent de la peinture en France.* On ne compte pas les écrits occasionnels qui sont nés à propos d'un Salon, sous des titres comme : « Sentiments sur quelques ouvrages de peinture », « Jugement d'un amateur », « Lettre sur la peinture », « Description des Tableaux ». Dès 1737, la plupart des feuilles périodiques leur consacrent un ou plusieurs numéros, sans excepter les *Affiches, annonces et avis divers,* où l'on voit les comptes rendus des Salons voisiner avec les rubriques d'achats et ventes d'immeubles.

L'historique du « Salon Carré » a fait l'objet de divers travaux[1], auxquels nous nous contentons de renvoyer, en indiquant sommairement les faits principaux. La première exposition officielle eut lieu en 1667, sur l'initiative de l'Académie royale de peinture et de sculpture. D'autres suivirent à intervalles irréguliers, avec une longue coupure de 1704 à 1725. C'est en 1746 que s'institua l'usage d'une exposition bisannuelle. L'ouverture avait lieu en général le 25 août, jour de la fête du roi, et les portes ne fermaient qu'à la fin septembre. Exposants et visiteurs étaient, officiellement, les invités du roi, dont le portrait figurait à la place d'honneur dans le Salon Carré. L'organisation d'ensemble était confiée au directeur des Bâtiments, l'accrochage et la présentation des tableaux incombaient au « tapissier » ou décorateur. Portail joua ce rôle difficile et décisif de 1741 à 1759, Chardin y excella de 1761 à 1773. L'exposition était-elle vraiment représentative de « l'état présent de la peinture en France » ? On peut en douter quand on voit le catalogue publié à l'occasion du Salon : les noms des exposants y figurent par ordre de dignité décroissante, avec la mention de leurs titres académiques : « Ancien Recteur, Recteur, Professeurs, Adjoints à Professeur, Conseillers, Académiciens, Agréés. » C'est en fait un privilège exclusif que s'arrogeait l'Académie royale, puisqu'elle réservait à ses seuls membres le droit d'être exposés, rejetant les non-agréés dans les ténèbres extérieures, soit aux portes du Salon, soit à l'exposition

1. Voir l'Introduction de J. Adhémar dans le tome I des *Salons* de Diderot, p. 1-8 et les indications bibliographiques, p. 1, n. 13. Nous renvoyons à cette édition par le sigle : *Seznec.* Voir aussi l'ouvrage de Mme C. Aubanier, *Le Salon Carré*, Éditions des Musées nationaux, Paris, 1951.

annuelle de la place Dauphine, soit au Pont Notre-Dame, sorte de foire aux croûtes. Des organisations rivales comme l'Académie Saint-Luc essayèrent sans grand succès de tenir tête à l'Académie royale. L'exposition du Colisée, en 1776, dut fermer ses portes à la suite d'une démarche d'académiciens inquiets de voir le public leur échapper.

Telle est la situation de quasi-monopole en face de laquelle la critique du dix-huitième siècle tente de se définir et, si possible, d'affirmer ses droits. Il faut se garder de simplifier le débat en opposant, comme on le fait volontiers de nos jours, l'art officiel d'un côté, et les vraies valeurs de l'autre. Tout ce qui compte dans la peinture du dix-huitième siècle fait partie de l'Académie ou en porte l'estampille. Un peintre comme Oudry s'exclut lui-même du Salon de 1761 (*Seznec*, p. 91), mais n'omet pas de présenter ses excuses à ses collègues académiciens. Ni gloire, ni déshonneur ne s'attachent à la qualité de « peintre maudit », simplement parce qu'un tel personnage n'existe pas. Inversement il serait naïf de croire que la caution officielle en impose au point de tuer la réflexion. Les périodiques de grand renom, *Mercure de France* ou *Année littéraire*, évitent soigneusement de mettre les réputations à mal, s'abstenant seulement de parler des peintres contestés. Il en va tout autrement de *L'Observateur littéraire* et des publications indépendantes. Le commentateur du *Journal encyclopédique* annonce qu'il se bornera aux morceaux qui auront paru « mériter une préférence marquée », « sans avoir égard au nom, ni à la réputation des peintres, ni au rang qu'ils occupent » (t. VI, p. 46). C'est de cette liberté souveraine et inaliénable que se réclame Diderot dans le *Salon de 1763* quand il apostrophe le peintre Pierre. « Monsieur Pierre, chevalier de l'ordre du Roi, premier peintre de monseigneur le duc d'Orléans, et professeur de l'Académie de peinture, vous ne savez plus ce que vous faites, et vous avez bien plus de tort qu'un autre (p. 199).

Il est vrai que la situation toute particulière de Diderot, comme collaborateur de la *Correspondance littéraire*, lui garantissait une impunité que n'avaient pas toujours les directeurs de feuilles périodiques. Il n'avait à craindre ni publicité tapageuse, ni censure. Ses jugements, présentés sous la forme de « lettres à Grimm », pouvaient s'énoncer avec la franchise que suppose l'amitié. « Tantôt vous me trouverez trop sévère tantôt trop indulgent. Je condamnerai peut-être où vous approuveriez : je ferai grâce où vous condamneriez; vous exigerez encore où je serai content. Peu m'importe. » D'une façon générale, on aurait tort de sous-estimer le rôle de Grimm dans la genèse des *Salons*. Il n'a peut-être pas « inventé » Diderot critique d'art (voir J. R. Smiley, o.c., p. 91-97), mais il a eu l'adresse de le mettre en valeur au bon moment, comme le révèle ce fragment de la *Correspondance littéraire* consacré au Salon de 1757 : « Est-il permis d'avoir oublié Ulysse, qui a joué un si grand rôle dans cette affaire? Quel personnage à peindre! M. Diderot aurait voulu le voir embrasser Agamemnon dans ce moment terrible, pour lui dérober, par ce mouvement de pitié feinte, l'horreur du spectacle : cela aurait été admirablement dans le caractère d'Ulysse. Je ne sais si l'effet d'une pensée aussi déliée aurait été assez frappant en peinture » (C.L., III, 431).

Aussi ne faut-il pas s'étonner de la première phrase du *Salon de 1759* : « Voici à peu près ce que vous m'avez demandé. Je souhaite que vous puissiez en tirer le meilleur parti ». Grimm n'avait plus qu'à laisser faire, en se réservant le droit de réplique, comme il en prit l'habitude à partir de 1761, instituant entre le philosophe et lui une sorte de dialogue à bâtons rompus. En réalité le *Salon de 1759* est moins un point de départ que le dénouement d'une longue période d'initiation. La *Lettre sur les sourds et muets* révélait, dès 1751, une attention particulière au problème des rapports entre la peinture et la poésie, quoique la documentation picturale de Diderot fût surtout livresque. L'article *COMPOSITION nous le montre exactement informé des théories de Shaftesbury et de Jonathan Richardson, mais on n'y trouve que deux traces certaines d'une visite de galerie. La situation est toute différente dans les écrits dramatiques des années 1757-1758. Les allusions aux peintres anciens ou modernes y deviennent nombreuses et précises : Raphaël, Poussin, Vernet, Loutherbourg, Servandoni, Hubert Robert sont les peintres les plus souvent cités dans le Discours *De la poésie dramatique*. Diderot nous avoue à plusieurs reprises son goût pour la fréquentation des galeries. Quand son imagination travaille, elle s'organise volontiers en tableaux pathétiques, en grandes compositions, comme c'est le cas pour « la suite de tableaux » destinés à illustrer cette *Mort de Socrate* qu'il n'a jamais écrite (DPV, X, 478 et suiv.).

On ne peut dire avec précision à quelle date fut envoyée la lettre de Diderot à Grimm contenant la description du Salon de 1759. G. Roth penche avec quelque raison pour la troisième semaine de septembre (CORR, II, 244). Ce qui est certain, c'est que la lettre précédente, dans laquelle Diderot annonçait son intention d'aller visiter le Salon avant son départ pour le Grandval, a été écrite le dimanche 2 septembre. « Avant que de sortir de la ville, j'irai voir le Salon; s'il m'inspire quelque chose qui puisse vous servir, vous l'aurez. Cela n'entre-t-il pas dans le plan de vos feuilles? Commandez; je vous obéis assez mal, mais il ne m'en coûte rien. » On a ainsi la preuve que les portes du Salon étaient ouvertes au début de septembre. Nous savons d'autre part que Diderot avait l'intention de séjourner au Grandval du 3 au 10 septembre (CORR, II, 240). Il se donnait ainsi le temps nécessaire pour retourner au Salon, ce qui lui permit de voir la *Médée* de Carle Vanloo, absente au début de l'exposition. L'accent d'impatience rétrospective : « Enfin nous l'avons vu, ce tableau fameux de *Jason et Médée* » indique qu'au moins cette partie de la lettre a dû être écrite lors d'une deuxième visite, au retour du Grandval entre le 10 et le 20 septembre, ce qui n'exclut pas que d'autres fragments ont pu être préparés lors du séjour au Grandval.

« Beaucoup de tableaux, mon ami; beaucoup de mauvais tableaux. » Il y en avait en réalité cent quarante-six numérotés et décrits au catalogue, sans compter ceux dont le catalogue se contentait de mentionner l'existence sous la rubrique : « Autres tableaux du même auteur » ou « Plusieurs portraits sous le même N° ». Ce nombre ne variera guère jusqu'en 1765, où l'on voit brusquement le catalogue des peintures passer de cent-soixante à cent quatre-vingts numéros. On compte encore dix-sept sculptures, vingt-huit gravures, treize dessins. Sur ce total, Diderot opère une sélection rigoureuse, puisque son commentaire ne retient que quarante-cinq peintures citées nommément, et trois œuvres de sculpteurs. Indifférence ou précipitation ? L'hypothèse est peu probable quand on constate l'intérêt passionné que Diderot porte à ce qu'il voit. Il faut plutôt admettre que le *Salon de 1759*, beaucoup plus que les suivants, est vraiment une lettre, fidèle à la forme cursive du style épistolaire, sans sous-titre ni report systématique au catalogue. Diderot ne retient du « livret » que les œuvres présentes à sa mémoire et elles ne lui sont présentes que dans la mesure où elles ont su lui parler. « Je vois encore sur le livret une Fuite de la Vierge en Égypte; personne ne saurait sans cela qu'elle est au Salon. »

Quels sont ses critères d'appréciation ? Ils n'ont guère varié depuis l'époque de l'article *COMPOSITION. Diderot est et reste un adepte de l'unité, à ceci près qu'il paraît moins sensible qu'il ne l'était alors à l'aspect formel du principe d'unité. Ce qui l'intéresse davantage, c'est le moyen susceptible de procurer cette domination organique du tout sur les parties, sans laquelle il n'est point de vraie peinture. Il croit l'avoir trouvé dans ce qu'il appelle « la grande idée ». « Ces gens-ci croient qu'il n'y a qu'à arranger des figures. Ils ne savent pas que le premier point, le point important, c'est de trouver une grande idée, qu'il faut se promener, méditer, laisser là les pinceaux et demeurer en repos jusqu'à ce que la grande idée soit trouvée. »

Ces lignes ne sont pas un manifeste de platonisme à retardement. L'idée dont elles se réclament n'a rien d'une abstraction. Elle désigne l'ensemble des moyens les plus propres à provoquer l'émotion : arrangement des figures, choix du moment, expressivité. Il s'agit d'atteindre le spectateur aux viscères. En cela le *Salon de 1759* ne fait que s'inscrire dans le contexte pathétique qui est celui des années 1757 à 1760, et dont l'aboutissement littéraire est *La Religieuse*. Tant qu'un art ne va pas jusqu'à la terreur, il manque son but. « Vous rappelez-vous, mon ami, la Résurrection du Rembrant; ces disciples écartés; ce Christ en prière; cette tête enveloppée du linceul, dont on ne voit que le sommet, et ces deux bras effrayants qui sortent du tombeau. »

Quand Diderot invoque la « nature », c'est pour lui demander des effets de ce genre. Faire vrai et intensifier l'émotion ne sont pour lui qu'une seule et même chose. Jeaurat s'est trompé en peignant des Chartreux en méditation. Il fallait les voir tels que l'imagination de Diderot se les représente : en proie à la terreur divine. Le peintre aurait-il été au couvent des Chartreux qu'il n'aurait rien observé, parce que son imagination ne lui aurait pas représenté les Chartreux tels qu'ils sont. « S'il y a peu de gens qui sachent regarder un tableau, y a-t-il bien des peintres qui sachent regarder la nature ? » D'où la nécessité, la grandeur et la précellence de la critique picturale. Les quelques textes que nous citons ont la valeur d'une charte de fondation. Ils définissent le critique comme l'œil du peintre.

On comprend dans ces conditions que les commentaires du Salon de 1759 fassent plus souvent état de critères généraux comme la composition, la force, l'esprit, l'expression, le génie, la nature, la vérité que de considérations techniques comme le dessin ou la couleur. Les problèmes d'exécution ne sont le plus souvent évoqués que de manière allusive. « Mr Bachelier, mon ami, croyez-moi, revenez à vos tulipes. Il n'y a ni couleur, ni composition, ni expression, ni dessin dans votre tableau ». Cette discrétion ne veut pas dire que Diderot soit indifférent au « technique ». Son article sur le *Voyage d'Italie* de Cochin nous l'a montré désireux d'aller aux sources et de consulter les peintres sur les détails du métier. Mais il y a loin d'une adhésion de principe à la pratique du coup d'œil et au maniement du vocabulaire d'atelier. Le *Salon de 1759* présente en tout et pour tout huit mentions précises de couleur : blanc, blanchâtre, cuivre, jaune,

1. Carle Vanloo. *Mademoiselle Clairon en Médée*. T. H. 2,30 ; L. 3,28. Exposé au Salon de 1759.

2. François Hubert Drouais. *Portrait de M. le comte et M. le chevalier de Choiseul en savoyards.* T. H. 1,394 ; L. 1,067. Exposé au Salon de 1759.

jaunâtre, noir brique, gris de lin et rose. Quand le mot couleur est associé à un adjectif, il n'est pas rare que ce mot de renfort soit employé dans une intention moralisante ou péjorative : « couleur sombre », « couleur fade et blanchâtre », « coloris faux ». Là encore il faut se garder de généralisations hâtives : Diderot n'est ni aveugle, ni insensible aux couleurs, mais sa palette n'est pas encore formée.

Que savons-nous de son « goût » et quels moyens avons-nous de le situer par rapport à celui du public ? Il est frappant de voir cet homme si épris de pathétique et d'émotion dramatique réprouver par-dessus tout la « décoration théâtrale avec toute sa fausseté ». Il veut voir Médée en proie à la fureur, mais il ne veut pas voir Mlle Clairon déguisée en Médée, « une Médée de coulisse ». Si l'on y prend bien garde, on s'aperçoit que ce besoin d'immédiateté est le principe qui soutient la plupart de ses commentaires réprobateurs ou approbateurs. Le tableau de Carle Vanloo éblouit, mais laisse froid. La Vestale de Nattier a « toute l'afféterie d'une femme du monde à sa toilette ». La *Vénus à Lemnos* de La Grenée est « une grande toile nue », son *Jugement de Pâris* est « de la couleur, de la toile et du temps perdus ». A l'inverse Vernet l'enchante, un Vernet qui, à ses yeux, incarne le pouvoir du peintre (ou du poète) : il est celui à qui la mer et le ciel obéissent, celui qui peut nous faire entendre et voir « tout ce qui lui plaît ». A la même date commence à se profiler la grandeur de Chardin, en qui se révèle un autre pouvoir de la peinture, ce que Diderot appelle « la largeur du faire [...] indépendante de l'étendue de la toile et de la grandeur des objets ». Et voilà découvert le plus éclatant paradoxe de cette première œuvre critique de Diderot : d'une part l'art véritable consiste à n'être point vu et à nous donner l'illusion de la nature même; d'autre part nous savons que cette nature montrée par l'art est l'illusion par excellence, la démonstration comme il en fut jamais que tout art est magie.

Diderot aime-t-il les mêmes œuvres que ses contemporains ? Les aime-t-il pour les mêmes raisons ? Il faudrait se livrer à des inventaires exhaustifs et les limites de cette édition ne le permettent pas. Huit périodiques ou publications temporaires donnent le sentiment des « amateurs », qui n'est pas nécessairement celui du grand public. Ce sont le *Mercure de France*, *L'Année littéraire*, le *Journal encyclopédique*, *L'Observateur littéraire*, la *Feuille nécessaire*, la *Lettre critique à un ami sur les ouvrages de Messieurs de l'Académie*, avec la *Réponse*, parue dans le *Mercure de France*, enfin les *Affiches, annonces, et avis divers*. Il y aurait lieu d'examiner dans quelle mesure se dégage de la lecture de ces feuilles une espèce d'opinion commune, ce qui n'est pas facile. Dans l'ensemble les jugements de Diderot ne s'écartent pas beaucoup de ceux qu'on trouve dans la littérature périodique, sauf sur la *Médée* de Vanloo, à propos de laquelle les appréciations défavorables de Diderot sont en opposition avec la totalité des critiques. Il est moins enthousiaste que ses confrères sur les seize tableaux de Greuze qu'il ne juge « pas merveilleux » et sur la *Résurrection* de Bachelier : encore est-il suivi sur ce dernier point par *L'Observateur littéraire* et le *Mercure de France*. Mais sur ses trois peintres préférés : Chardin, Vernet et Deshays, son enthousiasme est largement partagé par la presse périodique. Une seule réserve, à propos de Chardin, dans le *Mercure de France*. Pour Vernet et Deshays, l'approbation est unanime. On ne peut pas dire que le *Salon de 1759* marque le passage de Diderot à l'indépendance. Ce qui demande à être étudié de près, ce sont les attendus de ses jugements. C'est là peut-être que l'on aura quelque chance de saisir à l'état naissant la formation du langage critique, où l'on voit peu à peu se vêtir d'un sens nouveau « les mots de la tribu ».

*J. Ch.*

Nous disposons pour le *Salon de 1759* de quatre manuscrits, dont la lettre autographe envoyée à Grimm et dont fait partie le *Salon* proprement dit[2]. Des trois copies, celle de la *Correspondance littéraire*, datée du 1er novembre 1759, est à Gotha, et les deux autres sont à Leningrad et dans le fonds Vandeul.

*D* = 24930, fol. 34 r°-38 r° et 38 v°
*G* = *Gc*, fol. 96 r°-100 r°
*L* = XIX, une page de titre et p. 1-22
*V* = 13749, fol. 1 r°-12 r°, une page de titre et p. 1-21

L'histoire du texte est claire; il a été modifié par Grimm, comme l'atteste *G*, puis par Vandeul. Le fait que les corrections de Grimm passent dans les copies tardives[3] prouve que celles-ci ont été faites sur une copie intermédiaire faite par Grimm lui-même[4]. On y retrouve les corrections prudentes du journaliste[5] et son souci de décence y est encore renforcé : censurées les expressions comme « cuisses », « tétons », « fesses », les mots vifs contre le « vilain Trublet » et certains artistes comme Hallé (Diderot s'en était rendu compte et demandait seulement à rester anonyme), éliminées surtout les allusions personnelles et le style familier (« Mon ami, vous verrez à votre retour », « mon ami, le beau buste ! »). L'aparté final sur les Anciens, le passage où il est question de défenestrer une statue possédée par Grimm, autant de suppressions où se perd la vivacité d'un texte spontané, qui fut loin d'être « réchauffé » comme le demandait son auteur[6]. Autant de raisons pour nous de préférer l'autographe comme texte de base, puisque les copies tardives n'ont fait qu'aggraver l'édulcoration.

Encore Grimm avait-il maintenu le style lié de l'épistolier. A la période finale de la tradition manuscrite revient l'idée de structurer le texte en en sous-titrant les rubriques : « peinture », « sculpture », noms des artistes, titres exacts et numéros des tableaux et des sculptures, empruntés au livret du Salon. Ce souci de clarté aboutit à

2. La date, « 15 septembre 1759 », a été ajoutée par Grimm. C'est G. Roth qui a révélé cette lettre dans son véritable texte (CORR, II, 244-259), en rappelant que le *Salon* n'a été imprimé pour la première fois que le 9 mars 1845 dans *L'Artiste*.
3. Voir par exemple la correction stylistique (« D'ailleurs » pour « Du reste ») de la première variante N, commune à *G L V*; voir aussi la seconde variante F et la seconde I.
4. Parfois copiée avec des omissions par *G* : voir la première variante F, la seconde D et la dernière O.
5. Ces prudences ne se justifiaient plus dans les copies tardives : par exemple la suppression de « le baron » (d'Holbach) à la quatrième variante D.
6. « Tâchez de réchauffer cela et me tenez quitte » (CORR, II, 257). G. Roth nous paraît encore indulgent pour Grimm dans le cas présent.

donner au texte un aspect presque scolaire. Sans doute Diderot en viendra-t-il, dans les *Salons* ultérieurs, à indiquer lui-même des références en marge (voir le *Salon de 1761*), mais il n'ira jamais jusqu'à une mise en forme répertoriée et numérotée. Si l'on ajoute que certaines leçons des copistes tardifs prouvent leur ignorance[7], nous n'avons aucune raison pour considérer que Diderot a pu même relire cette mouture si éloignée de sa création, que seul nous livre l'autographe originel.

Celui-ci, contrairement aux autres autographes de 1759, et sans doute parce qu'il s'agissait d'une lettre très personnelle, était resté en très bon état jusqu'au moment où il fut microfilmé à la Bibliothèque de l'Université de Harvard. Malheureusement, il présente maintenant, dans le beau volume relié par la Bibliothèque nationale, des lacunes dont on ne sait toujours si elles sont dues à une détérioration, ou seulement au collage des feuillets au moyen de réglettes, celles-ci masquant les fins de ligne. Par scrupule, nous avons relevé ces lacunes, au reste minimes, sous le sigle *D*, en utilisant le sigle *H* pour rappeler l'état ancien du manuscrit.

La graphie présente quelques traits communs aux textes d'esthétique : « Sallon », « dessein » (le mot s'oppose à « idée »). Nous avons maintenu la graphie « roide ». Parmi les « fautes » de Diderot, comme « renvoyes » pour « renvoie », on n'a pas relevé les occurrences où il a tendance à oublier l'*x* final des pluriels en *-eaux*.

Nous n'avons pas jugé utile de mettre l'italique aux titres d'œuvres, souvent inexacts, nous contentant de les signaler par une majuscule au premier mot : la graphie des noms propres y est, comme partout, respectée.

7. Par exemple, « devait », classique au sens conditionnel de « aurait dû », n'est plus compris, et est corrigé en « devrait » (secondes variantes Y et Z).

# [*Salon de 1759*[A]]

Voici à peu près ce que vous m'avez demandé. Je souhaite que vous puissiez en tirer parti[B].

Beaucoup de tableaux, mon ami, beaucoup de mauvais tableaux. J'aime à louer. Je suis heureux quand j'admire. Je ne demandais pas mieux que d'être heureux et d'admirer...

C'est un portrait du maréchal[C] d'Etrées qui a l'air d'un petit fou ou d'un spadassin déguisé[1].

A. [*dans* D *le texte du* Salon *est pris dans la continuité de la lettre, dans* G *il est introduit par quelques lignes de Grimm*]
B. *Je souhaite* [...] *parti om. L V*
C. nº I. Le *portrait* de M. le *Maréchal L V*

1. Michel Vanloo, premier peintre du roi d'Espagne, ancien recteur. Le « petit fou » n'est autre qu'un des vainqueurs de Fontenoy, Louis César Le Tellier de Louvois, comte d'Estrées. Son portrait a été gravé par Charpentier (*Seznec*, p. XII et pl. I).

C'en est un autre de Madame de Pompadour plus droit[D] et plus froid; un visage précieux; une bouche pincée; de petites mains d'un enfant de treize ans; un grand panier en éventail; une robe de satin à fleurs bien imité[E], mais d'un mauvais choix[2].

Je n'aime point en peinture les étoffes à fleurs. Elles n'ont ni simplicité ni noblesse. Il faut que les fleurs papillotent[3] avec le fond qui, s'il est blanc surtout, forme comme[F] une multitude de petites lumières éparses. Quelque habile que fût un artiste, il ne ferait jamais un beau tableau d'un parterre, ni un beau vêtement d'une robe à fleurs.

Ce portrait a sept pieds et demi de hauteur, sur cinq pieds et demi de large; imaginez l'espace que ce panier à guirlandes[G] doit occuper.

Ce portrait[H] et quelques autres qui n'intéressent pas davantage[4] sont de Vanloo[I].

Il y a une Annonciation de Restout[J 5]. Je ne sais ce que c'est[6]. Un

D. 2. Le portrait *de Madame de Pompadour* Du même *Plus droit L V*

E. *bien* imitées, *mais L V*

F. comme *om. G*

G. *imaginez H* maginez *D* / *ce panier à* guirlande *doit V*

H. *Ce om. D [par détérioration]* Ces deux portraits *et G*

I. *sont de* Michel *Van Loo G [phrase omise dans* L V]

J. *Il y a de Restout une Annonciation G* / M. *Restout* 4. L'*Annonciation L V*

2. Façon indirecte de faire sa cour ? Le jugement de D. rejoint celui de la *Lettre* (p. 27), mais se trouve en désaccord avec celui de *L'Année littéraire* (p. 224). La marquise de Pompadour est souvent nommée dans la correspondance de D., qui n'a pas craint de faire appel à sa protection (CORR, I, 147, 150, 152, 153, 155-156).

3. « *Papilloter* [...]. On dit des ombres et des lumières qu'elles papillotent, lorsqu'elles sont distribuées les unes entre les autres par petits espaces, produisant sur un tableau le même effet que des *papillotes* de papier blanc, éparses sur une tête dont la chevelure est noire » (ENC, XI, 877).

4. « Plusieurs portraits de Dames, sous le même numéro, dont une habillée de blanc, avec une pelisse sur l'épaule, appuyée sur un fauteuil [...]. Une en robe de satin blanc, prenant un café [...]. Une sous les ajustements de Pomone [...]. Une sous ceux de Thalie [...] » (extrait du Catalogue, n° 3).

5. Jean Restout, recteur de l'Académie depuis 1754. Son *Annonciation*, peinte « pour les RR. PP. Bénédictins d'Orléans », figure bien au catalogue et D. ne se méprend pas en l'attribuant à Restout (voir *Seznec*, p. 38 et fig. 3), malgré le repentir du post-scriptum. Ce tableau est au dépôt du musée à l'église Saint-Paterne d'Orléans (catalogue J. Messelet, n° 27).

6. L'expression « Je ne sais ce que c'est » revient souvent dans les *Salons*. Elle signifie tantôt « Je ne m'en souviens pas », tantôt « Je ne l'ai point vu », tantôt « Cela ne mérite pas qu'on s'en souvienne ». Le troisième sens est ici le plus probable (voir plus loin : « Je me rappelle que... »).

Aman sortant du[K] palais d'Assuerus, irrité de ce que Mardochée ne l'adore pas[7]. Je me rappelle que l'Annonciation est traitée d'une manière sèche, roide et froide; qu'elle[L] est sans effet; et qu'on dirait un morceau détaché d'une vieille coupole, qui a souffert et qui n'était pas d'un trop habile homme. Pour le tableau d'Amman, on lit ce que c'est sur le livre[M], mais on n'en devine rien sur la toile[8]. Si la foule qui s'ouvre devant l'homme fier qui passe, s'inclinait ou se prosternait et qu'on remarquât un seul homme debout, on dirait, voilà Mardochée. Mais le peintre a fait le contraire. Un seul fléchit le genou; le reste est debout, et l'on cherche en vain le personnage intéressant. Du reste[N] nulle expression; point de distance entre les plans; une couleur sombre; des lumières de nuit. Cet artiste use plus d'huile à sa lampe que sur sa palette.

Une Purification de la Vierge[O] du même[9]. Je ne me la remets pas; c'est peut-être vous en dire du mal.

Enfin nous l'avons vu, ce tableau fameux de Jason et Medée. O mon ami[P], la mauvaise chose[10]! C'est une décoration théâtrale avec toute sa

K. *du H om. D* [*détérioration*]
L. *qu'elle H* u' *D* [*détérioration*] / [*plus loin D. écrit* un vieille coupole]
M. 5. *Aman, sortant du palais d'Assuérus,* est *irrité de ce que Mardochée ne* se lève point pour l'adorer. Voilà *ce qu'on lit sur le livre L V*
N. D'ailleurs *nulle expression G L V*
O. 6. La *Purification de la* Sainte *Vierge L V*
P. *de Jason et Médée* par Carle Van Loo. *O mon ami... add. G* / CARLE VAN LOO 7. Un sujet de Médée et Jason, dans lequel Mlle Clairon est peinte en Médée. *Enfin nous l'avons vu, ce tableau fameux. O mon ami LV*

7. Quel tableau désigne cette phrase? Aucun de ses traits ne convient exactement à la toile de Restout. Il est possible (mais non certain) qu'il y ait confusion dans la mémoire de D. entre l'*Annonciation* de Restout et l'*Assomption* de La Grenée. Est-ce la raison pour laquelle la phrase du manuscrit autographe ne figure pas dans les copies?
8. La toile, très abîmée, est dans les réserves du Louvre (voir cat. de l'exposition Restout, Rouen, septembre 1970, n° 89, p. 206). On peut voir du même peintre un *Triomphe de Mardochée* (1755) à l'église Saint-Roch.
9. Elle est à l'église Saint-Roch de Paris, en provenance du couvent des Feuillants, où elle décorait la salle du chapitre.
10. D. est à peu près seul de son avis. Carle Vanloo avait eu l'habileté d'exposer son tableau une première fois en janvier. Il en avait refait la plus grande partie, sauf la figure de Médée, en tenant compte des critiques des uns et des autres. « Toutes les voix se sont trouvées d'accord, nous dit la *Feuille nécessaire* (p. 198-199), pour préférer cette nouvelle composition qui semble avoir agrandi le tableau en lui donnant plus de richesse. » Autre particularité : la tête de Médée est le portrait de Mlle Clairon et Jason aurait, dit-on, les traits de Lekain. Louis XV intrigué voulut voir le tableau avant le public, d'où le retard souligné par le début de la première phrase. (Voir *Seznec*, p. XI, 39 et fig. 5.)

fausseté; un faste de couleur qu'on ne peut supporter; un Jason d'une bêtise inconcevable. L'imbécile tire son épée contre une magicienne qui s'envole dans les airs, qui est hors de sa portée et qui laisse à ses pieds ses enfants égorgés. C'est bien cela ?[Q] Il fallait lever au ciel des bras désespérés, avoir la tête renversée en arrière; les cheveux hérissés; une bouche ouverte qui poussât de longs cris; des yeux égarés; et puis une petite Medée, courte, roide, engoncée[R], surchargée d'étoffes; une Medée de coulisse; pas une goutte de sang qui tombe de la pointe de son poignard ou[S] qui coule sur ses[T] bras; point de désordre; point de terreur[11]. On regarde, on est ébloui, et l'on reste froid. La draperie qui touche au corps a le mat et les reflets d'une cuirasse; on dirait d'une plaque de cuivre jaune. Il y a sur le devant un très bel enfant renversé sur les degrés arrosés de son sang; mais il est sans effet. Ce peintre ne pense ni ne sent. Un char d'une pesanteur énorme. Si c'était un morceau de tapisserie que ce tableau, il[U] faudrait accorder une pension au teinturier. J'aime mieux[V] ses Baigneuses.

C'est un autre tableau où l'on voit deux femmes nues, au sortir du bain. L'une par devant, à qui l'on présente une chemise, et l'autre par derrière. Celle-ci n'a pas le visage agréable; je lui trouve le bas des reins plat; elle est noire; ses chairs sont molles; la main droite de l'autre m'a paru sinon estropiée et trop petite, du moins désagréable; elle a les doigts recourbés. Pourquoi ne les avoir pas étendus ? La figure serait mieux appuyée sur le plat de la main, et cette main aurait été d'un meilleur choix. Il y a de la volupté dans ce tableau, des pieds nus, des cuisses, des tétons, des fesses[W]; et[X] c'est moins peut-être le talent de l'artiste qui nous arrête que notre vice. La couleur a bien[Y] de l'éclat. Les femmes occupées à servir les figures prin-

Q. *cela*! *Il G L V*
R. [*virgule masquée à la reliure*]
S. *poignard* et *qui coule G L V*
T. *sur* les *bras G*
U. *Si ce tableau était un morceau de tapisserie, il faudrait G L V*
V. 8. Un tableau représentant des Baigneuses Du même. *J'aime mieux L V*
W. *des pieds nus* [...] *fesses om. G L V*
X. mais *c'est moins G L V*
Y. *bien om. L V*

11. *L'Observateur littéraire* félicite au contraire Carle Vanloo d'avoir peint une « Mlle Clairon, actrice, excitant encore sur la toile une partie des passions qu'elle agite si fortement sur la scène » (p. 96).

cipales sont éteintes[z] avec jugement; vraies, naturelles et belles, sans causer de distraction[A][12].

Il y a de Colin de Vermont une mauvaise[B] Adoration des rois[13].

De Jeaurat, des[C] Chartreux en méditation; c'est pis encore. Point de silence; rien de sauvage; rien qui rappelle la justice divine; nulle idée; nulle adoration profonde; nul recueillement intérieur; point d'extase; point de terreur[D]. Cet homme ne s'est pas[E] douté de cela. Si son génie ne lui disait rien que n'allait-il aux Chartreux. Il aurait vu là ce qu'il n'imaginait pas[14]. Mais croyez-vous qu'il eût vu[F]? S'il y a peu de gens qui sachent regarder un tableau, y a-t-il bien des peintres qui sachent regarder la nature?

Je ne vous dirai rien de quatre petits tableaux du même[15]. Ce sont des Musulmans qui conversent; des Femmes du sérail qui travaillent, une Pastorale, un Jardinier avec sa Jardinière. C'est le coloris[G] de Boucher, sans ses grâces, sans son feu, sans sa finesse. Que le costume[16] y soit bien

Z. *sont* teintes *avec jugement L V*
A. *sans causer* des distractions *L V*
B. COLIN DE VERMONT. 9. Il y a de lui *une mauvaise L V*
C. JEAURAT. 10. Des *L V*
D. *point de terreur om. G | point de terreur; point d'extase. L V*
E. *ne s'est* point *douté V*
F. *qu'il l'eût vu? add. G L V*
G. 11. Deux *petits tableaux* selon le costume des Turcs, représentant, l'un, un Émir conversant avec son Ami; et l'autre, des *Femmes* qui s'occupent dans le *sérail*, et prennent leur café [prennent *le* café V] 12. Deux autres *petits tableaux*, représentant, l'un *une Pastorale*, l'autre *un Jardinier* et une *Jardinière*. Du même. *Je ne vous dirai rien de* ces *quatre petits tableaux. C'est L V* [*dans* D *ont disparu* pas *de* pastorale *et* sans *avant* ses grâces]

12. La critique est assez partagée. La *Feuille nécessaire* trouve aux *Baigneuses* « une carnation un peu trop rouge » (p. 552), tandis que *L'Année littéraire* y voit « tout ce que l'art peut présenter de plus gracieux » (voir *Seznec*, p. 39-40 et fig. 7).

13. Colin de Vermont, adjoint à recteur, mort en 1761. Son tableau est à Saint-Louis de Versailles.

14. Le couvent des Chartreux (ou Chartreuse de Vauvert) jouxtait le jardin du Luxembourg. On pouvait y voir la fameuse *Légende de saint Bruno*, peinte par Eustache Le Sueur. D. s'y réfère volontiers: « Allez-vous-en aux Chartreux; et vous y verrez la véritable attitude de la piété et de la componction » (*Essais sur la peinture*, ci-dessus, p. 16). Même allusion dans le *Salon de 1761* à propos du *Saint-Vincent de Paul* de Hallé.

15. « Deux petits tableaux selon le costume des Turcs, représentant, l'un un émir conversant avec son ami, et l'autre, des femmes qui s'occupent dans le sérail et prennent leur café. Deux autres petits tableaux, représentant, l'un une pastorale, l'autre un jardinier et une jardinière » (Cat. n° 11; voir *Seznec*, p. 40 et fig. 8).

16. *Costume*: « Terme plein d'énergie que nous avons adopté de l'italien. Le *costume* est l'art de traiter un sujet dans toute la vérité historique » (ENC, IV, 298 b).

observé, j'y consens; mais c'est de toutes les parties de la peinture, celle dont je fais le moins de cas.

Voici[H] une Vestale de Natier; et vous allez imaginer de la jeunesse, de l'innocence, de la candeur, des cheveux épars, une draperie à grands plis, ramenée sur la tête et dérobant une partie du front; un peu de pâleur; car la pâleur sied bien à la piété (et à la tendresse)[I]. Rien de cela, mais à la place, une coiffure de tête élégante, un ajustement recherché, toute l'afféterie d'une femme du monde à sa toilette, et des yeux pleins de volupté, pour ne rien dire de plus[17].

Hallé a fait deux pendants des Dangers de l'amour et du vin[18]. Ici[J] des nymphes enivrent un satyre d'une belle brique, bien dure, bien jaunâtre et bien cuite; et puis à côté de cette figure qui sort du four d'un potier, nul esprit, nulle finesse, point de mouvement, point d'idée[K]; mais le coloris de Boucher. Cet homme qu'on a très bien nommé le Fontenelle de la peinture[19], finira par les gâter tous.

Je vois encore sur le livret une Fuite de la Vierge en Égypte; personne ne saurait sans cela qu'elle est au Salon[20]. Je renvoie ses deux petits pendants au pont Notre Dame[L 21].

H. NATTIER 14. Une Vestale. *Voici L V*

I. *à la piété* ainsi qu'*à la tendresse. G L V* / [*dans la phrase suivante, on lit* te *pour* toute *dans* D, *et* de *a disparu devant* volupté]

J. HALLÉ 16. *Deux* tableaux *pendants*, l'un, le Danger de l'Amour, représenté par Hercule et Omphale; l'autre, le Danger du Vin, représenté par des Bacchantes et des Faunes, assistant à une Fête de Bacchus. *Ici des nymphes L V* [*dans* D : imphes]

K. *point* d'idées; *mais L V* [*dans* D *on lit* unatre *pour* jaunâtre, d' *a disparu devant* un potier, m *dans* mais *et* de *devant* la peinture]

L. *Je vois* [...] *Notre Dame om. G L V* / [*dans* D, ne *est répété devant* saurait, *et D. écrit* renvoyes *pour* renvoie]

17. D. applique à la peinture sa théorie des « conditions » qu'il a définie en 1757 et 1758 dans ses écrits sur le théâtre.

18. « Deux tableaux pendants [...]. L'un, *Le Danger de l'Amour*, représenté par Hercule et Omphale. L'autre, *Le Danger du Vin*, représenté par des Bacchantes et des Faunes, assistant à une Fête de Bacchus » (Catalogue, n° 16, *Seznec*, p. 41).

19. A rapprocher du *Salon de 1763* (commentaire sur Boucher) : « Il a de vieux portefeuilles pleins de morceaux admirables qu'il dédaigne. Il en a de nouveaux, farcis de moutons et de bergers à la Fontenelle sur lesquels il s'extasie » (voir plus loin, p. 196).

20. Voir *Seznec*, p. 41 et fig. 96.

21. Le pont Notre-Dame (voir l'Introduction) arrive au dernier degré de la hiérarchie après le « salon » de la place Dauphine. C'est là qu'Apollon, visitant le Salon de 1763, expédie tous les mauvais peintres.

La Piscine miraculeuse de Vien est une[M] grande composition qui n'est pas sans mérite[22]. Le Christ y a l'air benêt comme de coutume; tout le côté droit est brouillé d'un tas de figures jetées pêle-mêle, sans effet et sans goût. Mais la couleur m'a paru vraie. Au-dessus des malades, il y a un ange qui est très bien en l'air; derrière le Christ un apôtre en gris de lin que Le Sueur ne dédaignerait pas, mais qu'il revendiquerait peut-être; et sur le milieu, un malade assis par terre qui fait de l'effet. Il est vrai qu'il est vigoureux et gras. Et que ma[N] Sophie a raison quand elle dit que s'il est malade, il faut que ce soit d'un cor au pied.

Jesus Christ rompant le pain à ses disciples; St Pierre, à qui Jesus demande, après la pêche, s'il l'aime; La Musique; une Résurrection du Lazare sont quatre tableaux du même, dont[O] je ne sens pas le mérite[23].

Vous rappelez-vous, mon ami[P], la Résurrection du Rembrant[Q]; ces disciples écartés; ce Christ en prière[R]; cette tête enveloppée du linceul, dont on ne voit que le sommet, et ces deux bras effrayants qui sortent du tombeau[24]. Ces gens-ci croient qu'il n'y a qu'à arranger des figures. Ils ne savent pas que le premier point, le point important, c'est de trouver une

M. VIEN 18. *La Piscine miraculeuse. C'est une* *L V*

N. [G L V *ponctuent:* vigoureux et gras, et que] *ma om. G L V*

O. 19. *Jésus-Christ rompant le pain* en présence des *disciples* d'Emmaüs. 20. *Jésus-Christ, après la Pêche* miraculeuse, *demande* à *St Pierre s'il l'aime*. 21. *La Musique*. 22. La *Résurrection* de *Lazare*. Du même. Ce sont *quatre tableaux dont* *L V*

P. *vous* rappellerez-*vous* *V* / *mon ami om.* *G L V*

Q. *La Résurrection* du Lazare par *Rembrandt* ? *G L V*

R. *en* prières *L V*

22. D. est moins sévère que ses contemporains. La « froideur », la « pauvreté » de Vien déçoivent la plupart des commentateurs (*L'Observateur littéraire*, p. 179). Il semble que les louanges remportées par Vien au précédent Salon lui aient valu l'hostilité d'une partie de la critique (*Lettre*, p. 17-19).

23. Citons la boutade du *Journal encyclopédique* : « De mauvais plaisants ont dit que l'auteur avait voulu peindre la Musique française, parce que cette figure est simple, fade et froide » (p. 114).

24. De quel tableau s'agit-il ? La tête de Lazare « enveloppée du linceul » correspond bien aux toiles de Rembrandt dont D. a pu voir la reproduction (catalogue Brédius, Phaidon Press, Vienne, Londres, 1937, nº 537 et 538; eau-forte nº 106 du catalogue de l'exposition du Louvre, 1969-1970). Les « deux bras effrayants » qu'on ne voit pas chez Rembrandt apparaissent nettement sur la toile de Lievens reproduite par Seznec (fig. 11 bis), mais le ressuscité de Lievens ne montre pas la tête. Pour la curieuse façon dont D. amalgame des tableaux ou les recrée à sa fantaisie, voir dans le Discours *De la poésie dramatique* (DPV, X, 382-383) la description des *Bergers d'Arcadie* de Poussin.

grande idée. Qu'il faut se promener, méditer, laisser là les pinceaux et demeurer en repos jusqu'à ce que la grande idée soit trouvée[25].

Il y a d'un La Grenée une Assomption[26]; Venus aux forges de Lemnos demandant à Vulcain des armes pour son fils; un Enlèvement de Cephale par l'Aurore, un Jugement de Paris[27], un Satyre qui s'amuse du sifflet de Pan et quelques petits tableaux, car les précédents sont grands[s].

Si j'avais eu à peindre la descente de Venus dans les forges de Lemnos[28], on aurait vu les forges en feu sous des masses de roches; Vulcain debout, devant son enclume, les mains appuyées sur son marteau; la déesse toute nue lui passant la main sous le menton; ici le travail des Ciclopes suspendu; quelques-uns regardant leur maître que sa femme séduit, et souriant ironiquement; d'autres cependant auraient fait étinceler le fer embrasé[t]. Les étincelles dispersées sous les[u] coups auraient écarté les Amours; dans un coin ces enfants turbulents auraient mis en désordre l'atelier du forgeron; et qui aurait[v] empêché qu'un des Ciclopes n'en eût saisi un par les ailes pour le baiser? Le sujet était de poésie et d'imagination, et j'aurais tâché d'en montrer. Au lieu de cela, c'est une grande toile nue, où quelques figures oisives et muettes se perdent. On ne regarde ni Vulcain, ni la déesse. Je ne sais s'il y a des Ciclopes. La seule figure qu'on remarque, c'est un homme placé sur le devant[29] qui soulève une poutre ferrée par le bout.

Et ce Jugement de Paris? Que[w] vous en dirai-je[x]? Il semble que le lieu de la scène devait[y] être un paysage écarté, silencieux, désert, mais riche;

S. LA GRENÉE 29. *Vénus aux Forges de Lemnos*, accompagnée des Grâces et des Plaisirs, demande à *Vulcain des Armes pour son Fils* Énée. *Si j'avais eu L V*

T. *le* feu *embrasé L V* [*le point virgule est restitué*]

U. *sous* leurs *coups G L V*

V. *et qui* auraient *V*

W. *Le Jugement de Pâris*. Du même. *Que L V*

X. *que vous en* dirais-*je*? *V*

Y. *la scène* devrait *être L V*

25. Voir *Lettre* (p. 19) à propos du tableau de Vien: « En vérité, Monsieur, la plume me tombe des mains; que dire de la *Résurrection de Lazare*? Qu'il s'attendait à revoir le jour, et que les spectateurs n'en sont pas plus étonnés que lui. »

26. Mentionnée dans le post-scriptum du *Salon* et peut-être décrite sous le nom de l'*Annonciation* de Restout.

27. Voir *Seznec*, p. 43 et fig. 12 et 13.

28. Ce qui suit est un libre commentaire de l'*Énéide*, chant XIII, v. 416-453.

29. Il est en réalité à l'arrière-plan, dans le coin droit du tableau (voir *Seznec*, fig. 12).

que la beauté des déesses devait[Z] tenir le spectateur[A] et le juge incertains; qu'on ne pouvait rencontrer le vrai caractère de Paris que par un coup de génie. M. de La Grenée[B] n'y a pas vu tant de difficulté[C][30]. Il était bien loin de soupçonner l'effet sublime du lieu de la scène. Son Jeune Satyre qui s'amuse du sifflet de Pan a plus[D] de gorge qu'une jeune fille. Le reste, c'est de la couleur, de la toile et du temps perdus[E].

Je n'ai pas mémoire d'avoir vu ni[F] un Saint Hippolite dans la prison, ni un Domine non sum dignus, ni une Lucrece présentant le poignard à Brutus[31], ni les autres tableaux de Challe. Vous savez avec quelle dédaigneuse inadvertance on passe sur les compositions médiocres.

Il y a de Chardin un Retour de chasse; des Pièces de gibier; un Jeune élève qui dessine vu par le dos; une Fille qui fait de la tapisserie; deux petits tableaux de Fruits[G][32]. C'est toujours la nature et la vérité; vous prendriez les bouteilles par le goulot, si vous aviez soif; les pêches et les raisins éveillent l'appétit et appellent la main. J'aimerais bien mieux que ces derniers fussent

Z. *des déesses* devrait *tenir L* devraient *V*
A. *tenir* les spectateurs *et L V*
B. *M. Lagrenée L V*
C. *tant de* difficultés. *G L V*
D. 27. Un *jeune satyre* se jouant du *sifflet* du Dieu *Pan*. Du même. Ce jeune satyre *a plus de gorge L V* [*dans* D *on lit maintenant* iflet *pour* sifflet]
E. *et du temps* perdu *G*
F. *ni om. G L V*
G. CHARDIN 35. *Un retour de Chasse*. 36. *Des Pièces de Gibier*. 37. *Un jeune* Dessinateur. 38. *Une Fille qui* travaille en *tapisserie*. 39. *Deux petits tableaux de Fruits*. *L V*

30. On trouvera des impressions du même genre dans le compte rendu du *Jugement de Pâris* de Pierre (*Salon de 1771*).
31. Le *Saint Hippolyte* est perdu; le *Domine non sum dignus* (d'après saint Luc, VII, 4-10) est à l'église Saint-Roch sous la dénomination : *Le Christ et le Centurion*; il provient du couvent des Feuillants. Pour *Lucrèce*, voir *Seznec*, fig. 9.
32. Plusieurs des toiles de Chardin citées par D. ont disparu : le *Retour de chasse* (cat. Wildenstein éd. 1963, n° 72), les *Pièces de gibier* (Wild., n° 261-262). Les deux tableaux de fruits appartenant à l'abbé Trublet sont à la collection Oskar Reinhardt, à Winterthur (Wild., n° 276 et 277). Le *Jeune élève qui dessine*, ou *Jeune dessinateur*, gravé par Laurent Cars, a disparu (Wild., n° 268). Le même sujet a été traité sept autres fois par Chardin (Wild., n° 176, 177, 178, 179, 180, 181 et 267). L'*Ouvrière en tapisserie*, également disparu (Wild., n° 269), s'inscrit dans une liste de six versions (Wild., n° 172, 173, 174, 175, 267). Ces figures, plus que les natures mortes, ont valu à Chardin les éloges les plus chaleureux (voir *Lettre*, p. 26, et *L'Année littéraire*, p. 227-228).

dans votre cabinet que chez ce vilain Trublet à qui ils appartiennent[H]. Ce[I] Chardin est homme d'esprit[J]; il entend la théorie de son art; il peint d'une manière qui lui est propre, et ses tableaux seront un jour recherchés. Il a le faire aussi large dans ses petites figures, que si elles avaient des coudées. La largeur du faire[33] est indépendante de l'étendue de la toile et de la grandeur des objets[;] réduisez tant qu'il vous plaira une Sainte Famille de Raphael, et vous n'en détruirez point la largeur du faire.

Une belle chose, c'est le Portrait du maréchal de Clermont Tonnerre peint par Aved[34]. Il est[K] debout à côté de sa tente; en bottines[L]; avec la veste de buffle à petits parements retroussés, et le ceinturon de cuir. Je voudrais que vous vissiez avec quelle vérité de couleur et quelle simplicité cela est fait. On s'y tromperait[M]. De près la figure paraît un peu longue; mais c'est un portrait. Si l'homme est ainsi?[N] D'ailleurs éloignez-vous encore de quelques pas et ce défaut, si c'en est un, n'y sera plus. Il me fâche seulement qu'on soit si bien peigné dans un camp. Il y a là une perruque que Vandick aurait, je crois, un peu ébouriffée. Mais je suis trop difficile.

H. *J'aimerais bien mieux* [...] *à qui ils appartiennent om.* *G L V* [*dans* D, ces *est effacé devant* derniers]
I. M. *Chardin* *G L V*
J. *est* un *homme d'esprit* *V*
K. AVED. 42. Le *Portrait* en pied de M. le *Maâl de Clermont-Tonnerre* C'est une belle chose. *Il est L V*
L. botine *D*
M. *On s'y tromperait om.* *G L V*
N. *portrait, l'homme est peut-être ainsi. D'ailleurs* *G L V*

33. Mot passe-partout. Sous l'acception générale de « manière de travailler » (voir F. Brunot, *Histoire de la langue française*, vol. VI, 1re partie, t. 2, p. 710), il désigne, selon les textes, tantôt la manière propre à chaque peintre, ce qui le distingue des autres peintres, tantôt les qualités d'exécution propres à une œuvre d'art, tantôt, d'une façon générale, la pratique de l'art, la technique, le savoir-faire, ou, dans un sens péjoratif, la routine (o.c., p. 726). Rappelons la définition qu'en donne l'*Encyclopédie* : « C'est à la pratique de la peinture, c'est au mécanisme de la brosse et de la main, que tient principalement cette expression... » (ENC, VI, 380). Mais qu'est-ce que la « largeur du faire » selon D.? Une qualité indépendante des dimensions du tableau. Un peintre a une « touche large » quand son coup de pinceau n'est ni « mesquin », ni timide. Le mot n'a aucune valeur spatiale.

34. D'un critique à l'autre, les éloges ne varient guère. Tout le monde s'accorde à louer dans ce tableau le naturel et l'illusion de vérité. Témoin ce jugement hyperbolique de *L'Année littéraire* : « Ce n'est pas un portrait, c'est un tableau, je me trompe encore, c'est un homme véritable qu'on a devant ses yeux. Ce morceau est au-dessus des éloges les plus outrés » (p. 225).

Latour avait peint plusieurs pastels qui sont restés chez lui; parce qu'on lui refusait les places qu'il demandait[35].

Bachelier a fait une grande et mauvaise Résurrection, à la manière[O] de peindre du comte de Caylus[36]. Mr Bachelier, mon ami[P], croyez-moi, revenez à vos tulipes. Il n'y a ni couleur ni composition, ni expression, ni dessin dans votre tableau. Ce Christ est tout disloqué. C'est un patient dont les membres ont été mal reboutés; de la manière dont vous avez ouvert ce tombeau, c'est vraiment un miracle qu'il en soit sorti; et si on le faisait parler d'après son geste, il dirait au spectateur[Q]; Adieu, Messieurs, je suis votre serviteur; il ne fait pas bon parmi vous, et je m'en vais. Tous ces chercheurs de méthodes nouvelles n'ont point de génie.

Nous avons eu une foule[R] de Marines de Vernet; les unes locales, les autres idéales[37]; et dans toutes, c'est la même imagination, le même feu, la même sagesse, le même coloris, les mêmes détails, la même variété. Il faut que cet homme travaille avec une facilité incroyable[S]. Vous connaissez son mérite. Il est tout entier dans quatorze ou quinze tableaux. Les mers se soulèvent ou se tranquillisent toujours[T] à son gré. Le ciel s'obscurcit l'éclair s'allume; le tonnerre gronde, la tempête s'élève, les vaisseaux s'em-

O. BACHELIER. La Résurrection de Jésus-Christ. Cette Résurrection est faite *à la manière L V*
P. *mon ami om. G L V*
Q. *il dirait* aux spectateurs : *Adieu G L V*
R. VERNET *Nous avons eu une foule L / eu om. V*
S. *facilité* prodigieuse. *Vous G L V*
T. *soulèvent* et *se G L V / toujours om. G L V*

35. Au catalogue (n° 44) sous le titre : « Plusieurs portraits en pastel ».
36. Là encore les avis sont unanimes. A travers Bachelier, c'est la technique de la « peinture en cire » qui est visée. Voir *L'Histoire et le secret de la peinture en cire* (DPV, IX).
Jean-Jacques Bachelier, agréé en 1750 à l'Académie royale, avait été reçu comme peintre de fleurs en 1752. C'est surtout à ce titre qu'il se rendit célèbre. Ses compétences comme peintre d'histoire furent discutées par l'ensemble des critiques, ce qui ne l'empêcha pas d'être reçu à l'Académie comme peintre d'histoire en 1763.
37. Par « locales », D. entend les deux vues du port de Bordeaux, commandées par le roi, et la vue de la ville d'Avignon. Les *Marines* « idéales » (onze ou douze d'après le compte de D.) sont mentionnées au catalogue sous le titre : « Tableaux du même auteur sous le même numéro » (n° 68). Citons *L'Année littéraire* : « Ce peintre paraît plus admirable encore, lorsque n'étant point retenu par la sujétion d'un lieu connu, livré à son génie, il ose tracer les spectacles effrayants de la nature, les tempêtes et cette horreur qui répand les obscurités des orages. C'est là qu'il déploie toute la poésie de son art » (p. 226).

brasent[u], on entend le bruit des flots, les cris de ceux qui périssent, on voit, on voit tout ce qu'il[v] lui plaît.

Les morceaux d'histoire naturelle de Mad[e] Vien[38] ont le mérite qu'il y faut désirer, la patience et l'exactitude. Un portefeuille de sa façon instruirait[w] autant qu'un cabinet, plairait davantage, et ne durerait pas moins[39].

Si vous êtes curieux de visages de plâtre, vous verrez à votre retour les tableaux[x] de Drouais[40]. Mais à quoi tient cette fausseté ? Cela n'est pas dans la nature. Ces gens voient donc d'une façon et font d'une autre.

On loue un Martyre de St André de Deshays[41]. Je n'en saurais que dire[y], il est placé[z] trop haut pour mes yeux.

Quant à son Hector exposé sur les rives du Scamandre, il est vilain[A], dégoûtant et hideux. C'est un malfaiteur ignoble qu'on a décroché du gibet[42].

U. *s'embrassent D*
V. *ce* qui *lui plaît G*
W. *instruirait H* inst *D*
X. *de plâtre*, il faut regarder les portraits *de Drouais*. *G L V*
Y. martyr *D* / *André*, par *Deshays G* / DESHAYS 91. Le Martyre de St André. On loue ce Martyre. *Je LV* ne *saurais* qu'en *dire G L V*
Z. *placé om. L V*
A. 92. *Hector exposé sur les rives du Scamandre*, après avoir été tué par Achille et traîné à son char. Vénus préserve son corps de la corruption. Du même. Son Hector *est vilain L V*

38. « Deux tableaux [...]. L'un représente une perdrix morte; l'autre une corbeille de fleurs. Un tableau [...] représentant des fleurs dans une bouteille. Deux grands papillons et un petit » (Cat. n° 78, 79, 80).
39. Cette critique prend tout son sens à la lecture de l'article *CABINET *d'histoire naturelle* (ENC, II, 490, col. a; DPV, VI, 240) : « A quoi bon avoir rassemblé dans des édifices, à grandes peines et à grands frais, une multitude de productions, pour me les offrir confondues pêle-mêle et sans aucun égard, soit à la nature des choses, soit aux principes de l'histoire naturelle ? »
40. François Hubert Drouais, académicien avait exposé huit portraits (Cat. n° 83-90).
41. Titre exact : « Un grand tableau représentant le martyre de saint André, au moment où prêt d'être attaché sur la croix, on le sollicite d'adorer les idoles » (Cat. n° 91). Destiné à l'église Saint-André de la Porte-aux-Fèves à Rouen, et saisi sous la Révolution, il est maintenant au musée des Beaux-Arts de Rouen. Vifs éloges dans toute la presse. D. fera amende honorable dans le *Salon de 1761*, où Deshays est présenté comme un des plus grands peintres de son temps.
42. Épisode de l'*Iliade*, chant XXII, v. 147-157.

Il y a du même une Marche de voyageurs dans les montagnes. Je n'ose[B] juger des figures, mais je crois[C] le paysage beau. Il m'a rappelé plusieurs fois. Les arbres, les roches, les eaux font un bel effet. Il y a de la poésie dans la composition, et de la force dans la couleur. Quand on compare ce morceau avec les autres du même, on dirait qu'il n'est pas de lui. O la belle solitude[!] Je l'imagine avec plaisir. Le baron[D] dit que c'est une imitation. Je le croirais bien.

Agar chassée par Abraham, errante dans le désert, manquant d'eau et de pain et s'éloignant de son fils qui expire[E]. Quel sujet! La misère, le désespoir, la mort[43]. De par Apollon dieu de la peinture, nous condamnons[F] le S^r Parrocel auteur de cette maussade composition, à lécher sa toile, jusqu'à ce qu'il n'y reste rien[G], et lui défendons[H] de choisir à l'avenir des sujets qui demandent du génie[44].

Les Greuze ne sont pas merveilleux cette année[45]. Le faire en est roide, et la couleur fade[I] et blanchâtre. J'en étais tenté autrefois. Je ne m'en soucie[J] plus.

B. 94. *Une Marche de Voyageurs dans les Montagnes.* Du même. *Je n'ose L V*
C. *je* trouve *le paysage L V*
D. *plaisir.* M... *dit G L V* [*dans* D *le point est simple* après solitude, *et plus loin le* c *de* croirais *est effacé*]
E. PAROCEL 101. *Agar,* après avoir été *chassée par Abraham,* s'enfuit *dans le Désert,* où l'*eau* lui *manquant,* elle s'éloigne *de son fils* Ismaël pour ne pas le voir mourir. Un Ange la console et lui montre une Source. *Quel sujet! L V*
F. *nous condamnons V supp.* → vous condamnerez
G. *il n'y reste* plus *rien L V*
H. *défendons V supp.* → défendrez
I. *couleur* faible *et blanchâtre V*
J. *soucie H* oucie *D* / *J'en étais tenté autrefois. Je ne m'en soucie plus. V supp.* →: Je suis toujours *tenté* de ses précédents ouvrages. Je ne me *soucie* pas de ceux-ci.

43. *Genèse,* ch. XX, v. 8-21.
44. Apollon, visitant le Salon de 1763, prononcera la même condamnation contre deux toiles de Pierre et de Boizot : « A effacer avec la langue pour avoir osé peindre des dieux sans en avoir d'idée [...] » (p. 221).
45. Greuze a exposé seize tableaux : allégorie, tableaux de genre (en particulier *Une jeune fille qui pleure la mort de son oiseau*) et surtout des portraits. On ne sait si le *Portrait de M. Babuti, libraire* (Cat. n° 113) est le même que celui qui figure au Salon de 1761 et que D. déclare « de toute beauté ».

La Mort de Virginie par Doyen est une composition immense où il y a de très belles choses [K] [46]. Le défaut c'est que les figures principales sont petites, et les accessoires grandes. Virginie est manquée; ce n'est ni Appius ni Claudius ni le père ni la fille qui attachent; mais des gens du peuple, des soldats et d'autres personnages qui sont aussi du plus beau choix; et des draperies d'un moelleux, d'une richesse et d'un ton de couleur surprenant. Il y a de lui [L] d'autres morceaux qui sont fort inférieurs à celui-ci.

Sa Fête au dieu des jardins est [M] coloriée vigoureusement; mais elle dégoûte; de grosses femmes endormies et enivrées; des culs monstrueux; des masses de chair mal arrangées [N]. Cependant de la chaleur, de la poésie et de l'enthousiasme. Cet homme deviendra un grand artiste ou rien [47]. Il faut attendre. Les amateurs disent que sa vanité le perdra; c'est-à-dire qu'il sent leur médiocrité et qu'il méprise leurs conseils. Vous n'en prendrez pas vous, plus mauvaise opinion.

Avant que [O] de passer à la sculpture; il ne faut pas que j'oublie une petite Nativité de Boucher [48]. J'avoue que le coloris en est faux; qu'elle a trop d'éclat; que l'enfant est de couleur de rose; qu'il n'y a rien de si ridicule qu'un lit galant en baldaquin dans un sujet pareil; mais la Vierge [P] est si belle, si amoureuse et si touchante; il est impossible d'imaginer rien

K. DOYEN 119. *La Mort de Virginie.* C'est *une composition L V / très belles choses om. D [par détérioration; de même, dans la phrase suivante* et les *devant* accessoires, Cl *dans* Claudius, des *devant* soldats *et* et *devant* des draperies]

L. *de lui add. interl. D*

M. 120. Une *Fête au Dieu des Jardins.* Du même. Elle *est L V*

N. *des culs monstrueux om. G L V / de chair* [chairs L V] monstrueuses et *mal arrangées; cependant G L V*

O. *que om. G*

P. *mais* Marie *est si V*

46. « Virginius, Romain, de famille plébéienne, avait une fille âgée de quinze ans, promise en mariage à Icilius, qui avait été tribun. Le décemvir Appius, n'ayant pu la séduire, engagea Claudius, un de ses clients, à la saisir et à la revendiquer comme son esclave; mais cette violence ayant excité les cris du peuple, le décemvir n'osa décider en l'absence de Virginius, qui était à l'armée. On a représenté le moment du jour suivant où Virginie est dans la place publique au pied du Capitole, devant le tribunal d'Appius, accompagnée de son père [...] » (Cat. n° 119). Appius « prononce que Virginie appartient à Claudius ». Virginius tue sa fille « pour lui sauver l'honneur et la liberté ».

47. Ce n'est pas l'avis de *L'Année littéraire*: « On a tout lieu d'attendre un jour de cet artiste des chefs-d'œuvre » (p. 224).

48. Cette peinture n'est pas mentionnée au catalogue, pas plus que le nom de Boucher. Voir la note d'Assézat (AT, X, 102).

3. François Boucher. *Une Nativité*. T. H. 1,17 ; L. 0,89. Exposé au Salon de 1759.

4. Jean-Baptiste Marie Pierre. *Le Jugement de Pâris*. T. H. 4,54 ; L. 6,93. Exposé au Salon de 1761.

de plus fin, ni de plus espiègle que ce petit saint Jean couché sur le dos, qui tient un épi[49]. Il me prend toujours envie d'imaginer une flèche à la place de cet épi; et puis des têtes d'anges plus animées, plus gaies, plus vivantes; le nouveau-né le plus joli. Je ne serais pas fâché d'avoir ce tableau. Toutes les fois que vous viendriez chez moi, vous en diriez du mal, mais vous le regarderiez.

Je n'ai vu parmi un grand nombre de morceaux de sculpture qu'une Nymphe de grandeur naturelle; un[Q] Buste de Le Moine par un de ses élèves, et[R] le Buste d'une prêtresse de Diane[S], à ce que je crois[T 50].

La Nymphe ne me paraît pas inférieure à la Dormeuse qui rassemblait tout le monde autour d'elle, au dernier Salon. Elle est couchée nonchalamment; elle tient une coquille d'une main; elle est accoudée sur son autre bras. La tête a de la jeunesse, des grâces, de la vérité, de la noblesse. Il y a partout une grande mollesse de chair; et par-ci par-là des vérités de détail[U] qui font croire que cet artiste ne s'épargne pas[V] les modèles. Mais comment fait-il pour en trouver de beaux.

Oh, le beau buste que celui de Le Moine, mon ami, le beau buste[W]! Il vit, il pense, il regarde, il voit, il entend, il va parler. Je suis tenté d'aller chez vous et de jeter par les fenêtres ce bloc de terre mort qui y est[X].

Q. *de grandeur naturelle* par Vassé; *un Buste add. G L V*
R. *un de ses élèves* M. Pajou, *et add. G L V*
S. *et* une *Diane, à ce G L V*
T. *je crois* par Mignot *add. G L V*
U. *vérités de* détails *qui L V*
V. *s'épargne* point *les modèles L* [*le* p *de* point *seul lisible dans* D]
W. *mon ami, le beau buste! om. G L V*
X. *Je suis tenté* [...] *qui y est. om. G L V*

49. Les perplexités de D. ne sont guère partagées par les autres critiques : « Il n'y a de M. Boucher qu'un seul tableau; mais c'est une des plus belles choses qui soient sorties de son pinceau » (*L'Année littéraire*, p. 219). *L'Observateur littéraire* loue « la fonte heureuse et presque inconcevable des couleurs » (p. 108). Seule la *Feuille nécessaire* a osé reprocher à la Vierge de Boucher d'avoir « plutôt la finesse d'une Grâce que la noble simplicité d'une Vierge » (p. 552).

50. D. abrège. Le catalogue mentionne dix-sept sculpteurs, sans compter les dessins et esquisses de projets. La *Nymphe* est de Vassé : elle est destinée « à faire le principal ornement d'une fontaine » (n° 127). La *Diane se reposant au retour de la chasse* est de Mignot. Quant au buste de Le Moyne par Pajou, il n'est pas au catalogue. Le *Mercure de France* en parle avec enthousiasme : « Ceux qui connaissent le génie et l'âme de M. Le Moine ne peuvent voir ce buste où il respire, sans une douce émotion » (p. 191). Ce buste est au Louvre.

C'est encore une belle chose que ce buste de[Y] Diane. On croirait que c'est un morceau réchappé[Z] des ruines d'Athenes ou de Rome. Quel visage! Comme cela est coiffé! Comme cette draperie de tête[A] est jetée! Et ces cheveux, et cette plante qui court autour. Que les Anciens sont étonnants[B]!

Nous avons beaucoup d'artistes; peu de bons; pas un excellent[C]; ils choisissent de beaux sujets; mais la force leur manque; ils n'ont ni esprit, ni élévation, ni chaleur, ni imagination. Presque tous pèchent par le coloris. Beaucoup de dessin, point d'idée[D][51]. Tâchez de réchauffer cela et me tenez quitte.

Je me suis trompé; mettez à la place de l'Annonciation de Restout, l'Assomption de La Grenée. N'oubliez pas cette note[52]; et gardez-vous bien de mettre mon nom à ce papier. Orphée ne fut pas plus mal entre les mains des Bacchantes, que je le serais entre les mains de nos peintres[E].

Y. *de add. interl. D*

Z. *réchappé V supp.* → échappé

A. *de tête om. V*

B. *Que les anciens sont étonnants! om. G L V* / Mr Pajou promet d'être un habile homme. *add. V*

C. *pas un* d'*excellent L V*

D. *point* d'idées. *L V* [*toute la suite est omise dans* G L V]

E. *Je me suis trompé* [...] *peintres* [*en post-scriptum de la lettre à Grimm dans* D]

51. On ne peut pas mieux résumer le caractère dominant de ce premier *Salon*.

52. Grimm n'a pas tenu compte de ce repentir, et il est impossible de savoir pourquoi, puisque le tableau de La Grenée a disparu.

# *SALON*
## *DE*
## *1761*

# *INTRODUCTION*

Période de latence, période d'attente, transition incertaine entre les tâtonnements du début et l'éclosion de 1763 : toutes ces appréciations conviennent en gros au *Salon de 1761*. Mais l'examen détaillé du texte laisse entrevoir maints détails qui vont à l'encontre d'une description aussi sommaire.

Une première précision concerne l'arrière-plan politique et militaire de cette année 1761. La France est en guerre depuis 1756. Les revers s'accumulent : à Rossbach succèdent la perte de Montréal et la capitulation de Lally-Tollendal à Pondichéry. A la nostalgie lancinante de Fontenoy, perceptible dans le *Salon de 1759* (portraits du maréchal d'Estrées et du maréchal de Clermont-Tonnerre) a fait place un immense désir de paix, et ce n'est pas par hasard si *La Publication de la Paix en 1749*, par Dumont le Romain, occupe, à côté du *Portrait du Roi*, la place d'honneur au Salon de 1761. Moins de deux ans avant la signature du traité de Paris, cette présence de l'histoire prend valeur de symbole. Le monarque tient toujours la vedette. On s'obstine à le voir, et peut-être le voit-on, beau, glorieux. Le commentaire de Diderot s'offusque de la maladresse du peintre qui n'assura pas à la personne royale une supériorité sur la Discorde qui s'agite à ses pieds. Il s'en prend à Roslin d'avoir privé Louis XV de sa majesté royale dans le tableau représentant *Le Roi reçu à l'Hôtel de ville de Paris*. Mais, si l'on va au delà des bonnes intentions du commentateur pour ne considérer que la lettre du texte, on ne peut manquer d'être frappé par la désinvolture du ton. Le *Louis XV* de Roslin, aperçu par l'imagination satirique de Diderot, « a l'air d'un escroc qui a la vue basse ». La médiocre toile officielle est devenue caricature.

Cette liberté critique se retrouve en maints endroits du *Salon de 1761*. Diderot se montre moins soucieux que ses contemporains de ménager les gloires établies, non pas seulement celle de Louis XV, mais aussi celle de peintres respectés par l'opinion et dont lui-même ne manquera pas, l'heure venue, de redécouvrir le talent. 1761 voit l'éclipse momentanée de Vernet et de Chardin. « Les deux *Vues de Bayonne* que M. Vernet nous a données cette année sont belles, mais il s'en manque beaucoup qu'elles intéressent et qu'elles attirent autant que ses compositions précédentes. » Contre Chardin, les attendus sont plus sévères encore et laissent craindre un discrédit de plus longue durée : « Il y a longtemps que ce peintre ne finit plus rien... ». La nature qu'il représente est « basse, commune, domestique ». Visiblement Diderot n'a pas encore compris Chardin, et les principes qu'il invoque pour le condamner procèdent d'une esthétique dont il reconnaîtra la vanité deux ans plus tard, lorsqu'il découvrira que les grands sujets ne font pas la grande peinture.

En attendant, il cherche et tâtonne. Deux types de jugements se côtoient dans sa critique. Il peut reprocher à Pierre, à quelques lignes de distance, d'une part de n'avoir « pas *su* tirer parti de son idée », d'autre part de n'avoir « pas *senti* la richesse de son idée » : ce qui implique dans un cas un défaut d'exécution, et dans l'autre un défaut de conception. Lorsqu'il conclut en disant : « C'est un tableau à refaire, et le sujet en vaut la peine », il semble donner finalement plus d'importance à l'exécution qu'à la conception. Et lorsqu'il trouve à redire au *Combat de Diomède et d'Énée* de Doyen, il adopte une attitude semblable : « Ce n'est pas l'idée qui a péché, c'est l'exécution ». Est-ce le regard de Diderot qui s'est modifié, ou bien l'attention des peintres aux détails du « technique » qui s'est accrue ? D'où que vienne le changement, le *Salon de 1761* en porte la trace. « Il me semble que nos peintres sont devenus coloristes. Les autres années le Salon avait, s'il m'en souvient, un air sombre, terne et grisâtre; son coup d'œil cette fois-ci fait un autre effet ». Cette réalité, nouvellement aperçue, donne à Diderot l'occasion de reprendre l'ancien parallèle de la poésie et de la peinture, pour conclure que l'aspect le plus fragile de ces deux arts en est aussi le plus précieux : style en poésie, couleur en peinture.

Il ne faudrait pourtant pas voir dans ces indications autre chose qu'une promesse de développement. Dans l'ordre des préférences, le goût de Diderot va toujours et d'abord aux grands genres, aux grands sujets, aux grandes compositions. Deux symptômes en témoignent : sa préférence marquée pour Deshays, ses réserves vis-à-vis de Boucher. « Ce peintre, dit-il à propos de Deshays, est [...] le premier peintre de la nation. » Diderot a longuement contemplé le *Martyre de saint André*, le *Martyre de saint Victor*, *Saint Pierre délivré de la prison*, *Saint Benoît mourant*. Surtout le *Saint André* et le *Saint Victor* le fascinent. « Deshays me rappelle les temps de Santerre, de Boulogne, de Le Brun, de Le Sueur et des grands artistes du siècle passé. Il a de la force et de l'austérité dans sa couleur; il imagine des choses frappantes; son imagination est pleine de grands caractères. » On ne peut s'empêcher de mettre ce jugement en parallèle avec les écrits dramatiques de 1757 et de 1758, ou avec l'article *THÉOSOPHES, ou avec des ébauches de pièces comme le plan du *Shérif*. L'empire de l'art s'exerce à coup d'émotions violentes et l'instrument le plus sûr pour y parvenir est la peinture du malheur. A cet égard, le *Salon de 1761* marque une apogée et peut-être, dans une certaine mesure, la fin d'une période. Diderot n'ignore pas qu'il existe, au delà de la violence, une « grandeur tranquille », naguère définie par Winckelmann. Il l'apprécie chez Vien, dont il admire « la vérité », la « simplicité », la « grande sagesse ». Il en reconnaît le mérite dans les trois tableaux antiques de Challe, en particulier dans celui qui représente la mort de Socrate. Ému, il ne l'est pas encore. Ce sont là plaisirs d'initiés.

Ce qui semble acquis, du moins, c'est le discrédit de Boucher. Non pas que ses pastorales et ses paysages aient cessé de captiver « les petits-maîtres, les petites femmes, les jeunes gens, les gens du monde, la foule de ceux qui sont étrangers au vrai goût, à la vérité, aux idées justes, à la sévérité de l'art ». Mais c'est précisément ce public-là, cette France « superficielle et vaporeuse » que Diderot récuse et dont il se sent le plus éloigné. On notera cette expression : « la sévérité de l'art », qui a la valeur d'un manifeste. Légèrement en avance sur son époque, mais en accord tout de même avec les éléments les plus actifs de l'opinion, il a pressenti la fin des « pompons » et du « libertinage », il opère son ralliement à ce qu'il appelle le « grand goût ». Son intelligence de l'art lui indique les mutations en train de se faire.

C'est sous cet angle qu'il y a lieu de considérer l'immense faveur à laquelle est parvenue la peinture de Greuze en 1761. Le catalogue mentionne sous son nom six tableaux, deux études de têtes et trois dessins. Ses portraits, au nombre de quatre, suscitent quelques réserves. Il n'en est pas de même de ses tableaux de genre, et surtout du plus célèbre d'entre eux, *L'Accordée de village*, qui soulève un enthousiasme considérable. Comme avait fait Carle Vanloo en 1759, Greuze retarde la présentation de son œuvre, ce qui a pour effet d'exciter la curiosité du public. Le ton de la critique est révélateur. *L'Observateur littéraire* le place « au-dessus de toutes les louanges » (p. 164). *L'Année littéraire*, sous forme de supplément, en donne un compte rendu dithyrambique : « Je ne puis vous rendre la sensation de plaisir vive et générale que fait surtout le tableau de M. Greuze [...]. On s'y porte en foule; on se presse, on s'écrase, et ce n'est pas sans peine qu'on perce le rempart des badauds qui empêchent qu'on ne le voie bien, et qui le voient très mal eux-mêmes, en le regardant de trop près » (lettre IX, p. 209). Nous sommes donc bien en présence d'un phénomène collectif, dont le texte de Diderot ne fait que renvoyer l'écho, tout en l'amplifiant.

Malheureusement nous ne possédons pas pour *L'Accordée de village* un instrument de travail comparable au manuscrit autographe dont nous disposons maintenant pour le reste du *Salon de 1761*, si bien qu'il est impossible au lecteur moderne de délimiter avec exactitude la part qui revient à Grimm et celle qui revient à Diderot dans le commentaire du tableau de Greuze. Au contraire, pour toute la partie qui précède, un tel travail est devenu non seulement possible, mais indispensable. Précisons bien l'objet de cette étude. Par texte de Diderot, nous entendons la totalité du texte donné dans l'autographe et rien que ce texte. Par intervention de Grimm, il faut entendre deux choses distinctes : 1) les interventions officielles, notées par un astérisque dans le manuscrit des copies de la *Correspondance littéraire*; elles n'ont pas été reproduites par Assézat et ont été publiées par Adhémar et Seznec; 2) les interventions occultes, qui consistent, soit en additions, soit en suppressions, soit en substitutions; leur étendue est très variable; certaines ont fait l'objet d'un commentaire infrapaginal, d'autres ne figurent que dans l'apparat critique. La raison qui nous oblige à considérer que ces interventions sont bien le fait de Grimm et ne correspondent pas à des repentirs de Diderot, c'est l'avant-dernier paragraphe de l'autographe, dans lequel Diderot s'en remet entièrement à Grimm du soin d'aménager son texte et ne semble manifester aucune intention d'y revenir : « Voilà bien du bavardage. Tirez de là ce qui vous conviendra. Si vous m'eussiez accordé un peu plus de temps, j'aurais été meilleur et plus court. »

Deux caractères frappent tout de suite le lecteur de cet exceptionnel document. Tout d'abord, c'est une vraie lettre personnelle de Diderot à Grimm, dont il est dit clairement qu'elle n'est pas faite pour être publiée sous cette forme. Les lettres de Diderot à Grimm donnent souvent l'impression d'avoir été écrites pour être lues par d'autres. Ici au contraire, nous sommes dans une relation de travail et c'est le langage de l'atelier qui prend le dessus. Autre caractère qui découle du précédent : c'est un écrit spontané, où dominent les expressions familières; les allusions grivoises ne manquent pas, non plus que les désignations sans équivoques (le portrait de la petite blanchisseuse par Greuze); on y trouve des attaques personnelles contre les peintres. Telle était la pâte sur laquelle l'éditeur de la *Correspondance littéraire* avait à travailler pour la rendre présentable à son public de princes. Trois passages assez longs ont été supprimés. Deux n'étaient pas faits pour la publication. Le troisième, qui vise les marchands de tableaux, mettait en cause de façon directe, sinon Grimm qui n'était qu'un courtier officieux, du moins des personnes de son entourage. De nombreuses interventions de Grimm visent à rendre le texte moins familier. Elles permettent de mesurer la perte que représente la disparition d'un manuscrit autographe, surtout quand il s'agit de Diderot. D'autre part, il ne faut pas perdre de vue que l'éditeur de la *Correspondance littéraire* joue vis-à-vis de ses lecteurs un rôle d'informateur, voire de pédagogue. Quand les commentaires de Diderot visent l'idée plus que l'exécution, Grimm ne néglige pas de rétablir l'équilibre, en soulignant par exemple que *Le Jugement de Pâris* du peintre Pierre est fait de « trois groupes que rien ne lie ». Quand Diderot paraît s'abandonner à une émotion que Grimm juge suspecte, un trait d'esprit glacial vient remettre les sentiments à leur juste place. Par exemple, après un petit morceau de lyrisme sur ce qu'aurait dû être l'*Adoration des mages* de Parrocel, l'éditeur ajoute : « Apparemment qu'un des rois avait envoyé un coussin d'avance par son écuyer pour pouvoir se prosterner avec plus de commodité. »

Mais il est un point sur lequel nous ne saurions trop attirer l'attention des lecteurs. On serait tenté, lorsqu'on est en possession d'une copie non autographe, d'attribuer à Diderot des idées esthétiques qui ne sont pas de lui. La lecture de l'autographe permet de faire les correctifs nécessaires. On tremble à la pensée de toutes les généralisations imprudentes qu'on risque de commettre lorsqu'on n'est pas en possession de cet instrument de comparaison. Grimm a une esthétique personnelle, comme le montre le commentaire qu'il a consacré au Salon de 1757. Quelquefois ses idées se confondent avec celles de son ami. D'autres fois on observe un décalage non négligeable dans le temps. Il arrive à Grimm d'être en avance sur Diderot et de manifester des choix qui tiennent à l'influence d'un auteur, par exemple Winckelmann, ou d'un courant d'opinion, en l'espèce le néo-classicisme. C'est ce qui l'amène à compléter le commentaire de Diderot sur Boucher par cette petite phrase qui pourrait tromper bien des interprètes : « Les gens d'un vrai goût, d'un goût sévère et antique, n'en font nul cas. » Certes Diderot n'ignore pas les théories de Winckelmann, mais sa conversion au « goût antique » n'est visible que dans le *Salon de 1763*, et non dans celui de 1761. On peut supposer que toutes ces idées ont fait entre les deux amis l'objet d'un échange continuel, mais l'historien de la littérature n'a pas à tenir compte des hypothèses qui ne sont pas appuyées par des textes. Ces réflexions ne peuvent que l'inciter à une prudence accrue.

*J. Ch.*

Nous disposons pour le *Salon de 1761* de six manuscrits. L'autographe, acquis depuis quelques années seulement par la Bibliothèque nationale, contient une lettre de l'éditeur Brière à un collectionneur, Aubry, à qui il en « fait la cession »; il en garantit la source : « Je l'ai reçu en 1821 des mains de madame la marquise de Vandeul, fille unique de Diderot » (lettre datée du 23 avril 1867). Cet autographe, que nous prenons comme texte de base, ne comprend pas l'addition finale sur *L'Accordée de village*. Le *Salon* fut publié dans quatre livraisons de la *Correspondance littéraire*, des 15 septembre, 1$^{er}$ et 15 octobre, 1$^{er}$ novembre 1761 : nous avons collationné les exemplaires de Gotha, de Stockholm et celui du fonds Firmiani de la Bibliothèque nationale, sur lequel est fondée l'édition Seznec-Adhémar (*Salons*, Oxford, « second edition », 1974, t. I, p. 108-146); pour notre part, c'est *Gotha* que nous avons retenu comme texte de base pour l'addition finale. Les deux copies tardives habituelles existent à Leningrad et dans le fonds Vandeul.

| | | |
|---|---|---|
| *D* | = | 15807, 11 feuillets recto-verso de 4 pages, paginés de 1 à 43, le chiffre 12 apparaissant deux fois |
| *G* | = | *Gd*, fol. 140 r°-144 r°, 146 r°-149 r°, 152 r°-156 v°, 158 r°-162 r° |
| *S* | = | *S2*, p. 253-261, 263-265, 267-274, 279-288, 291-297 |
| *Firm* | = | 12961, fol. 2 r°-7 r°, 9 r°-12 v°, 15 v°-19 v°, 21 r°-29 v° |
| *L* | = | XIX, non folioté. |
| *V* | = | 13749, 84 pages (INV, 50) |

Toutes les copies diffèrent de l'autographe par le fait que les interventions de Grimm sont incorporées subrepticement au texte de la *Correspondance littéraire*, et parfois apposées supplémentairement et successivement à travers *G* puis *S*. C'est seulement à la fin que Grimm prend publiquement la parole pour annoncer : « pendant les dix derniers jours du Salon, M. Greuze a exposé son tableau du Mariage » (c'est-à-dire *L'Accordée de village*); il présente alors ainsi le point de vue de Diderot « c'est lui qui va parler », puis donne le sien, presque aussi longuement. Ainsi était inventée la formule qui devait prévaloir en 1763.

L'autographe s'impose donc comme texte de base. Il faut en respecter la présentation en paragraphes peu espacés, scandés cependant par des indications marginales : noms des artistes, références techniques des œuvres empruntées à l'« Explication » ou catalogue officiel.

Dans la *Correspondance littéraire*, Grimm a remplacé ces indications par des sous-titres, mais c'est dans les copies tardives *L* et *V* que le même souci conduisit à rétablir l'ordre du catalogue, jusqu'à replacer *L'Accordée de village* dans le paragraphe sur Greuze. Comme d'habitude, *V* s'apparente à *L*, mais fourmille de bévues et coquilles, et surtout a subi les édulcorations de Vandeul (voir là-dessus les remarques de J. Seznec, o.c., p. 70 et 147).

Nous n'avons pas cru possible, ne serait-ce que pour donner les éléments de l'histoire du texte, de négliger les copies, quelles qu'elles soient, mais le lecteur comprendra que le souci d'exhaustivité conduit à alléger dans la mesure du possible l'apparat critique; et d'abord en ce qui concerne les articulations postiches, les sous-titres, qui ont provoqué dans les copies la modification systématique des incipits de paragraphes, qu'on ne trouvera donc pas dans l'apparat critique : dans *L* on lit en sous-titre d'abord le nom de l'artiste, puis le numéro du tableau emprunté au catalogue, puis le titre de l'œuvre; dans *V* le numéro est placé avant le nom de l'artiste; nous n'avons gardé que les indications marginales figurant dans l'autographe, omises par toutes les copies; enfin nous avons supprimé les alinéas introduits par les copistes. Quand toutes les copies donnent le même texte, différent de l'autographe, la variante est suivie du sigle spécial *G &*. Les variantes ponctuelles de situation très voisine ont été si possible groupées, et les substitutions terme à terme, quand il s'agit de simples inadvertances de copistes, ont été enregistrées sans l'adjonction des mots qui les encadrent (« de » pour « des », « beau » pour « bon »). Enfin, réservant pour les états de l'autographe les sigles *D. D1*, *D2* et les formules descriptives précises (par exemple *supp.* suivi d'une flèche), nous avons utilisé l'expression *corr.* pour marquer une transformation de Grimm ou de Vandeul dont il est donné simplement le résultat.

Le texte de l'autographe présente quelques inadvertances dans l'accord grammatical et la ponctuation. Les premières ont été rectifiées et signalées en bas de page, sauf quand l'intervention a semblé devoir être signalée dans le texte par des crochets. Il en est de même pour les points d'interrogation et d'exclamation (on peut noter les points d'interrogation à la fin d'une interrogation indirecte).

On a gardé comme d'habitude aux noms propres la graphie de l'auteur, même quand elle varie (« Licurgue », « Lycurgue », dans le même passage), en particulier quand elle subit l'influence du modèle copié dans le catalogue (« Oudry » dans la marge, « Oudri » dans le texte). Les noms propres contenus dans les titres d'œuvres ont été traités de la même façon. On a mis à ces titres la majuscule initiale, on ne les a pas imprimés en italique. On a mis aussi la majuscule initiale aux indications marginales.

La graphie courante de Diderot a été étudiée dans DPV, et, pour le vocabulaire esthétique, à propos du *Salon de 1759* (« attelier », « dessein », « peristille »). On notera seulement ici le terme « toufée » (variante). La graphie du copiste de Gotha, le premier copiste, ne présente, non plus, aucun trait nouveau et reste proche de celui de l'auteur, sauf pour l'accentuation plus soignée, y compris pour les archaïsmes dans le circonflexe et le tréma (« vû », « eû », « continuë »).

# |*Salon de 1761*[A]|

Voici, mon ami, les idées qui m'ont passé par la tête à la vue des tableaux qu'on a exposés cette année au Salon[B 1]. Je les jette sur le papier sans me soucier ni[C] de les trier ni de les écrire. Il y en aura de vraies; il y en aura de fausses. Tantôt vous me trouverez trop sévère, tantôt trop indulgent. Je condamnerai peut-être où vous approuveriez; je ferai grâce où vous condamneriez; vous exigeriez[D] encore où je serai content. Peu m'importe[E]. La seule chose que j'aie à cœur, c'est de vous épargner quelques instants que vous emploierez[F] mieux; dussiez-vous les passer à côté de Dom Antonio, et au milieu de cannetons[G 2].

*Louis Michel Vanloo*

*Il est de Louis-Michel Vanloo et il a 8 pieds de hauteur, sur 6 pieds de largeur*[H 3].

Le premier tableau qui m'ait arrêté est le portrait du roi[4]. Il est beau, bien peint, et on le dit très ressemblant. Le peintre a placé le monarque debout, sur une estrade. Il passe. Il a la tête nue. Sa longue chevelure descend en boucles sur ses épaules. Il est vêtu du grand habit de cérémonie. Sa main droite est appuyée sur le bâton royal. Il tient de la gauche un cha-

A. [*titre seulement dans* L V; *dans* G S Firm *le texte est introduit par Grimm*]
B. *qu'on a exposés au Salon cette année V*
C. *de les trier ni add. marg. D ni om. V*
D. *vous* exigerez *encore G&*
E. *m' om. V*
F. *vous* emploieriez *mieux L*
G. *passer au milieu de* vos canards et de vos dindons. *G&*
H. *il est de* [...] *largeur D* [*om. dans tous les autres ms*; *dans* G *on lit* : N. B. On pourra remarquer la grandeur des tableaux dans le petit livret.]

1. En date du 16 septembre 1761, voici ce qu'écrivait D. à Mme d'Épinay : « Madame et bonne amie, je ferai tout mon possible pour vous obéir; mais je voudrais bien achever de mettre au net ces observations sur le Salon que j'ai promises à notre ami, et qu'il attend depuis plusieurs jours. Ce sera un livre. Si j'avais eu un peu plus de temps qu'il ne m'en a accordé, j'aurais été meilleur et plus court. Mais il abrégera; ce sera son affaire. Si je passe la journée enfermé, il aura tout ce soir » (CORR, III, 304).
2. Ce préambule et le texte qui le suit constituent la lettre à Grimm du 18 ou 19 septembre 1761. La dernière phrase désigne le château de la Chevrette, propriété de Mme d'Épinay. On trouve le nom de « Dom Antonio », ou « cénobite », employé une autre fois dans la lettre à Sophie d'octobre 1761 (CORR, III, 322-323), pour désigner le cochon de la ferme des Le Breton à Massy. Dans la lettre à Sophie de septembre 1761 (CORR, III, 307), il est fait allusion à un « cénobite » vivant dans la basse-cour de la Chevrette.
3. Les indications relatives à la grandeur des tableaux proviennent du « livret » intitulé *Explication des peintures, sculptures et gravures de Messieurs de l'Académie Royale*, Paris, J. J. E. Collombat, 1761. L'un de ces livrets a été illustré par le dessinateur Gabriel de Saint-Aubin. Il est reproduit dans : Émile Dacier, *Catalogue de vente et livrets des Salons illustrés par Gabriel de Saint-Aubin*, Paris, 1909-1921 ; voir t. 3, VI : « Livret du Salon de 1761 », p. 41 et suiv. (BN, Estampes, $Yb^3$ 236(3)). Sur l'exceptionnel intérêt de ce document, voir C. Stryenski, « Le Salon de 1761 », *Gazette des Beaux-Arts*, 1903.
4. Le livret de 1761 comporte quatorze rubriques relatives à un portrait ou à un groupe de portraits, contre cinquante-deux rubriques en 1759. D. ne leur consacre que neuf commentaires. Les critiques qu'il dirige contre le portrait de L. M. Vanloo sont les mêmes que celles du commentaire suivant concernant le personnage du roi peint par Dumont : dans les deux cas le critique est choqué par l'absence de majesté du portrait royal, en quoi il se montre fidèle à la théorie des « conditions » qu'il a lui-même définie dans les *Entretiens sur le Fils naturel* (DPV, X, 144) et dans le Discours *De la poésie dramatique* (DPV, X, 426).

La tapisserie du musée de Versailles représentant Louis XV a été faite d'après ce portrait, dont il existe plusieurs versions. Voir Engerand, *Inventaire des tableaux commandés et achetés par la Direction des Bâtiments du Roi*, 1703-1792.

peau chargé de plumes. Le manteau royal qui couvre sa poitrine et ses épaules, descendant entre le fond du tableau et ses jambes, qu'on voit depuis le milieu de la cuisse, achève de détacher ces parties de la toile, et celles-ci entraînent les autres. Seulement ce volume d'hermine qui bouffe tout autour du haut[1] de la figure, la rend un peu courte, et cette espèce de vêtement lui donne moins la majesté d'un roi que la dignité d'un président au Parlement.

*Il est de Mr Dumont le Romain*[5]. *Il a 14 pieds de large, sur 10 de haut.*

Vous savez que je n'ai jamais approuvé le mélange des êtres réels et des êtres allégoriques; et le tableau qui a pour sujet la publication de la paix en 1749 ne m'a pas fait changer d'avis. Les êtres réels perdent de leur vérité à côté des êtres allégoriques[6], et ceux-ci jettent toujours quelque obscurité dans la composition. Le morceau dont il s'agit n'est pas sans effet. Il est peint avec hardiesse et force. C'est certainement l'ouvrage d'un maître. Toutes les figures allégoriques sont d'un côté; et tous les personnages réels de l'autre. A gauche de celui qui regarde, la Paix qui descend du ciel et qui présente au monarque[J] une branche d'olivier qu'il reçoit et qu'il remet à la femme symbolique de la ville de Paris; d'un côté la générosité qui verse des dons; de l'autre un génie armé d'un glaive qui menace la Discorde terrassée sous les pieds du monarque; les rivières de Seine et de Marne étonnées et satisfaites[7]. A droite, le prévôt des marchands et les[K] échevins en longues robes[,] en rabats et en perruques volumineuses, avec des mines d'une largeur et d'un ignoble[L][8] qu'il faut voir. On prendrait au premier coup d'œil, le monarque pour un Thesée qui revient victorieux du [Minotaure[M]]. La figure symbolique de la ville est simple, bien drapée, bien noble, d'un beau caractère, bien[N] disposée; mais elle est du siècle de Jules Cæsar ou de Julien. Le contraste de ces figures antiques et modernes ferait croire que le tableau est un[O] composé de deux pièces rapportées, l'une d'aujourd'hui et l'autre qui fut peinte il y a quelque mille ans; et l'abbé Galliani vous séparerait cela avec des ciseaux qui [laisseraient[P]] d'un côté tout le plat et tout le ridicule, et de l'autre tout l'antique qui serait supportable et que chacun interpréterait à sa fantaisie[9]. On trouverait cent traits de l'histoire grecque ou romaine auxquels cela reviendrait. Le peintre a eu une idée forte, mais il n'a pas[Q] su en tirer parti. Il a élevé son héros sur le corps même de la

Discorde dont les cuisses sont foulées par les pieds de cette figure. Mais après avoir appuyé un des pieds sur les cuisses, pourquoi l'autre n'a-t-il pas pressé la poitrine? pourquoi cette action ne l'écrase-t-elle pas[R]; ne lui tient-elle pas la bouche entrouverte[S], ne lui fait-elle pas sortir les yeux de la tête; ne me[T] la montre-t-elle pas prête à être étouffée? comme elle est,[U] libre de la tête, des bras et de tout le haut de[V] son corps, si elle s'avisait de se secouer avec violence, elle renverserait le monarque, et mettrait les dieux, les échevins et le peuple en désordre[10]. En vérité la figure symbo-

I. *du haut om. Firm*
J. *présente au* roi habillé à l'antique *une G&*
K. *A* gauche *D supp. D1* [*ou Grimm?*] → *droite* / *et ses échevins G L V*
L. *et* d'une ignoblesse *qu'il L V*
M. *un om. G& re* [*de* revient] *add. interl. G* / *du centaure D G* [cen *ensuite remplacé dans* G *par* Mino] ou plutôt pour [d'un *dans* S Firm] Bacchus qui revient de la conquête de l'Inde *add. G S* [*add. interl. de Grimm dans* G] car il a l'air un peu ivre *add. interl.* [*de Grimm*] *G S* [*dans* G *le début de la phrase suivante*: La figure symbolique, *est écrit trois fois, barré deux fois, avant chaque addition*] *add. L V* [*dans le texte*]
N. *bien drapée, bien om. G&* / *caractère bien* drapé, *bien G&*
O. *un om. G* [*non* L]
P. laisseroit *D*
Q. *pas om. G* [*non* L V]
R. *pressé sa poitrine L V* / *action* n'*écrase-t-elle pas* la Discorde *G&*
S. *bouche* ouverte, *ne L V*
T. *me om. S L*
U. [*virgule om.* S V]
V. *le haut de om. S*

5. Jean-Jacques Dumont dit le Romain. Ce surnom ne doit pas faire illusion. Dumont revint d'Italie à l'âge de 17 ans, pour entrer à l'Académie de peinture. Son principal titre de gloire est d'avoir appartenu à une famille d'illustres sculpteurs, dont le fondateur est né en 1687 et dont le dernier descendant est mort en 1884. La *Publication de la Paix* est sa dernière toile. Il avait alors 61 ans (Musée Carnavalet).

6. Voir les *Essais sur la peinture* (p. 58) : «Je ne saurais souffrir, à moins que ce ne soit dans une apothéose, ou quelque autre sujet de verve pure, le mélange des êtres allégoriques et réels.» Cette idée se trouve déjà dans Du Bos, *Réflexions critiques sur la poésie et la peinture*, éd. de 1740, t. I, p. 184-186.

7. Cette partie du commentaire reproduit à peu de choses près la description qui figure dans le livret (p. 6).

8. *Ignoble* : «Ce qui est bas, qui sent le roturier, l'homme de basse extraction» *(Dictionnaire de Trévoux)*.

9. Même condamnation de la disparate dans *L'Art de peindre* et *Le Monument de la place de Reims*. L'abbé Galiani, économiste, diplomate et homme d'esprit était arrivé à Paris en juin 1759 comme secrétaire d'ambassade au service du roi de Naples. A partir de septembre 1760, D. le cite fréquemment parmi les habitués de la Chevrette et du Grandval. Il reproduit volontiers ses mots d'esprit et ses contes, en particulier la célèbre fable du rossignol et du coucou (CORR, III, 167-169). Mais les lettres du mois de septembre 1761 ne disent rien d'une visite du Salon en compagnie de l'abbé : les seuls témoignages que nous en ayons sont le texte même du *Salon de 1761*, et dans une certaine mesure, le préambule de Grimm (C.L., IV, 470, 15 septembre 1761).

10. Voir *L'Observateur littéraire*, 1761, t. IV : «Mais si l'on nous demande comment le héros peut se tenir ferme et stable sur ses jambes, ayant les deux pieds sur les membres mobiles et roulants de la Discorde, nous serons embarrassés à résoudre cette sorte de critique» (p. 224-225).

lique de la capitale est une belle figure. Voyez-la. J'espère que vous serez aussi satisfait de la générosité, de la paix et des fleuves.

*Il est de Carle Vanloo. Il a huit pieds de haut, sur cinq de large.*

Quoi qu'en dise le cher[W] abbé, la Magdelaine dans le désert n'est qu'un tableau très agréable. C'est bien la faute du peintre qui pouvait avec peu de chose le rendre sublime. Mais c'est que ce Carle Vanloo n'a[X] point de génie. La Magdelaine est assise sur un bout de sa natte. Sa tête renversée appuie contre le rocher; elle a les yeux tournés vers le ciel. Ses regards semblent y chercher son Dieu. A sa droite est une croix faite de deux branches d'arbre; à sa gauche sa natte roulée, et l'entrée d'une petite caverne[Y]. Mais tous ces objets me paraissent[Z] peints d'une touche trop douce et trop uniforme. On ne sait si les rochers sont de la vapeur ou de la pierre couverte de mousse. Combien la sainte n'en serait-elle pas devenue plus intéressante et plus[A] pathétique, si la solitude, le silence, et l'horreur du désert avaient été[B] dans le local[11]. Cette pelouse est trop verte. Cette herbe trop molle. Cette caverne est plutôt[C] l'asile de deux amants heureux que la retraite d'une femme affligée et pénitente[12]. Belle sainte, venez; entrons dans cette grotte, et là nous nous rappellerons peut-être quelques moments[D] de votre première vie. Sa tête ne se détache pas assez du fond. Ce bras gauche est vrai, je le crois; mais la position de la figure le fait paraître petit et maigre. J'ai été tenté de trouver les cuisses et les jambes un peu[E] trop fortes. Si on[F] eût rendu la caverne sauvage; si on l'eût couverte d'arbustes, vous conviendrez qu'on n'aurait pas eu besoin de ces deux mauvaises têtes de chérubin[G] qui empêchent que la Magdelaine ne soit seule. Ne feraient-elles que cet effet, elles seraient bien mauvaises.

*Il est du même peintre; et il a 5 pieds de haut sur 4 de large.*

Il y a longtemps que le tableau de notre amie Mad$^e$ Geoffrin, connu sous le nom de la Lecture, est jugé pour vous[H 13]. Pour moi, je trouve que les deux jeunes filles, charmantes à la vérité, d'une physionomie douce et fine, se ressemblent trop d'action, de figure et d'âge. Le jeune homme qui lit a l'air un peu benêt. Avec son visage long; son air indolent et fade[I], on le prendrait pour un robin déguisé[J]. Et puis il a la mâchoire épaisse. Il me fallait là une de ces têtes plus rondes qu'ovales, de ces mines vives, et animées. On dit que la petite fille qui est à côté de la gouvernante et qui s'amuse à faire voler un oiseau qu'elle a lié par la patte, est un peu longue. Quant[K] à la gouvernante qui examine l'impression de la lecture sur ses jeunes élèves, elle[L] est à merveille. Seulement j'aimerais mieux que son attention n'eût pas suspendu son travail. Ces femmes ont tant d'habitude d'épier et de coudre en même temps que l'un n'empêche pas l'autre. Au reste malgré les petits défauts que je reprends dans le tableau de la Magdelaine et dans celui-ci, ce sont deux morceaux rares. Rien à redire ni au dessin, ni à la couleur, ni à la disposition des objets. Tout ce que l'art porté à un haut point y a pu mettre de perfection y est[M]. La différence qu'il y a entre la Magdelaine du Correge et celle de Vanloo; c'est qu'on s'approche tout doucement par derrière de la Magdelaine du Correge, qu'on se baisse sans faire le moindre bruit, et qu'on prend le bas de son vêtement seulement[N] pour voir si les formes sont aussi belles là-dessous qu'elles se dessinent au dehors; au lieu qu'on ne forme nulle entreprise

W. *dise, le D* [*D. a-t-il omis* il *dans* quoi qu'en dise ?] *dise le* charmant *abbé G&* [*une note dans* G *explique:* M. l'abbé Galiani]

X. *Vanloo,* quoique grand artiste d'ailleurs, *n'a G&*

Y. *petite* grotte. *Firm* / Il y a du goût dans toutes ces choses, et surtout dans le vêtement violet de la pénitente. *add.* G

Z. *objets* sont *peints G&*

A. *combien sa sainte V* / *devenue om. G&* / *plus om. V*

B. *désert* étaient *dans G&*

C. moins *D supp. D1 → plutôt*

D. quelque moment *V*

E. *un peu om L V.*

F. *Si* l'*on G&*

G. chérubins *L V*

H. *jugé* par *vous L V*

I. *Avec son visage* [...] *fade om. G&*

J. *robin* en habit de masque. *G&*

K. *longue.* Elle me paraît d'ailleurs trop près de cette femme : ce qui fait un mauvais effet pour la composition du tableau *G S supp. Grimm →* [elle] est à mon gré un peu [trop près de cette femme; ce qui] la [fait] paraître comme plaquée contre *elle.* [*dans* G composition *est d'abord surchargé en* disposition]

L. *élèves* et à qui Vanloo a donné l'air et les traits de sa femme, *elle est G&*

M. *porté à un haut* degré de *perfection* peut *mettre* dans un tableau *y est G&*

N. *bas de son* habit de pénitence [*pénitente* L V] *seulement G& seulement om. L V*

11. « On appelle *le local,* ce qui concerne la disposition d'un lieu » (ENC, IX, 624 b).

12. Voir le *Journal encyclopédique*, t. VI, part. 3, 15 septembre 1761 : « On désirerait qu'elle eût plus d'expression; on n'y retrouve point cette douleur vive et tendre qui devait animer l'illustre pénitente »; *L'Observateur littéraire* se fait l'écho du même jugement, mais ne l'approuve pas (p. 126).

13. Ce tableau, comme beaucoup d'autres (un tiers du total environ), a donc été vendu avant le Salon (Musée de l'Ermitage). La critique est unanimement favorable. Voir *L'Année littéraire*, 1761, t. VI : « On admire surtout le tableau qui représente une Lecture » (lettre I, p. 6).

sur celle de Vanloo. La première[O] a bien encore une autre grandeur, une autre tête, une autre noblesse; et cela sans que la volupté y perde rien.

*Du même. De trois pieds de large, sur cinq de haut.*

C'est un joli sujet[P] que la Première offrande à l'Amour. Ce devait[Q] être un madrigal en peinture; mais le maudit peintre, toujours peintre et jamais homme sensible, homme délicat, homme d'esprit, n'y a rien mis, ni expression, ni grâces[R], ni timidité, ni crainte ni pudeur ni ingénuité. On ne sait ce que c'est[14]. Il faut convenir que rendre l'idée de la première guirlande, du premier sacrifice, du premier soupir amoureux, du premier désir d'un cœur jusqu'alors innocent, n'était pas une chose facile. Falconet ou Boucher s'en serait peut-être tiré.

*Du même. De trois pieds et demi de haut.*

L'Amour menaçant. C'est une seule figure debout; vue de face[S]; un enfant qui tient un arc tendu et armé de sa flèche toujours dirigée[T] vers celui qui le regarde; il n'y a aucun point où il soit en sûreté. Le peuple fait grand cas de cette idée du peintre. C'est une misère à mon sens. Il a fallu que le milieu de l'arc répondît au milieu de la poitrine de la figure. La corde s'est projetée sur le bois de l'arc; la corde et le bois sur[U] l'enfant, et toute la longueur de la flèche s'est réduite à un petit morceau de fer luisant qu'on reconnaît à peine. Et puis toute la position est fausse. Quiconque veut décocher une flèche, prend son arc de la main gauche, étend ce[V] bras, place sa flèche, saisit la corde et la flèche, de la main droite, les tire à lui de toute sa force, avance une jambe en avant, et recule en arrière, s'efface[W] le corps un peu sur un côté, se penche vers l'endroit qu'il menace, et se déploie dans toute sa longueur. Alors tout s'aperçoit. Tout prend sa juste mesure. La figure a un air d'activité, de force et de menace; et la flèche est une flèche, et non un morceau de fer de quelques lignes. Je[X] ne sais, mon ami, si vous aurez remarqué que les peintres n'ont pas la même liberté que les poètes, dans l'usage des[Y] flèches de l'Amour. En poésie, ces flèches partent, atteignent et blessent. Cela ne se peut en peinture[15]. Dans un tableau l'Amour menace[Z] de sa flèche, mais il ne la[A] peut jamais lancer sans produire un mauvais effet. Ici le physique répugne. On oublie l'allégorie; et ce n'est plus un homme percé d'une métaphore, mais un homme percé d'un trait réel[B] qu'on aperçoit. La première fois que vous rencontrerez sous vos yeux, la Saison de l'Albane[16] où ce peintre a fait descendre Jupiter dans les antres de Vulcain, au milieu des Amours qui forgent des traits, et que vous verrez ce dieu blessé au milieu du corps d'un de ces traits, par un petit Amour insolent, vous me direz l'effet que vous éprouverez à l'aspect de cette flèche à demi enfoncée dans le corps et dont le bois paraît à l'extérieur. Je suis sûr que vous en frissonnerez[C].

Il y a encore de M^r[D] Carle Vanloo deux tableaux représentant des jeux d'enfants, que je néglige, parce que je ne finirais point, s'il fallait vous parler de tout[E].

*Pastorales et paysages de Boucher*[17].

Quelles couleurs! quelle variété! quelle richesse d'objets et d'idées! cet homme a tout,

O. [première *en surcharge sur* l'autre *dans* D]
P. *sujet add. interl. D1*
Q. devrait *G&*
R. grâce *L V*
S. *menaçant est une seule figure G&* / *vue* en *face Firm*
T. dirigé *V*
U. *bois* ensemble *sur G&*
V. *étend* le *bras L V*
W. *et om. V* / *arrière*, s'affaisse *le corps L V*
X. Au reste *je G&* [*add. interl. de Grimm dans* G S]
Y. *dans* les *flèches Firm*
Z. *l'Amour* peut menacer *de G&*
A. *la add. interl. D1*
B. *réel add. interl. D1*
C. *que vous en* serez mécontent. *G&*
D. *M^r om. G&*
E. *tout D L* tous *G&*

14. Sens probable dans ce passage : cela n'a pas de caractère. Voir le *Salon de 1759* (p. 90, n. 6).
15. Voir la *Lettre sur les sourds et muets* : « Ils veulent que je leur dise encore pourquoi une peinture admirable dans un poème deviendrait ridicule sur la toile » (DPV, IV, 182). Du Bos est souvent revenu sur cette question dans les *Réflexions critiques sur la poésie et la peinture* (Première partie).
16. Il semble que D. ait confondu deux ou plusieurs œuvres distinctes. Francesco Albani et son maître Annibale Carracci sont bien les auteurs d'un groupe de plafond intitulé *Les Saisons*, qui orne l'une des pièces de l'ancien Palais Verospi, aujourd'hui Palais Torlonia, immeuble du Credito Italiano (voir Thieme, *Allgemeines Lexikon*, t. I, p. 174; *Dizionario biografico degli Italiani ; Picturae Francisci Albani in aede Verospia*, in-f°, slnd). Mais ce tableau n'offre aucun rapport avec celui dont traite D. dans son commentaire. D'autre part, on peut voir une *Vénus dans les forges de Vulcain*, un des quatre tableaux d'Albani consacrés à la Légende d'Amour, au premier étage de la galerie Borghèse. Vénus y est représentée « avec des Amours préparant et aiguisant leurs flèches » (Thieme). On en trouve une reproduction dans l'*Œuvre* gravé de Francesco Albani (BN, Estampes, Bd 30). Mais ni l'original, ni la reproduction ne montrent de dieu percé d'une flèche. Même remarque au sujet du Jupiter qui figure sur la gravure reproduite dans *Seznec* (t. I, pl. 25 bis). Sur les origines de la légende, voir *Les poésies d'Anacréon et de Sapho*, trad. Mme Dacier, Amsterdam, 1699, ode XLV, « Sur les traits de l'Amour » (p. 145).
17. Le titre de D. reproduit celui du livret : « Pastorales et paysages sous le même numéro ». Les six œuvres exposées par Boucher ont été dessinées par Saint-Aubin (p. 7). Deux d'entre elles ont retenu l'attention du public : les *Bacchantes endormies surprises par un satyre*, *Jupiter et Calliste*. Les paysages ont déçu les critiques autant que D. Voir le *Journal encyclopédique*, p. 57.

excepté la vérité[F][1]. Il n'y a aucune partie de ses compositions qui séparée[G] des autres ne vous plaise; l'ensemble même vous séduit. On se demande, mais où a-t-on vu des bergers vêtus avec cette élégance et ce luxe ? quel sujet a jamais rassemblé dans un même endroit, en pleine campagne, sous les arches d'un pont, loin de toute habitation, des femmes, des hommes, des enfants, des bœufs, des vaches, des moutons, des chiens, des bottes de paille[H], de l'eau, du feu, une lanterne, des réchauds, des cruches, des chaudrons ? que fait là cette femme charmante, si bien vêtue, si propre, si voluptueuse ? et ces enfants qui jouent et qui dorment sont-ce les siens ? et cet homme qui porte [du[I]] feu qu'il va renverser sur sa tête, est-ce son époux ? que veut-il faire de ces charbons allumés ? où les a-t-il pris ? quel tapage d'objets disparates[19] [!] on en sent toute l'absurdité; avec tout cela, on ne saurait quitter le tableau. Il vous attache. On y revient. C'est un vice si agréable. C'est une extravagance si inimitable et si rare. Il y a tant d'imagination, d'effet, de magie[20] et de facilité ! Quand on a longtemps regardé un paysage tel que celui que nous venons d'ébaucher, on croit avoir tout vu. On se trompe. On y retrouve une infinité de choses d'un prix ! Personne n'entend comme Boucher l'art de la lumière et des ombres. Il est fait pour tourner la tête à deux sortes de gens; son[J] élégance, sa mignardise, sa galanterie romanesque, sa coquetterie, son goût, sa facilité, sa variété, son éclat, ses carnations fardées; sa débauche, doivent captiver les petits-maîtres, les petites femmes, les jeunes gens, les gens du monde, la foule de ceux qui sont étrangers au vrai goût, à la vérité, aux idées justes, à la sévérité de l'art; comment résisteraient-ils au saillant, au libertinage, à l'éclat, aux pompons, aux tétons, aux fesses, à l'épigramme[K] de Boucher. Les artistes qui voient jusqu'où[L] cet homme a surmonté les difficultés de la peinture et pour qui c'est tout que ce mérite qui n'est guère bien connu que d'eux, fléchissent le genou devant lui. C'est leur dieu. Les autres n'en font nul cas[M]. Au reste ce peintre est à peu près en peinture ce que l'Arioste est en poésie. Celui qui est enchanté de l'un est inconséquent s'il n'est pas fou de l'autre. Ils ont ce me semble, la même imagination, le même goût, le même style, le même coloris. Boucher a un faire qui lui appartient tellement, que dans quelque morceau de peinture qu'on lui donnât une figure à exécuter, on la lui restituerait sur-le-champ [N].

Il y a de Mr Pierre une Descente de croix; une Fuite en Egypte; la Décollation de St Jean Baptiste, et le Jugement de Paris. Je ne sais ce que cet homme devient. Il est riche [O] [21]. Il a eu de l'éducation. Il a fait le voyage de Rome. On lui donne [P] de l'esprit; rien ne le presse de finir un ouvrage. D'où vient donc la médiocrité de presque toutes ses compositions? Mais je passais le Songe de Joseph [22]; c'est [Q] que ce Songe de Joseph n'est autre chose qu'un homme qui s'est endormi la tête au-dessous des pieds d'un ange. Si vous y voyez davantage, à la bonne heure.

*Il a 9 pieds de haut sur six de large. Il est de Jeaurat.*

F. *et d'idées om. G&* / *Cet homme* [...] *vérité supp. Vdl*

G. séparées *D*

H. pailles *D*

I. *porte* de *feu D du G&*

J. *sortes de* personnes, les gens du monde et les artistes. *Son G&*

K. *saillant, aux pompons,* aux nudités, *au libertinage, à l'épigramme G&*

L. *jusqu'à* quel point *cet G&*

M. *le* genoux *devant D* / *dieu.* Les gens d'un vrai [*grand* L V] goût, d'un goût sévère et antique, *n'en font G&* / *Il est fait pour tourner la tête* [...] *n'en font nul cas supp. Vdl*

N. *on la* reconnaîtrait *sur-le-champ G&* / *Boucher a un* [...] *sur-le-champ supp. Vdl* / [L *et* V *placent ici le paragraphe sur Jeaurat qu'on lit plus loin*]

O. *Il est riche om. L V*

P. *On* dit qu'il a *de l'esprit G&*

Q. *songe de* saint *Joseph,* tableau de Jeaurat. *C'est G&*

18. Les attendus sont sévères (« tout, excepté la vérité »). Mais D. parle encore avec trop d'enthousiasme du talent de Boucher pour en être vraiment détaché.

19. Voir *L'Observateur littéraire* : « Ce morceau, dont le fond est un paysage, où presque tous les sites possibles se rencontrent sans trop de bizarrerie, renferme aussi une multitude de figures de tout âge, de tout sexe, de tout caractère, et une infinité de fruits et d'ustensiles » (p. 131).

20. Terme obsessionnel, dont la fréquence le dispute à l'imprécision. Même remarque au sujet du « faire » cité un peu plus loin. Voir *L'Observateur littéraire*, t. IV, 1759, p. 179, 185; *L'Année littéraire*, 1763, lettre VII, p. 154, etc. Il faut attendre le *Salon de 1763* pour voir D. conférer à ces mots passe-partout une signification philosophique.

21. Jean-Baptiste Pierre (1714-1789), académicien, professeur, protégé de Mme de Pompadour, devait devenir directeur des Gobelins, premier peintre du roi, directeur de l'Académie en 1778. Mais la phrase de D. vise un tout autre type de réussite.

22. C'est la seule œuvre de Jeaurat exposée au Salon (Saint-Louis de Versailles, chapelle de saint Joseph). Même critique un peu plus loin à propos du *Baptême de Jésus-Christ* de Amédée Vanloo (Saint-Louis de Versailles, chapelle des fonts baptismaux).

*De Pierre. Il a 18 pieds de haut, sur 10 de large.*

Pierre, mon ami, votre [R] Christ, avec sa tête livide et pourrie, est un noyé qui a séjourné quinze jours au moins dans les filets de St Clou. Qu'il est bas [!] qu'il est ignoble [!] Pour vos femmes, et le reste de votre composition, je conviens qu'il y a de la beauté; des caractères [S]; de l'expression; de la sévérité de couleur; mais mettez la main sur la conscience, et rendez gloire à la vérité! Votre Descente de croix n'est-elle pas une imitation de celle du Carrache qui est au Palais Royal et que vous connaissez bien [23]. Il y a dans le tableau du Carrache une mère du Christ assise [T], et dans le vôtre aussi. Cette mère se meurt de douleur dans le Carrache, et chez vous aussi. Cette douleur attache toute l'action des autres personnages du Carrache, et des vôtres [U]. La tête de son fils est posée sur ses genoux dans le Carrache, et dans notre ami Pierre. Les femmes du Carache sont effrayées du péril de cette mère expirante, et les vôtres [V] aussi. Le Carrache a placé sur le fond une Ste Anne qui s'élance vers sa fille, en poussant les cris les plus aigus, avec un visage où les traces [W] de la longue douleur se confondent avec celles du désespoir; vous avez mis sur le fond du vôtre un homme qui fait à peu près le même effet [X]. Avec cette différence, que votre Christ, comme je vous [Y] l'ai déjà dit a l'air d'un noyé ou d'un supplicié, et que celui du Carrache est plein de noblesse; que votre Vierge est froide et contournée en comparaison de celle du Carrache; voyez l'action [Z] de cette main immobile posée sur la poitrine de son fils; ce visage tiré; cet air de pâmoison; cette bouche entrouverte; ces yeux fermés; et cette Ste Anne, qu'en dites vous [?] Sachez, l'ami Pierre, qu'il ne faut pas [A] copier ou copier mieux, et de quelque manière qu'on fasse, il ne faut pas médire de ses modèles.

*Tableau de 5 pieds de haut sur quatre de large. Du même.*

La fuite en Egypte est traitée d'une manière piquante et neuve; mais le peintre n'a pas [B] su tirer parti de son idée. La Vierge passe sur le fond du tableau, portant entre ses bras l'enfant Jesus. Elle est suivie de Joseph et de l'âne qui porte le bagage. Sur le devant sont des pâtres prosternés, les mains tournées [C] de son côté et lui souhaitant un heureux voyage. Le beau tableau, si le peintre avait su faire des montagnes au pied [D] desquelles la Vierge eût passé; s'il eût su faire ses montagnes[E] bien droites, bien escarpées et[F] bien majestueuses; s'il eût su les couvrir de mousses[G] et d'arbustes sauvages; s'il eût su donner à sa Vierge de la simplicité, de la beauté, de la grandeur, de[H] la noblesse; si le chemin qu'elle eût suivi eût conduit dans les sentiers de quelque forêt bien solitaire, et bien détournée; s'il eût pris son moment au point du jour ou à sa chute. Mais rien de tout cela. C'est qu'il n'a pas senti la richesse de son idée. C'est un sujet à refaire[I 24].

*Il est de trois pieds de haut, sur quatre de large. Du même.*

La Décollation de S^t^ Jean, encore pauvre production. Le corps du saint est à terre; l'exécuteur tient le couteau avec lequel il a séparé la tête; il montre cette tête séparée[J] à Herodiade. Cette tête est livide, comme s'il y avait plusieurs jours d'écoulés depuis l'exécution. Il n'en tombe pas une goutte de sang. La jeune fille qui tient le plat sur lequel elle sera posée, détourne la tête, en tendant le plat; cela est bien; mais l'Herodiade paraît frappée d'horreur? ce n'est pas cela; il faut d'abord qu'elle soit belle; puis qu'elle le soit de[K] cette sorte de beauté qui s'allie avec la fermeté, la tranquillité[L] et la joie féroce. Ne

R. M^r^ *Pierre, votre V*
S. *beauté*, ou caractère; *de G&*
T. *Christ* qui est *assise V*
U. *attache* tous les *autres personnages V* / *et* dans le vôtre aussi. *V*
V. *et les* siennes *aussi. V*
W. *Anne om. Firm* / *les* traits *de V*
X. *désespoir*. Vous n'avez pas osé copier votre maître jusque là; mais *vous avez mis G&* [*tout le passage est mis à la troisième personne dans* L *et* V] / *fond* de votre tableau *un homme* qui doit faire *le même effet G&*
Y. *vous om. G&*
Z. *voyez* dans son tableau *l'action G&*
A. *sachez*, monsieur *Pierre G&* / *pas add. interl. D1*
B. *pas om. G&* [*non* L V]
C. *les mains tournées om. V*
D. *peintre* eût *su V* / aux pieds *G& au pied L V* [desquels V]
E. *si le peintre* [...] *ses montagnes om. S*
F. *et om. V*
G. *de* mousse *G&*
H. *à* la *vierge V* / *grandeur* et *de la V*
I. *C'est qu' supp. Vdl* / *C'est un* tableau *à refaire* et le *sujet* en vaut bien [bien *supp.* G] la peine *G&*
J. *il a* tranché *la tête G&* / *séparée om. G&*
K. *belle* mais *de cette sorte G&*
L. *avec* la cruauté, avec *la tranquillité G&*

23. La *Descente de Croix* d'Annibale Carracci est actuellement à la National Gallery à Londres, celle de J.-B. Pierre à Saint-Louis de Versailles.

24. Reprise de la théorie déjà énoncée dans le *Salon de 1759* (p. 96). Les deux injonctions apparemment contraires, de l' « idée » et du « technique » vont se rejoindre dans le *Salon de 1763*. D. se souvient peut-être des deux tableaux de Vinci, *La Vierge aux Rochers* et surtout *Sainte Anne et la Vierge*, qui se développent sur un fond de « montagnes bien droites, bien escarpées, et bien majestueuses ».

voyez-vous pas que ce mouvement d'horreur l'excuse? qu'il est faux? et[M] qu'il rend votre composition froide et commune. Voici le discours qu'il fallait que je lusse[N] sur le visage d'Herodiade. Prêche à présent. Appelle-moi adultère à présent. Tu as enfin obtenu le prix de ton insolence. Cet homme n'a pas senti l'effet du sang qui eût descendu[O] le long du bras de l'exécuteur, et arrosé le cadavre même. Mais je l'entends qui me répond, et qui est-ce qui eût osé regarder cela? J'aime bien les tableaux de ce genre dont on détourne la vue; pourvu que ce ne soit pas de dégoût, mais d'horreur[25]. Qu'est-ce qu'il y a[P] de plus horrible que l'action et le sang-froid de la Judith de Rubens [?] Elle tient le sabre et elle l'enfonce tranquillement dans la gorge d'Holoferne.

Si le roi de Prusse s'entend un peu en peinture, que fera-t-il de[Q] ce mauvais Jugement de Paris [?] Qu'est-ce que ce Paris? est-ce un pâtre? est-ce un galant? Donne-t-il, refuse-t-il la pomme? Le moment est mal choisi. Paris a jugé[26]. Déjà une des déesses perdues dans les nues est[R] hors de la scène; l'autre retirée dans un coin est en[S] mauvaise humeur. Venus est à son triomphe, et oublie ce qui se passe à côté d'elle. Paris[T] n'y pense pas davantage. C'est, mon ami, comme[U] je crois vous l'avoir déjà dit, que tout l'effet d'un pareil tableau, dépend du paysage, du moment du jour, et de la solitude; si des[V] déesses viennent déposer leurs vêtements et[W] exposer leurs charmes les plus secrets aux yeux d'un mortel, c'est sans doute dans un endroit de la terre écarté. Que la scène se passe donc au bout de l'univers; que l'horizon soit caché de tous côtés par de hautes montagnes; que tout annonce l'éloignement des regards indiscrets[27]; que de nombreux troupeaux paissent dans la prairie et sur les coteaux; que le taureau poursuive en mugissant la génisse; que deux béliers se menacent de la corne[X], pour une brebis qui paît tranquillement auprès; qu'un bouc jouisse à l'écart d'une chèvre; que tout ressente la présence de Venus, et m'inspire[Y] la corruption du juge; tout, excepté le chien de Paris, que je ferais dormir à ses pieds. Que Paris me paraisse un pâtre important. Qu'il soit jeune, vigoureux, et d'une beauté rustique; qu'il soit assis sur un bout de rocher; que de vieux arbres qui ont pris racine sur ce rocher et qui le couronnent, entrelacent leurs branches touffues au-dessus de sa tête; que le soleil penche vers son couchant; que ses rayons, dorant le sommet des montagnes et la sommité des arbres viennent éclairer pour un moment encore le lieu de la scène; que les trois déesses soient en présence de Paris; que Venus semble de préférence arrêter ses regards; qu'elles soient toutes les[Z] trois si belles, que je ne sache moi-même à qui accorder la pomme[28]; que chacune ait sa beauté particulière; qu'elles soient toutes[A] nues; que Venus ait seulement son ceste, Pallas son casque; Junon son bandeau. Point de vêtement que ce qui sert à désigner. Point[B] d'Amour qui décoche un trait; ou qui écarte adroitement un voile. Ces idées sont trop petites. Point de Graces. Les Graces[C] étaient à la toilette de Venus, mais elles n'ont point accompagné la déesse. D'ailleurs le secours de l'Amour et des Graces en affaiblirait d'autant[D] la victoire de Venus. C'est la pauvreté d'idées qui fait[E] employer ces faux accessoires. Que Paris

M. *et om. S*
N. *fallait* me faire lire *sur G&*
O. *insolence.* Le peintre *n'a pas G& / eût* coulé *G&*
P. *pourvu que ce soit d'horreur,* et non *de dégoût.* Qu'y a-t-il *de plus horrible G&*
Q. Et que fera *le roi de Prusse de ce mauvais G&* [Et *om.* L V]
R. perdue *G& / nues* et *hors L V*
S. *est* de *mauvaise G&*
T. *Vénus* toute entière *à son triomphe, oublie G& / d'elle* et *Pâris G&*
U. *davantage.* Voilà trois groupes que rien ne lie. Vous avez raison de dire qu'il y a dans ce tableau de quoi découper trois beaux éventails. C'est que c'est une grande affaire que de remplir une toile de vingt un pieds de large sur quatorze de haut. C'est que la composition n'est pas la partie brillante de nos artistes. *C'est, comme je crois G&* [*dans* V, *deux fois,* c'est que *supp. Vdl; à la fin:* et comme je crois V] / *déjà om. Firm*
V. *paysage du jour L* [*sans virgule*] / *si* les *déesses G&*
W. *vêtements* pour *exposer G&*
X. cornes *D*
Y. *m'inspire om. G&* [*non* L V]
Z. accorder *ses regards L / les add. interl. D1*
A. toute *D*
B. *Point de vêtement* [...] *désigner. add. marg. D1 vêtement* qu'autant qu'il *sert à désigner* [*déguiser* V]; et si le peintre pouvait s'en passer [*tout à fait* L V], je ne l'en [en *om.* L V] estimerais que davantage. *Point G&*
C. *Grâces*: elles *étaient V*
D. *en om. V d'autant om. V*
E. Il n'y a que *la pauvreté d'idées qui* fasse *employer V*

25. Cette horreur, éprouvée par le spectateur, n'a aucun rapport avec l'« horreur » que le peintre a prêtée à Hérodiade contre toute vraisemblance (Musée du Louvre).
26. L'idée selon laquelle le peintre ne dispose que d'un moment dont le choix décide de l'ordonnance des parties, est un des lieux communs de la critique picturale au XVIII^e^ siècle. Shaftesbury, Du Bos, Jonathan Richardson, et Diderot lui-même dans l'article *COMPOSITION (DPV, VI, 476) y ont consacré d'amples développements.
27. Les mystères de la nature doivent donc se dérouler loin des regards impies (voir ci-dessus, p. 96). Dans d'autres textes, au contraire, les grandes scènes de la nature requièrent la présence d'un être pensant (article *COMPOSITION, DPV, VI, 477; *Salon de 1767*, A.T., XI, 279-280).
28. Jugement analogue dans le *Salon de 1759*: « Il semble [...] que la beauté des déesses devait tenir le spectateur et le juge incertains » (ci-dessus, p. 96-97).

tienne la pomme, mais qu'il ne l'offre pas. Qu'il soit dans l'ombre; que la lumière qui vient d'en haut arrive sur les déesses diversement rompue par les arbres, pénétrés[F] par les rayons du soleil; qu'elle se partage sur elles et les éclaire diversement. Que le peintre s'en serve pour faire sortir tout l'éclat de Venus. Venus ne redoute pas la lumière. Après Venus, Junon est la moins pudique des trois déesses. J'aimerais assez qu'on ne vît Minerve que par le dos, et qu'elle fût la moins éclairée. Que tout particulièrement annonce[G] un grand silence, une profonde solitude, et la chute du jour. Voilà, mes amis[H], ce qu'il faut savoir imaginer et exécuter, quand on se propose un pareil sujet. En se passant de ces choses, on fait un mauvais et très mauvais tableau[I]. Mais je n'ai parlé que de l'ordonnance du tableau, que du site, que du paysage, que du local[J]; mais qui est-ce qui imaginera le caractère et la tête de Paris? qui est-ce qui donnera aux déesses leurs vraies physionomies? qui est-ce qui me montrera leurs perplexités? et celle du juge; en un mot qui est-ce qui donnera l'âme[K] à la scène [?] Ce ne sera ni moi, ni l'ami Pierre[L]. Sans le charme du paysage, quelque bien[M] qu'on se tire des figures, on ne réussira qu'à moitié; sans les figures et leurs[N] caractères bien pris, sans l'âme; quel que soit le charme du paysage, on n'aura qu'un petit succès. Il faut réunir les deux conditions[29].

*Par Nattier.*
*Il est de 5 pieds sur 4.*

Le portrait de feu[O] madame Infante[30] en habit de chasse est détestable. Cet homme-là n'a donc point d'amis[P] qui lui dise la vérité.

Il n'y a pas un[Q] morceau de Mr le professeur Halle qui vaille.

*De Halle.*
*Dix pieds en carré.*

Les Génies de la poésie, de l'histoire, de la physique et de l'astronomie[31], sujets de dessus de portes, dont on se propose de faire une tapisserie; c'est un charivari d'enfants. Toile immense, et beaucoup de couleurs.

Je ne sais si Mr le professeur Halle est un grand dessinateur; mais il est sans génie. Il ne connaît pas la nature. Il n'a rien dans la tête, et c'est un mauvais peintre. Encore une fois, je ne me connais point[R] en dessin; et c'est toujours le côté par lequel l'artiste se défend contre le littérateur. Les autres[S] ne s'entendent pas plus en dessin que moi. Nous ne voyons jamais le nu. La religion et le climat s'y opposent. Il n'en est pas de nous ainsi que des Anciens qui avaient[T] des bains, des gymnases, peu d'idées[U] de la pudeur, des dieux et des déesses faits d'après des modèles humains, un climat chaud, un culte libertin; nous ne savons ce que c'est que les belles proportions[32]. Ce n'est pas sur une fille prostituée, sur un soldat aux gardes qu'on envoie chercher quatre fois par an que cette connaissance s'acquiert[v]. Et puis nos ajustements corrompent les formes. Nos cuisses sont coupées par des jarretières, le corps de nos femmes étranglé[w] par des corps[33], nos pieds défigurés par des chaussures étroites et dures. Nous avons deux jugements opposés de la beauté; l'un de convention, l'autre d'étude. Ces jugements d'après [lesquels[x]] nous appelons beau dans la rue

F. *par les arbres, pénétrés add. marg. D1*
G. annonçât *L V*
H. mon ami *L V*
I. *on* n'a [ne L V] *fait* qu'*un mauvais tableau.* *G&*
J. *Je n'ai parlé* ici *que de l'ordonnance, du site* [style V], *du paysage, du local G&*
K. celles *L l'âme add. interl. G*
L. *Ce ne sera* [...] *Pierre add. marg. D1* / *ni* M. *Pierre G&*
M. avec quelques succès *V*
N. *et* les *caractères G&* [*sauf* L V]
O. *feu om. G&*
P. *d'ami qui G&*
Q. *pas* à mon gré *un G&*
R. pas *G&*
S. *contre* l'homme de lettres. J'ai peur que [*add. interl.* G] *les autres G&*
T. *de nous* comme *des Anciens Firm* / *qui avaient om. V*
U. *d'idée V*
V. *soldat* au gardes *D* / *connaissance* peut s'acquérir *V*
W. étranglés *D*
X. *d'après* lequel *D Ce* jugement contradictoire, *d'après* lequel *G&*

29. *L'Observateur littéraire* (Lettre VII) n'épargne pas davantage *Le Jugement de Pâris.* Il trouve le théâtre trop vaste, la figure de Vénus peu mise en valeur, les bergers trop « modernes ». « Loin de chercher par ces remarques à déprimer le talent de M. Pierre, toute notre peine, au contraire, est d'y entrevoir des prétextes à l'indifférence de la multitude pour les parties savantes de son art, sur lesquelles nous voudrions rassembler l'estime générale » (p. 144).

30. Fille aînée de Louis XV, Louise Élisabeth avait épousé l'infant Philippe d'Espagne; elle était duchesse de Parme (Musée de Versailles).

31. Les quatre figures allégoriques représentées par Hallé correspondent en gros à la division proposée par D. dans le *Prospectus* de l'*Encyclopédie* (1750): histoire (mémoire); philosophie ou science (raison), dont dépendent la physique et l'astronomie, à titre de « sciences de la nature »; poésie (imagination). (Musée du Louvre)

32. L'idée se trouve dans Winckelmann, *Gedanken über die Nachahmung der griechischen Werke in der Malerei und Bildhauer Kunst*, parues en 1755, et traduites partiellement dans le *Journal étranger* de janvier 1756 sous le titre: *Réflexions sur l'imitation des ouvrages grecs, en fait de peinture et de sculpture.* Les Grecs, explique Winckelmann, « avaient sur nous l'avantage de pouvoir se procurer ces notions, et par la contemplation de plus beaux corps, et par les fréquentes occasions d'observer les beautés de la nature. Ces beautés, comme on l'a dit plus haut, se montraient à eux tous les jours, animées de l'expression la plus vraie, tandis qu'elles s'offrent rarement à nous, et plus rarement encore de la manière dont l'artiste désirerait qu'elles se présentassent » (*Journal étranger*, p. 119-120).

33. *Corps*: Partie supérieure des vêtements qui s'applique à la partie supérieure du corps [...] — Corset. Voltaire, *Mœurs*, 62: « Ces modes étaient extravagantes; c'était un corps qu'on laçait par derrière » (Littré).

ce que nous appellerons[Y] laid dans l'atelier, et alternativement ne nous permettent[Z] pas d'avoir une certaine sévérité de goût. Car il ne faut pas croire qu'on fasse, comme on veut, abstraction de ses préjugés[A].

*Hallé.*

Mais nous voilà bien[B] loin du professeur Halle et de ses tableaux. Et il n'y a pas grand mal à cela[C]. Je laisse là tous ses petits tableaux, ses deux pastorales où il y a la[D] fausseté de Boucher, sans son imagination, sa facilité et[E] son esprit[34], la Femme qui amuse son enfant avec un moulin à vent, sa Sainte Famille que je n'ai point aperçue ni moi ni personne, la Femme qui dessine à l'encre de la Chine[F], et j'en viens à sa grande composition. C'est un Saint Vincent de Paul qui prêche. Quel prédicateur ! et quel auditoire[35].

*Tableau de 11 pieds de haut, sur six de large.*

Le St est assis. Il[G] a la main droite étendue; il tient son bonnet carré de la droite, et il est penché vers son auditoire attentif, mais tranquille[H].
Je voudrais bien que Mr le professeur [me dît[I]] quel est le moment qu'il a choisi. Ce bonnet carré m'apprend que le sermon commence ou qu'il finit; mais lequel des deux. Et puis ces deux instants sont également froids. Quand un artiste introduit dans une composition un saint embrasé de l'amour de Dieu et prêchant sa[J] loi à des peuples et qu'il lui met un bonnet carré à la main, comme à un homme qui entre dans une compagnie et qui la salue poliment, je lui dirais volontiers, Vous[K] vous mêlez d'un métier de génie et vous n'êtes qu'un butor[L]. Faites autre chose. Il n'y a que deux mauvais moments, et[M] c'est précisément l'un des deux que vous prenez. Il n'était pourtant trop[N] difficile d'imaginer qu'au milieu de la péroraison, l'orateur eût été transporté[O], et que son auditoire eût partagé sa passion. Et puis croyez-vous qu'il fût indifférent de savoir, avant de prendre le crayon ou[P] le pinceau, quel était le sujet du sermon; si c'était ou l'effroi des jugements de Dieu, ou la confiance dans la miséricorde de Dieu[Q], ou le respect pour les choses saintes, ou la vérité de la religion, ou la commisération pour les pauvres, ou un mystère, ou un point de morale, ou le danger des passions, ou les devoirs[R] de l'état, ou la fuite du monde. Ignorez-vous[S] ce que votre orateur dit ? Comment saurez-vous le visage qu'il doit avoir, et l'impression qui se doit mêler dans[T] les visages de vos auditeurs, avec l'attention ? Ne sentez-vous pas que si le sermon

est des jugements de Dieu, votre orateur aura l'air sombre et recueilli, et que votre auditoire prendra [U] le même caractère; que si le sermon est de l'amour de Dieu, votre orateur aura les yeux tournés vers le ciel, et qu'il sera dans une extase que les peuples qui l'écoutent [V] partageront; que s'il prêche la commisération pour les pauvres [W], il aura le regard attendri et touché, et qu'il en sera de même de ses auditeurs. Allez sous le cloître des Chartreux[36]; voyez le tableau de la Prédication, et dites-moi s'il y a le moindre doute que le sermon ne soit de la sévérité [X] des jugements de Dieu. Et où vous [Y] avez-vous pris votre auditoire? Des petites femmes, des [Z] jeunes garçons, des sœurs du pot[37], des enfants, pas un homme de poids. Comme cela est distribué, et peint! c'est un des plus grands éventails[38] que j'aie [A] vus de ma vie; j'en excepte deux figures qui sont à gauche sur le devant; c'est [B] une femme qui tient son enfant. Elle me paraît si bien

Y. *rue* et dans nos cercles *ce G&* / appelons *L V*
Z. *atelier* et beau dans l'atelier ce qui nous déplairait dans la société *ne nous* permet pas *G&*
A. *préjugés*, ni qu'on les ait impunément. *add. G&*
B. *bien om. G&*
C. *Et il* [...] *cela. om. G&*
D. *tous ses petits tableaux om. G&* / *ses deux* petites *pastorales G&* / *a* de *la fausseté G&*
E. ni *V*
F. *la femme qui amuse* [...] *Chine om. G&* / *esprit* et ses autres *petits tableaux G* / *Je laisse les* [...] de M. Hallé *V*
G. *assis* dans la chaire. *Il a G&*
H. *de la* gauche, *et G&* / *penché* sur *son G&* / *attentif* et *tranquille L V*
I. me dît *om. D add. G&* / *professeur* Hallé *G* [*non* L V]
J. *prêchant* la *loi S*
K. *volontiers*, vous n'êtes qu'un plat, et *vous G&*
L. *et vous n'êtes qu'un butor om. G&*
M. *moments* dans votre sujet *et c'est G&*
N. *pourtant* pas *trop G&*
O. *été* tranquille *et V*
P. *Et puis supp. Vdl* [*dans* V] / *avant* que *de G* [*non* L V] / *le crayon* et *le pinceau Firm*
Q. *miséricorde* divine, *ou G&*
R. *les devoirs D L V* le devoir *G*
S. Si *vous ignorez V*
T. *doit se G&* / *mêler avec l'attention dans G&*
U. aura *V*
V. *et add. interl. D1* / *que ses peuples S* / écouteront *V*
W. pauvre *D*
X. *de la sévérité om. L*
Y. *vous om. G&*
Z. de *petites femmes*, de *jeunes garçons G&*
A. j'ai *V*
B. *sur le devant* du tableau *c'est Firm*

34. Voir le *Salon de 1759* (à propos de Jeaurat) : « C'est le coloris de Boucher, sans ses grâces, sans son feu, sans sa finesse ».
35. Saint-Louis de Versailles.
36. Même conseil dans les *Essais sur la peinture*, et dans le *Salon de 1759*. Les « Chartreux » dont parle D. désignent l'ancien Enclos des Chartreux, ou Chartreuse de Vauvert, à l'emplacement de l'actuel n° 64 du boulevard du Montparnasse.
37. « Filles qui vivent en communauté et qui soignent les malades » (Littré).
38. « Éventail — Peinture exécutée sur un éventail : Toutes vos petites compositions ne sont que de riches écrans, de précieux éventails *(Salon de 1767)* » (Littré).

peinte, si bien dessinée, de si bon goût; l'enfant est si bien aussi [C], que si Mr le professeur voulait être sincère, il nous dirait où il a fait cet emprunt. Mais [D] abandonnons ce [E] pauvre Mr Halle à son sort et passons à un homme qui en vaut bien un autre. C'est Vien. Mais auparavant j'observerai qu'à parler [F] à la rigueur un peintre quelquefois par un tour de tête particulier préférera un moment tranquille à un moment agité [.] Mais à quels efforts [G] de génie ne s'engage-t-il pas alors [39] ? quels caractères de tête ne faudra-t-il pas qu'il donne à son orateur, et à ses auditeurs ? par combien de beautés, les unes techniques, les autres d'invention et de détail ne faudra-t-il pas qu'il rachète le choix défavorable de l'instant[?] Alors point de milieu. Sa composition est plate ou sublime. Halle [H] a choisi l'instant défavorable dans sa prédication de St Vincent de Paule [I]; mais sa composition n'est pas sublime [J] [40].

Vien [K] a de la vérité, de la simplicité, une grande sagesse dans ses compositions. Il paraît s'être proposé Le Sueur pour modèle [41]. Il a plusieurs qualités de ce grand maître; mais il lui manque sa force et son génie. Je crois que Le Sueur a aussi le goût plus austère.

*Vien. Il est de 14 pieds de large, sur 9 pieds, 4 pouces de haut.*

Zephire et Flore, morceau de plafond. Ce sont deux figures liées par [L] des guirlandes sur un fond bleu. Le Zephire me paraît avoir de la légèreté. La Flore est une figure muette [M] [42] qui ne me dit rien. Ce morceau ne m'a appris qu'une chose c'est que nos fripons de brocanteurs ont certainement vendu à notre ami le baron un morceau coupé d'un plafond pour un tableau [43]. Il n'y a point de commerce où il y ait tant de mauvaise foi que dans celui des tableaux. On vous engoue d'une croûte qu'on vous fait acheter au poids de l'or; on vous dégoûte d'un morceau excellent. On vous donne un tableau d'un maître, d'une école, pour un tableau d'un autre maître ou d'une autre école; une copie pour un original; on vernit. On repeint. On allonge. On rogne. A tout moment les plus fins y sont pris [N] [44].

*Du même. Il est de 5 pieds sur 4.*

Psyché [O] qui vient avec sa lampe surprendre et voir l'Amour endormi. Les deux figures sont de chair; mais elles n'ont ni l'élégance, ni la grâce, ni la délicatesse qu'exigeait le sujet. L'Amour me paraît grimacer. Psyche n'est point cette femme qui vient en tremblant sur la pointe du pied; je n'aperçois point sur son visage ce mélange de crainte, de surprise d'amour [p], de désir et d'admiration qui devrait y être. Elle [q] devrait avoir la bouche entrouverte, et craindre de respirer. C'est son amant qu'elle voit, qu'elle voit pour la première fois, au hasard de le perdre. Quelle joie de le voir et de le voir si beau? O que nos peintres ont peu d'esprit! qu'ils connaissent peu la nature! la tête de Psyche devrait être penchée vers l' [r]Amour; le reste de son corps porté en arrière, comme il l'est lorsqu'on s'avance vers un lieu où l'on craint d'entrer et dont on est prêt

C. *aussi add. interl. D1 [ou d'une autre main]*
D. *[alinéa dans les copies]*
E. *abandonnons* le *pauvre G&*
F. *Vien. J'observerai* seulement en finissant cet article qu'en parlant [*à parler* L V] *à la G&*
G. *agité? mais D* quel effort *V*
H. *sublime.* M. *Hallé G&*
I. Paul *G&*
J. La suite à l'ordinaire prochain *G S Firm* / Suite des observations de M. Diderot sur le Salon [1er oct. 1761] *G S Firm*
K. Mr *Vien V [tout le paragraphe est raturé]*
L. *liés* ensemble *par add. V*
M. *muette om. L V*
N. *Ce morceau ne m'a appris* [...] *y sont pris. om. G&*
O. *[dans* L *et* V *l'ordre est différent et suit le catalogue: après* Zéphyre *et* Flore *viennent* Saint-Germain, Psyché, la Musique, la Jeune Grecque, Hébé et d'autres tableaux]
P. *d'amour om. G& [non* L V]
Q. *y être.* Ce n'est pas assez de me montrer dans Psyché la curiosité de voir l'Amour; il faut que j'y aperçoive encore la crainte de l'éveiller. *Elle G&*
R. *l' om. G&*

39. La représentation de la nature tranquille requerrait-elle plus de « génie » que celle d'une nature agitée? D. semblait supposer le contraire dans le Discours *De la poésie dramatique* (DPV, X).
40. Est-ce la raison pour laquelle le grand public lui a fait bon accueil? Nous avons là-dessus le témoignage de *L'Observateur littéraire*: « Enfin nous avons cru remarquer que ce morceau conciliait au Salon les suffrages de la multitude curieuse avec l'estime des connaisseurs » (Lettre VI, p. 134). Au nombre de ces connaisseurs, citons Grimm qui trouve D. trop sévère: « M. Hallé n'est assurément pas un homme sublime, son tableau n'a nulle élévation, nul génie, mais il a de la vérité » (*Seznec*, I, 118).
41. Allusion probable à la *Légende de saint Bruno* exposée aux Chartreux (voir le *Salon de 1759*).
42. La « figure muette » était destinée à l'Hôtel dit « des Ambassadeurs de Hollande », rue Vieille-du-Temple à l'actuel n° 47.
43. Cette phrase fait contradiction avec ce que l'on sait de l'histoire du tableau. Il s'agit d'un plafond qui se trouve encore à l'Hôtel des Ambassadeurs de Hollande, rue Vieille-du-Temple, où fut écrit *Le Mariage de Figaro*. On ne voit pas le sens de l'allusion au baron (d'Holbach). A-t-il servi d'intermédiaire? A-t-il joué le rôle de dupe? L'élucidation de ce mystère serait bien nécessaire pour comprendre la suite.
44. Tout le passage qui commence à: « Ce morceau... » jusqu'à « ... y sont pris » a été souligné d'un trait de crayon dans la marge, comme s'il était indésirable. Il a en effet disparu dans toutes les copies. Non sans raison: Grimm n'a pas dédaigné de faire office d'acheteur et de revendeur. D. s'est adressé à lui comme à un connaisseur en attendant de traiter ses affaires lui-même, à l'époque où il servait de courtier au profit de Catherine II par l'intermédiaire du prince Galitzine (CORR, IX, 21; X, 213-214, 251-252; XI, 66-67, 88-92; XII, 83-92, 97-99).

à s'enfuir, un pied posé et l'autre effleurant la terre; et cette lampe, en doit-elle laisser tomber la lumière sur les yeux de l'Amour ? ne doit-elle pas la tenir écartée, et interposer sa main, pour en amortir la clarté[45]. Ce serait un moyen d'éclairer ce morceau[S] d'une manière bien piquante. Mais ils ne songent à rien[T]. Ces gens-là n'ont[U] jamais vu une mère qui vient la nuit voir son enfant au berceau, une lampe à la main, et qui craint de l'éveiller. Ils ne savent pas que les paupières ont une espèce de transparence[V].

*Du même. Il est de 9 pouces de haut, sur 2 pieds de large.*

La Jeune Grecque qui orne un vase de bronze, avec une guirlande [de[W]] fleurs. Le sujet est charmant; mais qu'exige-t-il ? une grande pureté de dessin, une grande simplicité de draperie, une élégance infinie dans toute la figure ? je demande si cela y est; de l'ingénuité, de l'innocence et[X] de la délicatesse dans le caractère de la tête ? je demande si cela y est. Toute la grâce possible dans les bras et dans leur action ? je demande encore si cela y est. Tenez, mon ami. C'est que c'était là[Y] le sujet d'un bas-relief et non d'un tableau[46].

*Du même. Il est de 11 pieds de haut, sur 6 de large.*

Je n'ai remarqué ni l'Hebé du même peintre, ni la Musique[Z], ni ses autres tableaux. Pour son Germain[A] qui donne une médaille à S^te^ Genevieve, je[B] crois que celui qui ne voit pas avec la plus grande satisfaction ce morceau, n'est pas digne d'admirer Le Sueur[47]. Rien ne m'en paraît sublime, mais tout m'en paraît beau[48]. Je n'y trouve rien qui me transporte, mais tout m'en plaît et m'arrête. Il y règne d'abord une tranquillité, une convenance d'actions, une vérité de disposition qui charment[C]. Le[D] S^t^ Germain est assis. Il est vêtu de ses habits pontificaux. La jeune sainte est à genoux devant lui. Il lui présente la médaille. Elle étend[E] la main pour la recevoir. Derrière S^t^ Germain, il y a un autre évêque et quelques autres[F] ecclésiastiques; derrière la sainte, son père et sa mère. Son père qui a l'air d'un bon homme; sa mère, pénétrée[G] d'une joie qu'elle ne peut contenir. Entre la sainte et l'évêque, un aumônier en grand surplis, un peu penché, d'un beau caractère et qui fait le plus bel effet. Autour de l'aumônier, des peuples[H] qui s'élèvent sur leurs pieds et qui cherchent à voir la sainte. La sainte est dans la première jeunesse.

Son vêtement est simple; sa taille élégante et légère. Ce sont l'innocence et la grâce même[I]. Le vieil évêque a le caractère qu'il doit avoir. Et puis une lumière douce, diffuse[J] sur toute la composition comme on la voit dans la nature, large, s'affaiblissant ou se fortifiant d'une manière imperceptible. Point de places luisantes; point de taches noires. Et puis[K] une vérité, et une sagesse qui vous attachent[L] secrètement. On est au milieu de la cérémonie. On la voit; et rien ne vous détrompe. Peu de tableaux au Salon où il y ait autant à louer; aucun où il y ait moins à reprendre. Les natures ne sont ici ni poétiques, ni grandes; c'est la chose même, sans presque aucune exagération. Ce n'est pas la manière de Rubens; ce n'est pas le goût des écoles italiennes. C'est la vérité qui est de tous les temps et de toutes les contrées.

J'avais bien de l'impatience d'arriver à Deshays[M]. Ce peintre, mon ami[N], est à mon sens le premier peintre de la nation. Il a plus de chaleur et de génie que Vien; et il ne le cède aucunement[O] pour le dessin et pour

S. *d'éclairer* le tableau *d'une G&*
T. *Ce serait un moyen* [...] *rien add. marg. D1*
U. *piquante. Ces gens-là ne savent pas que les paupières ont une espèce de transparence*; ils *n'ont jamais G&*
V. *ne savent pas* [...] *transparence om. G&* [*transposé plus haut*]
W. *de add. G*
X. *cela y est? de D* / *et om. G&*
Y. *Tenez, mon ami om. G&* / *c'est que supp. Vdl* / *là supp. Vdl*
Z. *ni* son *Hébé, ni ses L V*
A. *son* St *Germain G&*
B. *Geneviève* encore enfant, *je G&*
C. charme *D G&*
D. [*alinéa dans G&*] *Le supp. Vdl*
E. *Elle* tend *la L V*
F. *autres om. G&*
G. *pénétrée add. interl. D1*
H. *des* gens du peuple *V*
I. *grâce* mêmes *G&*
J. [*G seul omet la virgule avant ce mot, elle est ajoutée dans* S]
K. *Et* avec tout cela *une G&*
L. attache *V*
M. *à* Mr *Deshays add. Vdl*
N. *mon ami om. G&*
O. *aucunement* [*en surcharge dans* D]

45. D. se souvient peut-être du *Reniement de saint Pierre* de Rembrandt. L'utilisation de la bougie comme source d'éclairage a été fort répandue chez les disciples français du Caravage. L'interposition de la main revient à plusieurs reprises dans l'œuvre de La Tour (*Saint Joseph charpentier, Éducation de la Vierge, L'Adoration des Bergers, Reniement de saint Pierre*, etc.).
46. Sur ce point précis, le passage du *Salon de 1761* au *Salon de 1763* marque un retournement complet.
47. Voir le *Salon de 1759* (ci-dessus, p. 95) à propos d'un tableau de Vien : « ... derrière le Christ un apôtre en gris de lin que Le Sueur ne dédaignerait pas ».
48. Antithèse classique. Elle venait d'être remise en honneur par l'ouvrage de Burke, *A Philosophical Inquiry into the Origin of our Ideas of the Sublime and Beautiful* (1757).

la couleur à Vanloo qui ne fera jamais rien qu'on puisse comparer à son St André et à son[P] Saint Victor[49]. Deshays me rappelle[Q] les temps de Santerre, de Boulogne[50], de Le Brun, de Sueur[R][51] et des grands artistes du siècle passé. Il a[S] de la force et de l'austérité dans sa couleur. Il imagine des choses frappantes. Son imagination est pleine de grands caractères. Qu'ils soient à lui, ou qu'il les ait empruntés des maîtres qu'il a étudiés, il est sûr qu'il sait se les approprier et qu'on n'est pas tenté en regardant ses compositions de l'accuser de plagiat. Sa[T] scène vous attache et vous touche. Elle est grande, pathétique et violente. Il n'y eut sur le St Barthelemi qu'il exposa au dernier Salon, qu'une seule voix, et ce fut celle de l'admiration[52]. Son St Victor et son St Andre de cette année ne lui sont point inférieurs[U].

*Deshays. Il est de 10 pieds de haut, sur 6 de large.*

Il y a des passions bien difficiles à rendre. Presque jamais on ne les a vues dans la nature. Où donc en est le modèle? où le peintre les trouve-t-il? qu'est-ce qui me détermine, moi, à prononcer qu'il a trouvé la vérité[53]? le fanatisme et son atrocité muette[V] règnent sur tous les visages de son[W] tableau de St Victor[54]; elle est dans ce vieux préteur qui l'interroge; et dans ce pontife qui tient un couteau qu'il aiguise; et[X] dans le saint dont les regards décèlent l'aliénation d'esprit, et dans les soldats qui l'ont saisi et qui le tiennent. Ce sont autant de têtes étonnées. Comme ces figures sont distribuées, caractérisées, drapées! comme tout en est simple et grand! l'affreuse, mais la belle poésie! le préteur est élevé sur son[Y] estrade. Il ordonne. La scène se passe au-dessous. Les beaux accessoires! ce Jupiter brisé; cet autel renversé[Z]; ce brasier répandu; quel effet entre ces natures féroces ne produit point ce jeune acolyte, d'une physionomie douce et charmante agenouillé entre le sacrificateur et le saint. A gauche de celui qui regarde le tableau, le préteur et ses assistants élevés sur une estrade; au-dessous du même côté, le sacrificateur, son dieu et son autel renversé; à côté vers le milieu, le jeune acolyte; vers la droite le St debout, et lié; derrière le saint les soldats qui l'ont amené. Voilà le tableau. Ils disent que le St Victor a plus l'air d'un homme qui insulte, qui[A] brave, que d'un homme ferme et tranquille qui ne craint rien et qui attend. Laissons-les dire. Rappelons-nous les vers que Corneille

5. Jean-Baptiste Deshays. *Saint Benoît près de mourir vient recevoir le viatique à l'autel.* 1761. T. H. 2,92 ; L. 1,91. Exposé au Salon de 1761.

6. Jean-Baptiste-Siméon Chardin. *Le Bocal d'abricots*. 1758. Toile ovale. H. 0,572 ; L. 0,508. Exposé au Salon de 1761.

a mis dans la bouche de Polyeucte[55]. Imaginons d'après ces vers la figure du fanatique qui les prononce, et nous verrons le St Victor de Deshays.

Son St André a un genou sur le chevalet[56]. Il y monte. Un bourreau l'embrasse par le corps et le traîne d'une main par sa draperie et de l'autre par les cuisses. Un autre le frappe d'un fouet. Un troisième lie et prépare un faisceau de verges. Des soldats écartent la foule. Une mère plus voisine de la scène que les autres garantit son enfant avec inquiétude. Il faut voir l'effroi et la curiosité de l'enfant.

*Du même.*

*Il est 14 pieds de haut, sur six de large.*

P. *comparer* au *St André et* au *Saint G&*
Q. rappellent *D*
R. *de* Le *Sueur G&*
S. *Il* y *a L*
T. La *scène V*
U. [L *et* V *placent ici comme d'habitude* la *description du tableau de* Saint Victor *empruntée au catalogue, n° 30*]
V. *muette om. V*
W. *visages* du *tableau G&*
X. *et supp. Vdl*
Y. *sur* une *estrade G&* [*non* L V]
Z. *brisé ;* son dieu et son *autel* renversés *L V*
A. *insulte* et *qui add. G*

49. Le jugement de D. rejoint celui de la foule. Voir *L'Observateur littéraire*, lettre VI, p. 138-139 : « On a été universellement affecté d'un sentiment d'admiration en considérant le tableau où saint Benoît mourant reçoit le viatique à l'autel », et *L'Année littéraire*, t. VI, lettre I, p. 9 : « M. Deshays réunit tous les suffrages par son tableau de la *Mort de saint Benoît*, aussi bien que par celui de *Saint Pierre dans sa prison.* »
50. Jean-Baptiste Santerre, peintre d'histoire et de portraits (1651-1717), élève de François Le Maire et de Boulogne. Louis Boulogne, dit le Vieux (1609-1674), un des fondateurs de l'Académie, peintre religieux. Louis de Boulogne, dit le Jeune (1654-1733), premier peintre du roi.
51. Voir *Pensées philosophiques*, XLV : « On conserve dans nos églises, des tableaux qu'on nous assure avoir été peints par des anges et par la Divinité même : si ces morceaux étaient sortis de la main de le Sueur ou de le Brun, que pourrais-je opposer à cette tradition immémoriale ? » (DPV, II, 41).
52. Il ne figure pas au catalogue du *Salon de 1759* et D. n'en dit rien.
53. Le modèle peut donc ne pas être dans la nature. On trouvait déjà cette idée dans le Discours *De la poésie dramatique* (« Des Auteurs et des critiques », DPV, X, 423). Elle prend toute son ampleur dans le préambule du *Salon de 1767* et dans le *Paradoxe sur le comédien*.
54. « Saint Victor, jeune capitaine romain, est amené les mains liées devant le tribunal du préteur, en présence des prêtres des faux dieux, et le sacrifice préparé : le Saint renverse l'idole; il est saisi par les soldats et condamné au martyre » (Livret, n° 30).
55. Sur les prolongements poétiques du fanatisme, voir le Discours *De la poésie dramatique* (« Des Mœurs », DPV, X, 400) et l'article *THÉOSOPHES (DPV, VIII, 365). On est bien loin des timidités des *Pensées philosophiques* : « Ce zèle n'est plus à la mode. Polyeucte ne serait de nos jours qu'un insensé » (Pensée XL).
56. « Saint André amené par des bourreaux pour être attaché sur un chevalet et y être fouetté » (Livret, n° 29). Le musée de Rouen contient trois grandes toiles en provenance de l'église Saint-André de la Porte-aux-Fèves, à Rouen : *Saint André conduit au supplice*, le *Martyre de saint André, Saint André mis au tombeau.*

Le saint a les bras élevés, la tête renversée et les regards tournés vers le ciel. Une barbe touffée [B] [57] couvre son menton. La constance, la foi, l'espérance, et la douleur sont fondues [C] sur son visage qui est d'un caractère simple, fort, rustique et pathétique. On souffre beaucoup à le voir. Une grosse draperie jetée sur le haut de sa tête retombe sur ses épaules; toute la partie supérieure de son corps est nue par devant. Ce sont bien les chairs, les rides, les muscles roides [D] et secs, toutes les traces de la vieillesse [E]. Il est impossible de regarder longtemps sans terreur cette scène d'inhumanité et de fureur. Toutes les figures sont grandes. La couleur vraie. La scène se passe sous la tribune du préteur et de ses assistants; à droite de celui qui regarde, le préteur dans sa tribune avec ses [F] assistants; au-dessous un bourreau et le chevalet; vers le milieu de l'autre côté du chevalet, le saint debout appuyé d'un genou [G] sur le chevalet, derrière le saint, un bourreau qui le frappe de verges; aux pieds de celui-ci, un autre bourreau qui lie un faisceau de verges; derrière ces deux licteurs, un soldat qui repousse la foule. Voilà la machine. Il faut voir après cela, les détails; les têtes de ces satellites; leurs actions; le caractère du préteur et de ses assistants; toute la figure du saint; tout le mouvement [H] de la scène [58]. Ma foi, ou il faut brûler tout ce que les plus grands peintres de temples [I] ont fait de mieux, ou compter Deshays parmi eux.

*Il est de 8 pieds de haut, sur 6 de large.*

Tout [J] est beau dans le S^t^ Benoit qui près de mourir vient recevoir le viatique à l'autel, et l'acolyte qui est derrière le célébrant; et le célébrant avec son dos voûté, et sa tête rase et penchée; et le jeune enfant vêtu de blanc [K] qui est à genoux et [L] à côté du célébrant, et le second acolyte qui placé debout derrière le saint le soutient un peu, et les assistants. La distribution des figures, la couleur, les caractères des têtes, en un mot toute la composition me ferait le plus grand plaisir, si le S^t^ Benoit était comme je le souhaite, et ce me semble comme le moment l'exige. C'est un moribond. C'est un homme embrasé de l'amour de son [M] Dieu qu'il vient recevoir à l'autel, malgré la défaillance de ses forces. Je demande s'il est permis au peintre de l'avoir fait aussi droit, aussi ferme sur ses genoux; je demande si malgré la pâleur de son visage, on ne lui accorde pas plusieurs [N] années de vie; je demande s'il n'eût pas été mieux que ses membres se fussent dérobés sous lui; qu'il eût été soutenu par deux ou trois religieux; qu'il eût eu les bras un peu étendus, la tête renversée en arrière, avec la mort sur les lèvres et l'extase sur le visage avec un rayon de sa joie.

Mais, mon ami, s'il eût donné cette expression forte à son S^t Benoit, voyez ce [O] qui en serait rejailli sur le reste. Ce léger changement sur [P] la principale figure aurait influé sur toutes les autres. Le célébrant au lieu d'être droit, touché de commisération se serait incliné davantage. La peine et la douleur auraient été plus fortes dans tous les assistants. Voilà un morceau de peinture d'après lequel on ferait toucher à l'œil à de jeunes élèves qu'en altérant une seule circonstance on altère toutes les autres, ou la [Q] vérité disparaît. On en ferait un excellent chapitre de la force de l'unité[59]. Il faudrait conserver la même ordonnance, les mêmes figures, et proposer d'exécuter le tableau d'après différentes suppositions qu'on ferait sur le communiant [R].

B. touffue *G&*
C. confondues *L V*
D. raides *G&*
E. *vieillesse D [en surcharge]*
F. *A droite* [...] *assistants om. L V* [*dans* S *quelques mots rayés entre* le préteur *et* dans]
G. genoux *D*
H. *du préteur* [...] *mouvement om. Firm*
I. temple *L*
J. [*tout le paragraphe suivant a été omis dans* L *et* V *et remplacé par le dernier paragraphe de l'article sur* Deshays; *on trouve ensuite* Saint Pierre, Saint Benoît, Les Caravanes, Sainte Anne, *dans l'ordre du catalogue*]
K. *de blanc add. interl. D1*
L. *et om. G*
M. *de l'idée de G& / son add. interl. D1*
N. *pas* encore *plusieurs G&*
O. *Mais* si le peintre *eût G& / voyez*, mon ami, *ce G&*
P. *changement* dans *la G&*
Q. *ou* bien *la vérité add. G*
R. *d'après* différents changements *qu'on ferait* dans la figure du *communiant. G&*

57. Il ne faut pas confondre « touffé » : qui pousse par touffes, et « touffu » : serré, épais, dru. La notation de D. est plus conforme au tableau de Deshays que la correction de Grimm.
58. La description de D. correspond presque exactement à l'original. Un détail diffère : dans le tableau les deux mains du bourreau sont appliquées sur la draperie (et non pas : l'une sur la draperie et l'autre sur les cuisses).
59. Précepte fondamental, que D. n'a jamais remis en question. Voir la traduction de l'*Essai sur le mérite et la vertu* (DPV, I, 322, note de Diderot), *Entretiens sur le Fils naturel* (DPV, X, 119 et suiv.); Discours *De la poésie dramatique* (DPV, X, 424-426). L'expression la plus claire en est donnée dans l'article *COMPOSITION (DPV, VI, 475) : « Un tableau bien composé est un tout renfermé sous un seul point de vue, où les parties concourent à un même but, et forment par leur correspondance mutuelle un ensemble aussi réel, que celui des membres dans un corps animal ». Le *Saint Benoît* est au musée d'Orléans.

*Du même.*
*Il est de 11 pieds de haut, sur six de large.*

Le S^t^ Pierre délivré de la prison est un morceau ordinaire. La tête en est[s] belle; mais on se rappelle le même sujet peint dans un des tableaux placés autour de la nef de Notre-Dame[60]; et l'on sent tout à coup que le peintre de ce dernier a mieux entendu l'effet des ténèbres sur la lumière artificielle. La lumière des[t] Deshays est pâle et blafarde. Celle de son prédécesseur est rougeâtre, obscure, foncée, on y discerne ces masses de corpuscules qui voltigent dans les rayons et leur donnent de la forme. Il y a là[u] plus de silence, plus d'effroi, plus de nuit.

La Sainte Anne faisant lire la S^te^ Vierge; ce n'est pas cela. La S^te^ Anne fait une[v] lecture et la S^te^ Vierge l'écoute. Il faut que je vous avoue une bonne fantaisie. Vous en rirez, mais qu'est-ce que cela fait? notre ami Le Romain ne peut[w] pas souffrir les anges à cause de leurs ailes; moi je suis choqué des mains jointes dans les sujets tirés de l'histoire ancienne sacrée ou profane. Chaque peuple a ses signes de vénération; et il me semble que l'action de joindre les mains n'est ni des idolâtres anciens, ni des juifs, ni même des premiers chrétiens[61]. J'ai dans la tête que la date des mains jointes est nouvelle.

Le goût de Boucher gagne, surtout dans les petites compositions. Cela me fâche. Voyez les Caravanes de Deshays. Il semble qu'il ait[x] renoncé à sa couleur, à sa sévérité, à son caractère, pour prendre la touche et la manière de son confrère.

On a placé le[y] S^t^ Benoit de Deshays vis-à-vis du S^t^ Germain de Vien. Au premier coup d'œil, on croirait que ces deux morceaux sont de la même main. Cependant, avec un peu d'attention, on trouve plus de douceur dans Vien, et plus de nerf dans Deshays. Mais on reconnaît toujours deux élèves de Le Sueur.

*Amédée Vanloo*
*Baptême de J. C.*
*Il est de 11 pieds, 5 pouces de haut, sur 7 pieds, 4 pouces de large.*

Le Baptême de J. C. La Guérison miraculeuse de S^t^ Roch; et les Satyres sont quatre tableaux d'Amedée Vanloo[z][62]. Les deux de la mythologie chrétienne mauvais; les deux de la mythologie païenne excellents. Je dirai du Baptême, comme j'ai dit du Sommeil de Joseph; que l'un est un baptême, comme l'autre est un sommeil[A]. Je vois ici un homme qui dort, là un homme à qui l'on verse de l'eau sur la tête. Toute composition dont on s'en tient à nommer le sujet, sans ajouter ni éloge ni critique, est médiocre. C'est bien pis, quand on cherche le sujet, et qu'après l'avoir appris ou [B] deviné, on s'en tient à dire, comme de la Guérison miraculeuse de S$^{t}$ Roch; c'est un pauvre assis à terre, vis-à-vis d'un ange qui lui dit je ne sais quoi.[63]

*Du même. Guérison miraculeuse de St Roch. Il est de 8 pieds de haut, sur 5 de large.*

En revanche, les deux Familles de satyres me font un vrai plaisir. J'aime ce satyre à moitié ivre, qui semble avec ses lèvres humer et savourer encore le vin; j'aime ses tréteaux [C] rustiques; ses enfants; sa femme qui sourit et se plaît à l'achever. Il y a là-dedans de la poésie, de la passion, des chairs, du caractère.

*Les Familles de satyres. Elles ont chacune 4 pieds, 6 pouces de haut, sur 3 pieds, 6 pouces de large.*

Est-ce que l'idée de ce tonneau percé par l'autre satyre; ces jets de

S. *tête* du saint *est G&*
T. *lumière* de *Deshays G&*
U. *là om. L V*
V. *une om. V*
W. *Il faut* [...] *ne peut D* Vous ne pouvez *pas G&*
X. *Deshays.* On dirait *qu'il* a *renoncé G&*
Y. *le om. V* [*ce paragraphe est placé plus haut dans* L *et* V, *voir la variante* J *précédente*] / *du om. V*
Z. *Vanloo* autre cousin de notre Carle. *G&*
A. *que l'un* [...] *sommeil. om. S*
B. *appris* et *deviné V*
C. *encore om. L V* / ces *V* / traiteaux *D*

60. Le tableau auquel pense D. faisait sans doute partie de la collection des « Mays » de Notre-Dame : chaque année, à l'occasion du premier mai, la corporation des orfèvres de Paris offrait un tableau représentant une scène de la vie des Apôtres (XVII$^{e}$ siècle). Sur 76 tableaux, la trace de 42 a pu être retrouvée. Plusieurs d'entre eux qui étaient au Louvre ont été réinstallés dans les chapelles latérales (voir Pierre-Marie Auzas, *Notre-Dame de Paris*, Paris-Grenoble, Arthaud, 1949). Le *Saint Pierre délivré de prison* n'y figure pas. Celui de Deshays est à Saint-Louis de Versailles, celui de Restout à Saint-Pierre-du-Martroi à Orléans (dessin au musée de Rouen).

61. Il faut partir du geste de la supplication antique, où les mains sont ouvertes vers le ciel *(manus supinae)*. C'est l'attitude traditionnelle de la prière dans les mosaïques d'inspiration byzantine, chez les primitifs siennois et florentins. Les mains tendent à se rapprocher chez Giotto (Chiesa superiore di San Francesco, fresques 11 et 19). Les bouts des doigts se rejoignent d'une manière courante au XV$^{e}$ siècle. Ils commencent à se croiser chez La Tour. C'est ainsi que Deshays a représenté la Vierge dans le tableau du Salon de 1761 (Musée des Beaux-Arts d'Angers, coll. de Livois).

62. Charles-Amédée est le frère de Louis-Michel. Il est le fils de Jean-Baptiste, lequel est le frère de Carle. Il est donc, non pas le cousin, mais le neveu de Carle (1719-1796).

63. Le *Baptême* est à Saint-Louis de Versailles, le *Saint Roch* à la cathédrale de Senlis.

vin qui tombent dans la bouche de ses [D] petits enfants étendus à terre sur la paille; ces enfants gras et potelés; cette femme qui se tient les côtés de rire de la manière dont [E] son mari allaite ses enfants pendant son absence, ne vous plaît pas[?] Et puis voyez [F] comme cela est peint. Est-ce que ces chairs-là ne sont pas bien vraies[?] Est-ce que tous ces êtres bizarres là [G] n'ont pas bien la physionomie de leur espèce capripède[?] [64]

Il me semble que nos peintres sont devenus coloristes. Les années passées [H], le Salon avait, s'il m'en souvient, un air sombre, terne et grisâtre. Son coup d'œil, a ce me semble un [I] autre effet [65]. Il approche davantage [J] de celui d'une foire qui se [K] tiendrait en pleine campagne, où il y aurait des prés, des bois, des arbres, des champs, et une foule d'habitants de la ville et de la campagne diversement vêtus et mêlés les uns avec les autres; comme à la foire de Bezon. Ma comparaison est singulière, mais elle est juste, et je vous jure que [L] nos peintres n'en seraient pas mécontents.

La couleur est dans un tableau, ce que le style est dans un morceau de littérature. Il y a des auteurs qui pensent; il y a des peintres qui ont de l'idée. Il y a des auteurs qui savent distribuer leur matière; il y a des peintres qui savent ordonner un sujet. Il y a des auteurs qui ont de l'exactitude et de la justesse. Il y a des peintres qui connaissent la nature et qui savent dessiner. Mais de tous les temps le style et la couleur ont été des choses précieuses et rares [66]. C'est [M] le style qui assure l'immortalité à un ouvrage de littérature; c'est cette qualité qui charme les contemporains de l'auteur, et qui charmera les siècles à venir. La [N] couleur d'un morceau de peinture passe, et la réputation d'un grand peintre ne [O] se transmet à la postérité que par les qualités que la gravure peut conserver; et quelquefois la gravure ôte des défauts à un tableau et [P] quelquefois aussi elle lui en donne. S'il y a des statues, par exemple, dans un tableau; vous ne prendrez jamais ces statues pour des personnages vivants [Q]. Elles ne sont jamais équivoques en peinture, sur la toile [R]. Il n'en est pas [S] de même sur le cuivre. Voyez le tableau d'Esther et d'Assuerus peint par le Poussin, et le même morceau gravé par Poilly [T] [67].

*Challe.*
*Cleopatre expirante.*
*Socrate condamné.*

Des trois tableaux de Challe, la Cleopatre expirante, le Socrate sur le point de boire la ciguë, et le Guerrier qui raconte ses aventures, on n'en remarque aucun, et l'on a tort. Le Socrate condamné en vaut la peine autant qu'aucun autre morceau du Salon. Je sais grand gré à [notre [u]] Napolitain[68] de l'avoir déterré dans le coin obscur où on l'a placé. Il paraît avoir été[v] peint il y a cent ans; mais il est bien plus vieux encore[w] pour la manière que pour la couleur. On dirait que c'est une copie d'après quelques bas-reliefs antiques. Il y règne une simplicité, une tranquillité, surtout dans la figure principale, qui n'est guère de notre temps. Le[x]

*Un guerrier qui raconte ses aventures.*
*Le Socrate est de 8 pieds de large, sur 6 pieds, 6 pouces de haut.*

D. ces *V*
E. *manière* que *son mari V*
F. *Et puis voyez om. G&* [*non* L V]
G. *là supp. Vdl*
H. *Les* autres *années, le G&*
I. *d'œil,* cette fois-ci fait *un G&*
J. *davantage om. G&*
K. *se om. Vdl*
L. *autres.* Si *ma comparaison* vous paraît *singulière, elle est juste et* je suis persuadé *que G&*
M. *rares.* Il est vrai que le sort du peintre ne ressemble pas du tout à celui de l'écrivain. *C'est le style add. G&*
N. *venir.* Au contraire *la couleur G&*
O. *peintre* ne s'étend souvent parmi ses contemporains et *ne se G&*
P. *conserver*; ainsi le mérite du coloris disparaît; au reste *la gravure ôte quelquefois des défauts à un tableau,* mais *quelquefois G&*
Q. *donne. Dans un tableau, par exemple, vous ne prendrez jamais* une statue *pour* un personnage vivant. *G&*
R. *sur la toile add. interl. D1*
S. Elle n'aura jamais l'air *équivoque sur la toile* mais il n'*en* sera *pas de même G&*
T. *Poilly* [*cette dernière phrase est marquée par un trait en marge au crayon*]
U. *notre om. D* [*fin de page*] *add. G&*
V. *Il* a l'air d'être *peint G&*
W. *encore om. Firm*
X. *Le om. G&*

64. Donc des monstres peuvent être « vrais » relativement à leur organisation supposée. L'idée se trouvait déjà dans l'*Essai sur le mérite et la vertu* (DPV, I, 324, note de Diderot).
65. Avec deux ans de décalage, c'est ce que pense le rédacteur de *L'Année littéraire*, 1763, lettre VII : « On peut, dans cette exposition, observer que la peinture française, en général, devient plus lumineuse et moins noire qu'autrefois » (p. 163).
66. Voir les *Essais sur la peinture*, p. 18-33.
67. En effet le tableau de N. Poussin, actuellement au musée de l'Ermitage, à Leningrad, laisse deviner à l'arrière-plan des statues encastrées dans des niches (voir *Tout l'œuvre peint de Poussin*, éd. J. Thuillier « Les Classiques de l'Art », Paris, Flammarion, 1974, n° 193). La gravure de François de Poilly (BN, Estampes, Da 18) fait apparaître le même détail, sans qu'on puisse décider si ces statues ont « l'air équivoque » que leur prête D. On serait plus tenté de dire que ce sont les personnages « vivants » que la gravure sur cuivre fait ressembler à des statues. Mais toutes ces appréciations sont bien subjectives. Sur la gravure en question que D. possédait, voir la lettre à Voltaire du 28 novembre 1760 : « Ouvrez vos portefeuilles. Voyez l'*Esther* du Poussin *paraissant devant Assuérus*; c'est la Clairon allant au supplice » (CORR, III, 273) et le *Salon de 1763* (voir p. 189).
68. Nouvelle allusion à l'abbé Galiani. Le titre complet donné par le livret reprend le thème central de l'iconographie socratique : « Socrate condamné par les Athéniens à boire la ciguë, la reçoit avec indifférence, tandis que ses amis et ses disciples cèdent à la plus vive douleur. » Voir le Discours *De la poésie dramatique*, (DPV, X, 340); Seznec, *Essais sur Diderot et l'Antiquité*, p. 18-20.

Socrate est nu. Il a les jambes croisées. Il tient la coupe. Il parle. Il n'est pas plus ému que s'il faisait une leçon de philosophie. C'est le plus sublime sang-froid. Il n'y avait qu'un homme d'un goût exquis qui pût remarquer ce morceau [Y]. *Non est omnium* [69]. Il faut être fait à la sagesse de l'art antique. Il faut avoir beaucoup vu de bas [Z]-reliefs; beaucoup de médailles; beaucoup de pierres gravées. Le [A] Socrate est la seule figure très apparente. Les philosophes qui se [B] désolent sont enfoncés et comme perdus dans un fond obscur et noir. Cela veut être vu de plus près. L'enfant qui recueille sur des tablettes les dernières paroles de Socrate me paraît très beau et de caractère, et de couleur, et de simplicité, et de lumière. Cependant il faut attendre que ce morceau soit décroché et mis sur le chevalet pour confirmer ou rétracter ce jugement. S'il se soutient de près, nous nous écrierons tous : Comment est-il arrivé à Challe de faire une belle chose[?]

*De 5 pieds 10 pouces de haut, sur 5 pieds de largeur.*

La Cleopatre se meurt, et le serpent est encore sur son sein. Que fait là ce [C] serpent? mais s'il eût été bien [D] loin, comme le choix du moment l'exigeait, qui est-ce qui aurait reconnu Cleopatre. C'est que le choix du moment est vicieux; il fallait prendre celui où cette femme altière déterminée à tromper l'orgueil romain qui la destinait à orner un triomphe, se découvre la gorge, sourit au serpent, mais de ce souris [E] dédaigneux qui retombe sur le vainqueur auquel elle va échapper et se fait mordre le sein. Peut-être l'expression eût-elle été plus terrible et plus forte, si elle eût souri au serpent attaché à son sein. Celle de la douleur serait misérable; celle du désespoir commune. Le choix du moment où elle expire ne donne point une Cleopatre, il ne donne qu'une femme expirante de [F] la morsure d'un serpent. Ce n'est plus l'histoire de la reine d'Alexandrie. C'est un accident de la vie.

*Il est de 4 pieds, 6 pouces, sur 3 pieds, 6 pouces.*

Je ne sais ce que c'est que ce Guerrier qui raconte ses aventures. Je ne l'ai point vu; mais je voudrais bien voir de près le Socrate condamné.

*Chardin*

On a de Chardin un Bénédicité; des animaux; des vanneaux; quelques autres morceaux. C'est toujours une imitation très fidèle de la nature, avec le faire qui lui est propre [G]; un faire rude et comme heurté; une nature basse, commune et domestique. Il y a longtemps que ce peintre ne finit plus rien. Il ne se donne plus la peine de faire des pieds et des mains. Il travaille comme un homme de qualité qui a du talent, de la facilité et qui se contente d'esquisser sa pensée en quatre coups de pinceau. Il s'est mis à la tête des peintres négligés, après avoir fait un grand nombre de morceaux qui lui ont mérité une place distinguée parmi les artistes de la première classe. Chardin est homme d'esprit, et personne peut-être ne parle mieux que lui de la peinture. Il y a au salon de l'Académie, un tableau de réception qui montre [H] qu'il a entendu la magie des couleurs. Il a répandu cette magie dans quelques autres compositions où se trouvant jointe [I] au dessin, à l'invention, et à une extrême vérité, tant de qualités réunies en font dès à présent des morceaux d'un grand prix. Chardin a de l'originalité dans son genre [J]. Cette originalité passe de sa peinture dans la gravure. Quand on a vu un de ses tableaux, on ne s'y trompe plus; on le reconnaît partout. Voyez sa Gouvernante avec ses enfants, et vous aurez vu son Bénédicité [70].

Y. *ce* sang-froid. *L*
Z. *vu beaucoup G&* / *bas om. L V*
A. *Le om. G&*
B. *se add. interl. D1*
C. *là* le *serpent G&* [*non* L V]
D. *bien om. L*
E. sourire *G&*
F. *donne* pas *une G&* / expirant par *la G&*
G. *qui est* [très *V*] *propre à* cet artiste; *un G&*
H. *peinture.* Son *tableau de réception* qui est à *l'Académie* prouve *qu'il a G&*
I. jointes *L*
J. génie *S*

69. La citation complète : *Piscis hic non est omnium* figure en exergue sur la page de titre des *Pensées philosophiques*, édition de 1746. Mot à mot : « Ce poisson n'est pas pour tout le monde. » L'origine probable de cette devise est un passage de Macrobe (III, 14, 4) dont voici le texte : *Scipio, inquit, vide quid agas, accipenser iste paucorum hominum est* [Scipion, dit-il, veille à ce que tu fais, l'esturgeon que tu manges est réservé à un petit nombre d'hommes]. On la trouve chez Deslandes dans le *Pigmalion ou la statue animée* (1741, p. vii) pour justifier l'anonymat derrière lequel se réfugie l'auteur.

70. « Le Bénédicité, répétition du tableau qui est au Cabinet du Roi, mais avec des changements » (Catalogue, n° 42). « Un tableau représentant des vanneaux » (n° 44). D'après les dessins de Saint-Aubin (p. 13 et 14), on peut présumer que les « autres morceaux » correspondaient au *Panier de fraises*, au *Melon entamé* et au *Bocal d'abricots*. Mais il est difficile de savoir quels sont les « animaux » désignés par D. (n° 43). Sur les problèmes d'identification, voir Georges Wildenstein, *Chardin*, éd. Les Beaux-Arts, 1933, 2e éd., Manesse, 1963, et *Seznec*, t. I, p. 89. Le catalogue de Wildenstein donne sept *Bénédicité*, dont la toile exposée au Louvre qui date de 1740.

Les pastels de M^r de la Tour sont toujours comme il les sait faire. Ceux qu'il a exposés cette année n'ajouteront ni n'ôteront à sa réputation[K][71].

*Francisque Millet*

Je ne sais ce que c'est que le S^t Roch de Millet, ni moi ni personne. On a caché le Repos de la[L] Vierge dans un endroit opposé au jour, où il est impossible de l'apercevoir, et c'est vraisemblablement un bon office de M^r Chardin, qui a ordonné cette année le Salon[72]. Ses petits paysages[M] sont confondus avec un grand nombre d'autres du même genre qui ne sont pas sans mérite et qu'on ne serait ni fâché ni vain de posséder.

*Boizot*

*Telemaque qui raconte ses aventures à Calipso. Il est de 3 pieds de large, sur 2 pieds 6 pouces de haut.*

Ah, Monsieur Chardin, si Boizot eût été de vos amis, vous auriez mis son Telemaque chez Calipso[73], dans l'endroit obscur[N] à côté du Repos de la Vierge de Millet. Imaginez, mon ami[O]; que la scène se passe à table. On ne reconnaît Calipso qu'[à[P]] une sottise qu'elle fait; c'est de présenter une pêche à Telemaque, qui a bien plus d'esprit que la nymphe et M^r Boizot[Q], car il continue le récit de ses aventures sans prendre le fruit qu'on lui offre. Pourrez-vous me dire[R] ce qui se passe dans la tête imbécile d'un artiste, lorsque ayant à caractériser une Calipso, il n'imagine rien de mieux que de lui faire faire les honneurs de la table[?] et cette pêche présentée[S] et le bonnet carré de S^t Vincent de Paule ne sont-ce pas deux[T] idées bien ridicules[?]

*L'Enfant: Dessin de batailles.*

Les deux dessins de batailles[U] de L'Enfant existent là bien clandestinement. Ces deux batailles sont pourtant celles de Laufelt[V] et de Fontenoi. C'est qu'il n'y a rien de si[W] ingrat que le genre de Vandermeule. C'est qu'il faut être un grand coloriste, un grand dessinateur, un grand paysagiste, un savant et délicat[X] imitateur de la nature; avoir une prodigieuse variété de ressource dans l'imagination; inventer une infinité d'accidents particuliers, de petites actions, exceller dans les détails, posséder toutes les qualités d'un grand peintre et cela dans un haut degré, pour contrebalancer la froideur, la monotonie et le dégoût de ces longues files parallèles de soldats; de ces corps de troupes oblongs ou carrés, et la symétrie de notre tactique. Le temps des mêlées, des avantages de l'adresse et de la force de corps, et des grands [Y] tableaux de bataille est passé; à moins qu'on ne fasse d'imagination, ou qu'on ne remonte aux siècles d'Alexandre et de Cæsar.

*Le Bel.*
*Il est de 4 pieds, 4 pouces de large; sur 3 pieds, 6 pouces de haut.*

Le Soleil couchant de Mr Lebel arrêtera l'attention de tous ceux qui aiment le Claude Lorins. Il a très bien rendu un effet de nature très [Z] difficile à rendre, c'est l'affaiblissement et la couleur de la lumière du soleil, lorsqu'elle s'élance à travers les vapeurs dont l'atmosphère est quelquefois chargée [A] à l'horizon. Le brouillard éclairé est palpable dans ce morçeau. Il a de la profondeur; il s'élève de dessus la toile; l'œil s'y enfonce; et [B] celui qui a vu une fois le soleil rougeâtre, obscurci, n'éclairant fortement qu'un endroit, se lever ou se coucher par un temps nébuleux, reconnaîtra ce phénomène dans le morceau de Mr Lebel. L'éloge détaillé que nous faisons de son tableau, prouvera [C] au moins que nous avons bien plus de plaisir à louer qu'à reprendre.

Je ne sais ce que c'est que la Petite chapelle sur le chemin de Conflans.

Pour le morceau où l'on voit l'intérieur d'une cour de village; cela est si faible, si uni, si léché, qu'on croirait que c'est une copie. Ce n'est

K. *faire.* Parmi *ceux qu'il a exposés cette année,* le portrait du vieux Crébillon à la romaine, la tête nue et celui de M. Laideguive, notaire *ajouteront* beaucoup *à sa réputation G&* / Le reste à l'ordinaire prochain. / Suite des Observations de M. Diderot sur le Salon [15 octobre 1761] *G S Firm*
L. *repos de* sa *vierge G&*
M. Les *petits paysages* de Millet *sont G&*
N. *endroit* le plus *obscur add. V*
O. *mon ami om. G&*
P. *à om. D à add. G*
Q. *nymphe et* son peintre, *car G&*
R. Pourriez *vous me dire,* mon ami, *ce qui G&*
S. *présentée* au fils d'Ulysse *et le G&*
T. *deux add. interl. D1*
U. *de batailles om. V*
V. Ce *sont pourtant les batailles de G&* / *Laufelt D* [*surchargé en* Lawfeldt]
W. *rien de* plus *ingrat V*
X. *paysagiste* [*sur* panégyriste *rayé dans* G] / *savant et* un *délicat G&*
Y. *force* du *corps L V* / *grands add. interl. D1*
Z. M. Le Bel *a G&* Lorrain *GS* / *très supp. Vdl*
A. chargé *D*
B. *et om. G&*
C. *tableau* qui n'a été remarqué par personne, *prouvera G&*

71. Pour leur identification, rendue possible grâce à Saint-Aubin, voir *Seznec* (t. I, p. 90). L'un de ces pastels représente « Bertin, trésorier des parties casuelles », bien connu des lecteurs du *Neveu de Rameau.*

72. Chardin a exercé la charge de tapissier de 1761 à 1773.

73. « Télémaque accompagné de Minerve sous la figure de Mentor, raconte ses aventures à la nymphe Calypso » (Livret, n° 51).

pas là [D] Teniers. Ce n'est pas même notre Genevois [E] [74]. J'aime mieux regarder sa découpure au travers d'un verre que le tableau de Mr Bel [F]. L'un est froid et l'autre a de l'invention, de la chaleur et du mouvement [G].

*Oudry.*

Si vous avez vu le Retour de chasse d'Oudri, et [H] son Chat sauvage pris au piège, vous en mettrez ici ce que vous en savez [I] [75].

*Bachelier*

Vous n'imagineriez jamais que les Amusements de l'enfance de Bachelier, c'est cet énorme tableau qui a dix pieds de hauteur, sur vingt pieds de long. Il y a des enfants qui grimpent à des arbres; il y en a qui sont montés sur des boucs, sur des béliers; il y en a de toutes sortes d'espèces [J] et de couleur; mais point de vérité. Ils sont habillés comme jamais des enfants ne l'ont été [K]; tout cela a un air de mascarade qui fait fort mal avec [l' [L]]air de paysage et de bergerie; et puis des chèvres, des brebis, des chiens, des animaux, qu'on ne reconnaît point. Une exagération qui tient partout de la bacchanale. Avec tout cela, mon ami, de [M] quoi faire une belle tapisserie [76]. C'est que la tapisserie ne demande pas la même vérité que la peinture; c'est qu'il faut songer à la durée, à la gaieté d'un appartement, à un autre effet. Aussi [N] les objets sont-ils ici tous détachés les uns des autres; ce sont des groupes isolés, des masses de couleurs tranchantes, sur un fond très éclairé. Cet homme [O] a de l'esprit; et avec cela il ne fera jamais rien qui vaille. Il y a dans sa tête des liens qui garrottent [P] son imagination et elle ne s'en affranchira jamais, quelque secousse qu'elle se donne. Si vous causiez un instant [Q] avec lui, vous croiriez qu'elle va s'échapper et se mettre en liberté; mais bientôt vous reconnaîtriez que les liens sont au-dessus des efforts [R], et qu'il faudra que cela se remue toute la [S] vie, sans se dresser et partir.

*Du même. Il a 9 pieds de haut sur 6 de large.*

Avez-vous jamais rien vu de si mauvais avec tant de prétention que ce Milon de Crotone. Premièrement c'est la tête et le bras du Laocon antique. Mais le [T] Laocoon a saisi avec ce bras un des serpents dont il cherche à se débarrasser, et le Milon de Bachelier se laisse bêtement dévorer une jambe par un loup qu'il étranglerait avec sa main libre, s'il songeait à s'en servir. Mais [U] le Laocoon est dans une situation violente, mais d'aplomb; et l'on ne sait pourquoi le Milon de Bachelier ne tombe pas à la renverse. Et puis[V] pour le rendre souffrant, il l'a fait contourné, convulsé, strapassé[77]. Mon ami Bachelier, retournez à vos fleurs et à vos animaux[78]. Si vous différez, vous oublierez de[W] faire des fleurs et des animaux, et vous n'apprendrez point à faire de l'histoire et des hommes.

Sa Fable du cheval et du loup est fort bien. C'est un[X] grand tableau en encaustique qu'il a réduit et mis à l'huile. Les animaux sont bien, et le paysage a de la grandeur et de la noblesse; mais[Y] l'eau qui s'échappe du pied du rocher ressemble à de la crème fouettée, à force de vouloir être écumeuse.

Son Chat d'Angora qui guette un oiseau est on ne peut mieux[Z]; physionomie traîtresse; longs poils bien peints; &c...

Il y a de l'esprit, du mouvement, et de la chaleur dans l'esquisse[A] de

D. *là supp. Vdl*
E. [*en note dans* L V*:* M. Huber]
F. *regarder sa découpure* de la [*sa* L] basse cour *au G& | M*[r] le *Bel G&*
G. *L'un est* [...] *mouvement add. marg. D1*
H. Personne n'a remarqué *le retour de chasse d'Oudry* ni *son G&*
I. *piège*. Le véritable Oudry est mort il y a quelques années. c'était le premier peintre de notre école pour les tableaux d'animaux, et il n'est pas encore remplacé. *G&*
J. toute sorte *G&* [*non* L V] | d'espèce *G&*
K. *des enfants ne l'ont jamais été L V*
L. *l' om. D*
M. *ami* il y a *de quoi add. Vdl*
N. Ainsi *V*
O. *éclairé*. Bachelier *a G&*
P. garote *D*
Q. moment *V*
R. de l'effort *V*
S. elle *V* sa *L V*
T. *le om. V*
U. *Mais om. G&*
V. *Et puis supp. Vdl*
W. *oublierez* à *faire L V*
X. *C'est* son *grand G&*
Y. *mais add. interl. D1 om. V*
Z. *peut* pas *mieux add. G om. L*
A. cette *esquisse L V*

74. Allusion au peintre Jean Huber, dit « Huber-Voltaire » (1721-1786), « talent unique et merveilleux » (C.L., X, 95). C'est surtout un portraitiste. On a de lui quelques paysages rustiques, en particulier un « paysage avec des animaux » (Musée Ariana).
75. L'auteur de ces deux toiles, Jacques Charles Oudry, est le fils de Jean-Baptiste Oudry, mort en 1755. La phrase de D., telle qu'elle figure dans le manuscrit autographe, est une question qu'il adresse à Grimm. La phrase suivante, donnée par les copistes, doit donc être considérée comme la réponse de Grimm.
76. Voir le Catalogue, n° 58 : « Ce tableau est au Roi et est destiné à être exécuté en tapisserie dans la Manufacture des Gobelins. »
77. Le terme a été introduit en France par N. Poussin. Un « strapazzone » ou « strapasson » est un gâcheur (lettre du 20 septembre 1641 à Del Pozzo). A l'époque des *Salons*, on rencontre l'adjectif « strapassé » dans le sens d'estropié (voir F. Brunot, *Histoire de la langue française des origines à nos jours*, t. VI, *Le XVIII*[e] *siècle*, 1re part., fasc. 2, p. 694, 793).
78. Dès 1759, D. conseillait à Bachelier de revenir à « ses tulipes ».

la Descente de Croix. J'aimerais mieux avoir croqué ces figures-là où l'on ne discerne presque rien encore que leur action avec l'ordonnance générale, que de m'être épuisé après ce mauvais Milon de Crotone.

*Vernet.*

*Deux vues différentes de Bayonne* [C].

Les deux Vues de Bayonne que Mr Vernet a données cette année sont belles; mais il s'en manque beaucoup [B] qu'elles intéressent et qu'elles attirent autant que ses compositions précédentes. Cela tient au moment du jour qu'il a choisi. La chute du jour a noirci [D] et obscurci tous les objets. Il y a toujours un grand travail; une grande variété; beaucoup de vérité; beaucoup de talent; mais on dirait volontiers en les regardant, *A demain lorsque le soleil sera levé*. Il est sûr que Mr Vernet n'a pas [E] peint ces deux morceaux à l'heure qu'on choisirait pour les admirer. C'est un peu sur la réputation bien acquise de l'auteur qu'on va les regarder [F] [79].

*Roslin.*

Si [G] vous voulez avoir mon sentiment sur les autres tableaux de Vernet, il faudra que je fasse encore un tour au Salon. Mon ami, vous êtes d'une impatience qui me désespère; vous ne me laissez pas le temps de me contenter. Si vous m'eussiez accordé un jour de plus, j'aurais mis la moitié plus de choses, dans la moitié moins d'espace. Ce Salon-ci n'est point du tout comme les précédents; il n'y a presque pas un tableau qui ne vaille un mot d'éloge ou de critique. Mais pour Dieu, dites-moi un peu comment il se fait que ce griffonnage peut vous servir aujourd'hui, et vous serait inutile demain. Vous me tyrannisez, mon poulet; vous me tyrannisez, et vous n'en faites pas mieux, ni moi non plus [80].

*Il est de 14 pieds de large sur 10 de haut.*

Le tableau où Mr Roslin a peint le Roi reçu à l'hôtel de ville par Mrs le gouverneur, le prévôt des marchands et les échevins, après sa maladie et son retour de Metz est la meilleure satire que j'aie vue de nos usages, de nos perruques et de nos ajustements. Le roi et sa suite occupent tout un côté du tableau; la Ville et ses officiers occupent l'autre côté [H]. Il faut voir la platitude de nos petits pourpoints, de nos hautes chausses qui prennent la cuisse de juste, de nos sachets à cheveux, de nos manches et de nos boutonnières et le ridicule de ces énormes perruques magistrales, et l'ignoble de ces larges faces bourgeoises[81]. Ce n'est pas qu'un talent extraordinaire ne puisse tirer parti de cela; car quelle est la difficulté que le génie ne surmonte pas. Et puis ce monarque long[I], sec, maigre, élancé, vu de profil, avec[J] une petite tête couverte d'un chapeau retapé n'a-t-il pas l'air[K] d'un escroc qui a la vue basse. Ce n'est pas lui, c'est certainement ce seigneur à large panse qui est[L] si magnifiquement vêtu et qui a la contenance si avantageuse, qui arrête[M] les premiers regards et qu'il faut regarder comme le principal personnage du tableau. Il couvre le roi qu'on cherche et qu'on ne distingue que parce qu'il a la tête couverte[N].

Je ne sais si M$^{r}$ de Marigni[82] ressemble; mais on le voit assis dans son portrait, la tête bien[O] droite, la main gauche étendue sur une table, la main droite[P] sur la hanche, et les jambes bien cadencées. Je déteste ces

B. *beaucoup supp. Vdl*
C. [*cette mention est en face des dernières lignes du paragraphe précédent dans* D]
D. *a* rembruni *et G&*
E. *pas add. interl. D1*
F. *admirer. La* grande *réputation de l'auteur* fait aussi qu'on est peu difficile; il mérite bien d'être jugé sévèrement. *add. G&*
G. [*ce paragraphe entier jusqu'à* moi non plus *manque dans G&; dans l'autographe, un trait de crayon le marque dans la marge*]
H. *Le roi* [...] *l'autre côté om. G&* [*les éléments de cette phrase sont placés plus loin par Grimm*]
I. *surmonte pas.* Mais le génie où est-il? *Le roi* [...] *tableau.* C'est d'un côté son capitaine des gardes, de l'autre son premier écuyer, derrière lui M. le Dauphin, M. le duc d'Orléans et quelques seigneurs. *L'autre côté* du tableau est occupé par *la Ville et ses officiers. Ce* Louis XV, *long, sec, maigre G&*
J. *profil* sur un plan reculé *avec G&*
K. *retapé* est-ce là ce *monarque* que Bouchardon a immortalisé par la figure de bronze qui sera érigée sur l'esplanade des Tuileries? Celui de Roslin *a l'air G&*
L. *est add. interl. D1*
M. *avantageuse* (c'est [*supp. Vdl*] Monsieur le Premier), *qui add. G& / qui* attire *les regards G&*
N. *qu'il a* le chapeau sur la tête. *G&*
O. *bien om. L V*
P. *droite* [*en surcharge sur* gauche (?) *dans* D]

79. Vernet, comme Chardin, passe par une période de purgatoire, en attendant 1763. *L'Année littéraire* (t. VI, lettre I, p. 11) est moins sévère: « Partout la vérité s'y fait sentir, elle est rendue partout avec un art infini. » Toutefois, *L'Observateur littéraire* reconnaît que « le plus ou moins d'intérêt qu'on peut y prendre, dépend de la nature des lieux et de ce qu'ils offrent de plus ou moins attrayant » (t. IV, lettre VI, p. 155).
80. On comprend que Grimm ait tenu à supprimer cette algarade dans les copies de la *CL*. La vigueur du ton (« vous me tyrannisez »), la liberté de certains termes (« mon poulet »), contribuent à donner au manuscrit autographe l'aspect d'une véritable lettre.
81. Voir les *Essais sur la peinture*: « Ajoutez à la platitude de nos révérences, celle de nos vêtements [...]. Je défie le génie même de la peinture et de la sculpture de tirer parti de ce système de mesquinerie », p. 57 ci-dessus.
82. Il s'agit du marquis de Marigny, frère de Mme de Pompadour, conseiller du roi, directeur et ordonnateur des bâtiments, jardins, arts, académies et manufactures royales. C'est sous son patronage qu'eut lieu le voyage relaté par Charles-Nicolas Cochin dans son *Voyage d'Italie* (Musée Carnavalet).

attitudes apprêtées. Est-ce qu'on se campe jamais comme cela ? et c'est le directeur de nos académies de peinture, sculpture, architecture [Q] qui souffre qu'on le contourne ainsi ? il faut que ni le peintre ni l'homme n'aient vu de leur vie un portrait de Vandick, ou bien c'est qu'ils n'en font [R] point de cas.

Il y a d'autres portraits de Roslin que je n'ai pu regarder après celui de M^r de Marigni [S].

*Desportes*

Vous me permettrez de laisser là le Chien blanc, les Déjeuners, le gibier et les fruits de Desportes. Je veux mourir s'il en reste la moindre trace dans ma mémoire [T]. Puisqu'ils sont là, je les aurai pourtant vus.

*De Machy.*
*Le 1er a 5 pieds de haut sur 4 pieds de large.*
*Le second 19 pouces de haut, sur 13 de large.*

L'Intérieur de l'église de Sainte Genevieve et la Vue du péristyle du Louvre sont deux morceaux dont le sujet est intéressant [U]. Qui est-ce qui n'est pas curieux de voir d'avance [V] un édifice qu'on élève à si grands frais ? et qui est-ce [W] qui peut se promettre de vivre dix ans, qu'on emploiera à l'achever [83] ? Le péristyle du Louvre est un si grand et si beau monument. On a quelquefois demandé à quoi cette décoration somptueuse était utile. Ceux qui ont fait cette [X] question n'ont pas remarqué qu'elle conduit aux deux pavillons qui sont à ses extrémités; et que les portes de l'appartement du monarque s'ouvrent [Y] dans cette galerie. J'avoue que si au lieu d'ouvrir une porte de [Z] dessous, on eût construit un grand et vaste escalier à la place de cette porte; qu'on eût décoré cet escalier comme il convenait; le morceau d'architecture en [A] eût été mieux entendu et plus beau [84]. Mais il ne faut pas l'attaquer du côté de l'utilité. Dans les jours de fêtes, où la cour peut-elle être mieux placée que sous ce péristyle ? s'il faut qu'un monarque se montre quelquefois à son peuple [B], l'endroit ne doit-il pas répondre par sa grandeur et par sa magnificence à un usage aussi solennel[?]

Il y a encore de M^r de Machy l'Intérieur d'un temple et deux petits tableaux de ruines. Ceux-ci et les précédents sont bien peints. Ils font de l'effet. Ce sont des masses qui en imposent par leur grandeur [C]; et le petit nombre de figures que l'artiste y a répandues m'ont paru de bon goût.

7. Jean-Baptiste Greuze. *L'Accordée de village*. T. H. 0,92 ; L. 1,17. Exposé au Salon de 1761.

8. Louis-Claude Vassé. *Une Nymphe sortant de l'eau*. H. 1,7. Le modèle de cette statue en marbre fut exposé au Salon de 1761.

En général il faut peu de figures dans les temples, dans les ruines et les paysages, lieux dont il ne faut presque point rompre le silence; mais on exige que ces figures soient exquises. Ce sont communément des gens ou qui passent, ou qui méditent, ou qui errent, ou qui habitent ou qui se reposent[D][85].

*Drouais.*

Dans un grand nombre de petites[E] compositions qui ne sont pas sans mérite, on distingue le Jeune élève de Mr Drouais[86]. Il était impossible d'imaginer une mine où il y eût plus de gentillesse, et[F] de malice; comme ce chapeau est fait? comme ces cheveux sont jetés! c'est la mollesse et la blancheur des chairs de son âge. Et puis une intelligence de lumière tout à fait rare et précieuse. Cet enfant passe et regarde en passant. Il va sans doute à l'Académie. Il porte un carton sous son bras droit, et sa main gauche est appuyée[G] sur ce carton. Je voudrais bien que ce petit tableau m'appartînt. Je le mettrais sous une glace, afin d'en conserver longtemps la fraîcheur[H].

Q. *sculpture* et *architecture add. G de peinture* [...] *architecture om. S*
R. *qu'ils n'en* fassent *point V*
S. *Marigny*. On trouve cependant que ce peintre a fait des [*sur* beaucoup de *dans* S] progrès depuis le dernier Salon, et l'on a fort bien loué le Portrait de Boucher et celui de sa femme qui est toujours belle. *add. G&*
T. *s'il* m'*en reste* [...] *dans* la *mémoire G&*
U. *sujet* intéresse. *G&*
V. Grâce à M. de Machy on peut jouir *d'avance d'un édifice add. G&* [*alinéa ensuite dans* G&]
W. *ce add. interl. D1*
X. la *V*
Y. s'ouvre *D*
Z. *porte* au *dessous G&*
A. *en add. interl. D1*
B. *S'il faut quelquefois qu'un monarque se montre à son peuple L*
C. leurs grandeurs *V*
D. *ou qui méditent om. Firm* / *reposent*. Ils doivent le plus souvent vous incliner à la rêverie et à la mélancolie. *add. G&*
E. *petites om. L V*
F. *mine* qui *eût V* / *gentillesse*, de finesse, *et G&* / ou *V*
G. appuyé *D*
H. *fraîcheur*. Parmi les portraits de M. Drouais on a remarqué celui de monsieur et de madame de Buffon. *add. G&*

83. D. était optimiste. L'édifice ne fut achevé qu'en 1790, dix ans après la mort de Soufflot. Encore n'a-t-il cessé d'être remodelé, au gré des régimes successifs. En 1761, la future église Sainte-Geneviève n'en était encore qu'aux fondations. La première pierre des parties hors de terre ne put être posée qu'en 1764 (Musée Carnavalet).
84. Voir l'article *BEAU (DPV, VI, 157).
85. L'œuvre de Pierre-Antoine de Machy (1723-1807) se situe à mi-chemin entre la peinture d'architecture et la peinture de ruines. Il avait déjà présenté l'*Intérieur d'un Temple* et le *Péristyle du Louvre* en 1759. Il faut attendre 1767 pour voir des ruines d'Hubert Robert.
86. Le livret comporte six rubriques de portraits, dont plusieurs portraits sous le même numéro. « Le jeune élève » est le titre du tableau le plus célèbre de Drouais. Il en existe une version au musée d'Orléans et une transcription en tapisserie au musée du Louvre.

On ne dit rien des paysages de Mr Juliart. *Juliart.*

On loue un portrait de Mr Gilbert de Voisin peint par Voiriot[I]. *Voiriot.*

Mais voici une des plus grandes compositions du Salon. C'est le Combat de Diomede et d'Enée, sujet tiré[J] du cinquième livre de l'Iliade d'Homere[87]. J'ai relu à l'occasion du tableau de Doyen cet endroit du poète. Ah, mon ami[K], il y a là soixante vers à décourager l'homme le mieux appelé à la poésie[L]. C'est un enchaînement de situations terribles et délicates, et toujours la couleur et l'harmonie qui conviennent.

*Doyen.* *Il est de 15 pieds, 9 pouces de largeur, sur 14 de hauteur.*

Voici, si j'avais été peintre, le tableau qu'Homere m'eût inspiré. On aurait vu Enée renversé aux pieds de Diomede. Venus serait accourue pour le secourir. Elle eût laissé tomber une gaze qui eût dérobé son fils à la fureur du héros grec. Au-dessus de la gaze qu'elle aurait tenue suspendue de ses doigts délicats[M], se serait montrée la tête divine de la déesse, sa gorge d'albâtre, ses beaux bras, et le reste de son corps mollement balancé dans les airs. J'aurais élevé Diomede sur un amas de cadavres. Le sang eût coulé sous ses pieds. Terrible dans son aspect et son attitude, il eût menacé la déesse de son javelot. Cependant les Grecs et les Troyens se seraient entr'égorgés[N] autour de lui. On aurait vu le char d'Enée fracassé, et l'écuyer de Diomede saisissant ses chevaux fougueux. Pallas aurait plané sur la tête de Diomede. Apollon aurait secoué à ses yeux sa terrible égide. Mars, enveloppé d'une nue obscure se serait repu de ce spectacle terrible. On n'aurait vu que sa tête effrayante, le bout de sa pique, et le nez de ses chevaux. Iris aurait déployé l'arc-en-ciel au loin. J'aurais choisi, comme vous voyez le moment qui eût précédé la blessure de Venus; Mr Doyen au contraire a préféré le moment qui suit.

Il a élevé[O] son Diomede sur un tas de cadavres. Il est terrible. Effacé sur un de ses côtés, il porte le fer de son javelot en arrière. Il insulte à Venus qu'on voit au loin renversée entre les bras d'Iris. Le sang coule de sa main blessée le long de son bras. Pallas plane sur la tête de Diomede. Apollon, enveloppé d'une nuée[P], se jette entre le héros grec et Enée qu'on voit renversé. Le dieu l'effraye de son regard et de son égide. Cependant on se massacre et le sang coule de tous côtés. A droite le Scamandre et ses[Q] nymphes se sauvent d'effroi. A gauche des chevaux sont abattus; un guerrier renversé sur le visage a l'épaule traversée d'un javelot qui s'est rompu dans la blessure; le sang ruisselle sur le cadavre, et[R] sur la crinière blanche d'un cheval, et[S] dégoutte de cette crinière dans les eaux du fleuve qui en sont ensanglantées[T][88].

Cette composition est toute[U] d'effroi. Le moment qui précédait la blessure eût offert le contraste du terrible et du délicat; Venus, la déesse de la volupté, toute nue, au milieu du sang et des armes, secourant son fils contre un homme terrible qui l'eût menacée de sa lance.

Quoi qu'il en soit, le tableau de M^r^ Doyen produit un grand effet. Il est plein de feu, de grandeur, de mouvement et[V] de poésie. Son[W] fleuve est beau. Ses nymphes sont belles. La tête de son Apollon est d'un[X] beau caractère. Cet homme traversé du javelot rompu dont le sang va mouiller la crinière blanche du cheval abattu et teindre les eaux, donne[Y] de la terreur. L'attitude de son héros est fière, et son regard méprisant et féroce. On aurait pu lui donner plus de noblesse dans le visage; rendre ces cadavres fraîchement égorgés moins livides; écarter la confusion, du groupe d'Enée, d'Apollon, du nuage et des cadavres, en y conservant le désordre, et

I. *peint par Voiriot om. L V*
J. *Salon.* Ce *sujet* est *tiré L V*
K. *Ah, mon ami om. G&*
L. *il y a là [...] poésie om. G& [transposé après la phrase suivante]*
M. avec *ses V* / delicat *D*
N. égorgés *L V*
O. *Il* élève *son V*
P. *Diomède.* Elle a un beau caractère. *Apollon G&* / *d'une* nue *G&*
Q. *et* les *nymphes S*
R. traversé *D et add. interl. D1*
S. *d'un cheval* massacré *et G&*
T. ensanglantée *D*
U. *est* comme vous voyez *toute G&*
V. *et om. L V*
W. *poésie.* On dit beaucoup de mal de sa Vénus. Mais en revanche *son fleuve G&*
X. *belles.* J'ai déjà parlé de *la tête* de Pallas; celle *d'Apollon est* aussi *d'un beau G&*
Y. inspire *V*

87. *Iliade*, chant V, v. 280-381.
88. Ce développement a la valeur d'une profession de foi. Au delà de la théorie purement formelle du choix de l'instant, se débat un problème fondamental d'esthétique : faut-il préférer l'émotion physique qui naît de la violence, ou l'émotion morale que produit « le contraste du terrible et du délicat »? La réponse de D. ne fait aucun doute. Voir le Discours *De la poésie dramatique* : « C'est un des caractères les plus marqués du génie; c'est l'art de porter dans l'âme des sensations extrêmes et opposées; de la secouer, pour ainsi dire, en sens contraire, et d'y exciter un tressaillement mêlé de peine et de plaisir, d'amertume et de douceur, de douceur et d'effroi » (DPV, X, 380).

éviter quelques autres défauts qui échappent dans[Z] la chaleur de la composition et[A] qui tiennent à la jeunesse de l'artiste. Mais le génie y est, et le jugement viendra sûrement[89]. Ce peintre sait ordonner, et imaginer[B]. Sa machine est grande. Ses figures se remuent. Il ne craint pas le travail.

On reproche à ses dieux de n'être qu'esquissés; c'est qu'on n'a pas encore saisi l'esprit de sa composition. Dans son tableau les dieux sont d'une taille commune et les hommes sont gigantesques. Les premiers ne sont que des génies tutélaires. Il a voulu que ces figures fussent aériennes; et cette imagination me paraît de génie. Seulement il ne l'a pas assez fait[C] sentir. Il fallait pour cela[D] leur donner encore[E] plus de transparence, plus de légèreté, moins de corps et de solidité; mais en revanche leur chercher un caractère divin, et les mettre dans une activité incroyable; comme on les[F] voit dans le morceau de Bouchardon où Ulisse évoque l'ombre de Tiresias, et où cette foule de démons étranges[G] accourent à son sacrifice[90]. Voilà dans[H] ces démons à peu près le caractère que Doyen devait donner à ses divinités. Alors plus sa Venus aurait été aérienne; plus sa Pallas et son Apollon auraient eu de cette nature, plus on aurait été satisfait.

Le peintre a fait sagement de s'écarter ici[I] du poète. Dans l'Iliade les hommes sont plus grands que nature; mais les dieux sont d'une stature immense. Imaginez qu'[J]Apollon fait en quatre pas le tour de l'horizon, enjambant de montagne en montagne. Si le peintre eût gardé cette proportion entre ses figures, les hommes auraient été des pygmées, et l'ouvrage aurait perdu son intérêt et son effet. C'eût été la querelle des dieux et non celle des hommes. Mais ayant à donner l'avantage de la grandeur à ses héros sur ses dieux, que vouliez-vous que le peintre fît de ceux-ci, sinon des génies, des ombres, des démons. Ce n'est pas l'idée qui a péché. C'est l'exécution. Il fallait racheter la légèreté, la transparence et la fluidité de ces figures, par une énergie, une étrangeté, et[K] une vie toute extraordinaire. En un mot, c'étaient des démons qu'il fallait faire.

Encore un mot, mon ami, sur ce morceau. C'est que dans l'instant choisi[L] par Doyen, il a fallu donner l'air de la douleur à la déesse du plaisir; c'est que les chevaux d'Enée d'origine céleste étaient une proie importante, et qu'il ne fallait pas oublier que Diomede avait recommandé à son écuyer de s'en emparer, s'il sortait victorieux du combat; c'est qu'après la blessure de Venus, Diomede est tranquille; c'est que Venus est hors de la scène[M]. &c...

Avec tout cela; excepté Deshays, je ne crois pas qu'il y ait un peintre à l'Académie en état[N] de faire ce tableau.

La Jeune Indienne de Tangiaor est un portrait dans[O] le costume et avec les ornements du pays[P].

Mais en voilà bien assez sur Doyen[Q]. Je vous fais grâce de trois autres tableaux. Une Jeune personne occupée à lire une brochure avec un chien sur ses genoux; l'Harmonie sous la forme d'une Venus ailée qui joue de la harpe et l'Espérance qui nourrit l'Amour. Je me rappelle vaguement ce dernier qui m'a paru médiocre[R].

*Parocel.*

*Il est de 8 pieds, 9 pouces.*

L'Adoration des rois de Parocel est si faible, si faible[S], et d'invention et de dessin et de couleur. Parocel est à Vien, comme[T] Vien est à Le Sueur. Vien est la moyenne proportionnelle aux deux autres. Mais dites-moi, mon ami, quand[U] on a la composition d'un sujet

Z. *dans D L V* à *G*
A. ou *Firm*
B. *sait imaginer, ordonner,* composer. *Sa G&*
C. *assez fait D L V fait assez G*
D. *Pour cela il fallait L V*
E. à ses dieux *encore G&*
F. *les D L V* le *G*
G. étrangers *L V*
H. *sacrifice.* Vous trouverez *dans G&*
I. *ici om. V*
J. *Imaginez qu' om. G&*
K. *et om. G&*
L. *mon ami om. G&* / saisi *L* [*Vdl a raturé les quatre* C'est que *de ce paragraphe*]
M. *plaisir; c'est qu'après la blessure de Vénus Diomède est tranquille; c'est que Vénus est hors de la scène. Il ne fallait pas oublier les chevaux d'Enée;* ils étaient *d'origine céleste,* et par conséquent *une proie importante; Diomède avait recommandé à son écuyer s'il sortait victorieux du combat G&*
N. *à l'Académie un peintre Firm* capable *de faire V*
O. *Tangiaor* qui a été amenée [emmenée V] en France par un officier français, ne manque pas de beauté avec son teint basané. Doyen l'a peinte *dans G&*
P. *du* [de son L V] *pays;* mais j'aime mieux le profil qu'en a fait [qui en a été fait par L V] M. de Carmontelle; il est plus vrai et plus agréable. *G&*
Q. *sur* Mr *Doyen V*
R. *Doyen.* Je ne vous parlerai pas de ses *autres tableaux. Je me rappelle vaguement l'Espérance qui nourrit l'Amour.* Ce tableau *m'a paru médiocre. G&*
S. *si faible* [*répétition omise puis réparée dans* S]
T. *Vien* ce que *Vien est G&*
U. *autres.* Je demanderais volontiers à M. Parrocel comment, *quand G&*

89. On trouve une appréciation analogue dans *L'Observateur littéraire*: « Il y a des écarts où entraîne un talent trop impérieux pour subir le joug des règles, et qui sont néanmoins une source d'espoir pour la perfection » (Lettre VII, p. 161).

90. *Odyssée*, chant XI, v. 22-153 (Cabinet des dessins du Louvre).

par Rubens présente à l'imagination, comment [V] on peut avoir le courage de tenter le même sujet[91]. Il me semble qu'un grand peintre qui a précédé est plus incommode pour ses successeurs qu'un grand littérateur pour nous. L'imagination me semble plus tenace que la mémoire. J'ai les tableaux de Raphael plus présents que les vers de Corneille, que les beaux morceaux de Racine. Il y a des figures qui ne me quittent point. Je les vois. Elles me suivent. Elles m'obsèdent. Par exemple, un certain [W] Saint Barnabé qui déchire ses vêtements sur sa poitrine; et tant d'autres[92]. Comment ferais-je pour écarter ces spectres-là ? et comment les peintres font-ils ? il y a dans l'Adoration [X] de Parocel un coussin qui me choque étrangement. Dites-moi, s'il vous plaît [Y], comment un coussin de couleur a pu se trouver dans une étable, où la misère nous réfugie, et où l'haleine de deux animaux réchauffe [Z] un nouveau-né contre la rigueur de la saison [A]. Les artistes sont tellement aux beautés techniques, qu'ils négligent toutes ces impertinences-là dans le jugement qu'ils portent d'une production. Faudra-t-il que nous les imitions ? et pourvu que les ombres et les lumières soient bien entendues, que le dessin soit pur, que la couleur soit vraie, que les caractères soient beaux, serons-nous satisfaits ?

Il paraît que notre ami Greuze a beaucoup travaillé[93]. On dit que le portrait de Mr le Dauphin ressemble beaucoup. Celui de Babuti beau-père de Greuze [B] est de toute beauté; et ces yeux éraillés et larmoyants; et cette chevelure; et [C] ces chairs; et cette vie, et ces détails de vieillesse qui sont infinis au bas du visage et autour du col; il [D] les a tous rendus, et cependant sa peinture est large. Son portrait peint par lui-même a du feu, de l'action, de la vie; mais il me plaît moins [E] que celui de son beau-père. Cette petite Blanchisseuse [F] qui, penchée sur sa terrine [G], presse du linge entre ses mains est charmante; mais c'est une coquine à qui [H] je ne me fierais pas. J'aime ma santé [I]. Tous les ustensiles de son ménage sont d'une grande vérité. Je serais seulement tenté d'avancer son tréteau un peu plus sous ses fesses [J], afin qu'elle fût mieux assise. Le portrait de madame Greuze en vestale. Cela une vestale! Greuse, mon cher, vous vous moquez de nous. Avec ses [K] mains croisées sur sa poitrine; ce visage long; cet âge; ces grands yeux tristement tournés vers le ciel; cette draperie ramenée à grands plis sur la [L] tête, c'est une mère de douleurs [M], mais d'un petit caractère, et un peu grimaçante[94]. Ce morceau ferait honneur à Coypel, mais il ne vous en fait pas. Il y a une grande variété d'actions, de physionomies, et de caractères dans tous ces petits fripons dont les uns occupent cette pauvre Marchande de marrons, et[N] les autres la volent. Ce Berger qui tient un chardon à la main et qui tente le sort pour savoir s'il est aimé de sa bergère, ne signifie pas grand chose. A l'élégance du vêtement, à l'éclat des couleurs, on le prendrait presque pour un morceau de Boucher; et puis si on ne savait pas le sujet, on ne le devinerait jamais[O]. Le Paralytique qui est secouru par ses enfants et[P] que le peintre a appelé le Fruit de la bonne

V. *comment om. G&*
W. *exemple* ce *saint G&*
X. *dans* le tableau *de G&*
Y. *s'il vous plaît om. G&*
Z. *misère* réfugiait la mère et l'enfant *et G& /* réchauffait *G&*
A. *saison.* Apparemment qu'un des rois avait envoyé un coussin d'avance par son écuyer pour pouvoir se prosterner avec plus de commodité? *Les artistes G&*
B. *beau-père* du peintre *est G&*
C. *chevelure* grisâtre *et ces G&*
D. *du* cou, Greuze *les G&*
E. *par lui-même a* de la vigueur; mais il est un peu fatigué et *me plaît* beaucoup *moins G&*
F. [*à partir de* La Blanchisseuse, L et V *suivent l'ordre de l'exposition* : Portrait de Mme Greuze en vestale, L'Accordée de village, Le Jeune berger, La Blanchisseuse, Les Têtes, Les Enfants qui volent des marrons, Le Paralytique, Le Fermier brûlé]
G. terrines *D terrine G&*
H. *à qui D L V à* laquelle *G*
I. *J'aime ma santé om. G&*
J. *plus add. interl. D1 / sous* elle *G&*
K. ces *V*
L. sa *L*
M. *tête* vous avez fait *une V /* douleur *L V*
N. *marrons,* tandis que *les autres G* [*correction dans* G *et* S] pendant que *V*
O. *devinerait* pas. *L V*
P. *enfants* ou le dessin *que G&*

91. La critique de D. passe du point de vue objectif (Parrocel comparé à Vien) au point de vue subjectif (ce que Parrocel avait « présent à l'imagination »). En réalité il ne fait que substituer sa propre sensibilité à celle de l'auteur, comme le prouve abondamment la suite du texte : « Il y a des figures qui ne me quittent point... ». C'est lui, et non Parrocel, qui pense à Rubens, dont l'*Adoration des Mages* constitue un modèle opposé à celui de Vien et de Le Sueur.

92. La scène est empruntée aux *Actes des Apôtres* (XIV, 11-18). Lors du séjour de saint Paul et saint Barnabé à Lystra en Asie Mineure, les deux apôtres sont pris par les habitants pour Mercure et Jupiter. Au moment où va leur être offert un sacrifice, ils arrêtent la cérémonie et déchirent leurs vêtements. Le *Sacrifice à Lystra* fait partie d'une série de dix cartons pour tapisserie, exécutés par Raphaël pour Léon X, dont sept sont exposés au Victoria and Albert Museum de Londres. Le personnage de premier plan qui déchire ses vêtements offre trop de ressemblance avec le saint Paul de l'*Aveuglement d'Élymas* et de la *Prédication de saint Paul à Athènes* pour qu'on puisse le confondre avec saint Barnabé, nettement en retrait et immobile. (Il existe une tapisserie à la Pinacothèque du Vatican, une autre à Paris. Voir J. White, *The Raphael Cartoons*, Londres, 1972, nº 6, 16 et 19.)

93. Le livret comporte douze rubriques, dont « plusieurs têtes peintes sous le même numéro ». Greuze est entré dans sa période de plus grande production, qui va durer jusqu'au Salon de 1765.

94. Mêmes réserves dans *L'Année littéraire* (t. VI, lettre I, p. 14).

éducation est un tableau de mœurs où l'on voit[Q] que ce genre fournira des compositions capables de faire honneur aux talents et aux sentiments de l'artiste. Le vieillard est dans son fauteuil. Ses pieds sont supportés par un tabouret. Sa tête, celle de son fils, et celle de sa femme sont d'une beauté rare. Greuse a beaucoup d'esprit et de goût. Lorsqu'il travaille, il est tout à son ouvrage. Il s'affecte profondément. Il porte dans la société[R] le caractère du sujet qu'il traite[S] dans son atelier; triste ou gai; folâtre ou sérieux; galant ou réservé selon la chose qui venait d'occuper son pinceau[T]. C'est un beau dessin que celui du Fermier incendié. Une mère sur le visage de laquelle la douleur et la misère se montrent; des filles aussi affligées et aussi misérables, couchées à terre autour d'elle; des enfants affamés qui se disputent un morceau de pain sur ses genoux; un autre qui mange à la dérobée dans un coin; le père de cette famille qui s'adresse à la commisération des passants. Tout est pathétique et vrai. J'aime assez dans un tableau un personnage[U] qui parle au spectateur sans sortir du sujet. La[V] scène est supposée au coin d'une rue. Le lieu en pourrait être mieux choisi. Pourquoi n'avoir placé[W] tous ces infortunés sur les débris incendiés de leur chaumière? J'aurais vu les ravages du feu; des murs renversés; des poutres à demi consumées; et une foule d'autres objets touchants et pittoresques. Il y a des[X] têtes qui sont autant de petits tableaux très vrais, entre lesquels on distingue l'enfant qui boude, et la petite fille qui se repose sur sa chaise[95].

Je ne sais ce que c'est que les petits tableaux de Mr Guerin.

Mais on fait cas d'un crucifix peint en bronze par Mr Roland de la Porte; et en effet ce crucifix[Y] est beau, et il est tout à fait hors de la toile. Le bronze s'éclaire d'une manière propre au métal, que le peintre a rendue[Z] parfaitement. Il y a toute l'illusion possible. Mais il faut avouer aussi que le genre est facile et que des artistes d'un talent médiocre d'ailleurs y ont excellé. Je me souviens de[A] deux bas-reliefs d'Oudri sur lesquels on portait la main. La main touchait une surface plane, et l'œil toujours[B] séduit voyait un relief; en sorte qu'on aurait pu demander au philosophe de[C] ces deux sens dont les témoignages se contredisaient[96], lequel était un menteur[D].

Enfin, mon ami, il y a d'un monsieur Briard un Passage des âmes du purgatoire au Ciel. Ce peintre a relégué son purgatoire dans un coin de son tableau. Il ne s'en échappe que quelques figures perdues sur une toile d'une étendue immense, *rari* [E] *nantes in gurgite vasto*[97]. Pour se tirer d'un pareil sujet, il eût fallu la force d'idées, de couleurs, et d'imagination de Rubens, et tenter une de ces machines que les Italiens appellent opera da [F] stupire[98]. Une tête féconde et hardie aurait ouvert le gouffre de feu au bas de son tableau. Il en eût occupé toute l'étendue et toute la profondeur. Là on aurait vu des hommes de [G] tout âge, de tout sexe, de tout état, toutes les espèces de douleurs, et de passions, une infinité d'actions diverses, des âmes emportées, d'autres qui [seraient [H]] retombées; celles-ci se seraient élancées; celles-là auraient tendu les mains et les bras. On eût entendu mille gémissements. Le Ciel représenté au-dessus aurait reçu [I] les âmes délivrées. Elles auraient été présentées à la gloire éternelle par des anges qu'on aurait vus [J] monter et descendre, et se plonger dans le gouffre dont les flammes dévorantes les auraient respectés. Avant que de prendre son

Q. *mœurs.* Il prouve *que ce G&*
R. *dans* le monde *le caractère G&*
S. porte *G corr.* → *traite*
T. *qui* a occupé le matin *son pinceau* et [ou V] son imagination. *C'est G&*
U. *un personnage add. interl. D1*
V. *sujet.* Ici il n'y a pas d'autre passant que celui qui regarde. *La scène G&*
W. *n'avoir* pas *placé add. G*
X. *Il y a* de Greuze plusieurs *têtes G&*
Y. *en effet* il *est L V*
Z. *rendue D* rendu *G&*
A. *excellé.* Vous souvenez-vous *de G* / ces *deux L V*
B. *toujours om. L V*
C. *philosophe* lequel *de G&*
D. *lequel om. G&* / *menteur.* Les tableaux de fruits de M. de la Porte ont paru d'une grande vérité et d'un beau fini. *G&* Plusieurs tableaux d'animaux et des fruits. Du même. Ils ont paru [...] fini. *L V*
E. rarae *L*
F. di *L V*
G. *hommes* et des femmes *de G&*
H. auroient *D seraient G&*
I. auroient receus *D*
J. vu *D vus G*

95. *L'Observateur littéraire* résume assez bien la situation de Greuze vis-à-vis du public. On l'aime, quoi qu'il fasse : « Au théâtre, il est des acteurs que le public admire [...], mais il en est presque toujours un qu'il aime davantage, parce qu'il lui procure un plaisir plus familier [...]. Depuis quelques années, c'est M. Greuze qui jouit de cet avantage sur le grand théâtre pittoresque du Salon » (Lettre VII, p. 162 et suiv.).
96. La question a été longuement traitée dans la *Lettre sur les aveugles* (DPV, IV, 63-64).
97. *Apparent rari nantes in gurgite vasto* [Sur le gouffre immense de rares nageurs apparaissent] (*Énéide*, chant I, v. 118).
98. Mot à mot : ouvrage fait pour ébahir. Le mot « machine » tout seul indique « qu'il y a une belle intelligence de lumière dans un tableau ». Associé à l'idée de grandeur, « il signifie non seulement belle intelligence des lumières, mais encore grande ordonnance, grande composition » (article MACHINE, ENC, IX, 798 a).

pinceau, il faut avoir frissonné vingt fois de son sujet; avoir perdu le sommeil; s'être levé pendant la nuit, et couru en chemise et pied nu[K] jeter sur le papier ses esquisses, à la lueur d'une lampe de nuit.

Nous voilà sorti des tableaux. Nous allons entrer dans la sculpture[L]. Autant cette année la peinture est riche au Salon, autant la sculpture y est pauvre[99]. Beaucoup de bustes, peu de frappants.

*Le Moine.*

Par[M] Le Moine, celui[N] de madame de Pompadour, rien. De la Clairon[O], rien. D'une jeune fille, rien. Ceux de Crebillon et de Restout valent mieux[100].

*Falconet.*

De Falconet. Le buste de Falconet médecin[101]. Beau, très beau. On ne saurait plus ressemblant. Quand nous aurons perdu ce vénérable vieillard, nous demanderons où est son buste, et nous l'irons[P] revoir. Aussi cette tête[Q]-là prêtait bien à l'art. Elle est chauve. Un grand nez. De grosses rides et bien profondes. Un grand front. De longues cordes de vieillesse tendues du[R] dessous de la mâchoire, le long du col[S], jusqu'à la poitrine; une bouche d'une forme particulière. De[T] la sérénité; de l'ingénuité, et de la bonhomie. La[U] Douce mélancolie, et la Petite fille qui cache l'arc de l'Amour; rien[102]. Deux groupes de femmes en plâtre, pour des chandeliers; belles[V] figures, d'un caractère simple, noble et antique. En vérité, je n'ai rien vu de cet artiste[W] qui fût mieux.

*Vassé.*

Huit ou dix morceaux de Vassé, et pas un qui m'ait frappé. La sculpture n'offrant jamais qu'une figure isolée, ou qu'un groupe de deux ou trois, je crois qu'on y souffre moins encore[X] la médiocrité qu'en peinture. Le buste du père Le Cointe n'est assurément pas une mauvaise chose, ni la Nymphe qui se regarde dans l'eau; ni[Y] le Vase, ni les autres morceaux. Mais que m'importe que vous soyez supportable, si l'art exige que vous soyez sublime[103].

*Challe.*

L'idée et l'exécution du Jeune Turenne endormi sur l'affût d'un canon, me plaisent. Seulement il est mal que l'enfant soit aussi long que le canon.

C'est une fort belle chose que le Berger Phorbas qui détache de l'arbre Œdipe enfant qui y était suspendu par les pieds. L'enfant, ou je me trompe fort, est sublime. Il crie; il sent le bras qui le secourt; il le saisit; il le serre.

Il y a une grande commisération sur le visage de Phorbas. Vous me direz qu'il est un peu campé. Mais comme il a de la peine à atteindre de la main [z] la branche où la courroie est nouée, cette contrainte détermine son attitude. J'ai bien un autre petit chagrin. C'est que son action est équivoque. Et qu'on ne sait s'il suspend ou s'il détache. On s'élève également sur la pointe du pied pour suspendre et [A] pour détacher. On étend également un bras. On soutient également le corps. La courroie est également lâche.

K. *et* avoir *couru G&* / pieds nus *G&*
L. *Nous voilà* [...] *sculpture. om. G&*
M. *frappants.* Les deux premiers sculpteurs de la nation, n'ont rien fourni. Ils sont entièrement occupés de grandes machines. *Par G&*
N. le buste *de G&*
O. Celui de Mademoiselle *Clairon, rien. G&*
P. *vieillard* que nous chérissons tous, *nous irons le V* [*en note dans* L V*:* M. Falconet (Falconnet *V*) le médecin a fait lui-même cette épigraphe gravée derrière son buste : Ομονημοιν ἕτερος ἕτερον ἐπλαττε Νέος πρεσβύτεν, « l'un des deux homonymes a fait l'autre : le jeune a fait le vieux »]
Q. *tête* [*omis puis rétabli dans* S]
R. *tendues* de *dessous L V*
S. cou *G&*
T. *particulière* et très agréable. *De G&*
U. *ingénuité*, de la vivacité, *de la bonhomie*, tout ce qui fait d'un vieillard de 90 ans un homme si intéressant, si aimable. *La G&*
V. *chandeliers* qui doivent être exécutés par Germain, en argent : *belles G* en argent par Germain *L V*
W. *de* Falconet *qui G&*
X. *encore moins L V*
Y. *nymphe* sortant de l'eau et l'exprimant de ses cheveux, *ni L V*
Z. *de la main om. L V*
A. ou *V*

99. A s'en tenir au nombre des mentions du livret relatives à la sculpture, le Salon de 1761 arrive en tête des trois premiers décrits par D. : 1759 : 20 mentions; 1761 : 35; 1763 : 26. Mais la réflexion de D. s'explique peut-être par l'absence de Bouchardon, occupé à la statue équestre de Louis XV, et de Pigalle, qui avait été chargé d'exécuter le mausolée du maréchal de Saxe. Grimm s'est fait l'écho de cette déception.
100. Exécution capitale. Cependant les œuvres de Le Moyne ont été bien accueillies par la presse.
101. Camille Falconet (1671-1762), médecin de la Chancellerie, membre de l'Académie des inscriptions et belles-lettres, était l'ami de Malebranche et de Fontenelle. A-t-il un lien de parenté avec Étienne-Maurice, le célèbre sculpteur ? Aucun texte ne le dit. Les *Observations d'une Société d'Amateurs* (p. 66) notent : « Ce citoyen, ce philosophe porte le même nom que l'artiste, qui en a fait un monument aussi glorieux pour ses talents qu'honorable pour son cœur », et le commentateur ajoute en renvoi : « M. Falconet le médecin a fait lui-même cette épigraphe derrière son buste [...]. L'un des deux homonymes a fait l'autre : le jeune a fait le vieux » (voir variante P). Le buste est au musée d'Angers.
102. « Rien » peut signifier que l'une au moins de ces deux œuvres annoncées au Livret, *La Douce Mélancolie*, n'a pas été exposée.
103. D. se rappelle, trop bien peut-être, la leçon de Boileau, *Art poétique*, chant I, v. 1-6 : « C'est en vain qu'au Parnasse un téméraire auteur / Pense de l'art des vers atteindre la hauteur », etc., et chant IV, v. 25-33 : « Il n'est point de degrés du médiocre au pire. » Vassé a exposé neuf morceaux de sculpture. Les commentateurs se plaignent de l'absence d'éclairage (*Amateurs*, p. 67) et du défaut de recul (p. 68). Les bustes sont placés sur une table.

Le Bacchus nouvellement né et[B] soustrait par Mercure à la jalousie de Junon ne me déplaît pas. Le reste est commun.

*Caffieri.*

Le buste de Rameau par Caffieri est frappant. On l'a fait maigre[C] et sec, comme il l'est; et l'on a très bien attrapé sa finesse affectée et son souris[D] précieux[104].

Entre plusieurs morceaux[105] de Pajou[E], aucun qu'on puisse comparer au buste de Le Moine qu'il exposa au dernier Salon. Cependant un Ange de beau caractère; et deux portraits en terre cuite, qui se font remarquer.

*Huès*

Les quatre bas-reliefs d'Huès[F] représentant huit Vertus qui portent des guirlandes m'ont aussi paru de[G] grand goût. Et hoc sapit antiquitatem[106]; et de caractères[H] et de draperies.

Peut-être y a-t-il de belles choses et parmi les tableaux dont je ne vous ai point parlé, et parmi les sculptures dont je ne vous parle pas; c'est[I] qu'ils ont été muets et qu'ils ne m'ont rien dit.

*Cochin*[107].

Vous avez raison, ce[J] dessin au crayon rouge représentant Lycurgue blessé dans une sédition, mérite d'être regardé : le passage subit[K] de la fureur à la commisération dans cette populace effrénée qui le poursuit est bien rendu. Il y a une diversité étonnante d'attitudes, de visages et de caractères. Cela me semble de grand goût. C'est un magnifique tableau dans un petit espace. Mais le Licurgue est manqué; c'est une figure campée, une jambe en avant et l'autre en arrière. Cette action de montrer du doigt son œil crevé, fût-elle de l'histoire, n'en serait ni moins petite ni moins puérile. Un homme comme Lycurgue, qui sait se posséder dans un pareil instant, s'arrête tout court, laisse tomber ses bras, a les deux jambes parallèles, et se laisse voir plutôt qu'il ne se montre. Toute action plus marquée serait fausse et mesquine. Je suis fâché de ce défaut qui gâte un très beau dessin[L]. Si je rencontre Cochin, la vérité m'échappera, et il saura ce que je pense[M].

Reste, mon ami, pour m'acquitter de ma promesse[N] à vous dire un mot des morceaux de Casanove[108]; mais que vous dirai-je de sa Bataille. Il faut la[O] voir; comment rendre le mouvement, la mêlée, le tumulte d'une foule d'hommes jetés confusément les uns à travers les autres; comment peindre cet homme renversé qui a la tête fracassée et dont le sang s'échappe entre les doigts de la main qu'il porte à sa blessure; et ce cavalier qui, monté sur un cheval blanc, foule les morts et les mourants. Il perdra la vie avant que[P] de quitter son drapeau. Il le tient d'une main; de l'autre il menace d'un revers de sabre celui qui lui appuie un coup de pistolet; pendant qu'un autre lui saisit le bras; comment sortira-t-il de[Q] danger. Un cheval tient le sien mordu par le col; un fantassin est prêt à[R] lui enfoncer sa pique dans le poitrail. Le feu, la poussière, et la fumée, éclairent d'un côté et couvrent[S] de l'autre une multitude infinie d'actions qui remplissent un vaste champ de bataille. Quelle couleur! quelle lumière! quelle étendue de scène. Les cuirasses rouges, vertes ou bleues, selon les objets qui s'y peignent, sont toujours d'acier[T]. C'est pour la machine, une des plus fortes compositions qu'il y ait au Salon. On reproche à Casanove d'avoir donné un peu trop de fraîcheur à ses vêtements. Cela se peut. On dit que son atmosphère n'est pas assez poudreuse. Cela se peut. Que les petites lumières partielles des sabres, des casques, des fusils et des cuirasses heurtées trop rudement, font, ce qu'on appelle, papilloter[109] le tout,

B. *né et add. interl. D1*
C. *fait* froid, *maigre G&* [*dans* D *le début de la phrase est en surcharge après grattage*]
D. sourire *G&*
E. [*l'article sur Pajou est rayé dans* V]
F. *d'Huès om. L V*
G. *aussi om. L V* / d'un *grand S*
H. caractère *G&*
I. ce *V*
J. *Vous avez raison om. G&* / le *dessin G&*
K. subite *D*
L. *gâte* le *dessin G&*
M. *Si je rencontre* [...] *je pense om. G&* [*un trait de crayon dans la marge dans* G] Le burin de M. Wille a conservé à ce Salon la grande réputation dont il jouit, *add. G&* [*toute la suite est dans* L *et* V *reportée plus haut, à la fin du chapitre sur la peinture*]
N. *Reste* [...] *promesse om. G&* / Il me reste *à vous add. G&*
O. *mais om. G&* / *de* son grand tableau de *bataille. Il faut* le *voir G&*
P. *que om. G&*
Q. *t-il* hors *de danger L V*
R. cou *G&* / de *V*
S. eclaire *D* / couvre *D*
T. aciers *V*

104. Chaque mot porte. Le portrait du grand musicien nous apparaît tel que l'a fixé pour la postérité *Le Neveu de Rameau* (*Le Neveu* p. 6).
105. Sept, d'après le livret. L'*Ange*, destiné à Saint-Louis de Versailles, semble être resté à l'état de projet.
106. « Et cela aussi a un goût d'antiquité » est à rapprocher du « grand goût » évoqué précédemment.
107. Il s'agit de Cochin le Fils, auteur des *Observations sur les antiquités de la ville d'Herculanum* (1754).
108. Francisco Giuseppe Casanova, d'origine vénitienne, est né à Londres en 1727, a vécu à Dresde de 1752 à 1758, a été reçu à l'Académie en août 1761.
109. « *Papilloter* : voir la note 3, p. 90.

surtout quand on regarde ce[U] tableau de près. Cela se peut encore. On dit que cet effet ressemble à celui du plafond d'une galerie éclairée par la surface d'une eau vacillante. Cela se peut encore. Avec tous ces défauts, c'est un grand et beau tableau. Moi[V] qui aime à mettre les choses en place, je le transporte d'imagination dans un des appartements du château de Postdam.

Il y a du même de petits tableaux de bon goût. Ce sont des paysages[W], avec des soldats; les figures sont simples; et la couleur vigoureuse.

Il y a deux[X] batailles en dessin qui ne sont pas déparées par celle qu'il a peinte.

Ce Casanove est dès à présent un homme à imagination, un grand coloriste; une tête chaude et hardie; un bon poète; un grand peintre[Y].

Récapitulons[Z]; jamais nous n'avons eu un plus beau Salon. Presque aucun tableau absolument mauvais; plus de bons que de médiocres, et un grand nombre d'excellents. Comptez mon ami[A]; le portrait du roi par Vanlo; la Magdelaine dans le désert; la Lecture[B]; le grand paysage de Boucher[C]; le S^t^ Germain qui donne une médaille à S^te^ Genevieve; le S^t^ Andre de Deshays, son S^t^ Victor; son S^t^ Benoit près de mourir; le Socrate condamné; le[D] Bénédicité de Chardin; le Soleil couchant de Lebel; les deux Vues de Bayonne[E]; le Jeune élève de Drouais; le Diomede de Doyen; la Blanchisseuse[F]; le Paralytique, le Fermier brûlé, le portrait de Babuti par Greuse; le crucifix de bronze de Roland de la Porte; et d'autres qui ont pu m'échapper[G].

On ne peint plus en Flandres. On ne peint guère en Italie. La[H] France est donc la seule contrée où cet art se soutienne et même avec quelque éclat.

Voilà bien du bavardage. Tirez de là ce qui vous conviendra. Si vous m'eussiez accordé un peu plus de temps, j'aurais été meilleur et plus court.

Adieu, mon ami. Portez-vous bien. Amusez-vous beaucoup. Incessamment j'irai partager la douceur de vos journées[I].

Enfin[J] je l'ai vu, ce tableau de notre ami Greuze; mais ce n'a pas été sans peine; il continue d'attirer la foule[110]. C'est un père qui vient de payer la dot de sa fille. Le sujet est pathétique, et l'on se sent gagner d'une émotion douce en le regardant. La composition m'en a paru très belle; c'est la chose comme elle a dû se passer. Il y a douze figures; chacune est à sa place, et fait ce qu'elle doit. Comme elles s'enchaînent toutes! Comme elles vont en ondoyant et en pyramidant[111] ! Je me moque de ces conditions; cependant, quand elles se rencontrent dans un morceau de peinture par hasard, sans que le peintre ait eu la pensée de les y introduire, sans qu'il leur ait rien sacrifié, elles me plaisent.

A droite de celui qui voit[K] le morceau est un tabellion[112] assis devant une petite table, le dos tourné au spectateur[L]. Sur la table, le contrat de mariage, et d'autres papiers. Entre les jambes du tabellion, le plus jeune des enfants de la maison. Puis en continuant de suivre la composition de

U. *regarde* le *tableau G&*
V. *tableau* et ceux qui les ont relevés voudraient bien l'avoir fait. *Moi G&*
W. *du même* peintre quelques *petits tableaux* de *paysages G&*
X. *des soldats* [...] *vigoureuse. om. G& / paysages.* En vérité cet homme a bien [bien *om.* L V] du feu, bien de la hardiesse, une belle et *vigoureuse couleur*. Ce sont des roches, des eaux, et, pour figures, *des soldats* qui sont en embuscade ou qui se reposent. On croirait que chaque objet est le produit d'un seul coup de pinceau. Cependant on y [y *om.* S] remarque des nuances sans fin. On dit que Salvator Rose n'est pas plus beau que cela [que cela *om.* Firm] quand il est beau. *Il y a* de lui encore *deux G&*
Y. [*Grimm ajoute ici un article sur Baudouin* : Ce peintre a exposé sur la fin du Salon plusieurs jolis tableaux en miniature : mais ils étaient placés vis-à-vis de la Bataille de Casanove; et [et *supp. Vdl*] le moyen de les regarder ?]
Z. Récapitulation [*en sous-titre*] *G&*
A. *mon ami om. G&*
B. *désert* et *la Lecture* par Carle *; G&*
C. *le grand paysage de Boucher om. G&*
D. *condamné* de Challe, *le G&*
E. *Bayonne*, malgré leur peu d'effet; *add. G&*
F. [*les tableaux de Drouais et Doyen sont dans l'ordre inverse dans* G&] le *Blanchisseuse D*
G. *m'échapper* et cette étonnante Bataille de Casanove. *add. G&*
H. *Flandres.* S'il y a des peintres *en Italie* et en Allemagne, ils sont moins réunis; ils ont moins d'émulation et moins d'encouragements. *La France G&*
I. *Voilà bien* [...] *vos journées. om. G&*
J. [*la suite n'existe pas dans l'autographe ; dans la CL Grimm, après avoir écrit* Voilà le travail de M. Diderot, *annonce l'exposition tardive du tableau de Greuze* Le mariage, *et termine* : Avant de vous dire mon sentiment, je vais transcrire celui de M. Diderot (...) c'est lui qui va parler. L *et* V *l'ont placée à la fin de l'article Greuze, mais sans modifier le début*]
K. *qui* regarde *le L V*
L. aux spectateurs. *V*

110. Voir *L'Année littéraire* : « Je ne puis vous rendre la sensation de plaisir vive et générale que fait surtout le tableau de M. Greuze. [...] On s'y porte en foule; on se presse, on s'écrase, et ce n'est pas sans peine qu'on perce le rempart des badauds qui empêchent qu'on ne le voie bien, et qui le voient très mal eux-mêmes, en le regardant de trop près » (Lettre IX, p. 209).

111. *Pyramider* : « Etre disposé en pyramide. Diderot, *Salon de 1767* : En lui pardonnant sa manière de pyramider [...] » (Littré).

112. *Tabellion* : « Qui ne se dit à la rigueur que d'un notaire dans une seigneurie, ou justice subalterne, pour recevoir les actes qui se passent sous scel authentique, et non royal, et qu'on prétend ne porter point d'hypothèque hors du ressort de la Seigneurie » (Trévoux).

droite à gauche, une fille aînée debout, appuyée sur le dos du fauteuil de son[M] père. Le père assis dans le fauteuil de la maison. Devant lui son gendre debout, et tenant de la main gauche le sac qui contient la dot. L'accordée debout aussi, un bras passé mollement sous celui de son fiancé; l'autre bras saisi par la mère qui est assise[N] au-dessous. Entre la mère et la fiancée, une sœur cadette debout, penchée sur la fiancée, et un bras jeté autour de ses épaules. Derrière ce groupe, un jeune enfant qui s'élève sur la pointe des pieds pour voir ce qui se passe. Au-dessous de la mère sur le devant, une jeune fille assise qui a de[O] petits morceaux de pain coupé dans son tablier. Tout à fait à gauche, dans le fond[P], et loin de la scène, deux servantes debout qui regardent. Sur la droite, un garde-manger bien propre avec ce qu'on a coutume d'y renfermer, faisant partie du fond. Au milieu une vieille arquebuse pendue à son croc. Ensuite un escalier de bois qui conduit à l'étage au-dessus. Sur le devant, à terre, dans l'espace vide que laissent les figures, proche des[Q] pieds de la mère, une poule qui conduit ses poussins auxquels la petite fille jette du pain; une terrine pleine d'eau, et sur le bord de la terrine, un poussin, le bec en l'air, pour laisser descendre dans son jabot l'eau qu'il a bue. Voilà l'ordonnance générale, venons aux détails.

Le tabellion est vêtu de noir, culotte et bas de couleur, en manteau et en rabat, le chapeau sur la tête. Il a bien l'air un peu matois et chicanier[R], comme il convient à un paysan de sa profession. C'est une belle figure. Il écoute ce que le père dit à son gendre. Le père est le seul qui parle. Le reste écoute, et se tait[113].

L'enfant qui est entre les jambes du tabellion est excellent pour la vérité de son action et de sa couleur. Sans s'intéresser à ce qui se passe, il regarde les papiers griffonnés, et promène ses petites mains par-dessus.

On voit dans la sœur aînée qui est appuyée debout[S] sur le dos du fauteuil de son père, qu'elle crève de douleur et de jalousie, de ce qu'on a accordé le pas sur elle à sa cadette. Elle a la tête portée sur une de ses mains, et lance sur les fiancés des regards curieux, chagrins et courroucés[114].

Le père est un vieillard de soixante ans, en cheveux gris, un mouchoir tortillé autour de son col. Il a un air de bonhomie qui plaît. Les bras étendus vers son gendre, il lui parle avec une effusion de cœur qui enchante.

Il semble lui dire : Jeannette est douce et sage ; elle fera ton bonheur ; songe à faire le sien... ou quelque autre chose sur l'importance des devoirs du mariage... Ce qu'il dit est sûrement touchant et honnête. Une de ses mains qu'on voit en dehors est hâlée et brune, l'autre qu'on voit en dedans, est blanche : cela est dans la nature.

Le fiancé est d'une figure tout à fait agréable. Il est hâlé de visage ; mais on voit qu'il est blanc de peau. Il est un peu penché vers son beau-père ; il prête attention à son discours ; il en a l'air pénétré ; il est fait au tour et vêtu à merveille, sans sortir de son état. J'en dis autant de tous les autres [T] personnages.

Le peintre a donné à la fiancée une figure charmante, décente et réservée. Elle est vêtue à merveille [U]. Ce tablier de toile blanc [V] fait on ne peut pas mieux. Il y a un peu de luxe dans sa garniture ; mais c'est un jour de fiançailles. Il faut voir comme les [W] plis de tous les vêtements de cette figure et des autres sont vrais ! Cette fille charmante n'est point droite, mais il y a une légère et molle inflexion dans toute sa figure et dans tous ses membres, qui la remplit de grâce et de vérité. Elle est jolie vraiment, et très jolie. Une gorge faite au tour qu'on ne voit point du tout. Mais je gage qu'il n'y a rien là qui la relève, et que cela se soutient tout seul. Plus à son fiancé, et elle n'eût pas été assez [X] décente ; plus à sa mère ou à son père, et [Y] elle eût été fausse. Elle a le bras à demi passé sous celui de son futur époux, et [Z] le bout de ses doigts tombe et appuie doucement [A]

M. *son add. interl. G* [*sur* lui *répété à tort*]
N. *assise om. L V*
O. des *V*
P. *dans le fond om. V*
Q. *laissent* les *pieds V*
R. chicaneur *L V*
S. *debout om. V*
T. *autant* des *autres V*
U. merveilles *G*
V. blanche *V*
W. *comme* tous *les plis L*
X. *et om. L V* / point *L* / *assez om. V*
Y. *père* et *à sa mère V* / *et om. L V*
Z. *et supp. Vdl*
A. *doucement om. V*

113. Voir *Le Père de famille* : « Le Père de famille entre, et tout le monde se lève » (acte II, sc. I).

114. C'est bien ainsi que la voit le commentateur de *L'Année littéraire* : « ... l'aînée de toutes, qui lance des regards de jalousie et de dépit sur les nouveaux mariés » (Lettre IX, p. 210). De même *L'Observateur littéraire* : « Sans ressembler à l'accordée, on la reconnaît pourtant à l'air de famille, pour une sœur aînée, que le choix du jeune homme a sacrifiée à la cadette » (Lettre VII, p. 166).

sur sa main; c'est la seule marque de tendresse qu'elle lui donne, et peut-être sans le savoir elle-même. C'est une idée délicate du peintre.

La mère est une bonne paysanne qui touche à la soixantaine, mais qui a de la santé. Elle est aussi vêtue large, et à merveille. D'une main elle tient le haut du bras de sa fille; de l'autre elle serre ce bras au-dessus du poignet. Elle est assise; elle regarde sa fille de bas en haut; elle a bien quelque peine à la quitter; mais le parti est bon. Jean est un brave garçon, honnête et laborieux; elle ne doute point que sa fille ne soit heureuse avec lui. La gaieté et la tendresse sont mêlées dans la physionomie de cette bonne mère.

Pour cette sœur cadette qui est debout à côté[B] de la fiancée, qui l'embrasse, et qui s'afflige sur son sein, c'est un personnage tout à fait intéressant. Elle est vraiment fâchée de se séparer de sa sœur; elle en pleure; mais cet incident n'attriste pas la composition; au contraire il ajoute à ce qu'elle a de touchant[C]. Il y a du goût et du bon goût à avoir imaginé cet épisode.

Les deux enfants dont l'un assis à côté de la mère s'amuse à jeter du pain à la poule et à sa petite famille, et dont l'autre s'élève sur la pointe du pied[D], et tend le col pour voir, sont charmants; mais surtout le dernier.

Les deux servantes debout, au fond de la chambre, nonchalamment penchées l'une contre[E] l'autre, semblent dire d'attitude et de visage: Quand est-ce que notre tour viendra?

Et cette poule qui a mené ses poussins au milieu de la scène, et qui a cinq ou six petits comme la mère aux pieds de laquelle elle cherche sa vie, a six à sept enfants; et cette petite fille qui leur jette du pain, et qui[F] les nourrit. Il faut avouer que tout cela est d'une convenance parfaite[G] avec la scène qui se passe, et avec le lieu et les personnages. Voilà un petit trait de poésie tout à fait ingénieux.

C'est le père qui attache principalement les regards; ensuite l'époux ou le fiancé; ensuite l'accordée, la mère, la sœur cadette ou l'aînée, selon le caractère de celui qui regarde le tableau; ensuite le tabellion, les autres enfants, les servantes et le fond; preuve certaine d'une bonne ordonnance.

Teniere peint des mœurs plus vraies peut-être. Il serait plus aisé de retrouver les scènes et les personnages de ce peintre; mais il y a plus d'élégance, plus de grâce, une nature plus agréable dans Greuze; ses paysans ne sont ni grossiers comme ceux de notre bon Flamand, ni chimériques comme ceux de Boucher. Je crois Teniere fort supérieur à Greuze pour la couleur. Je lui crois aussi beaucoup[H] plus de fécondité. C'est d'ailleurs un grand paysagiste, un grand peintre d'arbres, de forêts, d'eaux, de montagnes, de chaumières et d'animaux.

On peut reprocher à Greuze d'avoir répété une même tête dans trois tableaux différents. La tête du père qui paye la dot est[I] celle du père qui lit l'Ecriture sainte à ses enfants, et je crois aussi celle du paralytique, ou du moins ce sont trois frères avec un grand air de famille.

Autre défaut. Cette sœur aînée, est-ce une sœur, ou une servante? Si c'est une servante, elle a tort d'être appuyée sur le dos de la chaise de son maître, et je ne sais pourquoi elle envie si violemment le sort de sa maîtresse. Si c'est un[J] enfant de la maison, pourquoi cet air ignoble, pourquoi ce négligé? Contente ou mécontente, il fallait la vêtir comme elle doit l'être aux fiançailles de sa sœur. Je vois qu'on s'y trompe; que la plupart de ceux qui regardent le tableau, la prennent pour une servante et que les autres sont perplexes. Je ne sais si la tête de cette sœur n'est[K] pas aussi celle de la Blanchisseuse[115].

Une femme de beaucoup d'esprit a remarqué que ce tableau était composé de deux natures. Elle prétend que le père, le fiancé et le tabellion, sont bien des paysans, des gens de campagne[L]; mais que la mère, la fiancée, et toutes les autres figures sont de la halle de Paris. La mère est une grosse

B. auprès *V*
C. d'intéressant *V*
D. des pieds *L V*
E. *l'une* ou *l'autre L V*
F. *qui om. L V*
G. charmante *L V*
H. *Teniere G* Teniere *S* Teniers *L beaucoup om. V*
I. et *V*
J. une *L*
K. *sœur* aînée *n'est L V*
L. *des gens de campagne om. V*

115. Grimm n'accepte pas le repentir de D., qui forme contraste avec la première description du personnage (p. 166) : « Au reste, je ne trouve pas l'observation de M. Diderot sur la sœur aînée fondée. D'abord, je soutiens qu'on ne peut s'y méprendre; qu'on voit très clairement que c'est la sœur, et non pas une servante; son air ignoble ne vient que de la passion vile dont elle est dévorée, et quant à l'habillement vous voyez bien que la jalousie et l'envie qu'elle porte à sa sœur ne lui ont pas permis de se parer pour ses fiançailles; c'est pour elle un jour de deuil; et le père et la mère ont des soins trop chers ce jour-là pour remarquer cette mauvaise conduite de leur fille aînée, et pour la faire rentrer en elle-même » (*Seznec*, t. I, p. 144-146).

marchande de fruits ou de poissons; la fille est une jolie bouquetière. Cette observation est, au moins, fine; voyez, mon ami, si elle est juste.

Mais il vaudrait bien mieux négliger ces bagatelles, et s'extasier sur un morceau qui présente des beautés de tous côtés. C'est certainement ce que Greuze a fait de mieux[116]. Ce morceau lui fera honneur, et comme peintre savant dans son art, et comme homme d'esprit et de goût. Sa composition est pleine d'esprit et de délicatesse. Le choix de ses sujets marque de la sensibilité et de[M] bonnes mœurs.

Un homme riche qui voudrait avoir un beau[N] morceau en émail[O], devrait faire exécuter ce tableau de Greuze par Durand qui est habile avec les couleurs que M. de Montami a découvertes. Une bonne copie en émail est presque regardée comme un original; et cette sorte de peinture est particulièrement destinée à copier.

M. des *L V* N. bon *L V* O. en émail *om. L V*

116. La critique est unanime sur ce point. Voir *Journal encyclopédique*, 15 septembre 1761 : « Cet artiste a charmé le public par un tableau où il s'est surpassé lui-même » (t. VI, 3ᵉ part., p. 53); *Observateur littéraire*, lettre VII, p. 164 : « Mais ce qui est au-dessus de toutes nos louanges, au-dessus même de l'idée que nous voudrions en donner, c'est le tableau si longtemps attendu au Salon, et dont la scène est dans le sein d'une honnête famille morale »; *Mercure de France*, octobre 1761 : « M. Greuze est vraiment né peintre. Cette ingénieuse et savante composition en est la preuve [...] » (p. 170).

*Le Bénédicité.*
INV3202. Chardin Jean Baptiste Siméon (1699-1779).
Localisation : Paris, musée du Louvre.

*Le Bocal d'olives.* MI1036. Chardin Jean Baptiste Siméon (1699-1779).
Localisation : Paris, musée du Louvre. (C) Photo RMN / © Hervé Lewandowski

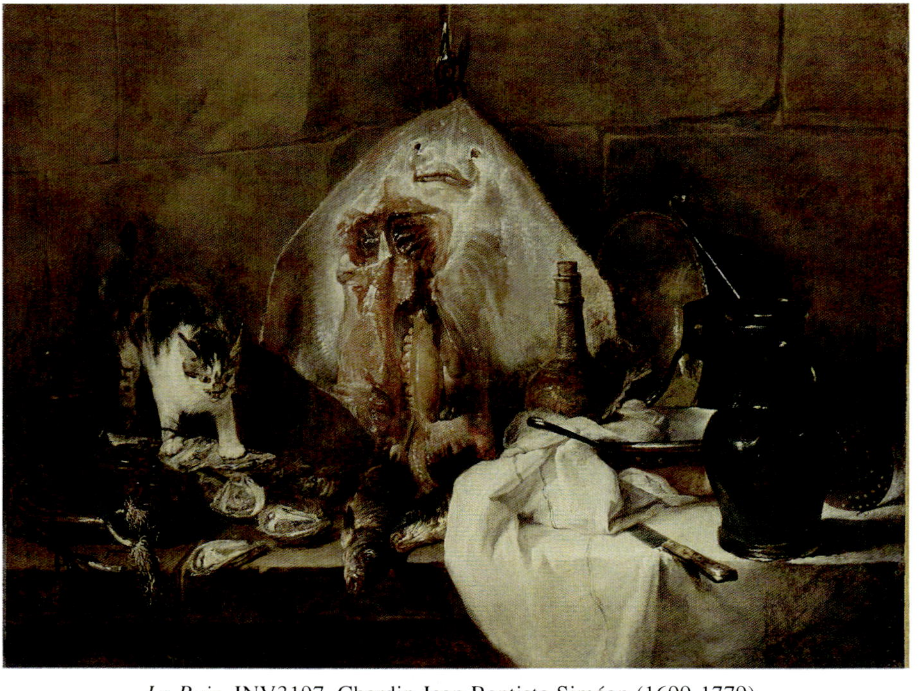

*La Raie.* INV3197. Chardin Jean Baptiste Siméon (1699-1779).
Localisation : Paris, musée du Louvre. (C) Photo RMN / © Jean-Gilles Berizzi

*Pygmalion et Galatée.* Après 1762.
QA10000. Falconet Etienne-Maurice (1716-1791) (d'après)
Localisation : Paris, musée du Louvre.

*L'Accordée de village.* INV5037. Greuze Jean-Baptiste (1725-1805).
Localisation : Paris, musée du Louvre. (C) Photo RMN / © Jean-Gilles Berizzi

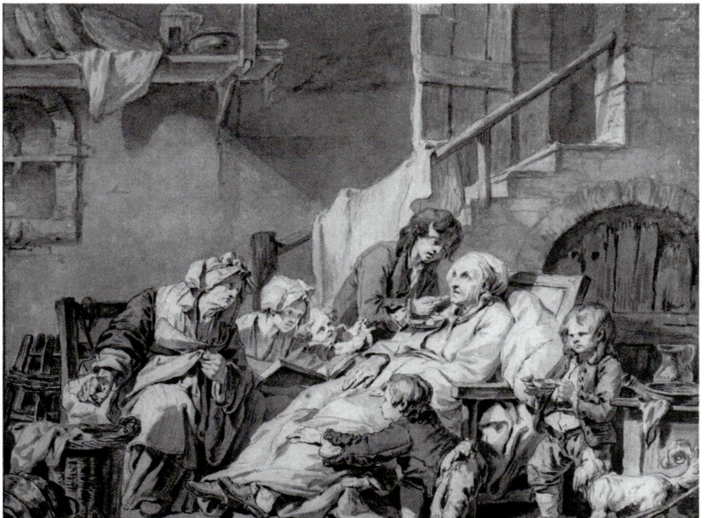

*Le Paralytique soigné par sa famille.* Greuze Jean-Baptiste (1725-1805).
Localisation : Le Havre, musée des Beaux-Arts André Maîraux
(C) Photo RMN / © Droits réservés.

*La piété filiale.*
Par M. Greuze, Agréé. La Piété filiale.
Tableau de 4 pieds 6 pouces de large, sur 3 pieds de haut. Il appartient à l'Auteur.

*Paysage avec figures et animaux.* Par M. Loutherbourg, Agréé.
Un Paysage avec Figures et Animaux. L'heure du jour est le matin.
Tableau de 6 pouces de largeur, sur 3 pieds 6 pouces de hauteur.

*Les quatre parties du jour : la Nuit ou le clair de lune.*
MV5927. Vernet Joseph (1714-1789).
Localisation : Versailles, châteaux de Versailles et de Trianon

*Vue du port de la Rochelle.*
5OA11. Vernet Joseph (1714-1789). Localisation : Paris, musée de la Marine.

*Un jeune berger.*
Par M. Greuze, Agréé.
Un jeune berger qui tente le sort pour sçavoir s'il est aimé de sa Bergère.
Tableau ovale, haut de 2 pieds.

*Portrait de François Babuti.*
Par M. Greuze, Agréé.
*Le portrait de M. Babuti.*

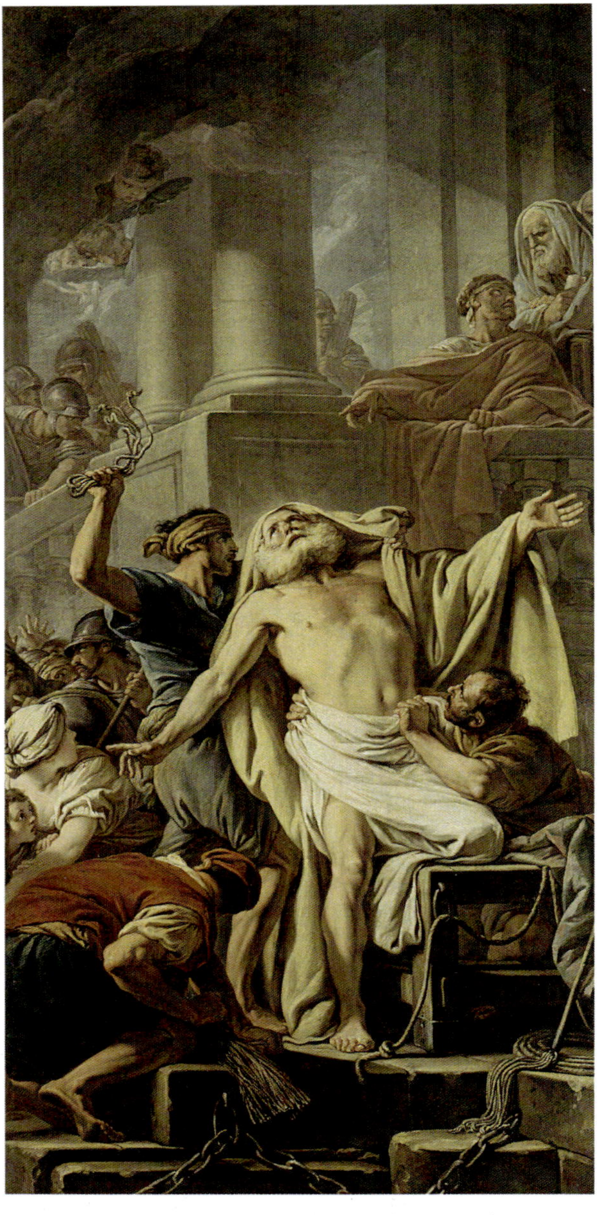

*Saint André amené par des bourreaux pour être attaché sur un chevalet et y être fouetté.*
Inv.S.R.1. Deshays Jean-Baptiste (1729-1765).
Localisation : Rouen, musée des Beaux-Arts.

*Saint Benoît mourant reçoit le Viatique.*
Par M. Deshays, Adjoint à Professeur.
Saint Benoît près de mourir vient recevoir le Viatique à l'Autel.
Tableau de huit pieds de haut sur six de large.

*Louis Michel Van Loo (1707-1771), accompagné de sa sœur Marie-Anne et travaillant au portrait de son père Jean-Baptiste Van Loo (1684-1745), 1763.*
MV6774. Van Loo Louis-Michel (1707-1771) huile sur toile
Localisation : Versailles, châteaux de Versailles et de Trianon

*La Marchande d'Amours.*
Inv.8424(MR2663).
Vien Joseph Marie, l'Aîné (1716-1809).
Localisation : Fontainebleau, château.

*Les Bacchantes endormies.*
18593LR. Gaillard René (vers 1719-1790). Boucher François (1703-1770) (d'après).
Localisation : Paris, musée du Louvre, collection Rothschild.

*Les Baigneuses.*
Par M. Lempereur, Agréé.
Les Baigneuses.
D'après M. Carle Vanloo, Premier Peintre du Roi.

***La lecture espagnole.***
Par M. Carle Vanloo, Recteur, Ecuyer, Chevalier de l'Ordre du Roi.
Directeur de l'Ecole Royale des Elèves protégés.
Un tableau représentant une Lecture.
Il a cinq pieds de haut sur quatre de large.

François Boucher
*La Nativité*
Salon de 1759
Moscou, Musée Pouchkine

*Louis XV (1710-1774) roi de France et de Navarre - en grand manteau royal en 1760.*
MV3753. Fredou Jean Martial (1710-1795).
Van Loo Louis-Michel (1707-1771) (d'après).
Localisation : Versailles, châteaux de Versailles et de Trianon.

# *SALON*
## *DE*
## *1763*

# INTRODUCTION

Les exposants du Salon de 1763 avaient fait bonne mesure. Cent quatre-vingt-sept tableaux dénombrés au catalogue, contre cent-un en 1761, auxquels il faut ajouter vingt-huit sculptures, vingt-deux gravures et une tapisserie. Il semble que le public n'ait pas marchandé son admiration, puisque l'exposition, ouverte le 25 août, a connu pendant cinq semaines une grande affluence et, de l'aveu des critiques, suscité un grand intérêt. Admettons qu'un nationalisme ulcéré ait trouvé dans l'abondance des toiles exposées au Salon une raison de se consoler des récentes humiliations ressenties lors de la signature du traité de Versailles le 10 février 1763. Il reste que le Salon, en tant que manifestation collective, semble avoir atteint, en ce second tiers du dix-huitième siècle, un crédit suffisant pour attirer à la fois les meilleures productions des peintres et l'adhésion du public éclairé. C'est ce qui tendrait à expliquer la longue préface du 1er octobre 1763 de la *Correspondance littéraire*, où Grimm éprouve le besoin de refaire pour ses lecteurs l'historique des Salons (C.L., V, 394-395).

Par un concours de circonstances digne d'être remarqué, il se trouve que cette accentuation de l'intérêt collectif correspond au moment où Diderot critique d'art, déjà maître de sa forme, comme le prouve le *Salon de 1761*, est parvenu à ce haut niveau de conscience critique où la connaissance des chefs-d'œuvre se mue en philosophie de l'art. Alors que l'on constatait chez lui une relative timidité de jugement, se manifeste maintenant une recherche évidente de l'unité, accompagnée d'un passage très net d'une attitude d'imitation à une théorie du génie créateur. C'est que Diderot lui-même, de témoin qu'il était vis-à-vis de l'art pictural, est devenu, d'une certaine manière, tout imaginaire et poétique, acteur ou coacteur du Salon. C'est aussi que toute liberté lui est maintenant donnée pour s'exprimer dans la *Correspondance littéraire* avec l'autorité et l'indépendance nécessaires. Il faut rendre justice à Grimm : il a assuré le lancement de son ami au moment le plus favorable et avec une absence de réserve dont l'effet a été décisif. Fort de cette investiture, Diderot va assumer désormais les difficiles exigences du métier de critique.

Elles amènent d'entrée de jeu à situer la critique d'art au niveau de la création poétique. « Pour décrire un Salon à mon gré et au vôtre, savez-vous, mon ami, ce qu'il faudrait avoir ? Toutes les sortes de goût, un cœur sensible à tous les charmes, une âme susceptible d'une infinité d'enthousiasmes différents, une variété de style qui répondît à la variété des pinceaux... ». Être critique selon de telles normes revient donc à parcourir avec le peintre le chemin qui mène à la création, à pouvoir, sinon refaire ce qu'il a fait, du moins éprouver ce qu'il a éprouvé ou voulu qu'on éprouvât, à se laisser entraîner, avec l'œuvre ou à travers l'œuvre, dans la « dépuration générale » des êtres où s'abolissent les « combinaisons vicieuses » tandis que parviennent à l'existence les combinaisons capables de « subsister par elles-mêmes » (DPV, IV, 50). Il s'agit en somme de faire tomber la barrière qui sépare le travail du peintre et le langage par lequel il s'énonce. Un seul et même discours pictural se dédouble en touches de pinceau et traits de plume, comme si c'était une seule et même chose que de créer et de dire la création.

On peut juger cette ambition tour à tour irritante ou séduisante. Parce qu'il subordonne le « technique » au génie, il s'est cru autorisé à prodiguer les éloges et les blâmes, avec une absence de mesure qu'excuse souvent sa verve satirique. Il a voulu être le Mentor de sa génération, sans pitié pour les hommes « riches » qui ne savent que faire de leur talent, plus dur encore pour les « pauvres », car en peinture comme en poésie la médiocrité ne se pardonne pas. Parfois ses censures se transmuent en satire, et l'habileté du trait fait oublier l'aigreur de la remontrance. Plus souvent, il faut le dire, son don de sympathie amène Diderot à épouser la cause des peintres, à rendre justice à leur talent, même quand il est gâté par de grands défauts, à les vouloir obstinément meilleurs qu'ils ne sont. Ou bien désespérant de se faire comprendre, il arrache au peintre ses pinceaux et refait son tableau, selon une technique déjà expérimentée en 1759 et 1761. Ce qu'il demande métaphoriquement au peintre et au sculpteur, c'est d'introduire dans les arts plastiques ce que lui-même a voulu sans succès insuffler à son théâtre : la force pathétique, la violence des passions. Et faute de voir son vœu s'accomplir, faute de voir la peinture de son temps déboucher sur une imitation de la vie plus frénétique que la vie elle-même, il exige de la chose dite qu'elle lui donne l'illusion de la chose peinte.

Acceptons donc, avant même toute référence à la peinture, de voir dans les *Salons*, et plus particulièrement dans celui que nous présentons ici, une organisation de langage, assimilable sur certains points à l'organisation picturale, mais plus proche encore du discours de la scène. Fait remarquable : c'est au moment où prend fin la période d'expansion dramatique que s'étendent aux *Salons* et aux écrits en forme de récits les modes d'expression et de composition qui sont le propre du théâtre. Dès cette date, un jeu très subtil de relances et de répliques commence à s'instituer entre Grimm, le donneur de jeu, et son partenaire de jadis, promu au rang d'acteur principal. La voix de Grimm s'était déjà fait entendre, une première fois en 1757, pour rapporter une opinion de Diderot sur *Le Sacrifice d'Iphigénie*, une autre fois pour annoncer et pour interrompre à plusieurs reprises le *Salon* de *1761*. Mais ni le *Salon* de 1759 ni celui de 1761 ne s'écartaient de la forme épistolaire, toute naturelle dans la *Correspondance littéraire*. Ici au contraire les interventions (ou interruptions) de Grimm se font fréquentes et insistantes : dix-huit, sans compter les notes explicatives et le discours d'introduction, qui comporte deux longs paragraphes. Le fait-il avec ou sans la complicité de Diderot ? La réponse à cette question est sans doute aussi délicate que celle qu'il convient d'apporter au problème de la *Préface* de *La Religieuse*. Les deux protagonistes font figure de compères, et pourtant il faut bien constater qu'ils pensent indépendamment l'un de l'autre. Sept fois les deux hommes se retrouvent du même côté, surtout pour défendre Vien et Greuze et pour critiquer Carle Vanloo. Onze fois ils sont en désaccord, soit sur des points théoriques comme les rapports de la beauté et de la ressemblance dans les portraits, ou des avantages comparés du paganisme et du christianisme en matière d'allégorie, soit sur des artistes que l'un soutient tandis que l'autre les attaque. Contre Diderot, Grimm soutient Loutherbourg, Guérin,

Baudoin, Doyen; il attaque Roslin, Drouais et s'en prend à une œuvre de Falconet. D'une façon générale les critiques de Grimm sont plus incisives, moins enveloppées que celles de Diderot. Il connaît peut-être mieux les détails d'iconographie, les jugements des amateurs, mais on ne retrouve pas chez lui au même degré ce don de sympathie qui caractérise son partenaire.

Il existe aussi dans ce texte une forme de dialogue plus intime, plus spontanée, qui doit tout aux exigences internes du système de Diderot. Celle-là a été amplement étudiée par les commentateurs[1]. Il faut bien comprendre ce qu'elle signifie par rapport à l'idée que Diderot se fait de la critique. Il appelle du nom de « critiques » deux sortes de personnages très différents, dont le Discours *De la poésie dramatique* nous donne le signalement : le premier vit seul et ne considère que lui; tout auteur qui traverse sa solitude est à ses yeux un étranger : « Les voyageurs parlent d'une espèce d'hommes sauvages, qui soufflent en passant des aiguilles empoisonnées. C'est l'image de nos critiques » (DPV, X, 419). L'autre commence par écouter la leçon des maîtres de l'art et, se retournant vers lui-même, se les applique. De ce point de vue, rien ne distingue essentiellement l'auteur du critique : l'un ne peut se former que dans la connaissance de l'autre. L'auteur est critique de lui-même. Le critique forme son jugement à la lecture ou à la vue des chefs-d'œuvre. Il n'est d'esthétique possible que dans cette relation, qui prend nécessairement la forme du dialogue. Et la zone où se déploie ce dialogue ne peut être celle de la certitude : c'est tout au plus celle du probable.

Il faut en venir à des réalités plus terre à terre. Mieux que les considérations précédentes, elles nous montreront l'importance de la mutation qui est en train de se produire. Tout contact, tout échange est à base de langage. Les relations superficielles, celles par exemple de l'amateur d'art au peintre, ou du salonnier aux abonnés des périodiques, entraînent l'usage (ou l'abus) d'un langage de fausse technicité, qui consiste à emprunter à l'atelier du peintre quelques termes de métier, choisis pour leur rareté, pour donner l'illusion de la connaissance. De ce point de vue, le second tiers du dix-huitième siècle présente une véritable débauche de termes techniques[2]. Nous l'avons déjà constaté : des termes comme « magie », « faire », « technique », « entente », « costume », « local », « large », « largement », « air », « figure », et beaucoup d'autres, reviennent avec régularité, sans dire autre chose de plus que ce que peut y mettre la moyenne des lecteurs. Le commentateur du *Mercure de France* s'extasie sur « la magie du clair-obscur » dans l'œuvre de Deshays (« Description des tableaux exposés au Salon du Louvre », Extraordinaire du *Mercure de France*, p. 28). Le *Journal encyclopédique* (t. VI, 3e partie, p. 107) évoque « la magie des traits et des couleurs » qui règne dans le présent Salon. Roslin, selon le *Mercure*, joint à toutes ses autres qualités « le plus beau faire dans les têtes » (*Description*, p. 44). Tels sont les « mots de la

1. H. Dieckmann, *Cinq leçons sur Diderot*, « Diderot et son lecteur », p. 11-39, Paris, Droz-Minard, 1959. R. Mortier, « Diderot et le problème de l'expressivité : de la pensée au dialogue heuristique » *C.A.I.E.F.*, juin 1961, nº 13, p. 283-297.

2. *Histoire de la langue française des origines à 1900*, par F. Brunot, t. VI, 1ère part., sect. III, « La langue de la peinture ».

tribu », que Diderot n'a garde de rejeter. Mais le *Salon de 1763* constitue un événement en ceci qu'il en renouvelle complètement la signification. Commençons par le « faire ». C'était un synonyme de « coup de main », d'habileté technique, de talent. Voyons maintenant la transmutation sémantique à laquelle le soumet Diderot. Elle s'accomplit dans le commentaire sur Deshays. Soit un certain nombre de substances chimiques, douées chacune d'une nuance particulière : « des sucs de plantes, des calcinés, des pierres broyées, des chaux métalliques ». L'œil établit entre elles un certain nombre de rapports colorés. Comparons maintenant ces rapports à ceux qui existent entre les objets de la nature, tels que le peintre cherche à les représenter. Il y aura forcément entre la première série et la deuxième série un certain nombre de discordances qui proviennent du fait qu'un peintre travaille avec une matière différente de celle qu'il veut représenter. C'est ici qu'intervient ce que Diderot appelle « la palette particulière », un faire, une technique propre à chaque peintre. Le « faire », le « technique » consiste à faire accepter comme vrais des rapports approchés, de telle façon que le rapport entre une couleur fausse (a) et une autre couleur fausse (b) soit identique au rapport qui unit une couleur vraie (A) et une autre couleur vraie (B). Il consiste « à approcher tout près de la nature et à faire que tout y perde ou gagne proportionnellement ». Quant à la « magie », deuxième phase de cette opération, elle concerne davantage l'influence que les couleurs ont les unes sur les autres pour un observateur qui se met à la distance voulue. Il s'agit toujours de donner, par des valeurs fausses, l'illusion de l'objet vrai, mais la « magie » concerne l'effet d'ensemble, et non plus la perception de détail. Par la « magie », nous passons d'un ordre dans un autre : « C'est la nature même. Les objets sont hors de la toile et d'une vérité à tromper les yeux ». Simple question de distance : « Approchez-vous, tout se brouille, s'aplatit et disparaît. Éloignez-vous, tout se crée et se reproduit ». Voilà pourquoi la redécouverte de Chardin est si importante aux yeux de Diderot. Chardin est vraiment celui en qui se révèle le pouvoir du peintre et l'insignifiance du sujet. Peu importe qu'il représente une *Raie dépouillée* : « L'objet est dégoûtant; mais c'est la chair même du poisson. C'est la peau. C'est son sang. L'aspect même de la chose n'affecterait pas autrement ». Entrevue et définie à l'occasion de l'*Encyclopédie*, la « métaphysique des choses » est passée dans le regard et sous la plume de Diderot. Elle s'apprête à produire une esthétique où tous les mots dont usaient les anciennes poétiques prennent un sens nouveau, qu'il soit inverse ou différent.

Il n'est donc pas surprenant que ce *Salon* ait été l'occasion d'un certain nombre de reclassements. Tous ne sont pas de la même importance. Le discrédit d'un peintre ne signifie pas nécessairement une modification radicale des points de vue. Deux faits nous paraissent avoir plus d'importance que les autres. Tout d'abord, comme on vient de le voir, la critique de Diderot opère un transfert de l'objet représenté à la technique de la représentation. Il faut en deviner les conséquences. Sur un plan purement théorique, rien n'est changé quant aux critères généraux d'évaluation : la référence ultime reste l'illusion de la vérité. « C'est la chair même du poisson ». Il est bien entendu que l'art garde son modèle dans la nature et que la parfaite image est celle qui offre le plus de ressemblance. Mais ce qui change tout, c'est la découverte de l'illusion. De toutes les tromperies, la plus grande est celle qui procure l'aspect de la nature même : « ...c'est vous, c'est moi que Chardin trompera quand il voudra ». Boucher, en ce sens, est moins trompeur que Chardin, seulement il n'émeut pas, parce qu'il ne montre que son art, tandis que Chardin fait oublier le sien. Fine casuistique, dont le contexte aura tôt fait de montrer l'inanité. Car le plaisir suprême consiste justement à soulever un coin du voile et à faire voir au spectateur averti ce qu'en principe il devrait ignorer : « On n'entend rien à cette magie. Ce sont des couches épaisses de couleurs, appliquées les unes sur les autres, et dont l'effet transpire de dessous en dessus ». Ce jeu de traductions et de métaphores constitue l'essentiel de la critique, et c'est là que Diderot excelle : faire passer les sensations obscures au niveau de la conscience claire. Voilà donc opérée la promotion du critique, démiurge à sa manière. L'autre changement concerne l'artiste. Il n'était jusqu'alors que le disciple discret et fidèle du « beau de nature ». Le *Salon de 1763* au contraire nous le montre semblable aux dieux : « Il a volé à la nature son secret; tout ce qu'elle produit, il peut le répéter ». Diderot ne parlait pas autrement de Dorval dans les *Entretiens sur le Fils naturel*: mais il ne s'agissait que d'un être mythique. Ce dont Diderot rêvait alors, il le découvre maintenant réalisé dans Chardin, dans Loutherbourg, dans Vernet: « C'est Vernet qui sait rassembler les orages, ouvrir les cataractes du ciel, et inonder la terre. C'est lui qui sait aussi, quand il lui plaît, dissiper la tempête, et rendre le calme à la mer et la sérénité aux cieux ».

De proche en proche, on devine l'ampleur du phénomène, dont il faut bien parler en termes collectifs. Diderot a été le porte-parole de sa génération, il a vécu, goûté, pressenti ses regrets et ses nostalgies. Il a eu le rare don d'être cette conscience un peu en avance sur son temps, qui accepte le présent dans toutes ses contradictions, mais reconnaît aussi les signes de transformation. Ainsi il a goûté Greuze et son pathétique bourgeois autant que l'y portait l'enthousiasme de la foule. Là-dessus, aucun désaccord ne se manifeste entre le sentiment des critiques et celui du public. Inversement, et contre une partie non négligeable de l'opinion, il a compris que l'heure de Boucher était passée. Tout en rendant justice au talent du peintre, il désapprouve tout ce que Boucher représente : la mode des « pompons », que nous appelons aujourd'hui « rococo ». Contre ce vieillissement qui s'opère au sein même de la modernité la plus agressive, deux types de réaction sont possibles : ou bien ramener l'art à ses sources premières, à l'Antiquité, qui est la mère de toute civilisation; donc redresser ce que Hogarth appelait la « ligne de beauté » et qu'il s'obstinait à confondre avec la ligne sinueuse, revenir au pur contour, au pur profil, rétablir « le grand goût, le goût antique »; ou bien, dans une démarche complémentaire, reprendre contact avec la nature originelle, faire entendre à travers la peinture « le cri animal de la passion », soulever les orages et les tempêtes (*Sturm und Drang*). Le plus remarquable est que les deux transformations se sont produites ensemble, parfois même en s'aidant l'une l'autre. Le même *Salon de 1763* contient l'éloge de Vien : « Comme tout cela sent sa manière antique ! » et l'exaltation du génie romantique de Vernet. Pour Diderot la contradiction n'existe pas. L'une des deux manières est sentie comme faisant suite à l'autre : « Que ne puis-je pour un moment ressusciter les peintres de la Grèce et ceux tant de Rome ancienne que de Rome nouvelle, et entendre ce qu'ils diraient des ouvrages de Vernet ! ». Une vaste étude, scientifique, exhaustive, s'imposerait pour déterminer ce que Diderot doit à l'opinion publique et en quoi il la contrarie ou la devance. L'ouvrage d'Adhémar et Seznec en constitue l'acte de fondation. Il faudrait aller plus loin en s'interrogeant sur les relations qui unissent Diderot, non pas seulement à la partie routinière de la critique, qui écrit et sent ce qu'elle peut en fonction de ses habitudes locales, mais à cette Europe pensante, au sein de laquelle s'accomplit cette double et puissante métamorphose : du genre frivole aux déchaînements ossianiques, des facilités de l'académisme aux exigences d'une « antiquité dévoilée ».

*J. Ch.*

Contrairement aux autres, le *Salon de 1763* n'est pas parvenu jusqu'à nous, du moins jusqu'à présent, sous la forme d'un manuscrit autographe. Il convient donc de tenir compte des copies manuscrites. On dispose actuellement de cinq d'entre elles : trois exemplaires de la *Correspondance littéraire*, contenant les six livraisons datées du 1er octobre au 15 décembre 1763, et les deux copies postérieures établies, l'une pour Catherine II, l'autre pour les descendants de l'auteur, — cette dernière entièrement remaniée en vue de la publication des *Salons*.

*G* = *Ge*, fol. 154 r°-157 v°, 163 r°-167 v°, 169 r°-175 v°, 177 r°-180 v°, 185 r°-195 r°, 197 r°-199 r°. Un premier copiste a fait les quatre premières livraisons, un second les deux dernières. Grimm a relu et corrigé l'ensemble.

*S* = *S4*, p. 264-272, 283-291, 295-308, 315-322, 331-350, 351-355. Le copiste est le premier de *G* ; ses fautes d'inattention, le plus souvent des omissions, n'ont pas été toutes aperçues par Grimm.

*Firm* = B.N., *n.a.fr.* 12961, fol. 35 v°-39 v°, 45 r°-49 r°, 51 r°-57 r°, 59 r°-62 r°, 63 r°-71 v°, 72 r°-74 r°. Le copiste semble le même que celui de *S* et du début de *G*, mais a ici établi un texte très soigné, relu en outre et corrigé par Grimm.

*L* = XIX, non folioté, contenant les *Salons*. Celui de 1763 occupe 144 pages. Le copiste est Roland Girbal, selon P. Vernière.

*V* = 13749, fol. 55 r°-119 r° (p. 1 à 129). *V* semble dû au copiste nommé G par P. Vernière. Son orthographe est incertaine.

Texte de base : *G*

*L* et *V* présentent des traits communs qui vont au delà d'un certain nombre d'erreurs. D'une part on y constate le souci d'expliciter les abréviations, d'écrire en lettres les noms de nombres, de scander le texte par des sous-titres consistant dans les titres des œuvres d'art et précédés des numéros du catalogue. Mais cette présentation va à l'encontre du caractère même du texte, et les variantes stylistiques, le plus souvent affadissantes, prouvent l'intervention d'un réviseur incapable d'apprécier la verve de l'auteur.

Le manuscrit Vandeul offre en outre des caractères particuliers. Copié probablement sur *L* (comme semblent le prouver deux phrases omises), offrant quelques graphies anciennes qui pourraient remonter à Diderot, il se distingue surtout par des interventions supplémentaires, très vraisemblablement dues à Vandeul, et visant à permettre la publication d'un texte jugé visiblement trop mordant, trop familier, trop original. Des corrections, parfois légères, parfois plus importantes, affadissent le vocabulaire, atténuent les jugements incisifs, éliminent des plaisanteries, lestes ou non, substituent le vouvoiement au tutoiement dans les apostrophes aux artistes, et démontrent, au moins dans un cas, que le correcteur ne comprend pas la phrase qu'il modifie. Ce qui exclut encore l'hypothèse d'une révision par l'auteur, même s'il a donné à son gendre toute liberté pour une édition. Ces corrections ont été relevées en des variantes dont la rédaction use des formules : *V* [*supp. Vdl*] ou *V* [*corr. Vdl*].

Mais des interventions plus importantes ont été notées. Des passages entiers ont en effet été biffés par la même plume. Il s'agit parfois de suppressions dues aux motifs indiqués plus haut. Mais il s'agit, en d'autres cas, de passages qui ont été transportés par Vandeul dans le *Salon de 1765* avec d'autres morceaux tirés de divers Salons (B.N., *n.a.fr.* 13744; voir INV, 45). Dans tous les manuscrits ainsi appauvris, Vandeul a raturé de la même façon les passages transférés. Ces interventions sont indiquées en variantes sous la forme [*rayé Vdl dans* V].

La graphie des manuscrits, curieusement plus moderne dans les copies de la *Correspondance littéraire*, présente l'intérêt de garder quelques traces de la prononciation et de la grammaire : l'accord « d'une fraîcheur et d'un charme surprenant », la forme « col » et surtout l'adverbe « mollètement » (néologisme ? provincialisme ?) attesté par tous les manuscrits.

# | *Salon de 1763*[A] |

## [*A mon ami Monsieur Grimm.*[B 1]]

Bénie soit à jamais la mémoire de celui qui en instituant cette exposition publique de tableaux, excita l'émulation entre les artistes, prépara à tous les ordres de la société, et surtout aux hommes de goût, un exercice utile et une récréation douce; recula parmi nous la décadence de la peinture

A. *Salon de 1763*. Peinture. *L V*

B. *A mon ami Monsieur Grimm add. L V* [*dans* G S Firm *le texte est précédé d'*·
*tation par Grimm*]

1. Cette adresse à Grimm fait suite au long préambule de la *Correspondance* du 1er octobre 1763 (C.L., V, 394-395). Grimm y retrace l'histoire des Salons depuis 1673 et profite de cette occasion pour dresser un portrait flatteur de D.

de plus de cent ans peut-être, et rendit la nation plus instruite et plus difficile en ce genre[2].

C'est le génie d'un seul qui fait éclore les arts; c'est le goût général qui perfectionne les artistes[3]. Pourquoi les Anciens eurent-ils de si grands peintres et de si grands sculpteurs? C'est que les récompenses et les honneurs éveillèrent les talents, et que le peuple accoutumé à regarder la nature et à comparer les productions des arts, fut un juge redoutable. Pourquoi de si grands musiciens? C'est que la musique faisait partie de l'éducation libérale[c] : on présentait une lyre à tout enfant bien né. Pourquoi de si grands poètes? C'est qu'il y avait des combats de poésie et des couronnes pour le vainqueur. Qu'on institue parmi nous les mêmes luttes; qu'il soit permis d'espérer les mêmes honneurs et les mêmes récompenses, et bientôt nous verrons les beaux-arts s'avancer rapidement à la perfection. J'en excepte l'éloquence. La véritable éloquence ne se montrera qu'au milieu des grands intérêts publics. Il faut que l'art de la parole promette à l'orateur les premières dignités de l'État. Sans cette attente, l'esprit occupé de sujets imaginaires et donnés, ne s'échauffera jamais d'un feu réel, d'une chaleur profonde, et l'on n'aura que des rhéteurs. Pour bien dire, il faut être tribun du peuple, ou pouvoir devenir consul. Après la perte de la liberté, plus d'orateurs ni dans Athenes, ni dans Rome; les déclamateurs[D] parurent en même temps que les tyrans[4].

C. *l'éducation* générale. *On présentait L V*

D. *les* déclamations *parurent V*

2. Qui a « institué » les Salons? Il faut remonter aux procès-verbaux de l'Académie royale de peinture et de sculpture d'août 1663 et du 9 avril 1667. On y voit se former peu à peu l'idée de faire concourir les académiciens et d'exposer leurs meilleures toiles pour en discuter. Des tableaux et des sculptures furent donc exposés dans la cour du Palais-Royal, comme le rappelle le commentaire de Grimm.

Il semble, d'après le procès-verbal du 9 avril 1667, que Colbert ait joué un rôle prééminent dans la décision d'exposer les œuvres. On peut comparer le ton emphatique de cette introduction au passage de l'article *ART (DPV, V, 496-497) où D. attribue à Colbert la responsabilité de la renaissance des beaux-arts sous le règne de Louis XIV. Même idée chez Voltaire (*Siècle de Louis XIV*, Œuvres historiques, Pléiade, p. 1019).

3. On trouve une théorie similaire dans la *Lettre sur les sourds et muets* (DPV, IV, 207) et dans le Discours *De la poésie dramatique* (DPV, X, 399-404). Voir également *Salon de 1765* (A.T., X, 342, 417) et *Salon de 1767* (A.T., XI, 117, 208, 219-221.)

4. D. résume en quelques phrases un long passage du *Dialogue des orateurs*, où Tacite explique comment l'éloquence, à la différence des autres arts, ne peut s'alimenter qu'à la faveur des « grands intérêts publics » (§ XXXV-XXXVI-XXXVII).

Après avoir payé ce léger tribut à celui qui institua le Salon, venons à la description que vous m'en demandez.

Pour décrire un Salon à mon gré et au vôtre, savez-vous, mon ami, ce qu'il faudrait avoir ? Toutes les sortes de goût, un cœur sensible à tous les charmes, une âme susceptible d'une infinité d'enthousiasmes différents, une variété de style qui répondît à la variété des pinceaux; pouvoir être grand ou voluptueux avec Deshays, simple et vrai avec Chardin, délicat avec Vien, pathétique avec Greuze, produire toutes les illusions possibles avec Vernet. Et dites-moi où est ce Vertumne-là[5] ? Il faudrait aller jusque sur les bords[E] du lac Leman pour le trouver peut-être[F][6].

Encore si l'on avait devant soi le tableau dont on écrit; mais il est loin, et tandis que la tête appuyée sur les mains, ou les yeux égarés dans[G] l'air, on en recherche la composition, l'esprit se fatigue, et l'on ne trace plus que des lignes insipides et froides[7]. Mais j'en serai quitte pour faire de mon mieux, et vous redire ma vieille chanson[8] :

*Si quid nosti*[H] *rectius istis,*
*Candidus imperti : si non, his utere*[I].

Je vous parlerai des tableaux exposés cette année à mesure que le livret qu'on distribue à la porte du Salon, me les offrira. Peut-être y

E. *sur* le bord *du Lac L V*
F. *peut-être om. V [gratté par Vdl]*
G. *égarés* en *l'air L V*
H. *si quid* novisti *rectius L V*
I. *his utere* mecum. *L V*

5. A rapprocher du vers d'Horace mis en exergue du *Neveu de Rameau : Vertumnis, quotquot sunt, natus iniquis* [Né sous la capricieuse malice de tous les Vertumnes réunis] (Horace, *Satires*, liv. II, satire vii). Vertumne est « le Dieu qui préside aux changements de temps et de saison » (*Le Neveu*, p. 111, n. 1).
6. Allusion à Voltaire. Là encore on remarque la parenté de notre texte avec celui du *Neveu de Rameau* : « Un poète, c'est de Voltaire; et puis qui encore ? de Voltaire, et le troisième, de Voltaire; et le quatrième, de Voltaire » (*Le Neveu*, p. 100), ce qui peut indiquer non seulement que Voltaire est le seul poète de son temps, mais qu'il est, aux yeux de D., le premier dans tous les genres de poésie.
7. C'est ainsi que D. s'exprime dans les *Entretiens sur le Fils naturel*, quand il ne sent plus la présence de Dorval : « Je suis seul, parmi la poussière des livres et dans l'ombre d'un cabinet... et j'écris des lignes faibles, tristes et froides » (DPV, X, 84).
8. Citation incomplète rétablie dans *L* et *V*: il faut suppléer *mecum* après *utere*. Le sens est le suivant : « Si tu connais quelque précepte préférable à ceux que tu as là, fais m'en part d'un cœur sincère, sinon, use des miens avec moi » (Horace, *Épîtres*, liv. I, ép. i, v. 8-9; trad. F. Villeneuve, Paris, Les Belles Lettres, 1941, p. 37).

aurait-il quelque ordre sous lequel on pourrait les ranger; mais je ne vois pas nettement ce travail compensé par ses avantages.

## *PEINTURES*[J]

### CARLE VANLOO

Il y a deux tableaux de ce maître. On voit dans l'un *Les Grâces enchaînées par l'Amour*; dans l'autre *L'Aîné des Amours qui fait faire l'exercice à ses cadets. Eheu, quantum mutatus ab illo*[9] *!*

Le premier[K] est une grande composition de sept pieds six pouces de haut sur six pieds, trois pouces de large.

Les trois Grâces l'occupent presque tout entier. Celle qui est à droite[L] du spectateur, se voit par le dos, celle du milieu, de face, la troisième de profil. Un Amour élevé sur la pointe du pied, placé entre ces deux dernières et tournant le dos au spectateur[M], conduit de la main une guirlande, qui passe sur les fesses de celle qu'on voit par le dos, et va cacher, en remontant, les parties naturelles de celle qui se présente de face.

Ah! mon ami, quelle guirlande! quel Amour! quelles Grâces[10]! Il me semble que la jeunesse, l'innocence, la gaieté, la légèreté, la mollesse, un peu de tendre volupté devaient former leur caractère. C'est ainsi que le bon Homere les imagina, et que la tradition poétique nous les a transmises. Celles de Vanloo sont si lourdes, mais si lourdes! L'une est d'un noir jaunâtre; c'est le gros embonpoint d'une servante d'hôtellerie, et le teint d'une fille qui a les pâles couleurs. Les brunes piquantes, comme nous en connaissons, ont les chairs fermes et blanches, mais d'une blancheur sans transparence et sans éclat. C'est là ce qui les distingue des blondes dont

J. *Peintures, om. L V* [*indication reportée tout au début du* Salon, *voir var. A*]
K. Nº 1. Les Grâces enchaînées par l'amour. C'*est une grande composition L V*
L. *à* la *droite V*
M. *le dos* aux spectateurs, *conduit S*

9. Hélas, quel changement!
10. D. est un des rares critiques à avoir perçu chez Carle Vanloo des signes de décadence. L'ensemble de la presse ne tarit pas d'éloges au sujet de ce peintre. Cependant, si l'on en croit Mathon de La Cour, Carle Vanloo aurait détruit lui-même son propre tableau (*Lettres à Monsieur **** sur les peintures, les sculptures, et les gravures exposées au Salon du Louvre en 1765, p. 3).

9. Louis-Michel Vanloo. *Portrait de l'auteur, accompagné de sa sœur et travaillant au portrait de son père*. T. H. 2,45 ; L. 1,62. Exposé au Salon de 1763.

10. Joseph-Marie Vien. *La Marchande à la toilette*. 1763. T. H. 0,95 ; L. 0,119. Exposé au Salon de 1763.

la peau fine, laissant quelquefois apercevoir les veines éparses en filets déliés, et se teignant du fluide qui y circule, en reçoit en quelques endroits une nuance bleuâtre. Où est le temps où mes lèvres suivaient sur la gorge de celle que j'aimais, ces traces légères qui partaient des côtés d'une touffe de lis, et qui allaient se perdre vers un bouton de rose? Le peintre n'a pas connu ces beautés. Celle des Grâces qui occupe le milieu de sa composition, et qu'on voit de face, a les cheveux châtains. Sa peau [N], ses chairs, son teint devraient donc participer de la brune et de la blonde: voilà les éléments de l'art. C'est une longue figure, soutenue sur deux longues jambes fluettes. La blonde et [O] la plus jeune qui est à gauche, est vraiment informe. On sait bien que les contours sont doux dans les femmes, qu'on y discerne à peine les muscles, et que toutes leurs formes s'arrondissent; mais elles ne sont pas rondes et sans inégalité. Un œil expérimenté reconnaîtra dans la femme du plus bel embonpoint les traces des muscles du corps de l'homme; ces parties sont seulement plus coulantes dans la femme, et leurs limites plus fondues. Au lieu de cette taille élégante et légère qui convenait à son âge, cette Grâce est toute d'une venue. Sans s'entendre beaucoup en proportions, on est choqué du peu de distance de la hanche au-dessous du bras; mais je ne sais pourquoi je dis de sa [P] hanche, car elle n'a point de hanche. La posture de l'Amour est désagréable. Et cette guirlande, pourquoi va-t-elle chercher si bêtement les parties que la pudeur ordonne de voiler? Pourquoi les cache-t-elle si scrupuleusement? avec un peu de délicatesse le peintre eût senti qu'elle manquait son but, si je le devine. Une figure toute nue n'est point indécente. Placez un linge entre la main de [Q] la Venus de Médicis, et la partie de son corps que cette main veut me dérober, et vous aurez fait d'une Venus pudique une Venus lascive, à moins que ce linge ne descende jusqu'aux pieds de la figure. Que vous dirai-je de la couleur générale de ce morceau? On l'a voulue forte, sans doute, et on l'a faite insupportable. Le ciel est dur. Les terrasses sont d'un vert comme il n'y en a que là. L'artiste peut se vanter de posséder le secret de faire d'une couleur qui est d'elle-même si douce que la nature qui a réservé le bleu pour les cieux, en a tissu le manteau de la terre au printemps,

N. *Sa peau om. L V*
O. *La blonde* est *la plus jeune V*
P. *de* la *hanche S L V*
Q. *la main de om. L V*

d'en faire, dis-je, une couleur à aveugler si elle était dans nos campagnes aussi forte que dans son tableau. Vous savez que je n'exagère point, et je défie la meilleure vue de soutenir ce coloris un demi-quart d'heure. Je vous dirai des *Grâces* de Vanloo ce que je vous disais, il y a deux[R] ans de sa Médée[11]. C'est un chef-d'œuvre de teinture, et je ne pense pas que l'éloge d'un bon teinturier soit celui d'un bon coloriste.

Avec tous ces défauts, je ne serais point étonné qu'un peintre me dît : Le bel éloge que je ferais de toutes les beautés qui sont dans ce tableau et que vous n'y voyez pas ! C'est qu'il y a tant de choses qui tiennent au technique[12], et dont il est impossible de juger, sans avoir eu quelque temps le pouce passé dans la palette.

*L'Aîné des Amours qui fait faire l'exercice à ses cadets*[S].

C'est un petit tableau de trois pieds, huit pouces de large, sur deux pieds, sept pouces de haut.

Qui ne croirait sur le sujet qu'il est rempli de variété et de mouvement ; que des Amours les uns s'exercent à percer un cœur de flèches, les autres à s'élancer comme des traits, à voler avec vitesse et légèreté[T], à dérober un baiser, à déranger un mouchoir, à relever un jupon, à donner le croc-en-jambe à une bergère, à tromper un mari jaloux[,] à rendre adroitement un billet, à grimper à des fenêtres, à séduire une surveillante, etc. ? car voilà, ce me semble, la vraie gymnastique de Cythere, l'éducation que Venus donne à ses enfants. Ici rien de tout cela. Ce sont des marmousets roides et droits, plantés en ligne, armés de fusils et de baïonnettes avec la cartouche et le baudrier, tournant à droite et à gauche, à la voix et au geste d'un de leurs frères. Je voudrais bien savoir quel sens, quel esprit

R. *il y a* quatre *ans L V*
S. 2. *L'Aîné* [...] *cadets*. Du même. *C'est L V*
T. *avec* une *vitesse et* une *légèreté V*

11. Voir le *Salon de 1759* : « C'est une décoration théâtrale avec toute sa fausseté; un faste de couleur qu'on ne peut supporter... » (p. 91)
12. Sur l'emploi du mot *technique* (toujours au masculin neutre), voir Brunot, *Histoire de la langue française*, VI, « Dix-huitième siècle », I, p. 752. Adopté par le *Dictionnaire de Trévoux* en 1721, puis par le *Dictionnaire de l'Académie* en 1762, le « technique » fait, à partir de cette date, une tardive mais fulgurante carrière. D. ne l'emploie que rarement entre 1753 et 1763 (voir l'*Interprétation de la nature* [A.T., II, 39]; *Réponse à la Lettre de Mme Riccoboni*, (CORR, II, 100).

il y a dans cette idée ? Carle Van Loo est un bon homme, et certainement cette platitude ne lui est pas venue. C'est quelque insipide littérateur, ou quelque prétendu connaisseur qui la lui aura suggérée. Nos artistes sont fatigués dans leurs ateliers d'une vermine présomptueuse qu'on appelle des *amateurs*[13], et cette vermine nuit beaucoup à leurs travaux.

La couleur de ce morceau est aussi dure que l'idée en est maussade. On a versé crûment sur un espace de quatre pieds toutes les vessies d'un marchand de couleurs. Point d'air. Point de repos. Un amas confus de petites figures pressées, toutes pareilles d'ajustements, de position et de physionomies[u]. Ce rare morceau est pour M. de Marigny. Qu'en pensez-vous, mon ami ? Cela ne figurera-t-il pas bien à côté des *Fiançailles* de Greuze et de ce joli polisson de Drouais ? Si un homme qui fait bien aujourd'hui et mal demain, est un homme sans caractère ou sans principes, que faut-il dire du goût de celui qui associe dans un même cabinet des choses si disparates ?

Cependant cet Amour qui commande à ses cadets, est peint à merveille. Sa draperie blanche est d'une touche légère. Placé à peu près au centre du tableau, il y domine bien. Et ces trois Amours qui arrivent d'en haut à tire-d'aile, sont d'une légèreté surprenante et d'une couleur douce.

Mais encore une fois ceux qui font l'exercice, se ressemblent trop. Ils ont des fusils énormes pour eux. Leurs bras et leurs jambes sont roides et minces.

Ce n'est pas sans peine que l'artiste a rendu sa terrasse d'un vert aussi dur.

L'ensemble[v] est discordant. C'est le mauvais effet de couleurs qui tranchent, et ne participent point les unes des autres[14].

U. *pareilles* d'ajustement, *de position et de* physionomie. *L V*

V. [*pas d'alinéa* L V]

13. Chez N. Poussin le mot *amateur* n'a pas encore de sens péjoratif (voir Brunot, o.c., p. 712, n. 2).

Puis on voit les « amateurs » se dissocier des « connaisseurs » (Roger de Piles, *L'Art de la peinture*, 1673, p. 116 et Dom Pernéty, *Dictionnaire portatif de peinture, sculpture et gravure*, 1757, p. 9 et 91). D. rejette cette distinction et voue à une commune réprobation tous ceux qui refusent de voir la peinture avec l'œil du peintre (voir *Salon de 1767*, A.T., XI, 7).

14. Les métaphores musicales (accord, discordance, harmonie) pour parler des couleurs font partie des conventions stylistiques de la critique picturale. Elles se relient chez D. à une théorie de l'unité de l'esprit déjà présente dans

Cela sent la palette. Ajoutez à cela, si vous voulez, que cet Amour placé sur le devant et qui se chausse, est isolé et mal dessiné.

Un peintre [w] sent un vide dans sa composition. Il imagine que pour le remplir il n'y a qu'à y placer un objet. Bien imaginé [x].

## RESTOUT

Le premier morceau de celui-ci a pour sujet : *Orphée descendu aux enfers pour en ramener Euridice* [y] [15].

Quel sujet pour un poète et pour un peintre ! Qu'il exige de [z] génie et d'enthousiasme ! Ah ! mon ami, qui est-ce qui trouvera la vraie [16] figure d'Euridice ? Et celle d'Orphée, promenant ses doigts sur sa lyre, et suspendant par ses accords harmonieux le travail des Danaïdes, le rocher de Sisyphe, la roue d'Ixion, les eaux du Cocyte ; récréant les serpents sur la tête des Euménides ; attirant Cerbere qui vient lui lécher les pieds ; répandant un rayon de sérénité sur le front sévère du monarque souterrain ; arrachant l'urne fatale des mains de l'inflexible Rhadamante, et arrêtant les fuseaux des Parques qui en ont oublié de filer [17] ? Telle fut l'apparition du chantre de la Thrace aux enfers, au moment où ses accents rompirent [A] le silence éternel, et percèrent la nuit du Tartare. Mais le peintre en a

W. [*pas d'alinéa* L V]
X. *il n'y a qu'à y placer un objet bien imaginé. V*
Y. *Restout.* 3. *Orphée* [...] *pour* demander *Euridice. L V*
Z. *qu'il exige* du *génie V*
A. *ses accents* interrompirent *le L V*

la *Lettre sur les sourds et muets.* Ce qui est remarquable dans le *Salon de 1763*, c'est la fusion du point de vue théorique et du point de vue technique. En philosophe, il affirme que la perception n'est pas la somme de perceptions distinctes. En technicien, il constate le phénomène de l'interpénétration des taches lumineuses. Le tableau est manqué quand les couleurs « ne participent point les unes des autres ». Il est réussi quand l'accord de l'air et de la lumière, « ces deux harmoniques universels », fond les taches lumineuses les unes dans les autres (*Salon de 1763*, ci-dessous, p. 212).

15. Ce tableau fait partie d'une commande royale de quatre pièces dont chacune devait symboliser un art (Musée de Rennes).

16. La « vraie » figure n'est pas celle que l'on reproduit, mais celle que l'on « trouve ». A rapprocher de l'Introduction du *Salon de 1767* (A.T., XI, 12).

17. Ainsi toute la « vérité » d'Orphée est déterminée par le choix de l'instant, comme en témoigne, dans le passage, l'accumulation des participes présents.

choisi un autre. Pluton va prononcer, et son époux redevenir possesseur de sa moitié.

La composition est grande, belle et une [B]. On voit en haut Pluton assis sur son trône. Proserpine est à côté de lui. Au-dessous, à droite, deux des juges infernaux. Plus bas Orphée et Euridice conduite par le Temps. Sur le devant, au-dessous du trône de Pluton, les portes sombres du Ténare. A côté de ces portes, les trois Parques. Au-dessus des Parques et au-dessous de Pluton, le troisième juge. Voyez-vous comme tous ces objets tiennent [C] et s'enchaînent ?

Et ce Temps revenu sur ses [D] pas pour rendre Euridice à la vie et à son époux, n'est-il pas d'une belle poésie ?

Et cette Parque se refusant à la tâche inusitée de renouer son fil, est-ce une idée indigne de Virgile ? Pensez donc, mon ami, que l'artiste l'a trouvée à quatre-vingts ans [18].

Si son Pluton et sa Proserpine sont mesquins [19], n'ont rien de majestueux et de redoutable; si son Euridice est niaise; si ses juges infernaux ont un faux air d'apôtres; si son Orphée est plus froid qu'un ménétrier de village qui suit une noce pour un écu; si ses Parques sont tournées à la française, il faut le lui pardonner; le sujet était trop fort pour son âge.

N'est-ce pas assez que dans l'harmonie générale, dans la distribution des groupes, dans la liaison des parties de la composition on reconnaisse encore le grand maître ?

Ce Pluton et cette Proserpine sont pauvres; d'accord. Mais l'obscurité qui les environne, est bien imaginée et bien faite.

La couleur du tout est faible; mais les reflets de lumière sont bien entendus.

La tête d'Euridice est sotte, ses pieds et ses mains sont mal dessinés; mais la couleur de toute la figure fait plaisir.

Les pieds et les mains des autres figures sont aussi mal dessinés; mais

B. *belle et* unie. *On voit V*     C. *ces objets* se *tiennent L V*     D. *revenu sur* ces *pas V*

18. Restout, né en 1692, n'en a que soixante et onze.

19. « *Mesquin*, en peinture, est une sorte de mauvais goût, où tout est chétif et amaigri, et où il règne un air de sécheresse qui ôte le caractère et l'effet à tous les objets » (ENC, X, 398 b).

qui est-ce qui se donne aujourd'hui la peine de finir ces parties? Ce sont des détails qu'on renvoie aux écoliers.

Ses Parques sont un peu françaises; mais l'attitude en est variée, et elles ne sont pas sans caractère.

Convenez, mon ami, qu'on a prononcé un peu légèrement sur le mérite de ce morceau[20]. Retournez au Salon, et vous éprouverez, comme moi, qu'on le revoit avec plus de satisfaction qu'on ne l'a vu. Cet homme est encore un aigle en comparaison de Pierre et de beaucoup d'autres.

Cette composition a dix-sept pieds, huit pouces de large, sur onze pieds de haut. Ce n'est pas une petite machine.

*Le Repas donné par Assuerus aux Grands de son royaume*[E].

C'est une autre composition de seize pieds, seize[F] pouces de large sur neuf pieds de haut.

Ce n'est pas un repas, le peintre a mal dit; c'est un grand couvert qui attend des convives.

On[G] n'aperçoit à droite et à gauche que quelques subalternes occupés à servir. La table cache les[H] personnages importants. On aperçoit seulement vers[I] le fond quelques sommets de têtes.

Si dans un tableau ce qui occupe le plus d'espace, remplit le milieu, arrête l'œil, et se montre uniquement, en est le sujet principal, la table a ici tous ces caractères.

Du reste, même faiblesse de couleur.

La forme[J] bizarre du tableau peut avoir forcé la composition, ou bien le peintre a été fort sage de cacher des figures qu'il n'était plus en état de peindre.

20. Voir Mathon de La Cour, o.c., p. 9-11. Mais les critiques de D. ne sont guère plus tendres.

E. *Le Repas* [...] *royaume*. Du même. *C'est L V*
F. *16 pieds 6 pouces L V*
G. [*pas d'alinéa* L V]
H. *cache* des *personnages S*
I. *seulement* sur *le fond V*
J. [*pas d'alinéa* L V]

### *Esther évanouie devant Assuerus* [K].

Tableau de sept pieds, sept pouces de haut, sur neuf pieds de large[21].

Il faut être bien hardi pour tenter ce sujet après le Poussin[22]. Dans le tableau du Poussin que j'ai sous les yeux, Assuerus à gauche est assis sur son trône. Il a l'air d'un Jupiter olympien, tant il est simple et majestueux. Son front est ceint [L] d'une bandelette. Il faut voir comme il est coiffé et drapé; comme sa main est naturellement posée sur sa baguette; comme il regarde la douleur d'Esther; comme il en est pénétré. Il est entouré de quelques-uns de ses ministres qui ont à la vérité l'air rustique : ce caractère déplaît fort à nos artistes modernes dont l'imagination captivée par des idées de dignité du dix-huitième siècle, ne remonta jamais dans l'Antiquité; mais cela me plaît [M] à moi. Quel groupe que celui d'Esther et de ces femmes qui la secourent! L'une placée derrière elle, la soutient sous les bras; une autre l'appuie de côté; une troisième raffermit ses genoux. Comme ces figures sont agencées! C'est certainement une des plus belles choses que je connaisse. La belle douleur que celle d'Esther! La noblesse et la simplicité se remarquent jusque dans le trône du monarque et l'estrade sur laquelle il est élevé. Le fond du salon est percé de niches qui font sans doute un bel effet en peinture, mais qui en font un mauvais en gravure, parce qu'on n'y distingue pas assez les statues qui les remplissent, des personnages intéressés à la scène.

Je fais ici comme Pindare qui chantait les dieux de la [N] patrie, quand il n'avait rien à dire de son héros. Dans le tableau de Restout une seule femme soutient Esther. Esther a l'air moribond. Le monarque descendu de son trône la touche froidement du bout de son sceptre. C'est ainsi que les monarques d'Asie rassuraient ceux qui osaient se présenter devant eux, sans être appelés.

K. 5. L'Évanouissement d'*Esther*. Du même. *Tableau de 7 pieds L V*

L. *son front est* couvert *d'une L V*

M. *Mais cela* ne *me* déplaît pas *à moi V* [*corr. Vdl*]

N. *les dieux de sa patrie V*

21. Considéré comme perdu, ce tableau a été identifié par N. Reynaud et I. Compin parmi le « rebut » du Louvre reproduit dans le catalogue de l'exposition Jean Restout (Musée des Beaux-Arts de Rouen, juin-septembre 1970, p. 64 et 207).

22. D. reprend et développe l'idée annoncée dans le *Salon de 1761* (ci-dessus, p. 141, n. 67).

Il s'agit bien de toucher de son sceptre une femme charmante, adorée et qui se meurt de douleur ! Si c'est là le rôle d'un souverain en pareil cas, les souverains sont de pauvres amoureux. Pour moi, qui ne règne par bonheur que sur le cœur de Sophie, si elle se présentait à mes yeux dans cet état, que ne deviendrais-je pas ? comme je serais éperdu ! Quels cris je pousserais ! Malheur à ceux qui ne seconderaient pas à mon gré mon inquiétude !... Belle Sophie, qui est le malheureux qui vous a causé de la peine ? Il le paiera de sa tête. Revenez à la vie. Rassurez-vous... Ah, je vois vos yeux se rouvrir. Je respire... L'insensible et froid monarque ne dit pas un mot de cela [O]. Ah, je ne veux jamais régner ; j'aime mieux aimer à mon gré.

Même faiblesse de composition, de couleur et de caractères. Un des bons amis de ce vieillard devrait lui dire à l'oreille :

*Solve senescentem mature sanus equum, ne*
*Peccet ad extremum ridendus et ilia* [P] *ducat* [23].

Monsieur Restout, souffrez que je sois cet ami-là [Q].

## LOUIS-MICHEL VANLOO

Ce peintre était attaché à la cour d'Espagne. J'ignore pourquoi il n'y est plus [24] ; mais il est certain que c'est un grand artiste.

Le *Portrait de l'auteur, accompagné de sa sœur et travaillant au portrait de son père*, est [R] une très belle chose.

Le peintre occupe le milieu de la toile. Il est assis. Il a les jambes croisées et un bras passé sur le dos de son fauteuil. Il se [S] repose. L'ébauche du portrait de son père est devant lui sur un chevalet. Sa sœur est debout

O. *pas un mot de* tout *cela. L V*
P. *et* illa *ducat V*
Q. La Suite pour l'ordinaire prochain [*dans la livraison du 1er octobre 1763*] Suite du Salon de 1763. [*au début de la livraison du 15 octobre 1763*] *G S Firm*
R. 6. *Le Portrait* [...] *de son père. C'est L V*
S. *se om. V*

23. « Aie le bon sens de dételer à temps ton cheval qui vieillit, de peur que, au milieu des rires, il ne bronche à la fin et ne fasse haleter ses flancs » (Horace, *Épîtres*, liv. I, ép. i, v. 8-9, o.c., p. 37).

24. L. M. Vanloo séjournait à Madrid comme peintre de cour depuis 1736. Il revint à Paris en 1753 après la mort de Philippe V.

derrière son fauteuil. Rien n'est plus simple, plus naturel et plus vrai que cette dernière figure. La robe de chambre de l'artiste fait la soie à merveille. Le bras pendant sur le dos du fauteuil est tout à fait hors de la toile; il n'y a qu'à l'aller prendre. L'air de famille est on ne peut pas mieux conservé dans les trois têtes. En tout, le morceau est fait largement[25], et mérite les plus grands éloges. Les têtes sont nobles et grandement touchées[26].

Avec tout cela me direz-vous, quelle comparaison avec Vandeyck pour la vérité; avec Rembrand pour la force?

Mais tandis qu'il y a tant de manières différentes d'écrire qui chacune ont leur mérite particulier, n'y aurait-il qu'une seule manière de bien peindre [?] Parce qu'Homere est plus impétueux que Virgile, Virgile plus sage et plus nombreux que le Tasse, le Tasse plus intéressant et plus varié que Voltaire, refuserai-je mon juste hommage à celui-ci? Modernes envieux de vos contemporains, jusqu'à quand vous acharnerez-vous à les rabaisser par vos éternelles comparaisons avec les Anciens? N'est-ce pas une façon de juger bien étrange que de ne regarder les Anciens que par leurs beaux côtés, comme vous faites, et que de fermer les yeux sur leurs défauts, et de n'avoir au contraire[T] les yeux ouverts que sur les défauts des Modernes, et que[U] de les tenir opiniâtrement fermés sur leurs beautés[?] Pour louer les auteurs de vos plaisirs, attendrez-vous toujours qu'ils ne soient plus? A quoi leur sert un éloge qu'ils ne peuvent entendre?

Je suis toujours fâché que parmi les superstitions dont on a entêté les hommes, on n'ait jamais pensé à leur persuader qu'ils entendraient sous la tombe le mal ou le bien que nous en dirions.

T. *de n'avoir* pas *au contraire V*

U. *que om. V* [*supp. Vdl*]

25. « *Large*, en termes de peinture, se dit des lumières, du pinceau, de la touche et des masses. Le terme de *large* signifie qui a de l'étendue et de la grandeur. Peindre *largement*, c'est donner de grands coups de pinceaux et distribuer les objets sur grandes masses » (Dom Pernéty, o.c., p. 388).

26. « *Touche*, en termes de peinture, signifie la manière dont le peintre applique et couche ses couleurs, ou, si l'on veut, le maniement du pinceau » (Dom Pernéty, o.c., p. 537).

« *Touche grande*, ce sont des coups de pinceau ou de brosse pleins de couleurs, et couchés largement à grands et longs traits comme dans les décorations de théâtre » (o.c., p. 539).

Si l'on en croit Pernéty, « grandement » serait donc synonyme de « largement ». Pourtant la proximité de l'épithète « nobles » ferait plutôt penser au sens étymologique : « noblement, avec sublime ». Voir F. Brunot, o.c., p. 714-715.

Je suis aussi bien fâché que ces morceaux de peinture qui ont la fraîcheur et l'éclat des fleurs soient condamnés à se faner aussi vite qu'elles.

Cet inconvénient tient à une manière de[v] faire qui double l'effet du tableau pour le moment. Lorsque le peintre a presque achevé son ouvrage, il le[w] glace. Glacer, c'est passer sur le tout une couche légère de la couleur et de la teinte qui convient à chaque partie. Cette couche peu chargée de couleur et très chargée d'huile, fait la fonction et a le défaut d'un vernis; l'huile se sèche, et jaunit en se[x] séchant; et le tableau s'enfume plus ou moins, selon qu'il a été peint plus ou moins franchement.

On dit qu'un peintre peint à pleines couleurs ou franchement, lorsque ses couleurs sont plus unes, moins tourmentées, moins mélangées[27].

On conçoit que l'huile répandue sur les endroits où il y a beaucoup de différentes couleurs mêlées et fondues, occasionne une action des unes sur les autres et une décomposition d'où naissent des taches jaunes, grises, noires, et la perte de l'harmonie générale[28].

Les endroits qui souffriront le plus, ce sont ceux où il se trouvera de la céruse et autres chaux métalliques que la substance grasse revivifiera.

Un sculpteur un peu jaloux de la durée d'un[y] ouvrage qui lui coûte tant de peines, devrait toujours en appuyer les parties délicates et fragiles sur des parties solides; et le peintre, préparer et broyer lui-même ses couleurs, et exclure de sa palette toutes celles qui peuvent réagir les unes sur les autres, se décomposer, se revivifier, ou souffrir, comme les sels, par l'acide de l'air. Cet acide est si puissant qu'il ternit jusqu'aux peintures de la porcelaine.

L'art de donner à la peinture des couleurs durables est presque encore

v. *de om. L V*
w. *le om. L V*
x. *se om. V*
y. *la durée* de son *ouvrage L V*

27. « *Franchise* de pinceau, etc., se dit de la facilité, de la liberté et hardiesse de la main de l'artiste, dans un travail qui, quoique négligé en apparence, caractérise l'habileté et le génie savant de celui qui paraît l'avoir fait sans gêne, en badinant » (Dom Pernéty, p. 327). On retrouve le terme et la notion dans les *Essais sur la peinture*, p. 21.

28. Cette description semble renverser la théorie énoncée plus haut sur l'interpénétration des taches lumineuses. En réalité l'effet dénoncé dans ce passage concerne l'action détériorante du glaçage. Le principe de « l'harmonie générale » n'est pas remis en cause.

à trouver. Il semble qu'il faudrait bannir la plupart des chaux, toutes les substances salines, et n'admettre que des terres pures et bien lavées.

C'est une chose bizarre que la diversité des jugements de la multitude qui se rassemble dans un Salon. Après s'y être promené pour voir, il faudrait aussi y faire quelques tours pour entendre.

Les gens du monde jettent un regard dédaigneux et distrait sur les grandes compositions, et ne sont arrêtés que par les portraits dont ils ont les originaux présents.

L'homme de lettres [Z] fait tout le contraire. Passant rapidement devant [A] les portraits, les grandes compositions fixent toute son attention.

Le peuple regarde tout, et ne s'entend à rien [29].

C'est lorsqu'ils se rencontrent au sortir de là, qu'ils sont plaisants à entendre. L'un dit: Avez-vous vu le *Mariage de la Vierge* ? C'est un beau morceau!... Non. Mais vous, que dites-vous du [B] *Portrait de la comtesse* ? C'est cela qui est délicieux.... Moi, je ne sais seulement pas si votre comtesse s'est fait peindre. Je m'amuserais autour d'un portrait, tandis que je n'ai ni trop d'yeux [C], ni trop de temps pour le *Joseph* de Deshays ou le *Paralytique* de Greuze... Ah, oui; c'est cet homme qui est à côté de l'escalier, et à qui l'on va donner l'extrême-onction.... C'est ainsi que rien ne passe sans éloge et sans blâme; celui qui vise à l'approbation générale, est un fou. Greuze, pourquoi faut-il qu'une impertinence t'afflige? La foule est continuelle [D] autour de ton tableau; il faut que j'attende mon tour pour en approcher. N'entends-tu pas la voix de la surprise et de l'admiration qui s'élève de tous côtés? Ne sais-tu pas que tu as fait une chose sublime? Que te faut-il de plus que ton propre suffrage et le nôtre [E]?

Tant que les peintres portraitistes ne me [F] feront que des ressemblances,

Z. *L'homme de* lettre *fait V*
A. *Passant rapidement* sur *les portraits L V*
B. *que dites-vous* de *Portrait V*
C. *trop* de *yeux V*
D. *La foule est* continuellement *autour L V*
E. [*dans tout ce passage, depuis* Greuze, *Vdl a remplacé dans* V *le tutoiement par le vouvoiement*]
F. *me om. V* [*supp. Vdl*]

29. Le « peuple » serait-il donc exclu du « public »? Ce n'est pas exactement le cas, puisque la suite du texte fait état, au contraire, de l'approbation de « la foule ». La « voix de la surprise et de l'admiration qui s'élève de tous côtés » enseigne au peintre qu'il a fait « une chose sublime ». La foule, à l'inverse des gens du monde et de l'homme de lettres, ne peut guère s'exprimer que par murmure flatteur. Elle ne sait que dire. Mais son jugement compte.

sans compositions[G], j'en parlerai peu[30]; mais lorsqu'ils auront une fois senti que pour intéresser, il faut une action, alors ils auront tout le talent du[H] peintre d'histoire, et ils me plairont indépendamment du mérite de la ressemblance.

Il s'est élevé ici une contestation singulière entre les artistes et les gens du monde. Ceux-ci ont prétendu que le mérite principal d'un portrait était de ressembler; les artistes, que c'était d'être bien dessiné et bien peint. Eh que nous importe disaient ceux-ci, que les Vandeick ressemblent ou ne ressemblent pas? En sont-ils moins à nos yeux des chefs-d'œuvre? Le mérite de ressembler est passager; c'est celui du pinceau qui émerveille dans le moment, et qui éternise l'ouvrage. C'est une chose bien douce pour nous, leur a-t-on répondu, que de retrouver sur la toile l'image vraie de nos pères, de nos mères, de nos enfants, de ceux qui ont été les bienfaiteurs du genre humain, et que nous regrettons. Quelle a été la première origine de la peinture et de la sculpture? ce fut une jeune fille qui suivit avec un morceau de charbon, les contours de la tête de son amant dont l'ombre était projetée sur un mur éclairé. Entre deux portraits, l'un de Henri quatre mal peint, mais ressemblant; et l'autre d'un faquin de concussionnaire ou d'un sot auteur, peint à miracle, quel est celui que vous choisirez? Qu'est-ce[I] qui attache vos regards sur un buste de Marc Aurele ou de Trajan, de Seneque ou de Ciceron? Est-ce le mérite du ciseau de l'artiste ou l'admiration de l'homme?

D'où je conclus avec vous qu'il faut qu'un portrait soit ressemblant pour moi, et bien peint pour la postérité[31].

G. *sans* composition, *j'en L V*
H. *ils auront* tous *le V* [*corr. Vdl*] / *le talent* de *peintre L V*
I. Qui *est-ce qui L V*

30. C'est un vieux débat auquel faisait allusion dès 1745 la note de l'*Essai sur le mérite et la vertu* (DPV, I, 323). Selon l'argument d'Aristote, repris par les pyrrhoniens, l'acte d'imiter constitue en lui-même la beauté. Pour D., disciple de Shaftesbury, la beauté de l'objet représenté est l'expression de son unité, de son « organisation », indépendamment de sa ressemblance ou de sa non-ressemblance. La note de Grimm mérite d'être soulignée: « Oui, mais l'attrait de la vérité est si invincible qu'il suffirait que le plus beau portrait de Van Dyck eût conservé la réputation de n'avoir pas ressemblé, pour perdre de son prix. C'est que le premier mérite d'un portrait est de ressembler, quoi qu'on en dise, et un grand peintre n'a que faire des têtes de fantaisie, s'il n'a pas le talent de donner de la ressemblance. »

31. Il s'ensuit naturellement que le jugement

Ce qu'il y a de certain, c'est que rien n'est plus rare qu'un beau pinceau, plus commun qu'un barbouilleur qui fait ressembler, et que quand l'homme n'est plus, nous supposons la ressemblance.

### BOUCHER

Il y a deux tableaux de Boucher. Le *Sommeil de l'enfant Jesus*, et une *Bergerie* [J].

Ce maître a toujours le même feu, la même facilité, la même fécondité, la même magie[32] et les mêmes défauts qui gâtent un talent rare[K].

Son enfant Jesus est mollètement peint. Il dort bien. Sa Vierge mal drapée est[L] sans caractère. La gloire est très aérienne. L'ange qui vole est tout à fait vaporeux. Il était impossible de toucher plus grandement et de donner une plus belle tête au Joseph qui sommeille derrière la Vierge qui adore son fils. Mais la couleur? Pour la couleur, ordonnez à votre chimiste de vous faire une détonation ou plutôt déflagration de cuivre par le nitre, et vous la verrez telle qu'elle est dans le tableau de Boucher. C'est celle d'un bel émail de Limoges. Si vous dites au peintre: Mais, Monsieur Boucher, où avez-vous pris ces tons de couleur[M]? il vous répondra, Dans ma tête.... Mais ils sont faux... Cela se peut, et je ne me suis pas soucié d'être vrai. Je peins un événement fabuleux avec un pinceau romanesque. Que savez-vous? La lumière du Thabor[N] et celle du paradis sont peut-être comme cela? Avez-vous jamais été visité la nuit par des anges?... Non... Ni moi non plus, et voilà pourquoi je m'essaie comme il me plaît, dans une chose qui n'a point de modèle en nature... Monsieur Boucher, vous n'êtes pas bon philosophe, si vous ignorez qu'en quelque lieu du monde que vous alliez, et qu'on vous parle de Dieu, ce soit autre chose que l'homme.

J. *et une Bergerie.* 9. Le Sommeil de l'enfant Jésus. *L V*

K. *Ce maître* [...] *un talent rare om. V* [*rayé Vdl*]

L. *mal drapée* et *sans caractère V*

M. *ces tons de* couleurs *? V*

N. Tabor *V L*

de la postérité est supérieur à celui des contemporains. L'idée figure en bonne place dans *Le Neveu de Rameau* (*Le Neveu*, p. 13). Elle fournit le thème essentiel de la correspondance avec Falconet à partir de 1765.

32. Formant antithèse avec ce qui suit, le mot ne constitue qu'un éloge partiel. Il est inutile d'être « magicien » quand on ne se soucie pas « d'être vrai ». Voir ci-dessous p. 237.

### *La Bergerie* [O].

Imaginez sur le fond un vase posé sur son piédestal et couronné d'un faisceau de branches d'arbres [P] renversées; au-dessous, un berger endormi sur les genoux de sa bergère. Répandez autour une houlette, un petit chapeau rempli de roses, un chien, des moutons, un bout de paysage, et je ne sais combien d'autres objets entassés les uns sur les autres. Peignez le tout de la couleur la plus brillante, et vous aurez la *Bergerie* de Boucher.

Quel abus du talent! Combien de travail [Q] perdu! avec la moitié moins de frais, on eût obtenu la moitié plus d'effet. Entre tant de détails tous également soignés, l'œil ne sait où s'arrêter. Point d'air. Point de repos. Cependant la bergère a bien la physionomie de son état. Et ce bout de paysage qui serre le vase est d'une délicatesse, d'une fraîcheur et [R] d'un charme surprenant. Mais que signifient ce vase et son piédestal? Que signifient ces lourdes branches dont il est surmonté? Quand on écrit, faut-il tout écrire? Quand on peint, faut-il tout peindre? De grâce, laissez quelque chose à suppléer par mon imagination. Mais [S] dites cela à un homme corrompu par la louange et entêté de son talent, et [T] il hochera dédaigneusement de la tête; il vous laissera dire et nous le quitterons *Jussum se suaque solum amare*. C'est dommage pourtant.

Cet homme lorsqu'il était nouvellement revenu d'Italie, faisait de très belles choses. Il avait une couleur forte et vraie. Sa composition était sage quoique pleine de chaleur, son faire large et grand. Je connais quelques-uns de ses premiers morceaux qu'il appelle aujourd'hui des croûtes, et qu'il rachèterait volontiers pour les brûler [33].

Il a de vieux portefeuilles pleins de morceaux admirables qu'il dédaigne. Il en a de nouveaux farcis de moutons et de bergers à la Fontenelle [34] sur lesquels il s'extasie.

Cet homme est la ruine de tous les jeunes élèves en peinture. A peine

O. 10. *La Bergerie*. Du même. *Imaginez L V*
P. *d'arbres om. L V*
Q. *Combien de* temps *perdu! L V*
R. *et om. V [rayé Vdl]*
S. *imagination*. Si vous *dites V [corr. Vdl]*
T. *et rayé Vdl*

33. Même jugement dans le commentaire sur le *Voyage d'Italie* par M. Cochin (DPV, XIII,40).

34. A rapprocher du *Salon de 1759*: « Cet homme qu'on a très bien nommé le Fontenelle de la peinture... » (p. 94).

savent-ils manier le pinceau et tenir la palette, qu'ils se tourmentent à enchaîner des guirlandes d'enfants, à peindre des culs joufflus et vermeils, et à se jeter dans toutes sortes d'extravagances qui ne sont rachetées ni par la chaleur, ni par l'originalité, ni par la gentillesse, ni par la magie de leur modèle. Ils [U] n'en ont que les défauts.

## JEAURAT

Ce fut autrefois le Vadé de la peinture[35]. Il connaissait les scènes de la place Maubert et des Halles, les enlèvements de [V] filles, les déménagements furtifs, les disputes des harengères et des [W] crieuses de vieux chapeaux. Il exposa, il y a deux ans, deux petits tableaux en ce genre qui se firent remarquer.

Je me souviens [X] que dans l'un il y avait deux filles qu'on menait à St-Martin (maison de correction [Y]) dont l'une se désolait, et l'autre faisait les cornes au commissaire. C'est la vérité dans ce genre.

Il faut [Z] que celui qu'il a exposé cette année et qu'il a appelé [A] *Les Citrons de Javotte*, soit peu de chose, car je ne l'ai pas [B] remarqué, et je n'en ai entendu parler à qui que ce soit.

Mon ami, je vous abandonne M. Jeaurat; faites-en tout ce qu'il vous plaira. Je vous demande seulement un peu d'indulgence pour ses cheveux gris et sa main tremblante.... Mais il est bien mauvais.... D'accord, mais il a les cheveux gris, et un visage long et de bonhomie [C].

U. *magie de* leurs modèles; *ils L V*
V. *les enlèvements* des *filles Firm.*
W. *des om. L V*
X. [*pas d'alinéa* L V]
Y. *maison de correction* [*note en bas de page dans* L *et* V]
Z. [*pas d'alinéa* L V]
A. *et qu'il* appelle *les citrons de Javotte V*
B. *l'ai* point *remarqué L V*
C. *long et* plein *de bonhomie add. A.T.*

35. On lit dans le catalogue au sujet des *Citrons de Javotte* : « Sujet tiré d'un petit ouvrage en vers de M. Vadé, qui porte ce même titre ». Jean-Joseph Vadé, mort en 1757, était l'auteur de contes poissards.

## NATTIER [D]

Cet homme a été autrefois très bon portraitiste; mais il n'est plus rien. Le *Portrait* [E] *de sa famille* est flou : c'est-à-dire, faible et léché. Monsieur Nattier, vous ne connaissez pas les têtes de vos enfants; certainement elles ne sont pas comme cela.

Le costume est bien observé dans votre *Chinois* et dans votre *Indienne* [F], j'y consens. Si vous n'avez voulu que m'apprendre comment [G] on était vêtu à la Chine ou [H] dans l'Inde, soyez content; vous l'avez fait.

## HALLÉ

Hallé [I] est toujours le pauvre Hallé. Cet homme a la rage de choisir de grands sujets, des sujets qui demandent de l'invention, des caractères, du dessin, de la noblesse, toutes qualités qui lui manquent.

*Abraham reçoit les anges qui annoncent*
*à Sara qu'elle sera mère, malgré sa vieillesse* [J].

On voit dans ce tableau les anges assis autour d'une table. Abraham est debout devant eux. Sara écoute derrière une porte.

L'Abraham est très mal drapé. On ne sent nulle part le nu sous cet amas d'étoffe lourde et de couleur de terre. Monsieur Hallé, où est ce beau caractère céleste que Raphaël et Le Sueur ont su donner à leurs anges? Les vôtres sont trois polissons déguisés. Votre Abraham est un vieux paillard qui a le souris indécent, le nez recourbé, la physionomie [K] grimacière et rechignée d'un faune; il ne lui manque que les oreilles pointues et les petites cornes. Et cette figure mesquine de femme derrière la porte, c'est une servante que vous ne me ferez jamais prendre pour une Sara. Et puis, vos couleurs sont sales et crues; vous êtes d'une fadeur

D. *Nattier.* 11. L'Auteur avec sa famille. *Cet homme a été autrefois L V*

E. [*pas d'alinéa* L V]

F. 12. Deux tableaux, représentant, l'un un *chinois* tenant une flèche, et l'autre une *indienne.* Du même *Le costume* y *est bien observé, j'y consens. L V*

G. *m'apprendre* comme *on était L V*

H. *à la Chine* et *dans l'Inde L V*

I. *Hallé.* 13. *Abraham reçoit les anges*; ils *annoncent à Sara qu'elle sera mère* d'un fils. *Hallé L V*

J. *Abraham reçoit les Anges qui annoncent* [...] *vieillesse om. L V* [*voir variante précédente*]

K. *la* figure *grimacière L V*

11. Lagrenée l'aîné. *Suzanne surprise par les deux vieillards*. T. H. 1,20 ; L. 1,55. Exposé au Salon de 1763.

12. Jean-Baptiste Deshays. *Le Mariage de la sainte Vierge*. 1763. T. H. 3,50 ; L. 2,00. Exposé au Salon de 1763.

de monotonie insupportable. Vous m'ennuyez, Monsieur Hallé; vous m'ennuyez [L].

Personne ne sait ce que c'est[36] que votre *Vierge avec son enfant*, vos [M] deux petites *Pastorales*, votre *Abondance répandue sur les arts*, ni votre *Combat d'Hercule, et d'Achéloüs*. Tout cela est misérable.

### PIERRE

Monsieur [N] Pierre, chevalier de l'Ordre du Roi, premier peintre de monseigneur le duc d'Orléans et professeur de l'Académie de peinture[37], vous ne savez plus ce que vous faites, et [O] vous avez bien plus de tort qu'un autre. Vous êtes riche. Vous pouvez sans vous gêner, vous procurer de beaux modèles et faire tant d'études qu'il vous plaira. Vous n'attendez pas après [P] l'argent d'un tableau pour payer votre loyer. Vous avez tout le temps de choisir votre sujet, de vous en pénétrer, de l'ordonner, de l'exécuter. Vous avez été mieux élevé que la plupart de vos confrères. Vous connaissez les bons auteurs français; vous entendez les poètes latins; que ne les lisez-vous donc [Q]? Ils ne vous donneront pas le génie, parce qu'on l'apporte en naissant; mais ils vous remueront, ils élèveront votre esprit, ils dégourdiront un peu votre imagination; vous y trouverez des idées et vous vous en servirez.

Pierre [R] à son retour d'Italie exposa quelques morceaux bien dessinés, bien coloriés, hardis même et de bonne manière. Il y a vingt ans de cela. Alors il faisait cas du Guide, du Correge, de Raphaël, du [S] Veronese et des Carraches, qu'il appelle aujourd'hui des croûtes. Depuis une douzaine d'années il a toujours été en dégénérant, et sa morgue s'est accrue à mesure

L. *Vous m'ennuyez. Monsieur Hallé, vous m'ennuyez. om. V [rayé Vdl]*
M. *avec son Enfant* Jésus, *vos deux L V*
N. *[début d'un passage rayé par Vdl dans* V*]*
O. *vous ne savez plus ce que vous faites, et om. V [rayé par Vdl]*
P. *après om. L*
Q. Lisez-les donc? *corr. Vdl [le point d'interrogation a été laissé par erreur]*
R. M[r]. *Pierre V [add. Vdl]*
S. *de Raphaël*, de *Véronèse V*

36. Le sens de l'expression s'éclaire par le contexte (« Tout cela est misérable »). Les toiles de Hallé, que tout le monde peut voir, sont comme si elles n'étaient pas.

37. Phrase empruntée au catalogue.

que son talent s'est perdu. C'est aujourd'hui le plus vain et le plus plat de nos artistes [T].

Il a pris pour sujet d'un de ses tableaux *Mercure amoureux* [U] *qui change en pierre Aglaure qui l'éloignait de sa sœur Hersé* [38].

On voit à gauche Hersé à sa toilette. Derrière elle est une suivante debout. A droite, sur le devant, Aglaure est renversée à terre. Au-dessus, Mercure porté dans les airs, touche de son caducée cette sœur incommode.

D'abord quelle plate idée que d'avoir mis [V] Hersé à sa toilette! C'est une grande figure, froide, imbécile, sans action, sans passion, sans mouvement, sans caractère, ne prenant pas le moindre intérêt à ce qui se passe. Cette subalterne qui est [W] à côté d'elle, on peut dire qu'elle se conforme très bien à l'indifférence de sa maîtresse. Pour l'Aglaure; c'est en charbon de terre que Mercure la change; je m'en rapporte à M. de Jussieu. Ce Mercure qui fait ici le rôle principal est si faible de couleur qu'on le prendrait pour un nuage gris. Le tout a l'air ou d'une première ébauche, ou d'un mauvais tableau ancien dont on a enlevé la couleur en le nettoyant.

Depuis que ce morceau est exposé, le peintre va tous les matins le retoucher. Retouche, retouche, mon ami. Je te promets que cela n'est ni fait ni à refaire. Ce n'est pas Aglaure, c'est l'artiste et toute sa composition que Mercure en colère a pétrifiés.

### *Une scène du Massacre des Innocents* [X].

C'est une mère qui se poignarde de douleur sur le cadavre de son enfant. Quand on cite un seul vers d'un poème épique, il faut qu'il soit de la plus rare beauté. Quand on ne montre qu'un seul incident d'une scène immense, il faut qu'il soit sublime, et qu'il dise *ex ungue leonem*. Monsieur Pierre, vous n'avez point de griffes. La femme qui se tue, est blafarde. Je ne sais pourquoi elle se tue, car je cherche son désespoir, et ne le trouve point.

T. *le plus vain,* le plus despote et le moins habile *de nos artistes V* [*corr. Vdl*] [*fin du passage supp. par Vdl ; voir var. N*]

U. *tableaux.* 14. *Mercure amoureux. L V*

V. mise *G que om. L V*

W. *qui est om. L V*

X. 15. *Une* [...] *innocents.* Du même. *C'est L V*

38. Voir Ovide, *Métamorphoses*, II, 815-832.

Il ne faut pas prendre de la grimace pour de la passion. C'est une chose à laquelle les peintres et les acteurs sont sujets à se méprendre. Pour en sentir la différence, je les renvoie au Laocoon antique qui souffre et ne grimace point[39].

*L'Harmonie* [Y].

Ma foi, je ne sais ce que c'est.

Pour la *Bacchante endormie* [Z], je me la rappelle fort bien. C'est une grande nudité de femme ivre, âgée, chairs molles, gorge flétrie, ventre affaissé, cuisses plates, hanches élevées; fade de couleur, mal dessinée, surtout par les jambes; moulue, dont les membres vont se [A] détacher incessamment, usée par la débauche des hommes et du vin. Dormez, charmante, dormez. Personne ne sera tenté d'abuser de votre état et de votre sommeil.

Quand on choisit de ces natures-là, il faut en sauver le dégoût par une exécution supérieure, et c'est ce que M. [B] le chevalier Pierre n'a pas fait. Vulcain est la plus hideuse figure de l'*Odyssée* et la plus fortement peinte. Le Polyphème de Virgile fait horreur; mais il est beau.

Il ne faut plus compter Pierre parmi nos bons artistes [C].

VIEN

Le triste et plat métier que celui de critique! Il est si difficile de produire une chose même médiocre; il est si facile de sentir la médiocrité. Et puis, toujours ramasser des ordures, comme Fréron ou ceux qui se promènent dans nos rues avec des tombereaux. Dieu soit loué, voici un homme dont on peut dire du bien et presque sans réserve [D]! L'image la plus favorable

Y. *L'Harmonie*. Du même. *L V*
Z. Une *bacchante endormie*. Du même. *Je me L V*
A. *membres vont* s'en *détacher V*
B. Monsieur *le chevalier L V*
C. La suite pour l'ordinaire prochain [*livraison du 15 octobre 1763*] Suite du Salon de 1763 [*livraison du 1er nov. 1763*] *G S Firm*
D. *Le triste et plat métier* [...] *presque sans réserve om. V* [*rayé Vdl*]

39. Le thème de la « grandeur tranquille » et l'exemple du *Laocoon* apparaissent pour la première fois en français dans la traduction des *Beobachtungen* de Winckelmann publiée par le *Journal étranger* de janvier 1756. Ils sont repris par Hagedorn dans les *Betrachtungen über die Malerei* parues en 1762, traduites en français par Huber sous le titre : *Réflexions sur la peinture* en 1765. Le *Salon de 1761* contenait déjà une allusion précise au *Laocoon* : « Le Laocoon est dans une situation violente, mais d'aplomb » (ci-dessus, p. 146).

sous laquelle on puisse envisager un critique, est celle de ces gueux qui s'en vont avec un bâtonnet à la main remuer les sables de nos rivières pour y découvrir une paillette d'or. Ce n'est pas là le métier d'un homme riche[40].

Les tableaux que Vien[E] a exposés cette année sont tous du même genre, et comme ils ont presque tous le même mérite, il n'y a qu'un seul éloge à en faire. C'est l'élégance des formes, la grâce, l'ingénuité, l'innocence, la délicatesse, la simplicité, et tout cela joint à la pureté du dessin, à la belle couleur, à la mollesse et à la vérité des chairs.

On serait bien embarrassé de choisir entre sa *Marchande à la toilette*, sa *Bouquetière*, sa *Femme qui sort du bain*, la *Prêtresse qui brûle de l'encens sur un trépied*, la *Femme qui arrose ses fleurs*, la *Proserpine qui en orne le buste de sa mère* et l'*Offrande au temple de Venus*. Comme tout cela sent la manière antique[41].

Ces morceaux sont petits. Le plus grand n'a pas plus de trois pieds de haut sur deux de large; mais l'artiste a bien fait voir dans sa *Sainte Genevieve* du dernier Salon, son *Icare* qui est à l'Académie et d'autres morceaux, qu'il pouvait tenter de grandes compositions et s'en tirer avec succès.

Celui qu'il a appelé *La Marchande à la toilette*[F] représente une esclave

E. *Les tableaux que* Mr *Vien V* [*add. Vdl*]

F. *La Marchande à la toilette.* Celui [Celle *corr. Vdl*] qu'il appelle ainsi *représente L V*

40. Ce préambule est révélateur du désaccord qui oppose D. à l'opinion de la plupart des critiques. Le plaisir qu'il éprouve à voir « Apelle ressuscité au milieu d'une troupe d'Athéniennes » n'est nullement partagé par les auteurs de comptes rendus. Voici par exemple le commentaire du *Mercure de France* : « Il nous serait difficile cependant de dissimuler les regrets que nous avons entendu faire de plusieurs côtés, sur ce que fait perdre aux curieux, dans le style naturel de notre école, pour lequel M. Vien a des talents si précieux, l'attachement et l'application qu'il paraît vouer depuis quelque temps à ce style antique, que plusieurs d'entre les amateurs pourraient bien ne pas estimer autant que les autres, et dont il est assez évident que le général du public dispenserait volontiers nos artistes » (novembre 1763, p. 193).

41. Au moins sur ce point, D. porte le même jugement que ses contemporains : Vien est fidèle à la « manière antique ». Cependant il est intéressant de comparer les toiles antiquisantes de Vien aux modèles dont il s'est servi : la *Marchande à la toilette* s'inspire d'une gravure parue dans *Le Antichità di Ercolano* (*Les Antiquités d'Herculanum exposées avec quelques explications*, 8 vol., Naples, 1757-1792). On serait tenté de dire : Comme tout cela est loin de la manière antique ! Mais le public ne percevait pas cette différence. Voir R. Rosenblum, *Transformations in late 18th Century*, Princeton, 1967.

qu'on voit à gauche agenouillée. Elle a à côté d'elle un petit panier d'osier rempli d'Amours qui ne font qu'éclore. Elle en tient un par ses deux ailes bleues qu'elle présente à une femme assise dans un fauteuil, sur la droite. Derrière cette femme est sa suivante debout. Entre l'esclave et la femme assise l'artiste a placé une table sur laquelle on voit des fleurs dans un vase, quelques autres éparses sur le tapis, avec un collier de perles.

L'esclave un peu basanée avec son nez large et un peu aplati, ses grandes lèvres vermeilles, sa bouche entrouverte, ses grands yeux noirs, est une coquine qui a bien la physionomie de son métier et l'art de faire valoir sa denrée.

La suivante qui est debout, dévore des yeux toute la jolie couvée.

La maîtresse a de la réserve dans le maintien. L'intérêt de ces trois visages est mesuré avec une intelligence infinie; il n'est pas possible de donner un grain d'action ou de passion à l'une, sans les désaccorder toutes en ce point. Et puis c'est une élégance dans les attitudes, dans les corps, dans les physionomies, dans les vêtements; une tranquillité dans la composition; une finesse; tant de charmes partout, qu'il est impossible de les décrire. Les accessoires sont d'ailleurs d'un goût exquis et du fini le plus précieux. Ce morceau en tout est d'une très belle exécution. La figure assise est drapée comme l'antique. La tête est noble. On la croit faible d'expression; mais ce n'est pas mon avis. Les pieds et les mains sont faits avec le plus grand soin. Le fauteuil est d'un goût qui frappe; ce gland qui pend du coussin, est d'or à s'y tromper. Rien n'est comparable aux fleurs pour la vérité de la couleur et des formes, et pour [G] la légèreté de la touche. Le fond caractérise bien le lieu de la scène. Ce vase avec son piédestal est d'une belle forme. O, le joli morceau!

On prétend que la femme assise a l'oreille un peu haute; je m'en rapporte aux maîtres.

Voilà une allégorie qui a du sens, et non pas cet insipide *Exercice des Amours* de Vanloo. C'est une petite ode tout à fait anacréontique. C'est dommage que cette composition soit un peu déparée par un geste indécent de ce petit Amour papillon que l'esclave tient par les ailes. Il a la main

G. *la vérité* des couleurs *et des L V* / *et* par *la légèreté V*

droite appuyée au pli de son bras gauche qui en se relevant indique d'une manière très significative la mesure du plaisir qu'il promet.

En général, il y a dans tous ces morceaux peu d'invention et de poésie, nul enthousiasme; mais une délicatesse et un goût infinis. Ce sont des physionomies à tourner la tête; des pieds, des mains et des bras à baiser mille fois.

L'harmonie des couleurs, si importante dans toutes compositions, était essentielle dans celles-ci; aussi y est-elle portée au plus haut degré.

Ce sont comme autant de madrigaux de l'Anthologie mis en couleurs. L'artiste est comme Apelle ressuscité au milieu d'une troupe d'Athéniennes[42].

Celui que j'aime entre toutes[H], est la *Jeune Innocente qui arrose son pot de fleurs.* On ne la regarde pas longtemps sans devenir sensible. Ce n'est pas son amant, c'est son père ou sa mère qu'on voudrait être. Sa tête est si noble! Elle est si simple et si ingénue! Ah, qui est-ce qui oserait lui tendre un piège? C'est la couleur de chair[I] la plus vraie; peut-être y désirerait-on un peu plus de vigueur[J]. La draperie est large; peut-être la voudrait-on un peu plus légère. Malgré le bas-relief dont on a décoré le pot de fleurs, on dit qu'il ressemble un peu trop pour la forme à ceux du Quai de la ferraille.

Mais encore un mot sur la *Marchande de modes*[K]. On prétend que les Anciens n'en auraient jamais fait le sujet d'un tableau isolé; qu'ils auraient réservé cette composition et celles du même genre, pour un cabinet de bains, un plafond, ou pour les murs de quelque grotte souterraine. Et puis, cette suivante qui d'un bras qui pend nonchalamment va de distraction ou d'instinct relever avec l'extrémité de ses jolis doigts le bord de sa tunique,

H. *entre* tous *est la Jeune L V*
I. *couleur de* chairs *la plus vraie S*
J. *un peu plus de* couleur. *La draperie L V*
K. *sur la Marchande* à la toilette. *On prétend L V*

42. Mathon de La Cour est d'un tout autre avis : « Ces tableaux ont assez généralement, Madame, les beautés et les défauts que vous avez remarqués dans quelques statues antiques, des attitudes un peu froides, des draperies qui pourraient paraître mesquines, mais une grande pureté de dessin, et je ne sais quelle simplicité majestueuse qui en impose malgré qu'on en ait. J'aimerais mieux le coloris de M. Vien, s'il était moins brillant : je voudrais aussi que ce peintre, sans s'écarter de son goût pour l'antique, cherchât à mettre dans ses compositions, plus de caractère et plus de variété » (*Lettre à Madame* ***..., p. 19-20).

à l'endroit... En vérité, les critiques sont de sottes gens ! Pardon, Monsieur Vien, pardon ! Vous avez fait dix tableaux charmants. Tous méritent les plus grands éloges par leur précieux dessin et le style délicat dans lequel vous les avez traités. Que ne suis-je possesseur du plus faible de tous ! Je le regarderais souvent, et il serait couvert d'or, lorsque vous ne seriez plus.

### DE[L] LA GRENÉE

Voici un artiste qui a fait un grand pas dans son art depuis deux ans[43]. Ce n'était au dernier Salon qu'un peintre médiocre, froid dans sa composition et faible dans les autres parties; mais sa *Susanne* surprise au bain[M] par les deux vieillards le met tout à coup sur la seconde et peut-être sur la première ligne.

La Suzanne[N] est placée à gauche sur le devant. On la voit de face. A droite sont les deux vieillards, l'un derrière elle, l'autre à côté. Ils sont bien groupés, et leurs têtes sont belles. Celui-ci lui dit du geste qu'ils sont seuls et loin de tout témoin; l'autre lui caresse l'épaule d'une main. L'expression de la Susanne est grande et noble; elle dérobe sa gorge avec un de ses bras; l'autre retient des linges qui descendent et couvrent ses cuisses. Les chairs sont vraies; les séducteurs encore frais et verts. Avec tout cela, la chasteté de la belle Juive eût été encore mieux[O] avérée s'il n'y en avait eu qu'un, et qu'il eût été jeune. Mais ce n'est pas là le conte.

*L'Aurore qui quitte la couche du vieux Titon*[P].

Je n'aime pas ce tableau. Titon est d'une couleur vineuse. De la manière dont il est placé, il a l'air d'un homme qu'on aurait serré entre deux planches. Cette Aurore est terne; sa draperie ne la fait pas sentir, et ses chevaux sont gris et de pierre.

L. *De om. L V*
M. *au bain om. L V*
N. 31. *Suzanne* [...] *vieillards. La Suzanne L V*
O. *eût été* plus *avérée V*
P. 32. *L'aurore* [...] *Titon.* Du même. *Je n'aime L V*

43. En réalité La Grenée n'avait rien exposé en 1761, puisqu'il était à cette époque en Russie, comme premier peintre de Catherine II et directeur de l'Académie.

En revanche [Q], la *Douce captivité* est un bon tableau. C'est une femme qui presse une colombe contre son sein. Ce morceau pour le caractère noble et voluptueux de la femme, la vérité des chairs et l'effet, est digne de Carle Vanloo, lorsqu'il ne s'était pas fait une couleur outrée.

Mon ami, si vous retournez au Salon, n'oubliez pas de comparer ce tableau de La Grenée avec l'*Athénienne qui arrose des fleurs*, de Vien.

Vous trouverez dans l'un de la grandeur de formes et de la noblesse. La tête en est coiffée dans le goût antique; elle est bien dessinée. Mêmes qualités dans l'autre, avec plus de sensibilité [R]; mais c'est peut-être le mérite du sujet et non de l'artiste. Celle-ci n'est occupée que du plaisir de voir croître ses [S] fleurs; celle de La Grenée a d'autres pensées. La main qui presse l'oiseau est potelée et bien dessinée. Toute la figure, bien peinte et assez bien coloriée. Vien est plus moelleux et plus doux. La femme de La Grenée vous semblera plus belle; mais c'est celle de Vien que vous aimerez.

Je ne sais [T], Monsieur de La Grenée, ce que c'est que votre *Massacre des Innocents*. Je ne l'ai point vu [44]; mais j'entends dire qu'il y a quelques beaux groupes, et j'en suis bien aise.

Pour [U] votre *Josué qui combat les Amorrhéens, et qui commande au soleil*, je ne saurais vous dissimuler qu'il est mauvais. Vous n'avez ni cette variété de pensées, ni cette chaleur, ni ce terrible qui convient à un peintre de batailles [V]. Pour trouver le geste et la tête d'un homme qui commande au soleil, il faut y rêver longtemps. Du pas dont vous allez, peut-être dans deux ans d'ici, vous sera-t-il permis de tenter de ces grandes machines-là [45]. Vous avez réussi dans une élégie, et vous méditez un poème épique. Halte-là, s'il vous plaît. Vous ne vous doutez pas encore des connaissances nécessaires à un peintre de batailles.

Voilà [W] une *Mort de César* où les figures sont maigres, roides et isolées.

Q. 33. La Douce captivité. Du même. *En revanche la Douce Captivité L V*

R. *avec plus* de mérite et *de sensibilité V*

S. *voir croître* des *fleurs L V*

T. 36. Le Massacre des innocents. Du même. *Je ne sais L V*

U. 37. *Josué* combattant contre les *Amorrhéens commande au soleil* de s'arrêter, et remporte une victoire complète. Du même. *Pour votre L V*

V. *un peintre de* bataille. *L V [de même quelques lignes plus loin]*

W. 38. *La Mort de César*. Du même. *Voilà L*

44. Ici, l'expression « je ne sais ce que c'est » a son sens propre sans intention péjorative.

45. Au sens général de « grande ordonnance, grande composition » (ENC, IX, 798 a).

Rien ne répond à l'importance du sujet; c'est un guet-apens ordinaire. Gardez-vous bien de mettre cette ébauche en couleur; ce serait du temps et de l'huile perdus.

Votre *Servius Tullius précipité du Capitole et assassiné* [X] est mieux.

Pour votre *Christ en croix* [Y], convenez que le professeur qui retouche les élèves qui vont dessiner à l'Académie l'aurait déchiré. Monsieur de La Grenée, je vous parle avec franchise, parce que je vous aime, et que je suis content de votre *Susanne*, mais très content : Si vous m'en croyez, vous vous en tiendrez aux tableaux de chevalet, et vous laisserez-là ces énormes compositions qui demandent de grands fronts et quelqu'une [Z] de ces têtes énormes que Raphaël, le Titien, Le Sueur ont portées sur leurs épaules, et dont Deshays a quelques traits.

Mais j'allais passer sous silence vos deux petits tableaux de *Vierge*, et j'aurais fort mal fait. Ils ont une douceur charmante et le moelleux du pinceau du Guide. Je préfère celui où l'enfant va caresser sa mère de ses deux petites mains. Et [A] l'enfant et la mère sont intéressants. L'œil tourne autour du visage de la mère.

### DESHAYS

Deshays est sans contredit le plus grand peintre d'église que nous ayons. Vien n'est pas de sa force en ce genre, et Carle Vanloo lui a cédé la [B] place. Il y a pourtant de Vien une certaine *Piscine*... [C] [46]

Je ne balance pas à prononcer [D] que *Le Mariage de la Vierge* est la plus belle composition qu'il y ait au Salon, comme elle est la plus vaste. Ce tableau a dix-neuf pieds de haut sur onze pieds de large, l'espace est immense et tout y répond.

X. 39. *Servius Tullius*, jeté du haut des degrés *du Capitole, et assassiné* par les ordres de Tarquin. Du même. Il *est mieux L V*

Y. 40. Un *Christ en croix*, dessiné à la sanguine. Du même. *Convenez que le professeur L V*

Z. *et* quelques-unes *de ces têtes L V*

A. *Et om. V* [*rayé Vdl*]

B. *lui a cédé* sa *place L V*

C. *Deshays est sans contredit* [...] *Piscine om. V* [*rayé Vdl*]

D. 42. *Le Mariage de la vierge*. Du même. *Je ne balance pas L V*

46. « La Piscine miraculeuse de Vien est une grande composition qui n'est pas sans mérite » *(Salon de 1759*, p. 95*)*.

On voit à droite l'autel et le candélabre à sept branches. Le grand-prêtre est placé sur le haut des marches, le dos tourné à l'autel et le visage vers les époux. Il a les bras étendus et la tête élevée au ciel. Il en[E] invoque l'assistance. Il est majestueux. Il est grand. Il en impose; il est plein d'enthousiasme[47]. Les deux époux sont à genoux sur les derniers degrés. La Vierge noble, grande, pleine de modestie, vêtue et drapée naturellement, dans le vrai goût de Raphaël. L'époux qui peut avoir quarante-cinq ans, est vigoureux et frais. Il présente à son épouse l'anneau nuptial. Son caractère ne dit ni trop ni trop peu. Derrière l'époux est une sainte Anne dont le visage ridé est l'image de la joie. A côté de la[F] sainte Anne, derrière la Vierge est une grande fille, belle, simple, innocente, un voile jeté négligemment sur sa tête, le reste du corps couvert d'une longue draperie, et portant une corbeille de roses; ce n'est qu'un accessoire, mais qu'on ne se lasse pas[G] de regarder. A droite du grand-prêtre et de l'autel, le peintre a jeté des assistants témoins de la cérémonie; ils ont les regards attachés sur les époux. A gauche du grand-prêtre et sur le devant du tableau, il a placé deux lévites vêtus de blanc, tout à fait dans la manière de Le Sueur. L'un tient des fleurs, l'autre s'appuie sur un flambeau. O les deux belles figures ! Il y a des gens difficiles qui convenant de leur mérite et de la beauté de leur caractère, prétendent qu'elles sont un peu contournées, et que le peintre a serré les cuisses de l'un avec une large bande, sans trop savoir pourquoi. Malheur à ces gens-là, ils ne seront jamais satisfaits de rien. Ils disent aussi que la gloire qui remplit le haut du tableau est un peu lourde, et il faut leur accorder ce point; d'autant plus que l'éclat qu'ils y désirent n'aurait pas éteint le reste d'une composition peinte très fortement. Pour ces anges groupés, ils ne peuvent nier leur légèreté. Ils sont suspendus dans les airs, et l'on n'est point surpris qu'ils y restent. Plus on regarde ce morceau, plus on en est frappé. La couleur en est forte, et plus

E. *en om. V* F. *la om. V* G. *lasse* point *de regarder L V*

47. Il faut distinguer l'enthousiasme du peintre et celui du personnage. Il est remarquable que, dans ce dernier cas, le terme s'applique (à deux reprises dans le *Salon de 1763*) à des personnages de prêtres : l'enthousiasme religieux, source d'inspiration poétique, est un thème souvent repris par D. en particulier dans l'*Encyclopédie* (art. *ÉCLECTISME, DPV, VII, 36-112, *THÉOSOPHES, DPV, VIII, 365-393).

peut-être que vraie. Le peintre n'a rien fait encore à mon sens, ni de si beau, ni de si hardi. Je n'en excepte ni son *Saint Benoît* du Salon passé, ni son *Saint Victor*, ni son autre martyr dont le nom ne me revient pas[48], quoiqu'il y eût et de la force et du génie.

Qu'on me dise après cela que notre mythologie prête moins à la peinture que celle des Anciens. Peut-être la Fable offre-t-elle plus de sujets doux et agréables; peut-être n'avons-nous rien à comparer en ce genre au Jugement de Pâris : mais le sang que l'abominable croix a fait couler de tous côtés, est bien d'une autre ressource pour le pinceau tragique. Il y a sans doute de la sublimité dans une tête de Jupiter; il a fallu du génie pour trouver le caractère d'une Euménide, telle que les Anciens nous l'ont laissée[H]; mais qu'est-ce que ces figures isolées en comparaison de ces scènes où il s'agit de montrer l'aliénation d'esprit ou la fermeté religieuse, l'atrocité de l'intolérance, un autel fumant d'encens devant une idole; un prêtre aiguisant froidement ses couteaux, un préteur faisant déchirer de sang-froid son semblable à coups de fouet, un fou s'offrant avec joie à tous les tourments qu'on lui montre et défiant ses bourreaux; un peuple effrayé, des enfants qui détournent la vue et se renversent sur le sein de leurs mères, des licteurs écartant la foule, en un mot, tous les accidents[I] de ces sortes de spectacles[49]? Les crimes que la folie du Christ a commis et fait commettre, sont autant de grands drames, et bien d'une autre difficulté que la descente d'Orphée aux enfers, les charmes de l'Elysée, les supplices du Ténare ou les délices de Paphos. Dans un autre genre, voyez tout ce que Raphaël et d'autres grands maîtres ont tiré de Moïse, des prophètes et des évangélistes. Est-ce un champ stérile pour le génie qu'Adam, Eve, sa famille, la postérité de Jacob, et tous les détails de la vie patriarcale? Pour notre paradis, j'avoue qu'il est aussi plat que ceux qui l'habitent, et le bonheur qu'ils y goûtent. Nulle comparaison entre nos saints, nos apôtres et nos vierges tristement extasiés, et ces banquets de l'Olympe où le nerveux Hercule appuyé sur sa massue regarde amoureu-

H. tel *que les Anciens nous l'ont* laissé *L V*

I. *tous les* incidents *de ces sortes L V*

48. Saint André, probablement, qui fut lui aussi exposé et abondamment commenté par D. en 1761.

49. Ce développement sur « l'aliénation d'esprit » reprend presque dans les mêmes termes l'article *THÉOSOPHES (DPV, VIII, 390).

sement la délicate Hébé, où Apollon avec sa tête divine et sa longue chevelure tient par ses accords les convives enchantés; où le Maître des dieux s'enivrant d'un nectar versé à pleine coupe de la main d'un jeune garçon à épaules d'ivoire et à cuisses d'albâtre, fait gonfler de dépit le cœur de sa femme jalouse[50]. Sans contredit, j'aime mieux voir la croupe, la gorge et les beaux bras de Venus que le triangle mystérieux; mais où est là-dedans le sujet tragique que je cherche? Ce sont des crimes qu'il faut au talent des Racines, des Corneilles et des Voltaires, et jamais[J] aucune religion ne fut aussi féconde en crimes que le christianisme. Depuis le meurtre d'Abel jusqu'au supplice de Calas, pas une ligne de son histoire qui ne soit ensanglantée. C'est une belle chose que le crime, et dans l'histoire et dans la poésie, et sur la toile et sur le marbre. J'ébauche, mon ami, au courant de la plume. Je jette des germes que je laisse à la fécondité de votre tête à développer.

### *La Chasteté de Joseph*[K].

Voici une machine moins grande que la précédente, mais qui ne lui cède guère en mérite, et qui vient à l'appui de ma digression. C'est *La Chasteté de Joseph.*

Je ne sais si ce tableau est destiné pour une église; mais c'est à faire damner le prêtre au milieu de sa messe, et donner au diable tous les assistants. Avez-vous rien vu de plus voluptueux? Je n'en excepte pas même cette *Madeleine* du Correge de la galerie de Dresde, dont vous conservez l'estampe avec tant de soin pour la mortification de vos sens.

La femme de Putiphar s'est précipitée du chevet au pied[L] de son lit. Elle est couchée sur le ventre, et elle arrête par le bras le sot et[M] bel esclave pour lequel elle a pris du goût. On voit sa gorge et ses épaules. Qu'elle est belle, cette gorge! Qu'elles sont belles, ces épaules! L'amour et le dépit, mais plus encore le dépit que l'amour, se montrent sur son visage. Le

J. *des* Racine, *des* Corneille *et des* Voltaire. *Jamais L V*

K. 43. *La Chasteté de Joseph*. Du même. *Voici une machine L V*

L. *au pied om. V*

M. *sot et om. V* [*rayé Vdl*]

50. Voir *Essais sur la peinture* (ci-dessus, p. 46).

peintre y a répandu des traits qui, sans la défigurer, décèlent l'impudence [N] et la méchanceté. Quand on l'a bien regardée, on n'est surpris ni [O] de son action, ni du reste de son histoire. Cependant Joseph est dans un trouble inexprimable. Il ne sait s'il doit fuir ou rester. Il a les yeux tournés vers le ciel. Il l'appelle à son secours. C'est l'image de l'agonie la plus violente. Deshays n'a eu garde de lui donner cet air indigné et farouche qui convient si peu à un galant homme qu'une femme charmante prévient. Il est peut-être un peu moins chaste que dans le livre saint; mais il est infiniment plus intéressant. N'est-il pas vrai que vous l'aimez mieux incertain et perplexe, et que vous vous en mettez bien plus aisément à sa place? Lorsque je retourne au Salon, j'ai toujours l'espérance de le retrouver entre les bras de sa maîtresse. Cette femme a une jambe nue qui descend hors du lit. O l'admirable demi-teinte qui est là! On ne peut pas dire que sa cuisse soit découverte; mais il y a une telle magie [51] dans ce linge léger qui la cache, ou plutôt qui la montre qu'il n'est point de femme qui n'en rougisse, point d'homme à qui le cœur n'en palpite. Si Joseph eût été placé de ce côté, c'était fait de sa chasteté. Ou la grâce qu'il invoquait, ne serait point venue, ou elle ne serait venue que pour exciter son remords. Une grosse étoffe à fleurs et à fond vert, forte et moelleuse, descend en plis larges et droits, et couvre le chevet du lit.

Si l'on me donne à choisir un tableau au Salon [P], voilà le mien; cherchez le vôtre. Vous en trouverez de plus savants, de plus parfaits peut-être; pour un plus séduisant, je vous en défie. Vous me direz peut-être que la tête de la femme n'est pas d'une grande correction; que celle de Joseph n'est pas assez jeune; que le [Q] tapis rouge qui couvre ce bout de toilette est dur; que cette draperie jaune sur laquelle la femme a une de ses mains appuyée, est crue, imite l'écorce, et blesse vos yeux délicats? Je me moque de toutes vos observations, et je m'en tiens à mon choix.

N. *décèlent* l'imprudence *et la V*
O. *ni om. L*
P. *donne un tableau à choisir au Salon L V*
Q. *que* ce *tapis rouge L V*

51. La « magie », représentée comme l'art du trompe-l'œil et de la demi-teinte, forme un relais intéressant entre le sens restrictif appliqué à Boucher et le sens emphatique réservé à Deshays, Chardin, Loutherbourg.

Et puis encore une petite digression[52], s'il vous plaît[R]. Je suis dans mon cabinet, d'où il faut que je voie tous ces tableaux. Cette contention me fatigue, et la digression me repose.

Assemblez confusément des objets de toute espèce et de toutes couleurs, du linge, des fruits, des liqueurs[S], du papier, des livres, des étoffes et des animaux, et vous verrez que l'air et la lumière, ces deux harmoniques universels[53], les accorderont tous, je ne sais comment, par des reflets imperceptibles. Tout se liera; les disparates s'affaibliront et votre œil ne reprochera rien à l'ensemble. L'art du musicien qui, en touchant sur l'orgue l'accord parfait d'ut, porte à votre oreille les dissonants ut, mi, sol, ut, sol♯[T], si, ré, ut, en est venu là; celui du peintre n'y viendra[U] jamais. C'est que le musicien vous envoie les sons mêmes et que ce que le peintre broie sur sa palette, ce n'est pas de la chair, du sang, de la laine[V], la lumière du soleil, l'air de l'atmosphère, mais des terres, des sucs de plantes, des os calcinés, des pierres broyées, des chaux métalliques. De là l'impossibilité de rendre les reflets imperceptibles des objets les uns sur les autres; il y a pour lui des couleurs ennemies qui ne se réconcilieront jamais. De là la palette particulière, un faire, un technique propre à chaque peintre. Qu'est-ce que ce technique? L'art de sauver un certain nombre de dissonances, d'esquiver les difficultés supérieures à l'art. Je défie le plus hardi d'entre eux de suspendre le soleil ou la lune au milieu de sa composition, sans offusquer ces deux astres ou de vapeurs ou de nuages; je le défie de choisir son ciel, tel qu'il est en nature, parsemé d'étoiles brillantes comme dans

R. *Et puis* [*rayé par Vdl dans* V] *encore une petite digression... G* [*suit une intervention de Grimm appelée par une étoile:* Un moment s'il vous plaît, Monsieur le Philosophe [...] nous écouterons votre digression qui me paraît très savante. *Après un tiret l'expression de D. est répétée*]

S. *des liqueurs om. L V*

T. *ut, sol ♯ om. L V*

U. *n'y* reviendra *jamais L V*

V. *de la chair, de la laine, du sang, la lumière L V*

52. C'est ici que s'intercale une note de Grimm dont la dernière phrase renvoie au texte de D. : « ... Si vous m'en croyez, mon ami, nous oublierons cette belle femme qui ne saisira ni votre manteau, ni le mien, et nous écouterons votre digression qui me paraît très savante » (*G*, fol. 173 v°).

53. L'expression rappelle curieusement le titre de l'ouvrage du P. Mersenne : l'*Harmonie universelle* (1636) et naturellement celui de Rameau : *La génération harmonique* (1737). D. reprend la théorie esquissée plus haut (p. 185), selon laquelle les couleurs doivent « participer les unes dans les autres ». Air et lumière sont les deux médiations essentielles de cette participation.

la nuit la plus sereine. De là la nécessité d'un certain choix d'objets et de couleurs. Encore après ce choix, quelque bien fait qu'il puisse être, le meilleur tableau, le plus harmonieux, n'est-il qu'un tissu de faussetés qui se couvrent les unes les autres. Il y a des objets qui gagnent, d'autres qui perdent, et la grande magie consiste à approcher tout près de nature, et à faire que tout perde ou gagne proportionnellement. Mais alors ce n'est plus la scène réelle et vraie qu'on voit; ce n'en est, pour ainsi dire, que la traduction. De là cent à parier contre un qu'un tableau dont on prescrira rigoureusement l'ordonnance à l'artiste, sera mauvais, parce que c'est lui demander tacitement de se former tout à coup une palette nouvelle. Il en est en ce point de la peinture comme de l'art dramatique. Le poète dispose son sujet relativement aux scènes dont il se sent le talent, dont il se croit [w] tirer avec avantage. Jamais Racine n'eût bien rempli le canevas des *Horaces*; jamais Corneille n'eût bien rempli le canevas de *Phedre*.

Je me sens encore las. Suivons donc encore un moment cette digression [x]. Je ne vous parlerai point de l'éclat du soleil et de la lune, qu'il est impossible de rendre; ni de ce fluide interposé entre nos yeux et ces astres qui empêche leurs limites de trancher durement sur l'espace ou le fond où nous les rapportons, fluide qu'il n'est pas plus possible de rendre que l'éclat de ces corps lumineux. Mais je vous demanderai si leur contour sphérique et rigoureux n'est pas déplaisant? si quelque brillants que l'artiste les fît, ils ne ressembleraient pas à des taches? Il est impossible qu'un arbre, tel qu'un cerisier, chargé de fruits rouges, fasse un bon effet dans un tableau; et un espace [y] du plus beau bleu, percé de petits trous lumineux, sera tout aussi maussade. Je vais peut-être prononcer un blasphème, mais que m'importe [z]? Est-ce que j'ai honte d'être bête avec mon ami? C'est qu'à mon avis, ce n'est ni par sa couleur, ni par les astres dont il étincelle pendant la nuit, que le firmament nous transporte d'admiration. Si placé au fond d'un puits, vous n'en voyiez qu'une petite portion circulaire, vous ne tarderiez pas à vous réconcilier avec mon idée. Si une femme allait chez un marchand de soie, et qu'il lui offrît une aune ou deux de firmament, je veux dire, d'une étoffe du plus beau bleu et parsemée

W. *il croit se tirer L V*
X. *donc cette digression encore un moment. V*
Y. *et om. V* [*rayé Vdl*] une *espace* V
Z. *mais* qu'*importe? L V*

de points brillants, je doute fort qu'elle la choisît pour s'en vêtir. D'où naît donc le transport que le firmament nous inspire pendant une nuit étoilée et sereine ? C'est, ou je me trompe fort, de l'espace immense qui nous environne, du silence profond qui règne dans cet espace et d'autres idées accessoires dont les unes tiennent à l'astronomie et les autres à la religion. Quand je dis à l'astronomie, j'entends cette astronomie populaire qui se borne à savoir que ces points étincelants sont des masses prodigieuses, reléguées à des distances prodigieuses, où ils sont les centres d'une infinité de mondes suspendus sur nos têtes, et d'où le globe que nous habitons serait à peine discerné. Quel ne doit pas être notre frémissement, lorsque nous imaginons un Être créateur de toute cette énorme machine, la remplissant, nous voyant, nous entendant, nous environnant, nous touchant ! Voilà, ou je me trompe fort, les sources principales de notre sensation à l'aspect du firmament ; c'est en effet moitié physique et moitié religieux[54].

Mais il est temps de revenir à Deshays. Il y a une *Résurrection du Lazare*, sans numéro et sans nom d'artiste, qu'on lui attribue, et qui est certainement de lui.

On voit à droite le tombeau. Le ressuscité en sort debout, la tête découverte. Il tend vers le Dieu qui lui a rendu la vie, ses bras encore embarrassés de son linceul. Son visage est l'image de la mort que les traits de la joie et de la reconnaissance viennent d'animer. Ses parents penchés vers lui, lui tendent les bras d'un endroit élevé où ils sont placés. Ils sont transportés d'étonnement et de joie. L'artiste a prosterné les deux sœurs aux pieds du Christ. L'une adore, le visage contre terre ; l'autre a vu le prodige. L'expression, la draperie, le caractère de tête et toute la manière de celle-là est du Poussin ; celle-ci est aussi fort belle. Les apôtres s'entretiennent, à quelque distance, derrière le Christ. Ils ne sont pas aussi fortement affectés que le reste des assistants ; ils sont faits à ces tours-là. Le Christ est debout au-dessus des femmes, à peu près également[A] éloigné

A. *également om. L V*

54. L'idée vient en droite ligne de Burke : *A Philosophical Inquiry into the Origin of our Ideas of the Sublime and Beautiful*, paru en 1757. Elle se retrouve chez Sulzer, Mendelssohn, Home of Kames, avant d'être reprise par Kant en 1764.

13. Joseph Vernet. *Vue du port de Rochefort*. 1762. T. H. 0,165 ; L. 0,263. Exposé au Salon de 1763.

14. Joseph Vernet. *Le Clair de lune* ou *La Nuit*. T. H. 0,83 ; L. 1,35. Fait partie de la série *Les Quatre Parties du jour*, qui furent exposées au Salon de 1763.

des apôtres et du tombeau. Il a l'air d'un sorcier en mauvaise humeur. Je ne sais pourquoi, car son affaire lui a bien[B] réussi. Voilà le principal défaut de ce tableau, auquel on peut encore reprocher une couleur un peu crue et[C], comme dans le *Mariage de la Vierge*, plus forte que vraie.

Mais dites-moi donc, mon ami, pourquoi ce Christ est plat dans presque toutes les compositions de peinture[55] ? Est-ce une physionomie traditionnelle dont il ne soit pas possible de s'écarter; et Rubens a-t-il eu tort dans son *Élévation de la Croix*, de lui donner un caractère grand et noble ?

Dites-moi aussi pourquoi tous les ressuscités sont hideux ? Il me semble qu'il vaudrait autant ne pas faire les choses à demi, et qu'il n'en coûterait pas plus de rendre la santé avec la vie. Voyez-moi un peu ce Lazare de Deshays. Je vous assure qu'il lui faudra plus de six[D] mois pour se refaire de sa résurrection.

Sans plaisanter, ce morceau n'est pas sans effet. Les groupes en sont bien distribués. Le Lazare avec son linceul est peint largement. Cependant je ne vous conseillerais pas de l'opposer à celui de Rembrand ou de Jouvenet. Si vous voulez être étonné, allez à Saint-Martin des Champs voir le même sujet traité par Jouvenet[56]. Quelle vie! Quels regards! Quelle force d'expression! Quelle joie! Quelle reconnaissance! Un assistant lève le voile qui couvrait cette tête étonnante, et vous la[E] montre subitement. Quelle différence encore entre ces amis qui tendent les mains au ressuscité de Deshays et cet homme prosterné qui éclaire avec un flambeau la scène de Jouvenet! Quand on l'a vu une fois, on ne l'oublie jamais. L'idée de Deshays n'est pourtant pas sans mérite, non. Son tableau est petit; mais la manière en est grande.

Mais[F] que penseriez-vous de moi, si j'osais vous dire que toutes ces têtes de ressuscités, belles sans doute et de grand[G] effet, sont fausses?

B. *bien om. L V*
C. *et om. V*
D. *plus de* dix *mois V*
E. *et vous* le *montre V*
F. *Mais om. V [le passage qui suit est barré dans* V *par Vdl]*
G. *et* du plus *grand effet L V*

55. Voir *Salon de 1759* (ci-dessus p. 99).
56. Les meilleurs tableaux de Jouvenet ont été exécutés à partir de 1675 pour l'église de Saint-Martin-des-Champs, aujourd'hui musée attenant au Conservatoire des Arts et métiers. La *Résurrection de Lazare* est au Louvre.

Patience. Écoutez-moi. Est-ce qu'un homme sait qu'il est mort? Est-ce qu'il sait qu'il est ressuscité? Je m'en rapporte à vous, marquis de la Vallée de Josaphat, chevalier d'honneur de la Résurrection, illustre Montami [H], vous qui avez calculé géométriquement la place qu'il faudra à tout le monde au grand jour du jugement, et qui à l'exemple de Notre Seigneur entre les deux larrons, aurez la bonté de placer dans ce moment critique à votre droite Grimm l'hérétique, et à votre gauche Diderot le mécréant, afin de nous faire passer en paradis, comme les grands seigneurs font passer la contrebande dans leurs carrosses aux barrières de Paris, illustre Montami [57], je m'en rapporte à vous. N'est-il pas vrai que de tous ceux qui assistent à une résurrection, le ressuscité est un des mieux autorisés à n'y pas croire? Pourquoi donc cet étonnement, ces marques de sensibilité et tous ces signes caractéristiques de la connaissance de l'état qui a précédé et du bienfait rendu, que les peintres ne manquent jamais de donner à leur ressuscité? La seule expression vraie qu'il puisse avoir est celle d'un homme qui sort d'un sommeil profond [I] ou d'une longue défaillance. Si l'on répand sur son visage quelque vestige léger de plaisir, c'est de respirer la douceur de l'air, c'est de retrouver la lumière du jour. Mais suivez cette idée, et les détails vous en feront bientôt sentir toute la vérité. Ne voyez-vous pas combien cette action faible et vague du ressuscité portée vers le ciel et distraite des assistants, rendra la joie et l'étonnement de ceux-ci énergiques? Il ne les voit pas, il ne les entend pas; il a la bouche entrouverte, il respire, il rouvre ses yeux [J] à la lumière, il la cherche: cependant les autres sont comme pétrifiés.

J'ai une *Résurrection du Lazare* toute nouvelle dans ma tête. Qu'on m'amène un grand maître, et nous verrons. N'est-il pas étonnant qu'entre tant de témoins du prodige, il ne s'en trouve pas un qui tourne des [K]

H. [*indication en note pour Montamy*: Premier Maître d'hôtel de M. le Duc d'Orléans, très bon chrétien et meilleur chimiste. *G S Firm*]

I. leurs ressuscités *Firm L V* / qu'ils puissent *V* [*corr. Vdl*] / *d'un profond sommeil ou L V*

J. *il rouvre* les *yeux V*

K. *qui tourne* ses *regards L V*

57. Voir dans la variante la note de Grimm. Montamy, comme le comte de Lauraguais, s'était appliqué à « trouver la véritable pâte » de la porcelaine de Chine. Voir *Le Neveu de Rameau*: « Le petit comte [Lauraguais] a pourtant trouvé la porcelaine de M. de Montami » (*Le Neveu*, p. 33 et n. 114).

regards attentifs et réfléchis sur celui qui l'a opéré, et qui ait l'air de dire en lui-même : Que diable d'homme est-ce là [L] [58] ? Celui qui peut rendre la vie, peut aussi facilement donner la mort... Pas un qui se soit avisé de faire pleurer une des sœurs du ressuscité, de joie [M]; pas un des parents qui tombe en faiblesse ! Qu'on m'amène incessamment un grand maître, et s'il répond à ce que je sens, je vous offre une *Résurrection* plus vraie, plus miraculeuse, plus pathétique et plus forte qu'aucune de celles que vous ayez encore vues [N].

En revenant de Saint-Martin des Champs, n'oubliez pas de faire un tour à Saint-Gervais, et d'y voir les deux tableaux du *Martyre de saint Gervais et de saint Protais*; et quand vous les aurez vus, élevez vos bras vers le ciel, et écriez-vous [O] : Sublime Le Sueur ! divin Le Sueur ! Lisez Homere et Virgile, et ne regardez plus de tableaux. C'est que tout est dans ceux-ci[,] tout ce qu'on peut imaginer. Les observations de nature [P] les plus minutieuses n'y sont pas négligées. S'il a placé deux chevaux l'un à côté de l'autre, ils se baisent du nez. Au milieu d'une scène atroce, deux animaux se caressent, comme s'ils se félicitaient d'être d'une autre espèce que la nôtre. Ce sont des riens; mais quand un homme pense à ces riens, il n'oublie pas les grandes choses. C'est Madame Pernelle qui après avoir grondé toute sa famille, s'en retourne en grondant sa servante [Q].

## AMÉDÉE VANLOO

### *Saint* [R] *Dominique prêchant devant le pape Honoré III.*

Ce tableau n'est pas à beaucoup près sans mérite. Il est composé dans la manière de Le Sueur à qui le peintre a pris son saint Dominique. J'en suis sûr comme si je lui avais vu la main dans la poche; mais il l'a un peu

L. Quel *diable d'homme est-ce là* ! *L V*
M. *de faire pleurer de joie une des sœurs du ressuscité. L V*
N. *encore vues. [fin du passage rayé par Vdl, voir var. F ci-dessus]*
O. *et* écrivez-*vous : sublime V*
P. *observations de* natures *les plus L*
Q. La Suite pour l'ordinaire prochain [*livraison du 1er nov. 1763*] Suite du Salon de 1763 [*livraison du 15 nov. 1763*] *G S Firm*
R. *Amédée Van Loo* 49. St *Dominique L V*

58. Voir *Jacques le fataliste* : « Jacques, quel diable d'homme es-tu ? » (A.T., VI, 17).

gâté, en le faisant sec et long. Le prédicateur est seul à gauche, dans sa chaire. Vis-à-vis et à droite [s], le pape et ses assistants forment, en s'étendant vers le fond et sur le devant, toute l'assemblée, dont le personnage le plus voisin du spectateur est un prélat, la tête appuyée sur sa main, qui écoute, et qui écoute bien; qui a un beau caractère de tête, qui est drapé largement, qui est bien peint, mais qui nuit à tout. On laisse là le prédicateur, le pape, le reste de l'auditoire, et on ne regarde que ce prélat. C'est comme dans un certain tableau flamand du *Sacrifice d Abraham et d'Isaac*, où le bouc était si soigné et si vrai qu'il faisait oublier le [T] sacrificateur et la victime.

Son *Saint Thomas inspiré du Saint-Esprit dans la composition de ses ouvrages* [U], vous fera sentir, mieux que tout discours, ce que c'est que le défaut d'harmonie dans la couleur. Rien n'est mal, ni le saint, ni les livres, ni les chaises, ni le pupitre, mais tout est discordant. On dirait que ce tableau a déjà séjourné vingt ans dans une église humide; il est d'ailleurs terne, sec et froid. Voyez la galerie des *Batailles d'Alexandre*. Le temps a enlevé la couleur; mais la force de la composition et des caractères, le génie de l'artiste est resté. Ici il n'y a plus rien, quoique le tableau soit d'hier. Faites graver ce *Saint Thomas*, et vous n'en tirerez jamais qu'une de ces mauvaises estampes que nos paysans viennent acheter sur le quai des Théatins [59] pour les clouer sur un des murs de leurs chaumières.

Ce Vanloo est le plus faible de la famille. Je ne sais ce que c'est que son *Jesus* et son [V] *Ange avec les attributs de la Passion*; je ne connais pas mieux ses *Jeux d'enfants*, et Dieu merci, je verrai la fin de cet examen.

### CHALLE

Mais [W] dites-moi, Monsieur Challe, pourquoi êtes-vous peintre? Il y a tant d'autres états dans la société où la médiocrité même est utile. Il faut que ce soit un sort qu'on ait jeté sur vous quand vous étiez au berceau. Il y a trente ans et plus que vous faites le métier, et vous ne vous doutez pas de ce que c'est, et vous mourrez sans vous en douter.

S. *A droite et vis-à-vis, le pape L V*
T. *oublier* et *le sacrificateur L V*
U. 50. St Thomas *d'Aquin* inspiré du St Esprit dans la composition de ses ouvrages. Du même. *Il vous fera sentir L V*
V. *son* Enfant *Jésus et* un *Ange L V*
W. [*début d'un autre passage rayé par Vdl dans* V]

59. L'actuel quai Malaquais.

Voici un singulier original [x]. Il a fait le voyage de Rome. Il y a vu une quantité de vieux et beaux tableaux qu'on estimait, et il s'est dit, Voilà donc comme il faut faire, pour être estimé aussi, et il a fait des tableaux qui ne sont pas beaux à la vérité, mais qui sont vieux [y].

Son *Hercule sur le bûcher* et son *Milon de Crotone* [z] sont peints d'hier, mais jaunes, noirs, enfumés; on les prendrait pour des morceaux du siècle passé.

Sa *Venus endormie* [a] est une masse de chair affaissée, et qui commence à se gâter.

Son *Esther aux pieds d'Assuérus* [b] est un tableau plus froid, plus [c] mal peint et plus insipide que celui de Restout qui l'est pourtant assez. La pauvre Esther se meurt, et le monarque la touche aussi de son sceptre. C'est l'histoire. Le moyen de s'en écarter?

Ce Challe [d] a rapporté d'Italie dans son portefeuille quelques centaines de vues dessinées d'après nature, où il y a de la grandeur et de la vérité [60]. Monsieur Challe, continuez de nous donner vos vues, mais ne peignez plus.

### CHARDIN

C'est celui-ci qui est un peintre, c'est celui-ci qui est un coloriste.

Il y a au Salon plusieurs petits tableaux de Chardin; ils représentent presque tous des fruits avec les accessoires d'un repas. C'est la nature même. Les objets sont hors de la toile et d'une vérité à tromper les yeux.

Celui qu'on voit en montant l'escalier, mérite surtout l'attention. L'artiste a placé sur une table, un vase de vieille porcelaine de la Chine, deux biscuits, un bocal rempli d'olives, une corbeille de fruits, deux verres à moitié pleins de vin, une bigarade, avec un pâté.

X. *Voici un singulier* homme *V* [*corr. Vdl*]
Y. [*fin du passage rayé par Vdl. Voir var. W*]
Z. 53. La Mort d'*Hercule*. 54. *Milon de Crotone*, la main prise dans un arbre, et dévoré par un lion. Du même. Ils *sont L V*
A. 55. *Vénus endormie*. Du même. *Est une masse de chair L V*
B. 56. *Esther* [Ether V] évanouie *aux pieds d'Assuérus*. Du même. *C'est un L V*
C. *plus froid et plus mal peint V*
D. 57. Quatre dessins de composition d'architecture. Idées prises sur les plus grands monuments de l'Égypte, de la Grèce et de Rome. Du même. *Ce Challe a rapporté L V*

60. La « grandeur et la vérité » selon D. s'apprennent en Italie, comme le confirment ses commentaires sur Boucher, sur Pierre, etc.

Pour regarder les tableaux des autres, il semble que j'aie besoin de me faire des yeux; pour voir ceux de Chardin, je n'ai qu'à garder les yeux[E] que la nature m'a donnés, et m'en bien servir.

Si je destinais mon enfant à la peinture, voilà le tableau que j'achèterais. Copie-moi cela, lui dirais-je, copie-moi cela encore. Mais peut-être la nature n'est-elle pas plus difficile à copier.

C'est que ce vase de porcelaine est de la porcelaine; c'est que ces olives sont réellement séparées de l'œil par l'eau dans laquelle elles nagent; c'est qu'il n'y a qu'à prendre ces biscuits et les manger; cette bigarade, l'ouvrir et la presser; ce verre de vin, et[F] le boire; ces fruits, et les peler; ce pâté, et y mettre le couteau.

C'est celui-ci qui[G] entend l'harmonie des couleurs et ses reflets. O Chardin, ce n'est pas du blanc, du rouge, du noir que tu broies sur ta palette; c'est la substance même des objets, c'est l'air et la lumière que tu prends à la pointe de ton pinceau, et que tu attaches sur la toile.

Après que mon enfant aurait copié et recopié ce morceau, je l'occuperais sur la *Raie dépouillée* du même maître. L'objet est dégoûtant; mais c'est la chair même du poisson. C'est la[H] peau. C'est son sang; l'aspect même de la chose n'affecterait pas autrement. Monsieur Pierre, regardez bien ce morceau, quand vous irez à l'Académie, et apprenez, si vous pouvez, le secret de sauver par le talent le dégoût de certaines natures.

On n'entend rien à cette magie. Ce sont des couches épaisses de couleur, appliquées les unes sur les autres, et dont l'effet transpire de dessous en dessus. D'autres fois on dirait que c'est une vapeur qu'on a soufflée sur la toile; ailleurs, une écume légère qu'on y a jetée. Rubens, Berghem, Greuze, Loutherbourg vous expliqueraient ce faire bien mieux que moi; tous en feront sentir l'effet à vos yeux. Approchez-vous, tout se brouille, s'aplatit et disparaît. Éloignez-vous, tout se crée[I] et se reproduit.

On m'a dit que Greuze, montant au Salon, et apercevant le morceau de Chardin que je viens de décrire, le regarda et passa en poussant un profond soupir. Cet éloge est plus court, et vaut mieux que le mien.

E. *qu'à garder* ceux *que la nature L* / *je n'ai qu'à* regarder avec ceux *que la nature V* [*corr. Vdl*]

F. *et om. V* [*Vdl n'a pas compris l'ellipse de* prendre *et raye cet* et *et les deux suivants*]

G. *Celui-ci entend V* [C'est *et* et *rayé Vdl*]

H. *C'est sa peau. V*

I. *tout se* récrée *et se L V*

Qui est-ce qui paiera les tableaux de Chardin, quand cet homme rare ne sera plus ? Il faut que vous sachiez encore que cet artiste a le sens droit, et parle à merveille de son art.

Ah, mon ami, crachez sur le rideau d'Apelle et sur les raisins de Zeuxis. On trompe sans peine un artiste impatient, et les animaux sont mauvais juges en peinture. N'avons-nous pas vu les oiseaux du Jardin du Roi aller se casser la tête contre la plus mauvaise des perspectives ? Mais c'est vous, c'est moi que Chardin trompera, quand il voudra[61].

### VENEVAULT, BOIZOT, BACHELIER ET FRANCISQUE MILLET [J]

Es jours[K] de septembre, Apollon et Mercure s'étant transportés le matin au Salon du Louvre où les artistes de France avaient exposé leurs productions, le dieu du goût en admira quelques-unes, il passa dédaigneusement devant un grand nombre d'autres; quelquefois il sourit, quelquefois ses sourcils se froncèrent et son visage devint sévère.

Il vit le *Mercure* de Pierre et celui de Boizot, l'un *changeant en pierre Aglaure*, l'autre *conversant avec Argus*, et il dit : A effacer avec la langue pour avoir osé peindre des dieux sans en avoir d'idée; et Mercure l'embrassa.

Il vit les *Enfants* de Boizot *qui reçoivent les récompenses dues à leurs talents*, et il dit : Au pont Notre-Dame[L][62].

Ses *Récompenses accordées au métier de la guerre*, et il dit : Au pont Notre-Dame.

Sa figure de la *Sculpture*, et il dit : Au pont Notre-Dame.

Il vit *L'Europe savante* de Bachelier, son *Pacte de famille*, ses *Alliances de la France*, sa *Mort d'Abel*, tirée du poème de Gesner, et il dit : Voilà un poète de mes amis qui fait faire de bien mauvais tableaux[M] ! Au pont Notre-Dame, au pont Notre-Dame.

J. *Venevault, Bachelier, Boizot et Francisque Millet L V*
K. [*début d'un passage rayé par Vdl dans* V]
L. [*fin du passage rayé par Vdl*]
M. *Voilà un poète de mes amis qui fait faire de bien mauvais tableaux! om. L V*

61. Le spectateur abusé commence par dire : « C'est la nature même. » A mesure que son œil s'exerce, il découvre l'étendue de la tromperie. Un deuxième tableau apparaît sous le premier, qui nous retrace les étapes de l'opération magique. Jamais D. n'a été et n'ira plus loin dans la mise en question de l'illusion réaliste.
62. Voir *Salon de 1759* (ci-dessus, p. 94).

Il vit les deux *Paysages* de Millet, et il dit : Au pont [N].

Il vit les *Miniatures* de Venevault; il avança la [O] lèvre inférieure, hocha de la tête, et se tut.

Il jeta un coup d'œil rapide sur les *Esquisses* que Bachelier a faites d'après le poème de Gesner [63], et il mit sous son bras celle où l'on voit Adam soulevant le cadavre de son malheureux fils, une de ses filles éplorée à ses pieds, et sa femme échevelée sur le fond [64]. En effet, si vous vous en souvenez, la tête de l'Adam [P] est du plus antique et du plus grand caractère; la figure de la fille est large [Q] et belle; cette femme échevelée sur le fond, jointe à l'horreur du paysage qui l'entoure, fait frissonner. L'imagination du peintre est remontée jusqu'au temps de l'événement, et le tout est touché fièrement. Eh bien, ce Bachelier avait pourtant cela dans sa [R] tête. Qui l'eût cru ? C'est qu'il y a bien de la différence à rencontrer une belle idée, et à faire un bel ouvrage.

## LA TOUR

La Tour est toujours le même. Si ses portraits frappent moins aujourd'hui, c'est qu'on attend de lui [S] tout ce qu'il fait.

Il a peint le *Prince Clément* et la *Princesse Christine de Saxe*, le *Dauphin* et presque toute sa famille. Le portrait du célèbre sculpteur Le Moyne est surprenant pour la vie et la vérité qui y sont.

C'est un rare corps [T] que ce La Tour [65]. Il se mêle de poésie, de morale, de théologie, de métaphysique et de politique. C'est un homme franc et vrai. C'est un fait qu'en [U] 1756 faisant le portrait du roi, Sa Majesté cherchait à s'entretenir avec lui sur son art, et que [V] La Tour répondit à toutes

N. *Il vit les deux* Paysages *de Millet et il dit :* Au pont. *om. V* [*rayé Vdl*]
O. *il avança sa lèvre inférieure L V*
P. *la tête* d'*Adam L V*
Q. *la figure de la fille est* grande *et belle L V*
R. *dans* la *tête. V*
S. *de lui om. L V*
T. *C'est un* homme bien singulier *que ce La Tour V* [*corr. Vdl*]
U. *C'est un fait qu' om. V* [*rayé Vdl*]
V. *sur son art* pendant les séances, *et que La Tour S L V* [*add. Grimm dans* S]

63. « Plusieurs esquisses en grisaille : sujets tirés du poème d'Abel, de M. Gesner » *(Catalogue)*.

64. « La mort d'Abel : sujet tiré du poème d'Abel, de M. Gesner » *(Catalogue)*.

65. Voir *Le Neveu de Rameau* : « C'est un rare corps que ce Préville » (*Le Neveu*, p. 33).

les observations du monarque, Vous avez raison, Sire, mais nous n'avons point de marine. Cette liberté déplacée n'offensa point, et le portrait s'acheva. Il dit un jour à monseigneur le Dauphin qui lui [w] paraissait mal instruit d'une affaire qu'il lui avait recommandée : Voilà comme vous vous laissez toujours tromper par des fripons, vous autres. Il prétend qu'il ne va à la cour que pour leur dire leurs vérités, et à Versailles il passe pour un fou dont les propos ne tirent point à conséquence; ce qui lui conserve son franc-parler.

J'y étais [x], chez M. le baron d'Holbach, lorsqu'on lui montra deux pastels de Meings, aujourd'hui, je crois, premier peintre du roi d'Espagne [66]. La Tour les regarda longtemps. C'était avant dîner. On sert. Il se met à table. Il mange sans parler; puis tout à coup il se lève, va revoir les deux pastels, et ne reparaît plus.

Ces deux pastels représentent l'*Innocence* sous la figure d'une jeune fille qui caresse un agneau, et le *Plaisir* sous la figure d'un jeune garçon enlacé de soie, couronné de fleurs et la tête entourée de l'arc-en-ciel.

Il y a de ce Meings deux autres pastels à l'École militaire. L'un c'est [y] une *Courtisane athénienne*; c'est la séduction même et la perfidie. L'autre est un *Philosophe stoïcien* qui la regarde et qui sent son cœur s'émouvoir. Ces deux morceaux sont à vendre.

## LOUTHERBOURG

Phénomène étrange! Un jeune peintre de vingt-deux ans, qui se montre, et se place tout de suite sur la ligne de Berghem [67]! Ses animaux sont peints de la même force et de la même vérité. C'est la même entente et la même harmonie générale. Il est large, il est moelleux, que n'est-il pas?

Il a exposé un grand nombre de *Paysages*. Je n'en décrirai qu'un seul.

w. *lui om. Firm*
x. *J'étais chez M. le baron V* [*corr. Vdl*]
y. *L'un* est *une courtisane Athénienne L V*

66. Anton Raphael Mengs, né à Dresde en 1728, devint peintre de cour de Charles III d'Espagne et séjourna à Madrid de 1761 à 1769.
67. Jacques Philippe Loutherbourg est né en 1740. Il vient d'être agréé à l'Académie royale. Ses modèles sont le paysagiste hollandais Nicolas-Pierre Berghem, Jacques Courtois dit le Bourguignon, et le peintre de batailles Casanova.

Voyez à gauche ce bout de forêt. Il est un peu trop vert, à ce qu'on dit; mais il est touffu et d'une fraîcheur délicieuse. En sortant de ce bois, et vous avançant vers la droite, voyez ces masses de rochers, comme elles sont grandes et nobles, comme elles sont douces et dorées dans les endroits où la verdure ne les couvre point, et comme elles sont tendres et agréables où la verdure les tapisse encore! Dites-moi si l'espace que vous découvrez au delà de ces roches[z], n'est pas la chose qui a fixé cent fois votre admiration dans la nature? Comme tout s'éloigne, s'enfuit, se dégrade insensiblement, et lumières et couleurs et objets! Et ces bœufs qui se reposent au pied[A] de ces montagnes, ne vivent-ils pas, ne ruminent-ils pas? N'est-ce pas là la vraie couleur, le vrai caractère, la vraie peau de ces animaux? Quelle intelligence et quelle vigueur! Cet enfant naquit donc le pouce passé dans la palette! Où peut-il avoir appris ce qu'il sait[B]? Dans l'âge mûr, avec les plus heureuses dispositions, après une longue expérience, on s'élève rarement à ce point de perfection. L'œil est partout arrêté, récréé, satisfait. Voyez ces arbres. Regardez comme ce long sillon de lumière éclaire cette verdure, se joue entre les brins de l'herbe, et semble leur donner de la transparence. Et l'accord et l'effet de ces petites masses de roches détachées et répandues sur le devant, ne vous frappent-ils pas? Ah, mon ami, que la nature est belle dans ce petit canton! Arrêtons-nous-y. La chaleur du jour commence à se faire sentir, couchons-nous le long de ces animaux. Tandis que nous admirerons l'ouvrage du Créateur, la conversation de ce pâtre et de cette paysanne nous amusera. Nos oreilles ne dédaigneront pas les sons rustiques de ce bouvier qui charme le silence de cette solitude, et trompe les ennuis de sa condition, en jouant de la flûte. Reposons-nous. Vous serez à côté de moi. Je serai à vos pieds, tranquille et en sûreté, comme ce chien, compagnon assidu de la vie de son maître et garde fidèle de son troupeau. Et lorsque le poids du jour sera tombé, nous continuerons notre route, et dans un temps plus éloigné, nous nous rappellerons encore cet endroit enchanté, et l'heure délicieuse que nous y aurons[C] passée[68].

Z. *de ces* rochers *n'est pas V*
A. aux pieds *G*
B. *Où peut-il avoir appris ce qu'il sait? om. V*
C. *que nous y* avons *passée L V*

68. La technique qui consiste à incorporer le spectateur dans le tableau est annoncée ici et trouvera son plein développement dans le *Salon de 1767*.

S'il ne fallait, pour être artiste, que sentir vivement les beautés de la nature et de l'art, porter dans son sein un cœur tendre, avoir reçu une âme mobile au souffle le plus léger, être né celui que la vue ou la lecture d'une belle chose enivre, transporte, rend souverainement heureux, je m'écrierais en vous embrassant, en jetant mes bras autour du cou de Loutherbourg ou de Greuze : Mes amis, *son pittor anch'io*[69].

La couleur et la touche de Loutherbourg sont fortes; mais, il faut l'avouer, elles n'ont ni la facilité, ni toute la vérité de celles de Vernet. Cependant, a-t-on dit, s'il est un peu trop vert dans le paysage que vous venez de décrire, c'est peut-être qu'il a craint qu'en se dégradant sur un long espace, il ne finît par être trop faible. Mais ceux qui parlent ainsi, ne sont pas artistes.

Ce faire de Loutherbourg, de Casanove, de Chardin et de quelques autres, tant anciens que modernes, est long et pénible. Il faut à chaque coup de pinceau ou plutôt de brosse, ou de pouce, que l'artiste s'éloigne de sa toile pour juger de l'effet. De près l'ouvrage ne paraît qu'un tas informe de couleurs grossièrement appliquées. Rien n'est plus difficile que d'allier ce soin, ces détails avec ce qu'on appelle la manière large. Si les coups de force s'isolent, et se font sentir séparément, l'effet du tout est perdu. Quel art il faut pour éviter cet écueil ! Quel travail que celui d'introduire entre une infinité de chocs fiers et vigoureux, une harmonie générale qui les lie et qui sauve l'ouvrage de la petitesse de forme ! Quelle multitude de dissonances visuelles à préparer et à adoucir ! Et puis, comment soutenir son génie, conserver sa chaleur, pendant le cours d'un travail aussi long ? Ce genre heurté ne me déplaît pas.

Le jeune Loutherbourg est à ce qu'on dit d'une figure agréable. Il aime le plaisir, le faste et la parure; c'est presque un petit-maître. Il tra-

69. L'expression revient souvent et s'accorde bien à l'idée que D. se fait du critique. Voir *Éloge de Montesquieu*, ENC, V, viij : « ... Ainsi en se comparant lui-même à ceux qui ont connu avant lui cette noble carrière, il a pu dire comme le Corrège, quand il eut vu les ouvrages de ses rivaux, *et moi aussi je suis peintre* » (C.L., IV, 87, 1er mars 1759 [en parlant du Corrège] : « ... il saisit le pinceau et s'écrie avec enthousiasme : *Ed anch'io son pittore* »).

Puis l'expression se déforme dans le *Salon de 1763*, dans les *Pensées détachées sur la peinture* (A.T., XII, 85) et dans la Correspondance (Lettre à Meister du 27 septembre 1780, CORR, XV, 191). Voir aussi H. Dieckmann, INV, 39.

… chez Casanove, et n'était pas mal avec sa femme[D]. Un beau jour il s'échappe de l'atelier de son maître et d'entre les bras de sa maîtresse[E]; il se présente à l'Académie avec vingt tableaux de la même force, et se fait recevoir par acclamation.

Combien il lui reste de belles choses à faire, si l'attrait du plaisir ne le pervertit pas[F] !

Il a fait tout en débutant, une cruelle niche à ce Casanove chez qui il travaillait[G]. Parmi ses tableaux il en a exposé un petit avec son nom Loutherbourg écrit sur le cadre en gros caractères. C'est un sujet de bataille. C'est précisément, comme s'il eût dit à tout le monde : Messieurs, rappelez-vous ces morceaux de Casanove qui vous ont tant surpris, il y a deux ans. Regardez bien celui-ci, et jugez à qui appartient le mérite des autres.

Ce petit tableau de bataille est entre deux petits[H] *Paysages* de la plus douce séduction. Ce n'est rien; des rochers[I], des plantes, des eaux; mais comme cela[J] est fait ! comme je les mettrais sous mon habit si l'on ne me regardait pas[K] !

### VERNET

Que ne puis-je pour un moment ressusciter les peintres de la Grece et ceux tant de Rome ancienne que de Rome nouvelle[L], et entendre ce qu'ils diraient des ouvrages de Vernet[70] ! il n'est presque pas possible d'en parler, il faut les voir.

Quelle immense variété de scènes et de figures ! Quelles eaux ! Quels ciels ! Quelle vérité ! Quelle magie ! Quel effet !

S'il allume du feu, c'est à l'endroit où son éclat semblerait devoir éteindre le reste de la composition. La fumée s'élève[M] épaisse, se raréfie

D. *et n'était pas mal avec sa femme. om. V* [*rayé Vdl*]
E. *et d'entre les bras de sa maîtresse om. V* [*rayé Vdl*]
F. *Combien il lui reste* [...] *pervertit pas! om. V* [*rayé Vdl*]
G. *chez qui il travaillait. om. V* [*rayé Vdl*]
H. *petits om. L V*
I. *des* roches, *des plantes L V*
J. *comme* tout *cela est fait* ! *L V*
K. *Comme je les* [...] *regardait pas! om. V* [*rayé Vdl*] / La suite pour l'ordinaire prochain [*livraison du 15 novembre 1763*] Suite du Salon de 1763 [*livraison du 1er décembre 1763*] *G S Firm*
L. *ceux de Rome ancienne* et *de Rome nouvelle. V* [*corr. Vdl*]
M. *La fumée* se lève *épaisse V*

70. Voilà clairement affirmée l'identité fondamentale du romantisme de Vernet et de l'inspiration antique telle que l'entend D.

peu à peu, et va se perdre dans l'atmosphère à des distances immenses.

S'il projette des objets sur le cristal des mers, il sait l'en[71] teindre à la plus grande profondeur, sans lui faire perdre ni sa couleur naturelle, ni sa transparence.

S'il y fait tomber la lumière, il sait l'en pénétrer. On la voit trembler et frémir à sa surface.

S'il met des hommes en action, vous les voyez agir.

S'il répand des nuages dans l'air, comme ils y sont suspendus légèrement! comme ils marchent au gré des vents! quel espace entre eux et le firmament!

S'il élève un brouillard, la lumière en est affaiblie, et à son tour toute la masse vaporeuse en est empreinte et colorée. La lumière devient obscure, et la vapeur devient lumineuse.

S'il suscite une tempête, vous entendez siffler les vents, et mugir les flots; vous les voyez s'élever contre les rochers et les blanchir de leur écume. Les matelots crient. Les flancs du bâtiment s'entrouvrent. Les uns se précipitent dans les eaux. Les autres moribonds sont étendus sur le rivage. Ici des spectateurs élèvent leurs mains aux cieux. Là une mère presse son enfant contre son sein; d'autres s'exposent à périr pour sauver leurs amis ou leurs proches; un mari tient entre ses bras sa femme à demi pâmée. Une mère pleure sur son enfant noyé; cependant le vent applique ses vêtements contre son corps, et vous en fait discerner les formes; des marchandises se balancent sur les eaux, et des passagers sont entraînés au fond des gouffres.

C'est Vernet qui sait rassembler les orages, ouvrir les cataractes du ciel, et inonder la terre. C'est lui qui sait aussi, quand il lui plaît, dissiper la tempête, et rendre le calme à la mer et la sérénité aux cieux. Alors toute la nature sortant comme du chaos, s'éclaire d'une manière enchanteresse, et reprend tous ses charmes.

Comme ses jours sont sereins! Comme ses nuits sont tranquilles! Comme ses eaux sont transparentes! C'est lui qui crée le silence, la fraîcheur et l'ombre dans les forêts. C'est lui qui ose, sans crainte, placer le

71. Mot à mot: il sait teindre le cristal des mers des objets qu'il projette. A.T. donne « éteindre ».

soleil ou la lune dans son firmament. Il a volé à la nature son secret : tout ce qu'elle produit, il peut le répéter[72].

Et comment ses compositions n'étonneraient-elles pas ? Il embrasse un espace infini. C'est toute l'étendue du ciel sous l'horizon le plus élevé ; c'est la surface d'une mer ; c'est une multitude d'hommes occupés du bonheur de la société ; ce sont des édifices immenses, et qu'il conduit à perte de vue.

Le tableau[N] qu'on appelle son *Clair de lune*, est un effort de l'art. C'est la nuit partout, et c'est le jour partout. Ici, c'est l'astre de la nuit qui éclaire et qui colore ; là, ce sont des feux allumés ; ailleurs c'est l'effet mélangé de ces[O] deux lumières. Il a rendu en couleur les ténèbres visibles et palpables de Milton. Je ne vous parle pas de la manière dont il a fait frémir et jouer ce rayon de lumière sur la surface tremblotante[P] des eaux ; c'est un effet qui a frappé tout le monde.

Son *Port de Rochefort*[Q] est très beau. Il fixe l'attention des artistes par l'ingratitude du sujet ; mais celui de La Rochelle[R] est infiniment plus piquant. Voilà ce qu'on peut appeler un ciel. Voilà des eaux transparentes. Et tous ces groupes, ce sont autant de petits tableaux[S] vrais et caractéristiques du local. Les figures en sont du dessin le plus correct. Comme la touche en est spirituelle et légère ! Qui est-ce qui entend la perspective aérienne mieux que cet homme-là ?

Regardez le *Port de La Rochelle* avec une lunette qui embrasse le champ du tableau, et qui exclut la bordure ; et oubliant tout à coup que vous examinez un morceau de peinture, vous vous écrierez, comme si vous

N. La Nuit, par un clair de Lune. Du même [Du même *om.* V] *Le Tableau qu'on appelle L V*

O. *ces om. V*

P. *surface* tremblante *des eaux V*

Q. 81. Vue du Port de Rochefort, prise du Magasin des Colonies Du même. *Son Port de Rochefort est très beau. L V*

R. *par l'ingratitude du sujet* : 90. Vue du Port de La Rochelle, prise de la petite rive. Du même. Le Port *de La Rochelle est infiniment L V*

S. *tableaux om. V*

72. Le peintre ou le poète démiurge, « véritable Prométhée », est une idée que D. doit à Shaftesbury (*Characteristics*, I, 207). Il n'a cessé de l'amplifier dans ses écrits sur le théâtre (*Entretiens sur le Fils naturel*, DPV, X, 128), dans l'*Éloge de Richardson* (DPV, XIII, 195), dans les *Salons*. Tout ce mouvement lyrique rappelle, pour ce qui est du décor et de l'exaltation, le célèbre passage sur les « mœurs poétiques » dans le Discours *De la poésie dramatique* (DPV, X, 400-401), mais l'accent est mis ici davantage sur le rôle personnel du créateur, qui s'est rendu maître de la sensibilité du spectateur.

étiez placé au haut d'une montagne, spectateur de la nature même : O le beau point de vue !

Et puis, la fécondité de[T] génie et la vitesse d'exécution de cet artiste sont inconcevables. Il eût employé deux ans à peindre un seul de ces morceaux, qu'on n'en serait point surpris, et il y en a vingt de la même force ! C'est l'univers montré sous toutes sortes de faces à tous les points du jour, à toutes les lumières.

Je ne regarde pas toujours; j'écoute quelquefois. J'entendis un spectateur d'un de ces tableaux qui disait à son voisin : *Le Claude Lorrain me semble encore plus piquant*; et celui-ci qui lui répondit[U] : *D'accord, mais il est moins vrai.*

Cette réponse ne me parut pas juste. Les deux artistes comparés sont également vrais; mais Le Lorrain a choisi des moments plus rares et des phénomènes plus extraordinaires.

Mais, me direz-vous, vous préférez donc Le Lorrain à Vernet; car quand on prend la plume ou le pinceau, ce n'est pas pour dire ou pour montrer une chose commune ?

J'en conviens. Mais considérez que les grandes compositions de Vernet ne sont point d'une imagination libre. C'est un travail commandé[73]; c'est un local qu'il faut rendre tel qu'il est, et remarquez que dans ces morceaux mêmes, Vernet montre bien une autre tête, un autre talent que Le Lorrain, par la multitude incroyable d'actions, d'objets et de scènes particulières. L'un est un paysagiste; l'autre un peintre d'histoire, et de la première force, dans toutes les parties de la peinture.

Madame Geoffrin, femme célèbre à Paris, a fait exécuter par Vernet la *Bergère des Alpes*, sujet d'un conte de Marmontel[V]. Je ne trouve ni le conte, ni le tableau bien merveilleux. Les deux figures du peintre n'arrêtent, ni n'intéressent. On se récrie beaucoup sur le paysage; on prétend qu'il a

T. *la fécondité* du *génie V*
U. *qui lui* répondait : *D'accord Firm L V*
V. 92. *La Bergère des Alpes, sujet* tiré des Contes Moraux *de* M. *Marmontel*. Du même. *Mme Geoffrin, femme célèbre à Paris,* l'*a fait exécuter. Je ne trouve L V*

73. La vue du port de Rochefort et celle du port de La Rochelle font partie de « la suite des ports de France » et ont été en effet « commandées » par le roi. Les « quatre parties du jour », représentant le lever du soleil, une tempête, le coucher du soleil et un clair de lune ont été « ordonnées par monseigneur le Dauphin, pour sa bibliothèque, à Versailles ».

toute l'horreur des Alpes vues de loin. Cela se peut, mais c'est une absurdité; car pour les figures et pour moi qui m'assieds à côté d'elles, elles [w] ne sont qu'à peu de distance. Nous touchons à la montagne qui est derrière nous. Cette montagne est peinte dans la vérité d'une montagne voisine; nous ne sommes séparés des Alpes que par une gorge étroite; pourquoi donc ces Alpes sont-elles informes, sans détail distinct [x], verdâtres et nébuleuses? Pour pallier l'ingratitude de son sujet, l'artiste s'est épuisé sur un grand arbre qui occupe toute [y] la partie gauche de sa composition; il s'agissait bien de cela! c'est qu'il ne faut rien commander à un artiste, et quand on veut avoir un beau tableau de sa façon, il faut lui dire, Faites-moi un tableau, et choisissez le sujet qui vous conviendra; encore serait-il plus sûr et plus court d'en prendre un tout fait.

Mais un tableau médiocre au milieu de tant de chefs-d'œuvre ne saurait nuire à la réputation d'un artiste, et la France peut se vanter de son Vernet à aussi juste titre que la Grece de son Apelle et de son Zeuxis, et que l'Italie de ses Raphaels, de ses Correges [z] et de ses Carraches. C'est vraiment un peintre étonnant.

Le Bas et Cochin gravent de concert ses ports de mer; mais Le Bas est un libertin qui [A] ne cherche que de l'argent; et Cochin est un homme de bonne compagnie qui fait des plaisanteries, des soupers agréables, et qui néglige son talent.

Il y a à Avignon un certain Balechou [74], assez mauvais sujet, qui court la même carrière qu'eux [B], et qui les écrase.

### DESPORTES

C'est un peintre de fruits, et une des victimes de Chardin [75].

W. *à côté d'elles,* les Alpes *ne sont S*
X. *sans* détails distincts, *verdâtres V*
Y. *toute om. S*
Z. *de ses* Raphaël, *de ses* Corrège *et L V*
A. *est un libertin qui om. V* [*rayé Vdl*]
B. *qu'eux om. L V*

74. Jean-Joseph Baléchou, graveur, mort à Avignon en 1764.
75. L'expression revient plus loin à propos de Roland de La Porte et aussi de Bellanger, « peintre de légumes, de fleurs, de fruits, et victime de Chardin ». On trouve également, à propos de Le Prince, dans le *Salon de 1765*, l'expression « victime de Vernet ».

15. Philippe Jacques de Loutherbourg. *Un Paysage avec figures et animaux*. 1763. T. H. 1,140 ; 1,940. Exposé au Salon de 1763.

16. Nicolas-Guy Brenet. *L'Adoration des Rois*. T. H. 3,80 ; L. 2,40. 1762.
Exposé au Salon de 1763.

### PERRONEAU

Ce peintre marchait autrefois sur les pas de La Tour. On lui accordait [C] de la force et de la fierté de pinceau. Il me semble qu'on n'en parle plus.

### ROSLIN ET VALADE

C'est un assez bon portraitiste, pour le siècle. Je parle de Roslin, car je ne connais point Valade[76].

Le premier a peint la *Comtesse d'Egmont*, fille du maréchal de Richelieu. Ce portrait est soigné. La [D] robe ne fait pas trop mal le satin. Les chairs sont un peu blanches. Le front l'est beaucoup trop. Les yeux sont durs, mais peut-être ressemblent-ils. La main qui pose sur la robe est bien coloriée. En général le tout a l'air blanc; c'est qu'on a visé à l'éclat et à l'effet.

### GUERIN ET ROLAND DE LA PORTE

Je ne connais point le premier, et âme qui vive ne vous en parlera[77].

Quant à Roland de la Porte, c'est une autre victime de Chardin.

Le peuple s'est extasié à la vue d'un bas-relief représentant une tête d'empereur et peint avec sa bordure sur un fond qui représente une planche de bois [E]. Le bas-relief en paraît absolument détaché; cela est d'un effet surprenant, et le peuple est fait pour en être ébahi; il ignore combien cette sorte d'illusion est facile. On promène dans nos foires de province des morceaux en ce genre peints par de jeunes barbouilleurs d'Allemagne, qu'on a pour un écu, et qui ne le cèdent guère à celui-ci.

### MADAME VIEN [F]

Cette femme peint à merveille les oiseaux, les insectes et les fleurs. Elle

C. *On lui* accorde *de la force L V*
D. *soigné*. Sa *robe L. V*
E. *de bois om. L V*
F. [*tout l'article consacré à Mme Vien est rayé par Vdl*]

76. Parmi les trois portraits de Valade exposés au Salon, celui de « M. Loriot, ingénieur mécanicien », présente la particularité d'avoir été traité selon le procédé inventé par Loriot. « M. Loriot, dit le catalogue, a trouvé le secret de fixer la peinture au pastel : une moitié de ce tableau est fixée, y compris partie de la tête, pour prouver qu'il n'y a aucun changement dans la couleur entre la partie fixée et celle qui ne l'est pas » (voir ENC, XXIV, 426).
77. Remarque de Grimm : « Pardonnez-moi, il passe pour un assez bon peintre en miniature, et ne cède le pas qu'à Vénevault. Son portrait de madame de Lillebonne a été remarqué. »

est juste dans les formes, et vraie dans l'exécution; elle sait même réchauffer des sujets assez froids. Ici, c'est un *Émouchet qui lie*[G] *un petit oiseau*; là *Deux Pigeons qui se baisent.* Si elle suspend par les pattes un oiseau mort, elle en détachera quelques plumes qui seront tombées à terre, et sur lesquelles on serait tenté de souffler, pour les écarter. Ses *Bouquets* sont ajustés avec élégance et goût.

J'aimerais bien autant un portefeuille d'oiseaux, de chenilles et d'autres insectes de sa main, que ces objets en nature rassemblés sous des verres dans mon cabinet.

### DROUAIS ET VOIRIOT

Drouais peint bien les petits enfants. Il leur met dans les yeux de la vie, de la transparence, et l'humide et le gras et le nageant[78] qui y est. Ils semblent vous regarder, et vous sourire, même de près. Seulement à force de leur vouloir faire des chairs blanches et laiteuses, il les fait de craie[H].

Vous souvenez-vous de son *Polisson* du dernier Salon, de sa chevelure ébouriffée, de son chapeau clabaud, et de son air espiègle?

La *Petite fille qui joue avec son chat qu'elle a enveloppé dans un des coins de son mantelet*, mérite l'attention par sa vie, sa mignardise et l'élégance de son ajustement.

Je ne sais ce que c'est que Voiriot, ni ses portraits[79].

### BAUDOUIN

Il y a dans son morceau du *Prêtre catéchisant de jeunes filles*, qui[I] n'est du reste qu'un papier d'éventail, quelques physionomies d'esprit. Ces lettres

G. *qui* terrasse *un petit oiseau L V*
H. *Drouais peint bien* [...] *il les fait de craie om. V* [*rayé Vdl*]
I. *Baudoin* 143. Un *prêtre catéchisant de* [*des* V] *jeunes filles. Il y a dans ce morceau, qui n'est du reste L V* / *dans* ce *morceau S*

78. Il est intéressant de voir la langue picturale de D., comme celle des autres critiques d'art, remettre en honneur le procédé conseillé par Du Bellay dans la *Défense et illustration de la langue française*, qui consiste à substantiver le participe. Relativement fréquent pour ce qui est du participe passé, ce tour est beaucoup plus rare avec un participe présent. Voir *Salon de 1765* : « ... l'effet des grandes masses et leur imposant ».
79. « Six portraits sous le même numéro », dit le catalogue.

d'amour données et rendues, et autres pareils incidents ne sont pas mal imaginés.

Parmi ses autres ouvrages en miniature, il y a une[J] *Phryné accusée d'impiété devant les aréopagites.* C'est un très beau sujet traité d'une manière faible et commune, et malgré cela, je jure que l'ouvrage n'est pas tout de lui. Monsieur Boucher, vous n'en conviendrez pas, mais de temps en temps vous avez arraché le pinceau de la main de votre pauvre[K] gendre. Quoi, là, et là encore, ce n'est pas votre touche ? Allons, vous rougissez; n'en parlons plus. Il y a quelques têtes de juges qui ne sont pas mal. L'ordonnance pèche, ce me semble, en ce que l'effet demandait que l'accusée et l'orateur fussent isolés du reste. L'orateur n'est pas mauvais; mais qu'il est loin de la grandeur, de l'enthousiasme, de la chaleur et de tout le caractère d'un Périclès ou d'un Démosthene qui eût parlé pour sa maîtresse ! Le caractère de la Phryné est faux et petit. Elle craint, elle a honte, elle tremble, elle a peur. Celle qui ose braver les dieux, ne doit pas craindre de mourir. Je l'aurais faite grande, droite, intrépide, telle à peu près que Tacite nous montre la femme d'un général gaulois passant avec noblesse, fièrement et les yeux baissés entre les files des soldats romains. On l'aurait vue de la tête aux pieds. Lorsque l'orateur eût écarté le voile qui couvrait sa tête, on aurait vu ses belles épaules, ses beaux bras, sa belle gorge, et par son attitude je l'aurais fait concourir à l'action de l'orateur au moment où il disait aux juges : Vous qui êtes assis comme les vengeurs des dieux offensés, voyez cette femme qu'ils se sont complu à former, et, si vous l'osez, détruisez leur plus bel ouvrage.

Le visage de sa Phryné a le ton léché, faible et pointillé de ses miniatures; ce qui prouve qu'il a fait ses miniatures.

## GREUZE

C'est vraiment là mon homme que ce Greuze. Oubliant pour un moment ses[L] petites compositions qui me fourniront des choses agréables

J. *Parmi* [...] *une supp. L V* → 149, *Phryné* / Aéropagistes *V*

K. *le pinceau* des mains *de votre gendre V* [pauvre *gratté Vdl*]

L. *moment* les *petites compositions Firm*

à lui dire, j'en viens tout de suite à son tableau de la *Piété filiale*, qu'on intitulerait mieux : *De la récompense de la bonne éducation donnée*[80].

D'abord le genre me plaît. C'est la peinture morale. Quoi donc, le pinceau n'a-t-il pas été assez et[M] trop longtemps consacré à la débauche et au vice ? ne devons-nous pas être satisfaits[N] de le voir concourir enfin avec la poésie dramatique à nous toucher, à nous instruire, à nous corriger et à nous inviter à la vertu ? Courage, mon ami Greuze ! Fais[O] de la morale en peinture, et fais-en toujours comme cela. Lorsque tu seras au moment de quitter la vie, il n'y aura aucune de tes compositions que tu ne puisses te rappeler avec plaisir. Que n'étais-tu à côté de cette jeune fille qui regardant la tête de ton *Paralytique*, s'écria avec une vivacité charmante : *Ah, mon Dieu, comme il me touche ; mais si je le regarde encore, je crois que je vais pleurer* ; et que cette jeune fille n'était-elle la mienne ! Je l'aurais reconnue à ce mouvement. Lorsque je vis ce vieillard éloquent et pathétique, je sentis, comme elle, mon âme s'attendrir et des pleurs prêts à tomber de mes yeux[81].

Le tableau de la *Piété filiale*[P] a quatre pieds six pouces de large, sur trois pieds de haut.

Le principal personnage, celui qui occupe le milieu de la scène, et qui fixe l'attention, est un vieillard paralytique, étendu dans son fauteuil, la tête appuyée sur un traversin, et les pieds sur un tabouret. Il est habillé. Ses jambes malades sont enveloppées d'une couverture. Il est entouré de ses enfants et de ses petits-enfants, la plupart empressés à le servir. Sa belle tête est d'un caractère si touchant ; il paraît si sensible aux services qu'on lui rend ; il a tant de peine à parler, sa voix est si faible, ses regards si tendres,

M. *assez et om. S / et trop om. V*
N. *être* satisfait *de le voir S Firm V*
O. *[dans ce paragraphe Vdl a changé le tutoiement en vouvoiement]*
P. 140. *La Piété Filiale.* Ce *tableau L V*

80. Dix portraits, deux tableaux de genre, et une « peinture morale » : sur ce total seuls le *Portrait de Mme Greuze* et la *Piété filiale* trouvent grâce aux yeux de D. Greuze, peintre pathétique et bourgeois, ne doit pas sortir du genre qui lui a été assigné par la critique : « Ah ! monsieur Greuze, que vous êtes différent de vous-même lorsque c'est la tendresse ou l'intérêt qui guide votre pinceau ! » (Voir ci-dessous, p. 241).

81. Nous retrouvons le ton et presque les détails de la scène relatée au début des *Entretiens sur le Fils naturel* (DPV, X, 85). Il ne faut pas négliger l'influence exercée par l'émotivité collective sur la critique de D. Voir la note de Grimm : « L'envie et la jalousie auront beau dire ; j'ai vu de mes yeux une femme approcher du tableau de Greuze, l'envisager, et fondre en larmes. »

son teint si pâle, qu'il faut être sans entrailles pour ne les pas sentir remuer.

A sa droite une de ses filles est occupée à relever sa tête et son traversin.

Devant lui, du même côté, son gendre vient lui présenter des aliments. Ce gendre écoute ce que son beau-père lui dit, et il a l'air tout à fait touché.

A gauche de l'autre côté, un jeune garçon lui apporte à boire. Il faut voir la douleur et toute la figure de celui-ci. Sa peine n'est pas seulement sur son visage; elle est dans ses jambes, elle est partout.

De derrière le fauteuil du vieillard sort une petite tête d'enfant. Il s'avance; il voudrait bien aussi entendre son grand-papa, le voir et le servir; les enfants sont officieux. On voit ses petits doigts posés [Q] sur le haut du fauteuil.

Un autre plus âgé est à ses pieds, et rarrange [R] la couverture.

Devant lui, un tout à fait jeune s'est glissé entre lui et son gendre, et lui présente un chardonneret. Comme il tient l'oiseau! Comme il l'offre! Il croit que cela va guérir le grand-papa.

Plus loin, à la droite du vieillard est sa fille mariée. Elle écoute avec joie ce que son père dit à son mari. Elle est assise sur un tabouret; elle a la tête appuyée sur sa main. Elle a sur ses genoux l'Écriture sainte. Elle a suspendu la lecture qu'elle faisait au bonhomme.

A côté de la fille est sa mère et [S] l'épouse du paralytique. Elle est aussi assise, sur une chaise de paille. Elle recousait une chemise. Je suis sûr qu'elle a l'ouïe dure. Elle a cessé son ouvrage, et elle avance de côté sa tête pour entendre.

Du même côté, tout à fait à l'extrémité du tableau, une servante qui était à ses fonctions, prête aussi l'oreille.

Tout est rapporté au principal personnage et ce qu'on fait dans le moment présent, et ce qu'on faisait dans le moment précédent [82].

Q. *posés om. L V*
R. *et* arrange *la couverture L et* arrange sa *couverture V*
S. *A côté de sa fille L V / et om. V*

82. D. reprend, en l'assouplissant, la théorie exposée dans l'article *COMPOSITION : « Mais le peintre n'a qu'un instant presque indivisible; c'est à cet instant que tous les mouvements de sa composition doivent se rapporter : entre ces mouvements, si j'en remarque quelques-uns qui soient de l'instant qui précède ou de l'instant qui suit, la loi de l'unité de temps est enfreinte » (DPV, VI, 476).

Il n'y a pas jusqu'au fond qui ne rappelle les soins qu'on prend du vieillard. C'est un grand drap suspendu sur une corde, et qui sèche. Ce drap est très bien imaginé et pour le sujet du tableau, et pour l'effet de l'art. On se doute bien que le peintre n'a pas manqué de le peindre largement[83].

Chacun ici a précisément le degré d'intérêt qui convient à l'âge et au caractère. Le nombre des personnages rassemblés dans un assez petit espace est fort grand; cependant ils y sont sans confusion, car ce maître excelle surtout à ordonner sa[T] scène. La couleur des chairs est vraie. Les étoffes sont bien soignées. Point de gêne dans les mouvements. Chacun est à ce qu'il fait. Les enfants les plus jeunes sont gais, parce qu'ils ne sont pas encore dans l'âge où l'on sent. La commisération s'annonce fortement dans les plus grands. Le gendre paraît le plus touché, parce que[U] c'est à lui que le malade adresse ses discours et ses regards. La fille mariée paraît écouter plutôt avec plaisir qu'avec douleur. L'intérêt est sinon éteint, du moins presque insensible dans la vieille mère; et cela est tout à fait dans la nature. *Jam proximus ardet Ucalegon*[84]. Elle ne peut plus se promettre d'autre consolation que la même tendresse de la part de ses enfants, pour un temps qui n'est pas loin. Et puis, l'âge qui endurcit les fibres, dessèche l'âme[85].

Il y en a qui disent que le paralytique est trop renversé, et qu'il est impossible de manger en cette position. Il ne mange pas, il parle, et l'on est prêt à lui relever la tête.

T. *ordonner* la *scène V*

U. *que om. S*

83. Les *Pensées détachées sur la peinture* marquent une certaine méfiance contre l'abus de ce vocabulaire : « Promenez-vous dans une galerie avec un artiste, et faites-vous expliquer et montrer sur la toile l'exemple des mots techniques; sans cela, vous n'aurez que des notions confuses de contours coulants, de belles couleurs locales, de teintes vierges, de touche franche, de pinceau libre, facile, hardi, moelleux; faits avec amour, de ces laissés ou négligences heureuses. Il faut voir et revoir la qualité à côté du défaut; un coup d'œil supplée à cent pages de discours » (A.T., XII, 113).

84. « Déjà prend feu la maison d'Ucalégon, toute proche » (Virgile, *Énéide*, liv. II, v. 311-312). L'allusion métaphorique à la ruine de Troie est appelée par la connotation contenue dans *proximus* : la femme va bientôt suivre son mari. Idée reprise dans la phrase suivante : « ... pour un temps qui n'est pas loin ».

85. La théorie du « convenable », qui sert d'idée directrice à ce paragraphe, est un lieu commun de la critique picturale. Son origine aristotélicienne est bien connue. Bachaumont s'exprime presque dans les mêmes termes dans son commentaire du tableau de Le Brun, *La Famille de Darius* : « Enfin tous les visages, toutes les attitudes des personnes représentées dans ce magnifique tableau, ont les expressions convenables à leur âge, à leur situation et à leurs conditions » (*Essai sur la peinture, la sculpture et l'architecture*, 1751).

Que c'était à sa [v] fille à lui présenter à manger, et à son gendre à relever sa tête et son traversin, parce que l'un demande de l'adresse, et l'autre de la force. Cette observation n'est pas si fondée qu'elle le [w] paraît d'abord. Le peintre a voulu que son paralytique reçût un secours marqué de celui de qui il était le moins en droit de l'attendre. Cela justifie le bon choix qu'il a fait pour sa fille; c'est la vraie cause de l'attendrissement de son visage, de son regard et du discours qu'il lui [x] tient. Déplacer ce personnage, c'eût été changer le sujet du tableau. Mettre la fille à la place du gendre, c'eût été renverser toute la composition : il y aurait eu quatre têtes de femme [y] de suite, et l'enfilade de toutes ces têtes aurait été insupportable.

Ils disent aussi [z] que cette attention de tous les personnages n'est pas naturelle; qu'il fallait en occuper quelques-uns du bonhomme, et laisser les autres à leurs fonctions particulières; que la scène en eût été plus simple et plus vraie, et que c'est ainsi que la chose s'est passée, qu'ils en sont sûrs... Ces gens-là *faciunt ut nimis intelligendo nihil intelligant*[86]. Le moment qu'ils demandent est un moment commun, sans intérêt; celui que le peintre a choisi, est particulier. Par hasard il arriva ce jour-là que ce fut son gendre qui lui apporta des aliments, et le bonhomme touché lui en témoigna [A] sa gratitude d'une manière si vive, si pénétrée qu'elle suspendit les occupations et fixa l'attention de toute la famille.

On dit encore [B] que le vieillard est moribond, et qu'il a le visage d'un agonisant... Le docteur Gatti dit que ces critiques-là n'ont jamais vu de malades, et que celui-ci [C] a bien encore trois ans à vivre.

Que sa fille mariée, qui suspend la lecture, manque d'expression, ou n'a pas celle qu'elle devrait avoir... Je suis un peu de cet avis.

v. *à la fille V*
w. *le om. S*
x. *lui om. S Firm*
y. *quatre têtes de* femmes *de suite Firm V*
z. On dit encore *que cette attention Firm.* On dit encore *S supp. Grimm → Ils disent aussi*
A. *lui en* témoigne *sa Firm*
B. Ils disent aussi *que le vieillard Firm* Ils disent aussi *S supp. Grimm → On dit encore*
C. *et que celui-*là *a bien encore L V*

86. « Font en sorte qu'à force de trop comprendre ils ne comprennent rien. »
D. cite de mémoire un vers de Térence *Faciuntne intellegendo ut nihil intellegant?* [Est-ce que, à faire les entendus, ils ne laissent pas voir qu'il n'y entendent rien?] (*Andrienne*, prologue, v. 17; trad. Marouzeau, Paris, les Belles Lettres, 1942).

Que les bras de cette figure d'ailleurs charmante, sont roides, secs, mal peints et sans détails... Oh pour cela, rien n'est plus vrai.

Que le traversin est tout neuf, et qu'il serait plus naturel qu'il eût déjà servi... Cela se peut.

Que cet artiste est sans fécondité; et que toutes [D] les têtes de cette scène sont les mêmes que celles de son tableau des *Fiançailles*, et celles de ses *Fiançailles* les mêmes que celles de son *Paysan qui fait la lecture à ses enfants...* D'accord; mais si le peintre l'a voulu ainsi? S'il a suivi l'histoire de la même famille?

Que... et que mille diables emportent les critiques et moi tout le premier! Ce tableau est beau et très beau, et [E] malheur à celui qui peut le considérer un moment de sang-froid! le caractère du vieillard est unique; le caractère du gendre, unique [F]; l'enfant qui apporte à boire, unique. La vieille femme, unique [87]. De quelque côté qu'on porte ses yeux, on est enchanté. Le fond, les couvertures, les vêtements sont du plus grand fini; et puis, cet homme dessine comme un ange. Sa couleur est belle et forte, quoique ce ne soit pas encore celle de Chardin pourtant. Encore une fois, ce tableau est beau, ou il n'y en eut jamais. Aussi appelle-t-il les spectateurs en foule; on ne peut en approcher. On le voit avec transport, et quand on le revoit, on trouve qu'on avait eu [G] raison d'en être transporté.

Il serait bien surprenant que cet artiste n'excellât pas. Il a de l'esprit et de la sensibilité. Il est enthousiaste de son art; il fait des études sans fin. Il n'épargne ni soins, ni dépense [H] pour avoir les modèles qui lui conviennent [I]. Rencontre-t-il une tête, qui le frappe, il se mettrait volontiers aux genoux du porteur de cette tête pour l'attirer dans son atelier. Il est sans cesse observateur, dans les rues, dans les églises, dans les marchés, dans les spectacles,

D. *toutes om. V*

E. *beau*, est *très beau*; *malheur à celui V* [et *rayé par Vdl*]

F. *le caractère du gendre* est *unique L V*

G. *eu om. V*

H. *ni* dépenses *pour L V*

I. un modèle *qui lui conviennent V*

87. De l'esthétique du « convenable » on passe sans transition à celle de l'« unique ». Las de répliquer point par point aux défenseurs des règles, D. renverse son argumentation et se réclame des droits imprescriptibles du génie. Toute la fin du paragraphe et le paragraphe suivant soulignent la ressemblance entre Greuze et le modèle idéal de l'homme de génie, éveilleur d'enthousiasme et enthousiaste lui-même, à la manière de Dorval ou de Richardson.

dans les promenades, dans les assemblées publiques. Médite-t-il un sujet, il en est obsédé, suivi partout. Son caractère même s'en ressent. Il prend celui de son tableau; il est brusque, doux, insinuant, caustique, galant, triste, gai, froid, chaud, sérieux ou fou, selon la chose qu'il projette.

Outre le génie de son art qu'on ne lui refusera pas, on voit encore qu'il est spirituel dans le choix et la convenance des accessoires. Dans le tableau du *Paysan qui lit l'Écriture sainte à sa famille*, il avait placé dans un coin à terre, un petit enfant qui pour se désennuyer, faisait les cornes à un chien. Dans ses *Fiançailles*, il avait amené une poule avec toute sa couvée. Dans celui-ci, il a placé à côté du garçon qui apporte à boire à son père infirme, une grosse chienne debout qui a le nez en l'air, et que ses petits tètent toute droite; sans parler de ce drap qu'il a étendu sur une corde, et qui fait le fond de son tableau.

On lui reprochait de peindre un peu gris; il s'est bien corrigé de ce défaut. Quoi qu'on en dise, Greuze est mon peintre.

Je n'aime pas son portrait du duc de Chartres [J] [88]. Il est froid et sans grâce.

Je n'aime pas son portrait de Mademoiselle [K] [89]. Il est gris, et cette enfant est souffrante. Il y a pourtant dans celui-ci des détails charmants, comme le petit chien, etc.

Celui de M. de Lupé [L] est dur.

On loue beaucoup celui de Mademoiselle de Pange, et en effet [M], il est mieux; mais [N] ses cheveux sont métalliques. C'est aussi le défaut de la tête

J. 128 *V* 128 *L* Le *Portrait* de M. le *duc de Chartres*. Du même. *Je n'aime pas* ce portrait; *il est froid L V*

K. 128. Le *Portrait de Mademoiselle*. Du même. *L V*

L. 130. Le Portrait de M. le comte *de Lupé*. Du même. Il *est dur. L V*

M. 132. Le Portrait de *Mlle de Pange*. Du même. *On loue beaucoup* celui-ci, *et* [et *om.* V] *en effet L V*

N. *mais om. V*

88. Le catalogue donne six rubriques de portraits. Ceux du duc de Chartres et de Mademoiselle sont réunis sous une seule rubrique. Deux portraits n'ont pas été commentés par D. : celui du comte d'Angévillé et celui de M. Watelet.

89. On ne peut s'empêcher de penser aux réflexions de *Jacques le fataliste* sur les portraits littéraires : « Jacques. — [...] je hais les portraits à la mort. [...] ils ressemblent si peu que, si par hasard on vient à rencontrer les originaux, on ne les reconnait pas » (A.T., VI, 259).

d'un *Petit Paysan*[90], dont les cheveux mats et jaunes sont de cuivre. Du reste, pour l'habit, le caractère et la couleur, c'est l'ouvrage d'un habile homme.

Mais je laisse là tous ces portraits pour courir à celui de sa femme.

Je jure[O] que ce portrait est un chef-d'œuvre qui un jour à venir n'aura point de prix. Comme elle est coiffée ! Que ces cheveux châtains sont vrais ! Que ce ruban qui serre la tête fait bien ! Que cette longue tresse qu'elle relève d'une main sur ses épaules, et qui tourne plusieurs fois autour de son bras, est belle ! voilà des cheveux pour le coup ! Il faut voir le soin et la vérité dont le dedans de cette main et les plis de ces doigts sont peints ! Quelle finesse et quelle variété de teintes[P] sur ce front ! On reproche à ce visage son sérieux et sa gravité : mais n'est-ce pas là le caractère d'une femme grosse qui sent la dignité, le péril et l'importance de son état[91] ? que ne lui reproche-t-on aussi ces traits rougeâtres qu'elle a aux petits[Q] angles des yeux ? Que ne lui reproche-t-on aussi ce teint qui jaunit[R] sur les tempes et vers le front; cette gorge qui s'appesantit; ces membres qui s'affaissent et ce ventre qui commence à se relever ? Ce portrait tue tous ceux qui l'environnent. La délicatesse avec laquelle le bas de ce visage est touché, et l'ombre du menton portée sur le col[S], est inconcevable. On serait tenté de passer la main sous[T] ce menton, si l'austérité de la personne n'arrêtait et l'éloge et la main. L'ajustement est simple. C'est celui d'une femme le matin, dans sa chambre à coucher; un petit tablier de taffetas noir sur une robe de satin blanc. Mettez l'escalier entre ce portrait et vous; regardez-le avec une lunette, et vous verrez la nature même. Je vous défie de me nier que cette figure ne vous regarde, et ne vive.

Ah, Monsieur Greuze, que vous êtes différent de vous-même, lorsque c'est la tendresse ou l'intérêt qui guide votre pinceau. Peignez votre femme, votre maîtresse, votre père, votre mère, vos enfants, vos amis; mais je vous conseille de renvoyer les autres à Roslin ou à Michel Vanloo.

O. 133 *V* 138 *L* Le Portrait de Mme Greuze. Du même. *Je jure L V*
P. teinte *V*
Q. *petits om. L V*
R. *aussi om. Firm | ce teint* jaunâtre *sur les tempes L V*
S. *le* cou, *est L V*
T. *passer* sa *main* sur *ce menton L V*

90. Outre les portraits, le catalogue donne trois études de têtes (un petit garçon, et deux petites filles).

91. Sous couleur de « vérité » et de « nature », on en revient toujours à l'esthétique du « convenable », qui domine tout ce passage.

### BRENET

On regarderait certainement son *Adoration des Mages* [u]. Elle est faible de couleur; mais il y a de l'harmonie; l'enfant est joli, la figure de la Vierge n'est du moins empruntée de personne; les mages ne sont ni sans effet, ni sans caractère. Mais, Monsieur Brenet, on vous a joué un cruel tour, en plaçant votre morceau en face du *Mariage de la Vierge* de Deshays. Vous n'étiez pas en état de soutenir la comparaison. Ce grand-prêtre et cette Vierge vous tuent d'un bout du Salon à l'autre. Consolez-vous pourtant, vous n'aurez pas toujours ce fâcheux vis-à-vis.

Votre [v] *Martyre de saint Denis* montre que vous avez quelque talent. Il est peint chaudement. Votre saint est bien résigné. Il est déjà dans les cieux. Ce bourreau qui le lie, a de l'effet, trop peut-être, puisqu'il divise l'attention. Vos licteurs sont faibles de couleur, froids et un peu roides. Mais comme heureusement pour vous [w], il n'y a là ni le *Saint Victor*, ni le *Saint André*, ni le *Saint Benoît* de Deshays, ces têtes coupées qui ensanglantent la terre [x], nous paraissent fortes et bien.

### BELLANGER

Peintre de légumes, de fleurs, de fruits [92], et victime de Chardin.

### DE MACHY

Des [y] cinq tableaux que cet artiste a exposés :

l'*Intérieur de l'église de la Magdeleine*,

le *Péristyle du Louvre vu du côté de la rue Fromenteau et éclairé par une lampe* ;

U. Brenet. 150. L'Adoration des Rois. *On regarderait certainement son Adoration des* Rois. *L V*

V. 151. St Denis près d'être martyrisé. Du même. *Votre Martyre* [Martyr V] *de St Denis L V*

W. *vous om. S*

X. *ensanglantent la* scène *nous L V*

Y. De *cinq tableaux V*

92. Le propos de Bellanger, comme en témoigne le catalogue. « Un globe terrestre, accompagné de légumes, de fruits et de fleurs. L'intention de l'auteur a été de représenter la terre et ses productions. »

les deux *Ruines* à gouache *de la foire Saint-Germain incendiée*,
et l'*Installation de la statue de Louis XV*[z],

les quatre premiers ne sont pas sans mérite.

Je ne fais aucun cas des ouvrages auxquels on est sûr de réussir, en se conformant aux règles. C'est le mérite, non de l'artiste, mais des règles. Telles[A] sont la plupart des perspectives. Ce que je priserais[B] donc dans le morceau de l'*Église de la Magdelaine*, ce n'est pas l'architecture; l'éloge si elle en mérite, en[C] appartient à M. Contant[93]. Ce n'est pas la perspective; c'est l'affaire d'Euclide. Qu'est-ce donc? C'est l'effet de la lumière; c'est l'art de rendre pour[D] ainsi dire sensible, cette vapeur légère qui règne dans les grands édifices, et telle qu'on la remarque dans ce morceau de Machy.

Celui des *Ruines de la foire Saint-Germain* où le peintre a choisi le moment qui succède au danger; où les braises ardentes éclairent les débris de l'édifice et les lieux circonvoisins; où les hommes épuisés se reposent de leurs fatigues, et se remettent de leur effroi; où les uns sont spectateurs oisifs, et les autres éteignent dans une mare d'eau des poutres, des solives à demi consumées; où chacun travaille à reconnaître ses effets entassés pêle-mêle; cette ruine, dis-je, a de l'effet[94]. J'ai vu quelques incendies, et je me souviens très bien d'y avoir vu cette lueur rougeâtre, forte et réverbérée au loin. La dégradation pouvait peut-être s'en faire d'une manière plus proportionnée aux distances; mais il faut avouer qu'ici le centre de lumière est immense et l'espace étroit et renfermé. Les petites figures répandues autour de l'édifice, soit oisives, soit occupées, sont fort bien. En tout, ce morceau n'est pas à mépriser.

z. 108. *L'Intérieur L V* / 109. *Le Péristile L V* / 110. *Les deux ruines L V* / 111. *L'Installation L V*

A. Tels *sont la plupart G*

B. *Ce que je* priserai *donc L V*

C. *en om. L V*

D. *rendre* cet air *pour ainsi dire S Firm L V*

93. « L'intérieur de l'église projetée pour la paroisse de la Madeleine. D'après les plans de M. Coutant, architecte du Roi » *(Catalogue)*.

94. La préférence de D. va au « moment qui succède au danger » plutôt qu'à celui « qui représente l'incendie éteint ». A rapprocher du Discours *De la poésie dramatique* : « Quand verra-t-on naître des poètes? Ce sera après les temps de désastres et de grands malheurs; lorsque les peuples harassés commenceront à respirer » (DPV, X, 402). Les deux tableaux de « ruines » sont au musée Carnavalet.

Celui qui représente l'incendie éteint et l'édifice consumé, lui est bien inférieur. Je n'en parlerais pas, sans un incident singulier que l'artiste a rappelé dans son tableau. Il y avait cette année à la foire un marchand de bosses [E]; tous ses meubles furent consumés, tous ses plâtres mis en pièces [F]; il n'y eut que le groupe de *L'Amour et de l'Amitié* qui resta intact au milieu des flammes et de la chute des murs, des [G] poutres, des toits, en un mot de la dévastation générale qui s'étendit de tous côtés, autour de leur piédestal sans en approcher. Mon ami, sacrifions à l'amour et à l'amitié.

## DOYEN

Voici une grande composition et d'un homme qui effraya nos premiers peintres par la hardiesse et le succès de ses tentatives. C'était le *Jugement d'Appius Claudius*, scène immense; *Diomede qui blesse Venus*, autre scène immense [H]; une *Bacchanale*, sujet d'ivresse, exécuté avec force et chaleur [95]. Je vous ai dit dans le temps ce que j'en pensais, et ce soldat renversé sur son cheval abattu, percé d'un dard, et dont le sang descendant le long de la crinière du cheval allait teindre les eaux du Xante, m'est encore présent. Ah! si le reste eût été composé et exécuté de la même vigueur!

Cette fois-ci il a voulu nous montrer [I] *Andromaque éplorée devant Ulysse qui fait arracher de ses bras son fils Astyanax, et qui a ordonné qu'on le précipitât du haut des murs d'Ilion* [96].

E. *Il y avait cette année un marchand de bosses à la foire; tous ses meubles V*
F. *mis en* pièce; *il n'y eut V*
G. *des murs* et *des poutres L*
H. *Diomède qui blesse Vénus, autre scène immense om. Firm* [*Grimm corrige en surcharge* : Vénus blessée par Diomède, autre scène immense.]
I. *il a voulu nous montrer* 120. *Andromaque éplorée. L V*

95. Le *Jugement d'Appius Claudius*, intitulé en réalité *La Mort de Virginie*, fait l'objet d'un commentaire élogieux dans le *Salon de 1759*. *Vénus blessée par Diomède*, exposée en 1761, a été appréciée par D. Quant à la *Bacchanale*, on ne peut penser qu'il s'agisse de la *Fête au dieu des jardins*, exposée en 1759 : D. trouve en effet qu'elle « dégoûte ».

96. Le catalogue est prodigue d'explications. « Andromaque, ayant caché Astyanax, fils unique d'Hector, dans le tombeau de son père, pour le dérober à l'inquiétude qu'en avaient conçue les Grecs malgré leur victoire, et quoiqu'il ne fût qu'un enfant : les vents contraires s'opposent à leur retour après la ruine de Troie; Calchas déclara qu'il fallait précipiter Astyanax du haut des murailles, de crainte qu'un jour il ne vengeât la mort de son père. Ulysse, chargé du soin de le chercher, le découvre et fait exécuter les ordres de son père.

Le peintre a pris le moment où Andromaque fait les derniers efforts pour arracher son fils des mains d'un soldat; mais ses cris ne peuvent empêcher l'exécution des ordres d'Ulysse. Il commande qu'on le précipite du haut de la tour d'Ilion. »

Le moment qu'il a choisi, est celui où Ulysse marque de la main le haut de la tour, et où l'on arrache l'enfant à sa mère.

On voit à droite, une troupe de soldats. Ulysse est devant eux, et il marque de la main le haut de la tour.

Ici la composition s'interrompt, et laisse un grand vide au milieu du tableau.

Après ce vide la première figure qu'on aperçoit sur la gauche, vers un des angles du tombeau d'Hector, est belle, très belle. C'est une des suivantes d'Andromaque, agenouillée, les bras élevés vers le ciel, les mains jointes, le visage tout couvert de sa longue chevelure.

Ensuite c'est un soldat qui s'est saisi d'Astianax qu'il tient entre ses bras. L'enfant est tourné et penché vers sa mère.

Andromaque est prosternée aux pieds du soldat, et semble plutôt supplier que disputer son enfant. Sa tête répond aux cuisses du soldat. Elle a les bras étendus, le corps incliné et la tête relevée; son vêtement, son caractère, son attitude sont nobles et pathétiques.

Derrière Andromaque un soldat empêche une des suivantes d'Andromaque d'approcher de sa maîtresse et de l'enfant. Cette suivante s'arrache les cheveux, et elle est renversée sur une autre qui se tord les bras.

Toute cette partie de la scène composée avec chaleur, se passe au-devant du tombeau qui forme une belle et grande masse.

Un soldat courbé sur le haut du mur latéral et postérieur du tombeau, regarde s'il n'y reste rien.

La douleur de ces suivantes est forte. Elles sont bien renversées, bien groupées. Rien de mieux imaginé que ce soldat qui les écarte.

Je l'ai déjà dit, le peintre a voulu faire une Andromaque qui fût belle d'action, de caractère, de draperie et d'attitude, et il y a réussi.

Mais je demande si c'est à un soldat qui n'est que l'instrument de son général, que son mouvement et sa prière doivent s'adresser ? Qu'a-t-elle à obtenir de lui, si Ulysse reste inflexible ? Qu'elle ne quitte pas son enfant, j'y consens. Mais qu'elle parle à Ulysse ! Que ce soit à ce prince qu'elle montre sa peine, son désespoir et ses larmes. Or c'est ce qu'elle ne fait point, et ce qu'elle ne saurait faire; car elle ne le voit pas, ce soldat mal placé l'en empêche.

Et ce vide énorme qui sépare Ulysse de la scène, et qui le relègue à une distance choquante ? Il coupe la composition en deux parties dont on ferait deux tableaux distincts, l'une à conserver précieusement, l'autre à jeter au feu; car elle est détestable[97].

Cet Ulysse droit, roide, froid, sans caractère a été pris dans la boutique d'un vannier. C'est une figure à garder pour la procession du Suisse de la rue aux Ours.

Et ces maussades et longs soldats, à faces de cuivre rouge, et à têtes de choux, entassés les uns sur les autres[J], que signifient-ils ? que disent-ils ? quelle expression, quelles physionomies[K] ont-ils ? s'ils sont là pour remplir, ils s'en acquittent très exactement.

Si Doyen[L] eût montré son ébauche à un homme de sens, voici ce que cet homme lui aurait dit :

Écartez-moi ces soldats les uns des autres, et donnez-leur plus de caractère, plus de force, des têtes, [des[M]] corps et des visages relatifs à l'action.

Laissez entre eux et leur général un peu d'espace, parce que cela convient. Il faut qu'ils l'accompagnent, mais il ne faut pas qu'ils soient sur ses épaules.

Changez-moi cet Ulysse; c'est un Ulysse d'osier. Si vous ne connaissez pas cet éloquent, impérieux et adroit scélérat, lisez Homere et Virgile, jusqu'à ce que les idées de ces deux grands poètes, fermentant dans votre imagination, vous aient donné la vraie physionomie de ce personnage.

Faites-lui faire un pas de plus, afin de diminuer ce vide énorme qui coupe en deux votre composition. Que votre scène soit une. Plus près d'Andromaque, elle pourra lui parler, il pourra l'entendre.

Repoussez-moi vers le fond ce soldat qui s'est saisi de l'enfant; qu'il ne cache pas à sa mère celui à qui elle doit adresser son désespoir.

Laissez votre Andromaque prosternée comme elle l'est, car elle est très bien; qu'elle saisisse seulement d'une main son fils ou le soldat, comme il vous plaira; que son autre bras, sa tête, son corps, ses regards, son mou-

J. *entassés les uns sur les autres om. L V*

K. *expression,* quelle physionomie *ont-ils ? L*

L. *Si Mr. Doyen V [corr. Vdl]*

M. *des têtes,* du *corps G S Firm*

97. Même remarque dans le *Salon de 1761* à propos du tableau de Dumont le Romain.

vement, toute son action soient portés vers Ulysse, comme il arrivera, sans y rien changer, lorsque vous aurez écarté ce soldat.

Votre Astyanax est de bois : qu'il ait ses deux petits bras étendus vers sa mère, et faites qu'il réponde à sa douleur.

Cela [N] fait, tout sera ensemble, et votre scène sera une, forte et raisonnée.

Surtout laissez dire ces imbéciles qui trouvent étrange que les suivantes paraissent plus affligées que la mère. Il faut que chacun marque sa passion d'une manière convenable à son rang et à son caractère. Renvoyez-moi ces gens-là à l'endroit où notre poète fait dire à un monarque sur le point d'abandonner au couteau d'un prêtre sa propre fille :

> Encor [O] si je pouvais, libre dans mon malheur,
> Par des larmes au moins soulager ma douleur !
> Triste destin des rois ! Esclaves que nous sommes
> Et des rigueurs du sort et des discours des hommes !
> Nous nous voyons sans cesse assiégés de témoins,
> Et les plus malheureux osent pleurer le moins [98].

Andromaque est mère; mais elle est fille de souverain, souveraine elle-même, et femme d'Hector. Tant que son fils est sous ses yeux, il lui reste de l'espoir. Ses suivantes ne peuvent rien; elles le savent. Ce qu'elles ont à faire, c'est de joindre à l'action de leur maîtresse, tout le spectacle de leur douleur. Et puis, elles sont bien plus certaines qu'Andromaque qu'elles ne verront plus ce cher enfant qu'elles ont élevé [P].

Mais [Q], Monsieur Doyen, vous avez abandonné votre première manière de colorier. Jamais sans le livret je ne vous aurais reconnu dans ce tableau. Prenez garde qu'à force de passer d'un faire à un autre, vous ne finissiez par en avoir un indécis et commun qui soit à tout le monde, excepté à vous.

Il se fait tard. Adieu, Monsieur Doyen, je vous souhaite une bonne nuit. A revoir au Salon prochain.

N. [*pas d'alinéa* L V]
O. Encore *S*
P. D'ailleurs, *elles sont* [bien *supp.*] *plus certaines qu'Andromaque* de ne voir *plus V* [*corr. Vdl*]
Q. *Mais om. V* [*corr. Vdl*]

98. Racine, *Iphigénie*, acte I, sc. 5.

## CASANOVE

Ah, Monsieur Casanove, qu'est devenu votre talent? Votre touche n'est plus fière comme elle était; votre coloris est moins vigoureux; votre dessin est devenu tout à fait incorrect. Combien vous avez perdu, depuis que le jeune Loutherbourg vous a quitté!

Oui[R], il y a toujours du mouvement dans cette *Bataille*. Voilà bien vos chevaux, je les reconnais; ces hommes blessés, morts ou mourants; ce tumulte, ce feu, cette obscurité, toutes ces scènes militaires et terribles sont de vous. Ce soldat s'élance bien. Celui-là frappe à merveille. Cet autre tombe, on ne peut mieux[S]. Mais cela n'est plus hors de la toile; la chaleur de[T] pinceau s'est évanouie.

On dit que Casanove tenait depuis cinq à six ans renfermé dans une maison de campagne, un jeune peintre appelé Loutherbourg qui finissait ses tableaux, et peu s'en faut que la chose ne soit démontrée[U] [99].

Les tableaux que Casanove a exposés dans ce Salon, sont fort inférieurs à ceux du Salon précédent[100]. Le pouce de Loutherbourg y manque; je veux dire cette manière de faire longue, pénible, forte et hardie qui consiste à placer des épaisseurs de couleurs sur d'autres qui semblent percer à travers, et qui leur servaient[V] comme de réserves[101].

## M. FAVRAY, *Chevalier de Malte et*[W] *Académicien*

Il y a de lui une copie de l'*Église de Saint-Jean de Malte avec les plafonds*

R. 125. Un Combat de Cavalerie. Du même. *Oui il y a toujours L V*
S. *on ne peut* pas *mieux. add. Firm*
T. *la chaleur* du *pinceau L V*
U. [*S intervertit les deux paragraphes qui commencent respectivement par* On dit *et* Les tableaux que Casanove]
V. *et qui leur* servent *comme de réserves L V*
W. *et om. V* [*rayé Vdl*]

99. En effet Loutherbourg a bien été l'élève de Francisco Casanova, ainsi que de Carle Vanloo. Il a aussi reçu les conseils de Parrocel. La même accusation de plagiat a été formulée plus haut contre Casanova.

100. Il s'agit des toiles de Casanova exposées au Salon de 1761, mais non mentionnées dans le catalogue. D. en parle avec feu.

101. On retrouve cette théorie dans le commentaire sur Chardin.

*peints par le Calabrese, les ornements, les décorations, les tableaux, d'autres détails et la cérémonie de la fête de la Victoire* [x].

C'est un morceau d'un travail immense; je louerai, si l'on veut, la patience de l'artiste; pour son génie, certes, s'il en eût eu une étincelle, il aurait fait autre chose. Je ne sais [y] s'il fallait recevoir à l'Académie M. Favray pour sa copie de [z] Saint-Jean de Malte; mais reçu, il eût fallu l'en exclure pour sa *Famille maltaise*, pour ses *Femmes maltaises de différents états, et qui se font visite*. Cela est misérable.

## PAROCEL

*La Sainte Trinité* [A]. Que diable [B] faire de la sainte Trinité, à moins qu'on ne soit un Raphael?

Dans le tableau de Parocel, on voit à gauche un Christ tenant sa [C] croix, fiché droit et roide comme s'il était empalé.

A droite, un Père éternel qui se précipite, et qui ferait certainement une chute fâcheuse, sans les anges obligeants qui le retiennent.

Au milieu et plus haut, le pigeon radieux. Objet très intéressant!

Et puis, une guirlande de têtes, de pieds, d'ailes et de mains de chérubins et de séraphins, qui descend jusqu'au bas de la toile.

Quand j'ai regardé ce morceau; que j'y ai aperçu quelque dessin, un peu de couleur, un grand travail, et que je me suis dit, Cela est détestable, j'ai ajouté tout de suite, Ah, que l'art de peindre est un art difficile [D] [102].

## *SCULPTURES ET GRAVURES* [E].

Si j'ai été long sur les peintres, en revanche je serai court sur les sculpteurs, et je n'aurai pas un mot à dire de nos graveurs.

X. 121. L'intérieur de *l'Église de S^t Jean de Malte*, ornée de *plafonds, les tableaux, d'autres détails L V*
Y. [*alinéa à* Je ne sais L V]
Z. *pour sa copie de* l'Église de *S^t Jean L V*
A. 127. *La Sainte Trinité L V*
B. *diable om. V* [*rayé Vdl*]
C. *tenant* la *croix Firm*
D. Le reste pour l'ordinaire prochain [*livraison du 1^er décembre 1763*] Fin du Salon de 1763 [*livraison du 15 décembre 1763*] *G S Firm*
E. SCULPTURE. *L V*

102. « Le grand travail » de Parrocel fait écho au « travail immense » de Favray.

## FALCONET [F]

O la chose précieuse que ce petit groupe de Falconet ! Voilà le morceau que j'aurais dans mon cabinet, si je me piquais d'avoir un cabinet[103]. Ne vaudrait-il pas mieux sacrifier tout d'un coup... Mais laissons cela. Nos amateurs sont des gens à breloques[104]; ils aiment mieux garnir leurs cabinets de vingt morceaux médiocres que d'en avoir un seul et[G] beau.

Le groupe précieux dont je veux vous parler, il est assez inutile de vous dire que c'est le *Pigmalion au pied de sa statue qui s'anime*. Il n'y a que celui-là au Salon, et de longtemps il n'aura de second[105].

La nature et les Grâces ont disposé de l'attitude de la statue. Ses bras tombent mollement à ses côtés. Ses yeux viennent de s'entrouvrir. Sa tête est un peu inclinée vers la terre, ou plutôt vers Pigmalion qui est à ses pieds. La vie se décèle en elle par un souris léger qui effleure sa lèvre supérieure. Quelle innocence elle a ! Elle en est à sa première pensée. Son cœur commence à s'émouvoir; mais il ne tardera pas à lui palpiter. Quelles mains ! Quelle mollesse de chair ! Non, ce n'est pas du marbre. Appuyez-y votre doigt, et la matière qui a perdu sa dureté, cédera à votre impression. Combien de vérité[H] sur ces côtes ! Quels pieds ! Qu'ils sont doux et délicats !

Un petit Amour a saisi une des mains de la statue, qu'il ne baise pas, qu'il dévore. Quelle vivacité ! Quelle ardeur ! Combien de malice[I] dans

F. *Falconet.* 165. Un groupe de marbre, représentant Pygmalion aux pieds de sa statue, à l'instant où elle s'anime. *O la chose L V*

G. *et om. V*

H. *Combien de* vérités *V*

I. *Combien de* malices *dans la tête Firm L V*

103. « Cabinets, lieux ou appartements de curieux, ornés de tableaux, de sculptures, bronzes, estampes, dessins, etc. » (Dom Pernéty, o.c., p. 43).

104. *Breloque* : « bagatelle ou petite curiosité de peu de valeur » (Trévoux). On a ici une confirmation intéressante de la valeur péjorative qui s'attache au jugement des « amateurs ». Il est curieux de constater la similitude du texte de D. et de l'exemple donné par Trévoux à l'article « breloque ». « Les curieux qui vont voir des cabinets où il n'y a point de pièces rares et exquises, disent pour les mépriser, qu'il n'y a que des breloques. »

105. La reproduction donnée par Adhémar-Seznec est celle du groupe qui figure à la Walters Gallery, à Baltimore. La manufacture de Sèvres en possède une réduction (*Seznec*, t. I, p. 188). Sur l'intérêt suscité au XVIII^e siècle par le mythe de Pygmalion, voir la thèse de J. Macary, *Masques et lumières au XVIII^e siècle, André-François Deslandes, citoyen et philosophe, 1689-1757*, La Haye, 1975, p. 222-236.

la tête de cet Amour! Petit perfide, je te reconnais; puissé-je pour mon bonheur, ne te plus rencontrer.

Un genou en terre, l'autre levé, les mains serrées fortement l'une dans l'autre, Pigmalion est devant son ouvrage et le regarde. Il cherche dans les yeux de sa statue la confirmation du prodige que les dieux lui ont promis. O le beau visage que le sien! O Falconet, comment as-tu fait pour mettre dans un morceau de pierre blanche la surprise, la joie et l'amour fondus ensemble. Émule des dieux, s'ils ont animé la statue, tu en as renouvelé le miracle en animant le statuaire. Viens que je t'embrasse; mais crains que coupable du crime de Prométhée, un vautour ne t'attende aussi[106].

Toute belle que soit la figure du[J] Pigmalion, on pouvait la trouver avec du talent; mais on n'imagine point la tête de la statue sans génie.

Le faire du groupe entier est admirable. C'est une matière une, dont le statuaire a tiré trois sortes de chairs différentes. Celles de la statue ne sont point celles de l'enfant, ni celles-ci les chairs du[K] Pigmalion.

Ce morceau de sculpture est très parfait. Cependant au premier coup d'œil le cou de la statue me parut un peu fort, ou sa tête un peu faible. Les gens de l'art ont confirmé mon jugement. O que la condition d'un artiste est malheureuse! Que les critiques sont impitoyables et plats! Si ce groupe enfoui sous la terre pendant quelques milliers d'années, venait d'en être tiré, avec le nom de Phidias en grec, brisé, mutilé, dans les pieds, dans les bras, je le regarderais en admiration et en silence.

En méditant ce sujet, j'en ai imaginé une autre composition que voici.

Je laisse la statue telle qu'elle est, excepté que je demande de droite à gauche, son action exactement la même qu'elle est de gauche à droite.

Je conserve au Pigmalion son expression et son caractère; mais je le[L] place à gauche: il a entrevu dans sa statue les premiers signes de vie.

J. *la figure* de *Pygmalion S Firm V*
K. *les chairs* de *Pygmalion V*
L. *je* la *place V*

106. La contamination des deux mythes s'est opérée dès l'Antiquité. Le « crime de Prométhée », selon la tradition hésiodique reprise par Eschyle, est d'avoir volé le feu pour en faire don aux mortels. D'après Platon, dans le *Protagoras*, Prométhée aurait donné aux mortels l'habileté et la sagesse d'Héphaïstos et d'Athéna. Enfin, selon une tradition plus tardive (Apollodore, Ovide, Juvénal, les poètes alexandrins), Prométhée serait le véritable créateur de l'homme : il aurait pétri le corps humain avec de la glaise et de l'eau.

Il était alors accroupi. Il se relève lentement, jusqu'à ce qu'il puisse atteindre à la place du cœur. Il y pose légèrement le dos de sa main gauche; il cherche si le cœur bat; cependant ses yeux attachés sur ceux de sa statue attendent qu'ils s'entrouvrent. Ce n'est plus alors la main droite de la statue, mais la gauche que le petit Amour dévore.

Il me semble que ma pensée est plus neuve, plus rare et plus énergique que celle de Falconet. Mes figures seraient encore mieux groupées que les siennes. Elles[M] se toucheraient. Je dis que Pigmalion se lèverait lentement; si les mouvements de la surprise sont prompts et rapides, ils sont ici[107] contenus et tempérés par la crainte, ou de se tromper, ou de mille accidents qui pourraient faire manquer le miracle. Pigmalion tiendrait son ciseau de la main droite, et le serrerait fortement. L'admiration embrasse et serre sans réflexion, ou la chose qu'elle admire, ou celle qu'elle tient[108].

## ADAM[N]

Le *Prométhée*[O] qu'Adam a *attaché à un rocher et qu'un vautour*[P] *déchire*, est un morceau de force dont je ne me sens pas capable de juger. Qui est-ce qui a jamais vu la nature dans cet état? qui sait si ces muscles se gonflent ou se contractent avec précision? si c'est là le cours réel de ces veines enflées? Qu'on porte ce morceau chez l'exécuteur de la justice, ou chez Ferein l'anatomiste[109], et qu'ils prononcent.

M. *Il me semble que* la *pensée* deviendrait *plus rare et plus énergique* [que celle de M. Falconet *supp. Vdl*]. Les *figures seraient encore mieux groupées* [que les siennes *supp. Vdl*], *elles se toucheraient. V* [*corr. Vdl*]

N. *Adam. om. L V*

O. 183. *Le Prométhée L V*

P. *et qu'un* aigle *déchire L V*

107. C'est-à-dire : dans le groupe imaginé par Falconet.

108. L'admiration de D. « embrasse et serre sans réflexion », celle de Falconet se tient à distance respectueuse de l'objet admiré. Tout cet aspect gestuel de l'esthétique de D. doit être rattaché à sa théorie de la pantomime.

109. Antoine Ferrein (1693-1769) était professeur d'anatomie et de chirurgie et membre de l'Académie des sciences.

La sculpture d'Adam, qu'on peut voir au musée du Louvre, a été admirée par la plupart des connaisseurs. Il est intéressant de voir D. condamner l'exagération du « vérisme » au nom de la nature même.

## VASSÉ

Cette *Femme couchée sur un socle, et la tête penchée sur une urne qu'elle couvre de sa draperie, et qu'elle arrose de ses pleurs* [Q] est une belle chose. Girardon n'a pas mieux fait au tombeau du cardinal de Richelieu. Sa douleur est profonde. On s'attendrit en la regardant. Que ce visage est attristé! La sérénité n'y reparaîtra de longtemps. Toute la position est simple et vraie. Les bras bien placés. La draperie belle. La partie supérieure du corps penchée avec grâce. Point de gêne. Point de contorsion. Il semble [R] qu'à sa place, on ne prendrait point [S] une autre attitude [110]. Pour bien juger d'une statue, c'est une règle assez sûre que de se mettre à sa place. Pour bien juger [T] de l'ajustement d'un homme ou d'une femme, c'est aussi une règle assez sûre que de les transporter sur la toile.

Je vous ai invité d'aller voir les deux tableaux du *Martyre de saint Gervais* et de *saint Protais* peints par Le Sueur [111]. Il y a dans la même église un tombeau exécuté par Girardon; c'est, je crois, celui du chancelier Seguier. Ne manquez pas d'y regarder une *Piété* qui s'attendrit et se console à la vue d'un [U] Christ qu'elle tient entre ses mains. Que le temps qui a noirci cette figure, ne vous en dérobe pas la perfection. Voyez son attitude, son expression, sa draperie, ses chairs, ses pieds, ses mains. Comparez l'ouvrage de Vassé avec celui-là. Je sais par expérience que ces sortes de comparaisons avancent infiniment dans la connaissance de l'art [112].

## MIGNOT

Il n'y a rien cette année de Mignot, cet artiste qui exposa au dernier

Q. 166. Une *Femme couchée sur un socle*, pleurant *sur une urne qu'elle couvre de sa draperie.* Cette femme *est une belle chose L V*
R. *Il* me *semble Firm*
S. *prendrait* pas *une autre S Firm L V*
T. *d'une statue, c'est une règle assez sûre que de se mettre à sa place. Pour bien juger om. L V*
U. *à la vue* du *Christ V*

110. La nature dont se réclame D. dans ce passage, comme dans le précédent, est donc la nature « commune » que l'on obtient par l'observation du vraisemblable.

La figure exécutée par Vassé faisait partie du *Tombeau de la princesse Galitzin.* Il s'agit de la première princesse Galitzin (ou Gallitzin).

111. D. se réfère à son commentaire du *Lazare* de Deshays (p. 214).

112. D. renvoie Vassé à Bouchardon comme il renvoie Deshays à Le Sueur. Il ne faut pas en conclure à un désaveu : simplement le mot de « perfection » est employé pour l'un et refusé à l'autre.

Salon[v] une *Bacchante endormie* que nos statuaires placèrent d'une voix unanime au rang des antiques.

A propos[w] de ce Mignot, on m'a relevé[x] une manœuvre des sculpteurs. Savez-vous ce qu'ils font? Ils prennent sur un modèle vivant, les pieds, les mains, les épaules en plâtre. Le creux de ce plâtre leur rend les mêmes parties en relief, et ces parties, ils les emploient ensuite dans leurs compositions tout comme elles sont venues.

C'est[y] un moyen d'approcher de la vérité de la nature, sans beaucoup d'effort. Ce n'est plus à la vérité le mérite d'un statuaire habile; mais celui d'un fondeur ordinaire.

On[z] a soupçonné cette ruse sur des finesses de détails supérieurs à la patience la plus longue, et à l'étude de la nature la plus minutieuse.

### CHALLE

Il y a[A] une *Vierge* de Challe qui est noble et vraie; mais elle a des lèvres plates, des joues plates, en un mot ce que nous appelons un visage plat, qui est autre chose qu'un plat visage.

Il y a à côté de ces morceaux de sculpture un grand nombre de bustes; mais je ne me résoudrai jamais à vous entretenir de ces hommes de boue qui se sont fait représenter en marbre. J'en excepte le *Buste du Roi*, celui du *Prince de Condé*, celui de *Madame la comtesse de Brionne*, ceux de *La Tour* le peintre, et du poète *Piron*. Celui-ci est placé vis-à-vis du mauvais tableau de Pierre[113], sur lequel vous jureriez[B] à son air moqueur et au coin de sa lèvre relevé, qu'il fait une épigramme[114]. Il est ressemblant; mais il a une perruque énorme.

V. *qui exposa au* Salon dernier *une Bacchante V*
W. [*paragraphe rayé par Vdl dans* V]
X. *on m'a* révélé *une manœuvre L V*
Y. [*pas d'alinéa* L V]
Z. [*pas d'alinéa* L V]
A. *Challe.* 176. *Il y a une Vierge de Challe L V*
B. *vous* jugeriez *à son air moqueur L V*

113. *Mercure amoureux qui change en pierre Aglaure*, sur lequel D. porte un jugement : « Le tout a l'air ou d'une première ébauche ou d'un mauvais tableau ancien... » (p. 200).

114. Alexis Piron (1689-1773), connu par sa *Métromanie* (1738), célèbre par ses épigrammes. Sa réputation de causticité lui valut, après avoir été élu à l'Académie française en 1753, de voir son élection invalidée par le roi.

De tous les ouvrages de gravure, il n'y a eu [C] que ceux de Wille qui se soient fait remarquer. Cet artiste, Hessois de nation, est le premier graveur de l'Académie [115].

Finissons [D] par le *Portrait du Roi* exécuté en tapisserie à la manufacture des Gobelins, sur le tableau de Michel Vanloo. Quelques centaines de spectateurs sont sortis du Salon, convaincus qu'ils avaient vu un morceau de peinture. Mon ami, il n'est guère moins difficile de faire prendre des laines pour de la couleur, que de la couleur pour des chairs, et je ne crois pas qu'il y ait quelque chose dans toute l'Europe qui puisse lutter contre nos ouvrages des Gobelins.

Voilà, mon ami, tout ce que j'ai vu au Salon. Je vous l'écris au courant de la plume. Corrigez, réformez, allongez, raccourcissez; j'approuve tout ce que vous ferez. Je puis m'être trompé dans mes jugements, soit par défaut de connaissance, soit par défaut de goût; mais je proteste que je ne connais aucun des artistes dont j'ai parlé, autrement que par leurs ouvrages, et qu'il n'y a pas un mot dans ces feuilles que la haine ou la flatterie ait dicté. J'ai senti, et j'ai dit comme je sentais. La seule partialité dont je ne me sois pas garanti, parce que franchement je ne sais pas comment on s'en garantirait [E], c'est celle qu'on a tout naturellement pour certains sujets, ou pour certains faire.

Vous aurez sans doute remarqué, comme moi, que quoique le Salon de cette année offrît beaucoup de belles productions, il y en avait une multitude de médiocres et de misérables, et qu'à tout prendre, il était moins riche que le précédent; que ceux qui étaient bons, sont restés bons; qu'à l'exception de La Grenée, ceux qui étaient médiocres, sont encore médiocres, et que les mauvais ne valent pas mieux qu'autrefois.

Et surtout, souvenez-vous que c'est pour mon ami, et non pour le public que j'écris. Oui, j'aimerais mieux perdre un doigt que de contrister d'honnêtes gens qui se sont épuisés de fatigues, pour nous plaire. Parce

C. *eu om. L V*
D. TAPISSERIE. *Finissons L V*
E. *s'en* garantit, *L V*

115. Johan Georg Wille (1715-1808). Venu de bonne heure à Paris, il y fit la connaissance de D. en 1740. Son nom est fréquemment cité dans la Correspondance et dans les *Salons*.

qu'un tableau n'aura pas fait notre admiration, faut-il qu'il devienne la honte et le supplice de l'artiste ? S'il est bon d'avoir de la sévérité pour l'ouvrage, il est mieux encore de ménager la fortune et le bonheur de l'ouvrier. Qu'un morceau de toile soit barbouillé, ou qu'un cube de marbre soit gâté, qu'est-ce que cette perte en comparaison du soupir amer qui s'échappe du cœur de l'homme affligé [F] ? voilà de ces fautes qui ne méritèrent [G] jamais la correction publique. Réservons notre fouet pour les méchants, les fous dangereux, les ingrats, les hypocrites, les concussionnaires, les tyrans, les fanatiques et les autres fléaux du genre humain; mais que notre amour pour les arts et les lettres, et pour ceux qui les cultivent, soit vrai et aussi inaltérable que notre amitié [H].

F. *Et surtout souvenez-vous* [...] *de l'homme affligé om. V* [*rayé Vdl*]

G. *qui ne* mériteront *jamais L V*

H. *mais que notre amour* [...] *que notre amiité. om. V* [*rayé Vdl*] FIN *add. L V*

# *LEXIQUE DES TERMES D'ART*

*On trouvera ici les termes d'art que Diderot emploie dans les* Salons de 1759, 1761 *et* 1763, *dans le* Salon de 1765 *et dans les* Essais sur la peinture.

*Les définitions proviennent essentiellement de l'*Encyclopédie. *Quand Diderot a recours à des termes qui n'y sont pas définis, ou quand les articles de l'*Encyclopédie, *trop longs, ne peuvent être abrégés, nous donnons les définitions du* Dictionnaire portatif de peinture, sculpture et gravure *de Dom Pernéty (abrégé en* Pernéty*). Quelques rares définitions sont prises chez Diderot lui-même, chez Grimm, Naigeon, dans les dictionnaires de Trévoux, Littré et Robert ; quelques-unes sont de E. M. Bukdahl.*

**Accessoires,** *en peinture*, sont des choses qu'on fait entrer dans la composition d'un tableau, comme vases, armures, animaux, qui sans y être absolument nécessaires, servent beaucoup à l'embellir, lorsque le peintre sait les y placer sans choquer les convenances (ENC, I, 69b).

**Accident,** *en peinture*. On dit des *accidents de lumière*, lorsque les nuages interposés entre le soleil et la terre produisent sur la terre des ombres qui l'obscurcissent par espace ; l'effet que produit le soleil sur ces espaces qui en restent éclairés, s'appelle *accident de lumière*. Ces *accidents* produisent des effets merveilleux dans un tableau (ENC, I, 72a).

**Accord,** *en peinture*, se dit de l'harmonie qui règne dans la lumière et les couleurs d'un tableau. On dit un tableau d'un bel *accord*. Il faudrait un peu diminuer cette lumière pour l'*accorder* avec cette autre ; éteindre la vivacité de la couleur de cette draperie, de ce ciel, qui ne se distingue pas de telle ou telle partie, &c (ENC, I, 78a).

**Accorder** : voir **accord.**

**Amatir,** c'est ôter l'éclat et le poliment à certaines parties qui doivent servir comme d'ombre en les rendant graineuses et mates, pour que celles auxquelles on laisse le poli paraissent avec plus d'éclat lorsque ce sont des reliefs. Au contraire, lorsque ce sont les fonds qui sont polis, certaines parties des reliefs sont mates, afin qu'elles se détachent davantage des mêmes fonds, comme dans les médailles (ENC, I, 317b).

**Amie :** des *couleurs amies* en terme de peinture, sont celles dont le mélange en fait naître une qui frappe agréablement l'œil des spectateurs, qui n'a rien de rude ni de désagréable (Pernéty, p. 10). Voir **sympathie.**

**Arrêter,** se dit, *en peinture*, d'une esquisse, d'un dessin fini, pour les distinguer des croquis ou esquisses légères. Un dessin *arrêté*, une esquisse *arrêtée*. On dit encore *des parties bien arrêtées*, lorsqu'elles sont bien terminées, bien recherchées (ENC, I, 708a).

**Articulation,** terme de *peinture* qui, comme dans l'anatomie, signifie l'endroit où les os sont attachés les uns aux autres. C'est dans ces parties où le peintre fait voir son habileté dans la science du dessin et de l'anatomie (Pernéty, p. 15).

**Articuler.** On dit *en peinture et en sculpture*, que les parties d'une figure, d'un animal, *&c*, sont bien *articulées* lorsqu'elles sont bien prononcées, c'est-à-dire, que tout y est certain, et non exprimé d'une manière équivoque (ENC, I, 740a).

**Assourdir :** Terme de *peinture*. C'est diminuer la lumière et les détails dans les demi-teintes (Trévoux 1771).

**Attitude :** *en terme de peinture et de sculpture*, est la position ou l'action de figures en général : néanmoins il semble convenir particulièrement à celles qu'on a mises dans une position tranquille. On dit l'*attitude*, et non l'*action* d'un corps mort (ENC, I, 845b).

**Barbouillage,** est en *peinture* un terme métaphorique et de mépris. On dit d'un mauvais tableau, que c'est un *barbouillage*, une *croûte*, une enseigne à bière. Ces termes introduits par des artistes, n'ont rien de propre à la peinture, que dans le sens où l'on pourrait dire d'une toile sur laquelle on aurait jeté comme au hasard quelques traits, et quelques coups de pinceaux sans aucun sujet décidé. Ce serait alors une mauvaise ébauche, qu'on pourrait nommer par mépris un *barbouillage*. C'est dans ce sens que l'on dit aussi *barbouiller*, peindre grossièrement, comme on peint les enseignes à bière, et autres mauvais tableaux de cette espèce, peints par des gens parfaitement ignorants dans l'art de la peinture (Pernéty, p. 23-24).

**Barbouilleur** se dit d'un mauvais peintre, et de ceux qui blanchissent les appartements, les mettent en vernis et en couleurs. Cette chambre a besoin d'être blanchie, il faut faire venir le *barbouilleur* (Pernéty, p. 24).

**Bosse** *(travailler d'après la)*, se dit, *en dessin*, d'un élève ou d'un maître qui copie d'après une figure de relief, soit en marbre, soit en plâtre (ENC, II, 338b).

**Boucher un trou** appartient à l'argot des ateliers. Les figures et accessoires purement décoratifs que les artistes de l'époque qualifient de repoussoirs sont aussi appelés des « bouche-trous », car ils compromettent l'effet d'ensemble de l'œuvre (E.M.B.).

**Burin,** est un instrument d'acier, dont on se sert pour graver sur les métaux; les *burins* doivent être faits avec l'acier le plus pur [...]. Quant à la forme du *burin*, il est comme inutile d'en parler, chacun les prenant à sa volonté. Les uns les veulent fort losanges, les autres tout à fait carrés (ENC, II, 467a). Voir GRAVURE, *Recueil de planches*, V, bas de pl. I, fig. 1 et 2.

**Cachet,** petit instrument qu'on peut faire de toutes sortes de métaux, et de toutes les pierres qui se gravent, et dont on se sert pour fermer des lettres, sceller des papiers, *&c*, par le moyen d'une substance fusible sur laquelle on l'applique (ENC, II, 504a).

**Caractère,** *en peinture*, signifie les qualités qui constituent l'essence d'une chose, qui la distinguent d'une autre; *caractère des objets, caractère des passions*. La pierre, les eaux, les arbres, la plume, les animaux, demandent une touche différente, qui exprime leur différent *caractère*. On dit *beau caractère de tête*, non seulement pour dire qu'elle exprime bien la passion dont la figure est affectée, mais on le dit aussi pour le rapport du dessin convenable à cette même tête. *Caractère de dessin*, se dit encore pour exprimer la bonne ou la mauvaise manière dont le peintre dessine, ou dont la chose en question est rendue (ENC, II, 668b).

**Caractériser,** en *peinture*, c'est saisir si bien le caractère qui convient à chaque objet, qu'on le reconnaisse au premier coup d'œil. On dit *ce peintre caractérise bien ce qu'il fait*, c'est-à-dire, qu'il est juste (ENC, II, 668b).

**Carré;** terme en usage dans toutes les écoles de *peinture*, pour signifier le trait des parties plates, ou qui ne sont pas absolument arrondies dans les contours du corps humain. Les formes qui tendent au *carré*, sont sensibles partout où les os sont plus près de la peau, ainsi que dans l'étendue des muscles plats. Les rondes paraissent aux parties charnues, ou chargées de graisse (Pernéty, p. 487).

**Chair,** *couleur de chair (en peinture)* est une teinte faite avec du blanc et du rouge. Il se prend aussi pour *carnation*. L'on dit : *voilà de belles chairs, le peintre fait de la chair, les chairs sont maltraitées dans le tableau* : toutes ces façons de parler s'entendent des carnations, qui ne sont en effet que l'expression de la *chair* (ENC, III, 11b).

**Charge** *(peinture)*. C'est la représentation sur la toile ou le papier, par le moyen des couleurs, d'une personne, d'une action, ou plus généralement d'un sujet, dans laquelle la vérité et la ressemblance exactes ne sont altérées que par l'excès du ridicule. L'art consiste à démêler le vice réel ou d'opinion qui était déjà dans quelque partie, et à le porter par l'expression jusqu'à ce point d'exagération où l'on reconnaît encore la chose, et au delà duquel on ne la reconnaîtrait plus : alors la *charge* est la plus forte qu'il soit possible. Depuis Léonard de Vinci jusqu'aujourd'hui, les peintres se sont livrés à cette espèce de peinture satirique et burlesque (ENC, III, 201b-202a, DPV, VI, 381).

**Chaud,** en termes de peinture, se dit d'un dessin touché avec feu, avec hardiesse, liberté, et qui caractérise bien ce que l'on a voulu représenter. On le dit aussi du ton de couleur d'un tableau, lorsqu'il est vigoureux, ferme et de bonne couleur (Pernéty, p. 57-58).

**Ciseau** de sculpteur en marteline, voir **marteline.**

**Ciseler,** c'est former sur l'argent telle figure qu'on veut : on se sert pour cela non de burin, mais de ciselets (ENC, III, 480a).

**Ciselets,** ce sont de petits morceaux d'acier, longs d'environ cinq à six pouces, et de quatre à cinq lignes de carrés, dont un des bouts est limé carrément ou en dos d'âne, et l'autre sert de tête (ENC, III, 480a). Voir CISELEUR ET DAMASQUINEUR, *Recueil de planches*, 2e liv., IIe part., bas pl. I, fig. 4, 6 et 7.

**Ciselure,** c'est l'art d'enrichir et d'embellir les ouvrages d'or et d'argent et d'autres métaux, par quelque dessin ou sculpture qu'on y représente en bas-relief (ENC, III, 480b).

**Clair-obscur,** *(Peinture)*. Rien ne peut donner une idée plus nette du *clair-obscur*, que ce qu'en dit M. de Piles. En peinture, la connaissance de la lumière, par rapport à la distribution qu'on en doit faire sur les objets, est une des plus importantes parties et des plus essentielles à cet art. Elle contient deux choses, l'incidence des lumières et des ombres particulières, et l'intelligence des lumières en général, que l'on appelle ordinairement *le clair-obscur*. Par l'incidence de la lumière, il faut entendre la connaissance de l'ombre que doit faire et porter un corps situé sur un tel plan, et exposé à une lumière donnée; connaissance qui s'acquiert par celle de la perspective, dont les démonstrations nécessitent le peintre à lui obéir. Par l'incidence des lumières l'on entend donc les lumières et les ombres qui appartiennent aux objets particuliers; et par le mot *clair-obscur*, l'art de distribuer avantageusement les lumières et les ombres qui doivent se trouver dans un tableau, tant pour le repos et la satisfaction des yeux, que pour l'effet du tout ensemble (ENC, III, 499a).

**Colorier,** terme de *peinture* : donner aux objets que l'on peint, les lumières, les ombres et les couleurs de ceux que la nature nous présente, suivant leur position et le degré de leur éloignement. On ne dit pas *colorer* dans ce sens-là, parce que *colorer* signifie seulement donner une couleur à une liqueur, à de l'eau, ou à quelque autre chose réelle et déterminée (Pernéty, p. 68).

**Coloris,** *(Peinture)*. Le terme *coloris* est distingué du mot de *couleur* : la couleur est ce qui rend les objets sensibles à la vue, et le *coloris* est l'art d'imiter les couleurs des objets naturels relativement à leur position. Par *relativement à leur position*, j'entends la façon dont ils sont frappés par la lumière, ce qu'ils paraissent perdre ou acquérir de leurs couleurs locales, par l'effet que produit sur eux l'action de l'air qui les entoure, et la réflexion des corps qui les environnent, et enfin l'éloignement dans lequel ils sont de l'œil; car l'air qui est entre nous et les objets nous les fait paraître de couleur moins entière, à proportion qu'ils sont éloignés de nous (ENC, III, 658b).

**Coloriste.** Ce terme peut s'appliquer à tous les peintres en général; mais on donne cette épithète particulièrement à ceux qui entendent bien la manière de rendre dans leurs tableaux de couleurs naturelles des objets qui y sont représentés (Pernéty, p. 74).

**Composition,** *en peinture*; c'est la partie de cet art qui consiste à représenter sur la toile un sujet quel qu'il soit, de la manière la plus avantageuse. Elle suppose : 1° qu'on connaît bien, ou dans la nature, ou dans l'histoire, ou dans l'imagination, tout ce qui appartient au sujet; 2° qu'on a reçu le génie qui sait employer toutes ces données avec le goût convenable; 3° qu'on tient de l'étude et de l'habitude au travail le manuel de l'art, sans lequel les autres qualités restent sans effet. Un tableau bien composé est un tout renfermé sous un seul point de vue, où les parties concourent à un même but, et forment par leur correspondance mutuelle un ensemble aussi réel, que celui des membres d'un corps animal (ENC, III, 772a, DPV, VI, 475).

**Conserver son esquisse** veut dire transformer sa première ébauche en un tableau achevé. On peut savoir faire une belle esquisse, sans être en état de faire le tableau (définition de Grimm, *Salons*, II, 58).

**Contorsion,** *en peinture*, se dit des attitudes outrées, quoique possibles, soit du corps soit du visage. Le peintre en voulant donner de l'expression à ses figures, ne leur fait faire souvent que des *contorsions* (ENC, IV, 118a).

**Contour** *(peint.)*, on appelle ainsi les extrémités d'un corps ou d'une figure, ou les traits qui la terminent et qui la renferment en tous sens. Dufresnoy recommande que les *contours* soient polis, grands, coulants, sans cavités, ondoyants, semblables à la flamme ou au serpent. Il est bon de se souvenir de ces préceptes; mais lorsqu'on veut que ce qu'on fait ait un certain degré de perfection, il est infiniment plus sûr de mettre devant soi un bon modèle dans l'attitude dont on a besoin (ENC, IV, 118a).

**Contraste,** *en peinture* ; il consiste dans une position variée des objets présentés sous des formes agréables à la vue. Les groupes d'objets qui entrent dans la composition d'un tableau, doivent se contraster, c'est-à-dire ne se point ressembler par la forme, par les lumières, par les couleurs; parce que tel groupe qui serait satisfaisant à tous les égards, deviendrait désagréable dans la répétition. [...] Chaque figure doit contraster dans le groupe dont elle fait partie. Il n'y a point de règle fixe pour le *contraste* : le grand art du peintre consiste à le cacher (ENC, IV, 122a).

**Contrepartie :** on dit *une gravure en contrepartie* ou *une composition gravée en sens inverse*. L'article GRAVURE décrit en détail l'inconvénient inhérent à la façon de calquer la plus commune et la plus facile que le graveur utilise : « les objets dessinés ainsi sur la planche et gravés, se trouveront dans les estampes qu'on imprimera, placés d'une façon contraire à celle dont ils étaient disposés dans le dessin : il paraîtra par conséquent dans les estampes que les figures feront de la main gauche les actions qu'elles semblaient faire de la main droite dans le dessin qu'on a calqué ». Mais, poursuit l'auteur, il existe également une technique de gravure permettant de graver de façon à ce que les objets soient placés du même sens qu'ils le sont sur l'original. On parle, dans ce cas, d'*une gravure dans le sens de l'original* (ENC, VII, 880a).

**Costume** *(peint.)*, terme plein d'énergie que nous avons adopté de l'italien. Le *costume* est l'art de traiter un sujet dans toute la vérité historique : c'est donc [...] l'observation exacte de ce qui est, suivant le temps, le génie, les mœurs, les lois, le goût, les richesses, le caractère et les habitudes d'un pays où l'on place la scène d'un tableau. Le *costume* renferme encore tout ce qui regarde la chronologie, et la vérité de certains faits connus de tout le monde; enfin tout ce qui concerne la qualité, la nature, et la propriété essentielle des objets qu'on représente (ENC, IV, 298b).

**Couche,** en *peinture*, est un enduit de couleur qu'on met sur des treillages, trains de carrosses, auvents, *etc.* sur des planches, sur des murailles, des toiles, avant de peindre dessus. On appelle cette façon d'enduire, *imprimer*. Cette toile, dit-on, n'a eu qu'une *couche* de couleur, deux, trois *couches*, &c. On dit bien, en peinture, *coucher la couleur*; avant de fondre les couleurs, il faut qu'elles soient *couchées*; mais on ne dit pas, *ce tableau a eu trois couches de couleurs*, pour exprimer qu'il a été repeint deux fois sur l'ébauche (ENC, IV, 320a).

**Coucher,** en termes de peinture, signifie étendre les couleurs avec la brosse ou le pinceau, comme pour faire un enduit. L'art de coucher les couleurs est la préparation au *maniement*. Il ne faut pas tourmenter les couleurs, c'est-à-dire trop frotter avec la brosse, parce que les couleurs se terniraient, et perdraient leur éclat; il vaut mieux placer les teintes les unes auprès des autres, et puis les réunir en en adoucissant les passages (Pernéty, p. 104).

**Coulant,** qui n'est point prononcé rudement, ni marqué par des creux ou des élévations trop sensibles. Les contours des femmes et des jeunes gens doivent être plus *coulants* que ceux de l'âge parfait, parce que dans celui-ci les attaches sont formées et très ressenties (Pernéty, p. 104).

**Couleur,** *dans les arts.* Les artistes qui font le plus grand usage des *couleurs*, sont les peintres, les teinturiers et les vernisseurs. Les peintres les appliquent ou sur la toile, ou sur le bois, ou sur le verre, ou sur les autres corps transparents; ou sur l'ivoire, ou sur d'autres corps solides et opaques; ou sur l'émail, ou sur la porcelaine, ou sur la faïence, ou sur la terre (ENC, IV, 333a). Voir la préparation et l'emploi de ces couleurs, aux articles PEINTURE, ÉMAIL, FAÏENCE, etc.

**Couleur** *(belle)*, se dit *en peinture* de tous les objets bien coloriés, mais particulièrement en parlant des ciels, lointains, arbres, draperies, *etc.* C'est un terme que l'on substitue à celui de *bien colorié*, dont on ne se sert guère qu'en parlant des carnations (ENC, IV, 333b).

**Couleur locale,** est *en peinture* celle qui par rapport au lieu qu'elle occupe, et par le secours de quelque autre *couleur*, représente un objet singulier, comme une carnation, un linge, une étoffe, ou quelque autre objet distingué des autres. Elle est appelée *locale*, parce que le lieu qu'elle occupe l'exige telle, pour donner un plus grand caractère de vérité aux *couleurs* qui lui sont voisines. M. de Piles, *Cours de Peint. par princ., p. 304.* La *couleur locale* est soumise à la vérité et à l'effet des distances; elle dépend donc d'une vérité tirée de la perspective aérienne (ENC, IV, 333a).

**Couleurs rompues,** *en peinture*, est un mélange de deux ou plusieurs *couleurs*, qui tempère le ton de celle qui paraît principalement; elle n'est pas si brillante, mais elle fait briller les autres, qui lui donnent réciproquement de l'effet : c'est elle qui en corrige et attendrit la crudité (ENC, IV, 333a). Couleurs rompues est synonyme de **demi-teintes.** Voir **teinte.**

**Couleur de terre,** voir **terre.**

**Craie,** matière blanche à faire des crayons, et dont l'on se sert dans la composition de plusieurs couleurs, pour peindre (Pernéty, p. 117).

**Crayon** signifie aussi les dessins qu'on fait avec le *crayon*. Les *crayons* de Nanteuil sont fort estimés, c'est-à-dire ses portraits faits en pastel. On le dit encore d'une ébauche, d'un portrait imparfait de quelque chose. Il n'a fait que le *crayon* de ce dessin; il ne l'a pas mis au net (Pernéty, p. 118).

**Croûte** *(peinture)*, on appelle de ce nom certains tableaux anciens presque toujours noirs et écaillés, quelquefois estimés des curieux, et méprisés par les connaisseurs. Ce n'est pas qu'il n'y ait des *croûtes* dont le fond ne soit véritablement estimable. Il y en a des plus grands maîtres; mais le temps ou les brocanteurs les ont tellement altérés, qu'il n'y a qu'une ridicule prévention qui puisse les faire acheter (ENC, IV, 516a).

**Cru, crudité,** se dit *en peinture*, de la lumière et des couleurs d'un tableau : de la lumière, c'est lorsque les grands clairs sont trop près des grands bruns; des couleurs, c'est lorsqu'elles sont trop entières et trop fortes. On dit, *il faut diminuer ces lumières, ces ombres sont trop* crues, *font des crudités : il faut rompre les couleurs de ces draperies, de ce ciel, qui sont trop* crues, *qui font des crudités. De Piles* (ENC, IV, 517b).

**Dégradation, dégrader,** *en peinture*, c'est l'augmentation ou la diminution des lumières et des ombres, ainsi que de la grandeur des objets. Ces *dégradations* doivent être insensibles; celle de la lumière, en s'affaiblissant peu à peu jusqu'aux plus grandes ombres; celles de la couleur, depuis la plus entière jusqu'à la plus rompue relativement à leurs plans. *Voyez* COULEUR ROMPUE. On dit, ce peintre fait bien *dégrader* les lumières, ses couleurs, ses objets. Toutes ces choses *dégradent* bien, c'est-à-dire, sont bien traitées par la lumière, la couleur, et la grandeur (ENC, IV, 760a).

**Demi-teinte,** voir **teinte.**

**Dessin,** *terme de l'art de peinture*. Le mot *dessin* regardé comme terme de l'art de peinture, fait entendre deux choses : il signifie en premier lieu la *production* qu'un artiste met au jour avec le secours du crayon ou de la plume. Dans une signification plus générale dont cette première dérive sans doute, il veut dire l'*art d'imiter* par les traits les formes que les objets présentent à nos yeux. C'est dans ce dernier sens qu'on emploie le mot *dessin*, lorsqu'on dit que le *dessin* est une des parties essentielles de la peinture (ENC, IV, 889b).

**Devant** *du tableau (peinture)*, on nomme ainsi la partie antérieure du tableau, celle qu'elle présente d'abord aux yeux pour les fixer et les attacher. Les arbres, par exemple, qui sont tout à la fois la plus difficile partie du paysage, comme ils en sont le plus sensible ornement, doivent être rendus plus distincts sur le *devant du tableau*, et plus confus à mesure qu'on les présente dans l'éloignement. [...] Il est [...] de la bonne ordonnance de ne jamais négliger dans les parties d'un tableau les règles du clair-obscur, et de la perspective aérienne. [...] Le peintre ne saurait trop étudier les objets qui sont sur les premières lignes de son tableau, parce qu'ils attirent les yeux du spectateur, qu'ils impriment le premier caractère de vérité, et qu'ils contribuent extrêmement à faire jouer l'artifice du tableau, et à prévenir l'estime en faveur de tout l'ouvrage : en un mot, il faut toujours se faire une loi indispensable de terminer les *devants d'un tableau* par un travail exact et bien entendu (ENC, IV, 906b-907a).

**Draperie,** *terme de peinture.* [...] L'homme, par un sentiment qui naît ou de la nécessité ou de l'amour-propre, a l'usage de couvrir différentes parties de son corps; l'imitation des différents moyens qu'il emploie pour cela, est ce qu'on désigne plus ordinairement par le mot *draperie.* [...] Les *draperies* doivent [...] en premier lieu être convenables au genre qu'on traite; et cette loi de convenance qui, en contribuant à la perfection des beaux-arts, est destinée à retenir chaque genre dans des bornes raisonnables, ne peut être trop recommandée aujourd'hui à ceux qui les exercent. [...] Peu de personnes [...] imaginent de quelle importance est dans une composition la partie des *draperies.* Souvent c'est l'art avec lequel les figures d'un sujet sont drapées, qui est la base de l'harmonie d'un tableau, soit pour la couleur, soit pour l'ordonnance. Cet art contribue même à l'expression des caractères et des passions. [...] Les *draperies* doivent laisser entrevoir le nu du corps, et sans déguiser les jointures et les emmanchements, les faire sentir par la disposition des plis (ENC, V, 107a-108b).

**Dur et sec,** *en peinture* : un ouvrage est *dur* et *sec*, lorsque les choses sont trop marquées par des clairs et des ombres trop fortes, et trop près les unes des autres. Un dessin est *dur* et *sec*, quand les parties du contour ou de l'intérieur sont trop prononcées, et que la peau ne recouvre ni les muscles, ni les mouvements, ni les jointures : ce qui est souvent arrivé à d'habiles artistes, pour avoir été trop sensibles à l'anatomie (ENC, V, 170a et b).

**Ébauche,** *ébaucher en peinture*, c'est disposer avec des couleurs les objets qu'on s'est proposé de représenter dans un tableau, et qui sont déjà dessinés sur une toile imprimée, sans donner à chacun le degré de perfection qu'on se croit capable de leur donner, en les finissant. Les peintres *ébauchent* plus ou moins arrêté; il y en a qui ne sont qu'un léger lavis de couleur et de térébentine, ou même de grisaille ou camaïeu. Les sculpteurs disent aussi, *ébaucher une figure, un bas-relief* (ENC, V, 213a).

**Ébauchoirs,** *outils de sculpture* ; ce sont de petits morceaux de bois ou de buis, qui ont environ sept à huit pouces de long; ils vont en s'arrondissant par l'un des bouts, et par l'autre ils sont plats et à onglets (ENC, V, 213b). Voir SCULPTURE, *Recueil de planches,* VIII, pl. III, fig. 32-57.

**Écho** : un écho de lumière est une lumière réfléchie. Ainsi une lumière, qui tombe fortement sur un corps, d'où elle est renvoyée sur un autre, lequel en est assez vivement éclairé pour la réfléchir sur un troisième, et de ce troisième sur un quatrième, etc. forme sur ces différents objets des échos, comme un son qui va se répétant de montagne en montagne. Ce terme est technique, et c'est dans ce sens que les artistes l'emploient (définition de Grimm, *Salons*, II, 198).

**Échoppe** *(gravure)*. Les graveurs en taille-douce appellent *échoppes*, des petits outils qu'ils font eux-mêmes avec des aiguilles cassées de différentes grosseurs ; ils les emmanchent au bout d'un petit morceau de bois (ENC, V, 265b). Voir GRAVURE, *Recueil de planches*, V, suite de la pl. I, fig. 8.

**Éclairer,** distribuer, répandre, ménager le jour et les lumières, les clairs et les bruns d'un tableau. Pour bien *éclairer* un tableau, un seul jour suffit, et il n'en faut jamais deux également dominants de peur que plusieurs parties étant également éclairées, l'harmonie du clair-obscur n'en soit rompue (Pernéty, p. 115).

**Éclat, éclatant,** *(peinture)*, on dit qu'un tableau a de l'*éclat*, lorsqu'il est clair presque partout, et que quoi qu'il y ait très peu d'ombres pour faire valoir les clairs, il est cependant extrêmement brillant (ENC, V, 269b).

**Écorché :** statue d'un homme représenté comme dépouillé de sa peau, d'après laquelle les étudiants des Beaux-arts dessinent des études. A l'École des Beaux-Arts de Paris se trouve actuellement une statue de l'écorché (en plâtre), faite par J.-A. Houdon. L'artiste l'a donnée à l'Académie le 30 septembre 1769. Il existe aussi des versions en bronze (E.M.B.).

**Égratigner** *(sculpture)* : travailler superficiellement (E.M.B.).

**Égratigner** *(terme de graveur)* : On dit, qu'une planche gravée n'est qu'égratignée, lorsque le cuivre n'a pas été coupé avec hardiesse et netteté (Trévoux 1771).

**Émail,** branche de l'art de la verrerie. L'*émail* est une préparation particulière du verre, auquel on donne différentes couleurs, tantôt en lui conservant une partie de sa transparence, tantôt en la lui ôtant; car il y a des *émaux* transparents, et des *émaux* opaques. [...] Les auteurs distinguent trois sortes d'*émaux* : ceux qui servent à imiter et contrefaire les pierres précieuses, [...] ceux qu'on emploie dans la peinture sur l'*émail*; et ceux dont les émailleurs à la lampe font une infinité de petits ouvrages (ENC, V, 533a et b).

**Emboire,** se dit, en *peinture*, lorsque les couleurs à l'huile, avec lesquelles on peint un tableau, deviennent mates, et perdent leur luisant au point qu'on ne discerne pas bien les objets. Lorsqu'on peint sur un fond de couleur qui n'est pas bien sec, celles qu'on met dessus *s'emboivent* en séchant. On remédie à cet inconvénient lorsque ce qu'on a peint est bien sec, en passant du vernis ou un blanc d'œuf battu dessus (ENC, V, 557a).

**Emmanchement,** *terme de peinture*, qui signifie les jointures des membres au tronc d'une figure : les épaules, les coudes, les fesses, les genoux, les poignets, etc. sont les *emmanchements*. On ne doit jamais les cacher tellement par des draperies, qu'ils ne se fassent sentir, et comme apercevoir au-dessous : il faut les marquer par les plis, mais avec science et discrétion (Pernéty, p. 293-294).

**Empâter,** *terme de peinture*, qui signifie *mettre beaucoup de couleurs*, soit en une fois, soit en plusieurs, *sur ce qu'on peint*. On dit : *Ce tableau est bien* empâté, *bien nourri de couleur*. *Empâter* se dit encore lorsqu'on met les couleurs sur un tableau, chacune à la place qui convient, sans les mêler ou fondre ensemble. On dit : *Cette tête n'est qu'*empâtée (ENC, V, 573a).

**Enfoncement.** Les peintres appellent ainsi des bruns, sans reflets, qui se trouvent dans le milieu des plis. Il faut les éviter sur le relief des membres ; ils les feraient paraître creux et cassés : ils ne doivent se trouver que dans les grands plis de draperies, et dans les jointures des membres. *Enfoncement*, est aussi le nom que l'on donne dans la perspective à une ligne supposée la plus éloignée du plan, et qui le termine (Pernéty, p. 298). Voir **perspective.**

**Enfumer,** *noircir un tableau*. *Enfumé* se dit *en peinture* d'un tableau fort vieux que le temps a noirci. Quelquefois on *enfume* des tableaux modernes pour leur donner un air d'antiquité. C'est une ruse de brocanteur pour tirer parti de la manie de ceux qui ne veulent pas qu'il y ait rien de beau que ce qui est ancien, ni de vigoureux que ce qui est noir (ENC, V, 675a).

**Enluminer,** c'est l'art de mettre des couleurs à la gomme avec le pinceau, sur les estampes et les papiers de tapisserie ; et par conséquent l'enlumineur et l'enlumineuse est celui et celle qui y travaille : ces ouvriers et ouvrières y appliquent aussi quelquefois de l'or et de l'argent moulu ; c'est ce qu'ils appellent *rehausser*, et ils le brunissent avec la dent de loup. L'enluminure est libre, et n'a point de maîtrise ; c'est en quelque façon une dépendance de la gravure (ENC, V, 692a).

**Enluminure,** voir **enluminer.**

**Ensemble** *(peint)*. Voici un mot dont la signification vague en apparence, renferme une multitude de lois particulières imposées aux artistes ; premièrement par la nature, ou, ce qui revient au même, par la vérité ; et ensuite par le raisonnement, qui doit être l'interprète de la nature et de la vérité. L'*ensemble* est l'union des parties d'un tout (ENC, V, 713a).

**Entendre,** en termes d'arts, signifie l'habileté et la science de l'artiste, soit pour le total, soit pour quelques parties seulement, dans lesquelles il excelle. On dit, ce peintre *entend* toutes les délicatesses de son art ; il *entend* bien le clair-obscur ; tous ses morceaux sont bien *entendus* (Pernéty, p. 300).

**Entente.** On dit, *en peinture*, ce tableau est bien *entendu*, est d'une belle *entente* ; c'est-à-dire que l'ordonnance en est bien entendue, qu'il est conduit avec beaucoup d'*entente*, soit pour la disposition du sujet, soit pour les expressions, le contraste, ou la distribution de lumières. *Entente* se dit aussi d'une partie d'un tableau seulement : ce groupe, cette figure sont d'une belle *entente* de lumière, de contraste, etc. (ENC, V, 718b).

**Entre-deux,** terme de gravure. Ce sont des tailles plus déliées que les autres, et que l'on place entre les tailles, pour représenter les choses unies, et qui ont un certain éclat. Les *entre-deux*, qu'on nomme aussi *entre-tailles*, sont très propres à représenter les étoffes de soie, les eaux, les métaux, et autres corps polis ; car ce qui produit ces luisants, est l'opposition des bruns contre les clairs (Pernéty, p. 300-301). Voir **taille.**

**Entre-tailles,** voir **entre-deux.**

**Esquisse** *(peinture)*. Ce terme, que nous avons formé du mot italien *schizzo*, a parmi nous une signification plus déterminée que dans son pays natal : voici celle que donne, au mot italien *schizzo*, le dictionnaire de *la Crusca : spezie di disegno senza ombra, e non terminato* ; espèce de dessin sans ombre et non terminé. Il paraît par là que le mot *esquisse*, en italien, se rapproche de la signification du mot français *ébauche* ; et il est vrai que chez nous *esquisser* veut dire *former des traits qui ne sont ni ombrés ni terminés* ; mais par une singularité dont l'usage peut seul rendre raison, *faire une esquisse* ou *esquisser*, ne veut pas dire précisément la même chose. Cette première façon de s'exprimer, *faire une esquisse*, signifie *tracer rapidement* la pensée d'un sujet de peinture, pour juger ensuite si elle vaudra la peine d'être mise en usage. [...] En peinture, l'*esquisse* ne dépend en aucune façon des moyens qu'on peut employer pour la produire. L'artiste se sert, pour rendre une idée qui s'offre à son imagination, de tous les moyens qui se présentent sous sa main. [...] L'*esquisse* est donc ici la première idée rendue d'un sujet de peinture (ENC, V, 981b).

**Estampe** *(gravure)* [...]. Pour produire une *estampe*, on creuse des traits sur une matière solide ; on remplit ces traits d'une couleur assez liquide pour se transmettre à une substance souple et humide, telle que le papier, la soie, le vélin, &c. On applique cette substance sur les traits creusés, et remplis d'une couleur détrempée. On presse, au moyen d'une machine, la substance qui doit recevoir l'empreinte, contre le corps solide qui doit la donner ; on les sépare ensuite, et le papier, la soie ou le vélin, dépositaires des traits qui viennent de s'y imprimer, prennent alors le nom d'*estampe* (ENC, V, 999b). Voir **gravure.**

**Estropié** *(dessin* et *peinture)* se dit d'une figure d'un membre dessiné sans justesse et sans proportion. Ainsi une figure est *estropiée*, lorsque quelques-unes de ses parties sont trop grosses ou trop petites par rapport aux autres (ENC, V, 1010b).

**Éventail.** Peinture exécutée sur un éventail : toutes vos petites compositions ne sont que de riches écrans, de précieux éventails *(Salon de 1767)* (Littré).

**Expression** *(peinture)*. Il est plus aisé de développer le sens de ce terme, qu'il n'est facile de réduire en préceptes la partie de l'art de la peinture qu'il signifie. Le mot *expression* s'applique aux actions et aux passions, comme le mot *imitation* s'adapte aux formes et aux couleurs : l'un est l'art de rendre des qualités incorporelles, telles que le mouvement et les affections de l'âme : l'autre est l'art d'imiter les formes qui distinguent à nos yeux les corps les uns des autres, et les couleurs que produit l'arrangement des parties qui composent leur surface. [...] Les passions ont des degrés, comme les couleurs ont des nuances; elles naissent, s'accroissent, parviennent à la plus grande force qu'elles puissent avoir, diminuent ensuite et s'évanouissent. Les leviers que ces forces font mouvoir, suivent la progression de ces états différents; et l'artiste qui ne peut représenter qu'un moment d'une passion, doit connaître ces rapports, s'il veut que la vérité fasse le mérite de son imitation (ENC, VI, 319a).

**Fabrique** signifie, *dans le langage de la peinture*, tous les bâtiments dont cet art offre la représentation : ce mot réunit donc par sa signification, les palais ainsi que les cabanes. Le temps qui exerce également ses droits sur ces différents édifices, ne les rend que plus favorables à la peinture; et les débris qu'il occasionne sont aux yeux des peintres des accidents si séduisants, qu'une classe d'artistes s'est de tout temps consacrée à peindre des ruines. [...] Indépendamment de cette classe d'artistes qui choisit pour principal sujet de ses ouvrages des édifices à moitié détruits, tous les peintres ont droit de faire entrer des *fabriques* dans la composition de leurs tableaux, et souvent les fonds des sujets historiques peuvent ou doivent en être enrichis (ENC, VI, 351b).

**Facile,** voir **facilité.**

**Facilité,** *terme de peinture*. Dans les arts et dans les talents, la *facilité* est une suite des dispositions naturelles. [...] La *facilité* dont je dois parler ici, celle qui regarde particulièrement l'art de la peinture, est de deux espèces. On dit *facilité de composition*, et le sens de cette façon de s'exprimer rentre dans celui du mot *génie* ; car un génie abondant est le principe fécond qui agit dans une composition facile [...]. La seconde application du terme *facilité* est celle qu'on en fait lorsqu'on dit *un pinceau facile* ; c'est l'expression de l'aisance dans la pratique de l'art. Un peintre, bon praticien, assuré dans les principes du clair-obscur, dans l'harmonie de la couleur, n'hésite point en peignant; sa brosse se promène hardiment, en appliquant à chaque objet sa couleur locale. Il unit ensemble les lumières et les demi-teintes; il joint celles-ci avec les ombres. La trace de ce pinceau dont on suit la route, indique la liberté, la franchise, enfin la *facilité* (ENC, VI, 358b et 359a).

**Faire,** *terme de peinture*. Le mot *faire* tient ici le lieu de substantif. On dit *le faire d'un tel artiste est peu agréable*. On se récrie en voyant les ouvrages de Rubens et de Wandyck, sur le *beau faire* de ces deux peintres. C'est à la pratique de la peinture, c'est au mécanisme de la brosse et de la main, que tient principalement cette expression [...]. *Faire* signifie quelquefois *peindre*. *Faire l'histoire, faire le portrait, faire les animaux*, etc. c'est peindre l'histoire, etc. (ENC, VI, 380a).

**Ferme.** Un pinceau *ferme*, un burin *ferme* ; c'est-à-dire, conduit avec hardiesse, et d'une manière à faire connaître que le peintre ou le graveur possédaient bien leur art (Pernéty, p. 319).

**Fier, fierté, fièrement** *(peint.)* : on appelle en peinture une chose *fièrement* faite, lorsqu'elle l'est avec liberté; que les coups de pinceau ou touches sont grandes et larges; qu'elles sont vives en clairs et en bruns : quelquefois l'on n'entend parler que du coloris ou du dessin; *fièrement colorié, fièrement dessiné*, etc. (ENC, VI, 719a).

**Figure,** *en architecture et en sculpture*, signifie des représentations de quelque chose, faites sur des matières solides, comme des statues, etc. Par exemple on dit des *figures* d'airain, de marbre, de stuc, de plâtre, etc., mais dans ce sens ce terme s'applique plus ordinairement aux représentations humaines, qu'aux autres choses, surtout lorsqu'elles sont représentées assises, comme les PP. de l'Église, les évangélistes, &c ou à genoux, comme sur les tombeaux; ou couchées, comme les fleuves : car lorsqu'elles sont debout on les appelle *statues* (ENC, VI, 772b).

**Figure,** *terme de peinture*. Peindre la *figure*, ou faire l'image de l'homme, c'est premièrement imiter toutes les formes possibles de son corps. C'est secondement le rendre avec toutes les nuances dont il est susceptible, et dans toutes les combinaisons que l'effet de la lumière peut opérer sur ces nuances. C'est enfin faire naître, à l'occasion de cette représentation corporelle, l'idée des mouvements de l'âme (ENC, VI, 774b).

**Fini** se dit aussi par extension dans le sens de *perfectionné, bien travaillé* : c'est ainsi qu'on dit d'un tableau, que c'est un ouvrage *fini* ; que le peintre y a mis la dernière main; on le dit aussi d'une gravure, d'une statue, des ouvrages à polir : lorsqu'il s'agit de ces sortes d'ouvrages, *bien fini* signifie *bien poli* ; on le dit aussi par figure des ouvrages d'esprit (ENC, VI, 817a).

**Flou** *(peinture)* vieux mot qui peut venir du terme latin *fluidus*, et par lequel on entend la douceur, le goût moelleux, tendre et suave qu'un peintre habile met dans son ouvrage. [...] *Peindre flou* (car ce terme est une espèce d'adverbe), c'est noyer les teintes avec légèreté, avec suavité et avec amour; ainsi c'est le contraire de peindre durement et sèchement. Pour peindre *flou*, ou, si on aime mieux que je me serve de la périphrase, pour noyer les teintes moelleusement, on repasse soigneusement et délicatement sur les traits exécutés par le pinceau, avec une petite brosse de poils plus légers et plus unis que ceux du pinceau ordinaire; mais le succès de l'exécution demande le goût secondé des talents (ENC, VI, 880b-881a).

**Foncé,** se dit des couleurs brunes : mais en peinture on substitue à ce terme celui d'*obscur*, rouge obscur, vert obscur (Pernéty, p. 324).

**Fond.** Le *fond* d'un tableau, c'est ce qui sert comme de base et de champ aux figures; c'est ainsi que l'on dit que le *fond* du damas est de taffetas (ENC, VII, 52a).

**Fondre,** *en peinture*, c'est bien mêler les couleurs. Des couleurs bien *fondues* ; *fondre* les bruns avec les clairs, de façon que le passage des uns aux autres soit insensible. On dit : il y a une belle *fonte* de couleur dans ce tableau : il faut *fondre* ses couleurs avant de donner les dernières touches (ENC, VII, 80b).

**Force.** La *force* dans la peinture est l'expression des muscles, que des touches ressenties font paraître en action sous la chair qui les couvre. Il y a trop de *force* quand ces muscles sont trop prononcés. Les attitudes des combattants ont beaucoup de *force* dans les batailles de Constantin, dessinées par Raphaël et par Jules Romain, et dans celles d'Alexandre peintes par Le Brun. La *force* outrée est dure dans la peinture, ampoulée dans la poésie (ENC, VII, 110a).

**Franc.** On dit un pinceau, un ciseau, un burin franc (Pernéty, p. 327). Voir **franchise.**

**Franchise** de pinceau, etc., se dit de la facilité, de la liberté et hardiesse de la main de l'artiste, dans un travail qui, quoique négligé en apparence, caractérise l'habileté et le génie savant de celui qui paraît l'avoir fait sans gêne, et en badinant (Pernéty, p. 327).

**Froid,** en termes de *peinture*, se dit de l'expression, du caractère des figures. On dit un tableau trop léché est ordinairement froid, c'est-à-dire que les figures n'ont pas cette expression vive et animée qu'on remarque dans les figures vivantes. Cette froideur vient de ce que les premiers coups de pinceau ayant été conduits par une imagination toute pleine du premier feu qui avait enfanté le sujet, ce feu s'éteignant peu à peu par un travail trop long et trop soigné, les derniers coups se ressentent de cet affaiblissement (Pernéty, p. 328).

**Froideur.** On dit en termes de peinture, *froideur* de dessin, *froideur* de caractère, *froideur* dans l'exécution (Pernéty, p. 328). Voir **froid.**

**Fuir;** il se dit en *peinture*, des objets qui dans le lointain d'un tableau, s'éloignent naturellement des yeux : *il faut faire fuir cette partie*. On fait *fuir* les objets dans un tableau, en les diminuant de grandeur, de vivacité de couleur, c'est-à-dire en les faisant participer de celle de l'air, qui est entre l'œil et l'objet, et en les prononçant moins que ceux qui sont sur le devant (ENC, VII, 363b).

**Fuyant,** couleurs *fuyantes*. Terme de peinture, qui se dit des couleurs légères, comme le blanc, le bleu, parce qu'elles font paraître les objets éloignés lorsqu'elles sont employées avec art (Pernéty, p. 363).

**Glacer.** Nous observerons seulement ici, [...] qu'on prépare les fonds sur lesquels on veut *glacer*, beaucoup plus clairs que les autres, particulièrement les grandes lumières qu'on fait quelquefois de blanc pur. On laisse sécher ce fond ; après quoi on passe dessus un *glacis* de la couleur qu'on juge convenable (ENC, VII, 687b). Voir **glacis.**

**Glacis,** signifie, *en terme de peinture*, l'effet que produit une couleur transparente qu'on applique sur une autre qui est déjà sèche ; de manière que celle qui sert de *glacis* laisse apercevoir la première, à laquelle elle donne seulement un ton ou plus brillant, ou plus léger, ou plus harmonieux. On ne glace ordinairement qu'avec des couleurs transparentes, telles que les laques, les stil-de-grain, etc. La façon de glacer est de frotter avec une brosse un peu ferme, la couleur dont on glace sur celle qui doit en recevoir l'empreinte (ENC, VII, 693b).

**Goût, grand,** synonyme de **manière grande.** Voir ce mot.

**Gras,** *en peinture et en sculpture*, est un terme dont l'acception revient à celle de *moelleux*, de *flou*, et de *large*. On dit *gras large* (ENC, VII, 860b). Voir **flou, large** et **moelleux.**

**Gravure** *(beaux-arts)*. On a déjà dit au mot ESTAMPE quelque partie des choses qui ont rapport à l'art de graver ; mais cet art n'a été regardé alors que du côté de ses productions. Nous devons entrer ici dans le détail des opérations nécessaires pour produire par les moyens qui lui sont propres, les ouvrages auxquels il est destiné. [...] La différence des matières et celle des outils et des procédés qu'on emploie, distinguent les espèces de *gravure* : ainsi l'on dit, *graver en cuivre*, *en bois*, *en or*, *en argent*, *en fer*, *en pierres fines* (ENC, VII, 877a).

**Gravure en bois.** Elle est ainsi nommée de la matière sur laquelle l'artiste travaille ; c'est ordinairement le bois de poirier ou de buis. Le graveur en cette espèce de *gravure* n'incise pas sa planche avec des burins, des pointes et des échoppes, mais il épargne et laisse de relief les endroits qui doivent faire l'empreinte, enlevant le reste avec la pointe d'un canif, avec des petits ciselets et des gouges en bois, seuls outils qu'ils emploient à cet effet (Pernéty, p. 352). Voir aussi GRAVURE *en bois*, (ENC, VII, 890a-896b) et *Recueil de planches* (V, pl. I-III).

**Gravure** *au crayon*. La gravure en manière de crayon, est l'art d'imiter ou de contrefaire sur le cuivre les dessins faits au crayon sur le papier. Le but de cette manière de graver est de faire illusion, au point qu'à la première inspection le vrai connaisseur ne sache faire la différence du dessin original d'avec l'estampe gravée qui en est l'imitation (GRAVURE *en manière de crayon*, ENC, *Recueil de planches*, V, p. 8 de l'explication et pl. VIII).

**Gravure** *en cuivre ou autres métaux*, destinée à former des estampes, se fait au burin ou à l'eau-forte, souvent même avec le secours des deux; les traits qui doivent porter leur empreinte sont creux (Pernéty, p. 350). Voir aussi GRAVURE *en cuivre* (ENC, VII, 877a-890a et *Recueil de planches*, V, GRAVURE *en taille-douce*, pl. I-VI). Voir **tailles-douces.**

**Gravure** *à l'eau-forte* pour les tailles-douces, est une *gravure* qu'on a inventée pour imiter la *gravure* au burin, ou plutôt pour faire une *gravure* qui, en imitant ce que le burin a de meilleur, n'en eût pas les défauts (Pernéty, p. 349). Voir **burin.** Voir aussi GRAVURE (ENC, *Recueil de planches*, V : *graver au burin*, pl. I, fig. 6 et pl. III, fig. 6 et 7 et *graver à l'eau-forte*, pl. III, fig. 3 et pl. V).

**Gravure** *en manière noire*, est une sorte de *gravure* en taille-douce, qui est devenue fort à la mode depuis quelque temps, surtout dans les pays étrangers. Elle consiste à remplir tout un cuivre de traits qui se croisent en tout sens, et que l'on y grave avec un outil nommé *berceau* (un outil d'acier). On efface ensuite autant de ces traits ou tailles qu'il en faut, pour faire paraître les jours et les clairs des dessins qu'on y a tracés, en ménageant néanmoins ces traits, de façon qu'on en attendrisse seulement quelques-uns, d'autres que l'on efface tout à fait, d'autres auxquels on ne touche point du tout quand il s'agit des masses d'ombre ou du fond (Pernéty, p. 351-352). Voir GRAVURE *en manière noire* (ENC, VII, 902a-903a) et *Recueil de planches*, V, pl. VII.

**Gravure** *en pierres fines*, voir **pierres fines.**

**Groupe,** signifie *en peinture* l'assemblage de plusieurs objets qui sont tellement rapprochés ou unis, que l'œil les embrasse à la fois. Les avantages qui résultent de cette union dans les ouvrages de la peinture, tiennent, à ce que je crois, d'une part au principe d'*unité*, qui dans tous les arts est la source des vraies beautés; d'un autre ils ont rapport à l'*harmonie*, qui est la correspondance et la convenance générale des parties d'un tout, comme on le verra au mot HARMONIE (ENC, VII, 970a).

**Groupe,** *(sculpt.)* en italien *groppo*, qui signifie *nœud*; c'est un assemblage de deux, trois, ou d'un plus grand nombre de figures, qui composent un sujet. Les Anciens ont excellé dans l'art qui fait donner une âme au marbre et au bronze; il nous en reste de belles preuves dans le Laocoon [...]. Il est vrai que nous avons aussi quelques *groupes* célèbres de nos sculpteurs modernes; dans ce nombre néanmoins trop limité, on vante avec raison le groupe de Le Gros, qui est à Rome dans l'église du Giésu (ENC, XVII, 800a).

**Hardi,** *en termes de peinture*, se dit de la touche et du dessin. Une touche *hardie* est une touche assurée, ferme, conduite avec art, et qui sans être tâtonnée, fait tout l'effet qu'on doit attendre. Un dessin *hardi*, est un dessin dans lequel la main d'un maître se manifeste par des traits savamment prononcés (Pernéty, p. 357).

**Harmonie.** Ce terme, *en peinture*, a plusieurs acceptions; on s'en sert presque indifféremment pour exprimer les effets de lumière et de couleur; et quelquefois il signifie ce qu'on appelle *le tout ensemble d'un tableau*. L'*harmonie* de couleur n'existe point sans celle de lumière, et celle de lumière est indépendante de celle de couleur. On dit d'un tableau de grisaille, d'un dessin, d'une estampe, le dessus considéré par rapport aux effets de lumière, et non comme proportion et précision du contour ; il règne dans ce tableau, ce dessin, cette estampe, une belle *harmonie*. Il semblerait suivre de là qu'*harmonie* conviendrait par préférence à la lumière. Cependant lorsqu'on n'entend parler que de ses effets, on se sert plus volontiers de ces expressions : *belle distribution, belle économie, belle intelligence de lumière, beaux, grands effets de lumière*. Pour réussir à produire ces effets, il faut qu'il y ait dans le tableau une lumière principale à laquelle toutes les autres soient subordonnées, non par leur espace, mais par leur vivacité [...]. A l'égard de la couleur, on dit quelquefois, *ce tableau fait un bel effet, un grand effet de couleur* ; mais l'on dit plus ordinairement, *il y a dans ce tableau un bel accord, une belle harmonie de couleur* [...]. Il est peut-être impossible de donner des préceptes pour réussir en cette partie; l'on dit bien qu'il ne faut faire voisiner que les couleurs amies, mais les grands peintres ne connaissent point de couleurs qui ne le soient. [...] Lorsqu'on entend par *harmonie* l'effet total, le tout ensemble d'un tableau; l'on ne dit point de toutes les parties concourantes à cet effet, cette partie est harmonieuse, a une belle *harmonie*. L'on s'exprime alors plus généralement. Exemple : cette figure, ce vase, sont bien placés là; outre qu'ils y sont convenablement amenés, ils interrompent ce vide, font communiquer ce groupe avec cet autre, y forment l'*harmonie* (ENC, VIII, 51b-52a).

**Heurté** *(peinture)*, on appelle *heurté*, des espèces de tableaux qu'on devrait nommer *esquisse*, où l'on ne voit que le feu de l'imagination mal digéré. On dit, un tel peintre ne fait que *heurter* les tableaux; cela n'est que *heurté* ; il faut que les petits tableaux soient finis, et non *heurtés* (ENC, VIII, 196a).

**Heurté.** *Manière heurtée* ou *genre heurté.* Ce faire de Loutherbourg, de Casanove, de Chardin et de quelques autres, tant anciens que modernes, est long et pénible. Il faut à chaque coup de pinceau ou plutôt de brosse, ou de pouce, que l'artiste s'éloigne de sa toile pour juger de l'effet. De près l'ouvrage ne paraît qu'un tas informe de couleurs grossièrement appliquées. Rien n'est plus difficile que d'allier ce soin, ces détails avec ce qu'on appelle la manière large. Si les coups de force s'isolent, et se font sentir séparément, l'effet du tout est perdu. Quel art il faut pour éviter cet écueil ! Quel travail que celui d'introduire entre une infinité de chocs fiers et vigoureux, une harmonie générale qui les lie et qui sauve l'ouvrage de la petitesse de forme ! Quelle multitude de dissonances visuelles à préparer et à adoucir ! Et puis, comment soutenir son génie, conserver sa chaleur, pendant le cours d'un travail aussi long ? Ce genre heurté ne me déplaît pas (Diderot, *Salon de 1763*, p. 225).

**Jeter,** on dit *en peinture et en sculpture, jeter* les draperies, pour en disposer les plis de façon qu'ils annoncent sans équivoque les objets qu'ils couvrent. Ces draperies sont bien *jetées*; ce peintre *jette* bien une draperie. Ce mot de *jeter*, dit M. de Piles, est d'autant plus expressif, que les draperies ne doivent point être arrangées comme les habits dont on se sert dans le monde; mais il faut que suivant le caractère de la pure nature, éloignée de toute affectation, les plis se trouvent comme par hasard, autour des membres (ENC, VIII, 529b).

**Large, largement** *(peinture)*, peindre *large* n'est pas, ainsi qu'on le pourrait croire, donner de grands coups de pinceau bien *larges*; mais en n'exprimant point trop les petites parties des objets qu'on imite, et en les réunissant sur des masses générales de lumières et d'ombres qui donnent un certain spécieux à chacune des parties de ces objets, et conséquemment au tout, et le font paraître beaucoup plus grand qu'il n'est réellement; faire autrement, c'est ce qu'on appelle avoir une *manière petite et mesquine*, qui ne produit qu'un mauvais effet (ENC, IX, 293b).

**Lécher** *en peinture*, c'est finir extrêmement les tableaux, mais d'une façon froide et insipide; et où l'on connaît partout la peine que cela a coûté au peintre. Bien terminer ses ouvrages, est une bonne qualité; les *lécher* est un vice. Ce peintre *lèche* trop ses ouvrages; cet ouvrage n'a point d'âme; il est trop *léché* (ENC, IX, 332a).

**Léger, légèreté** *(peinture)*, pinceau *léger*; *légèreté* de pinceau, se dit lorsqu'on reconnaît dans un tableau la sûreté de la main, et une grande aisance à exprimer les objets. L'on dit encore que les bords ou extrémités d'un tableau doivent être *légers* d'ouvrage, c'est-à-dire, peu chargés d'ouvrage, parce qu'autrement il y aurait trop d'objets coupés par le bord du tableau, ce qui produirait des effets disgracieux (ENC, IX, 352b).

**Losange,** *tailles losanges* ; c'est dans la gravure en taille-douce l'effet de la rencontre et des intersections des tailles ; elles forment des figures qui sont plus ou moins losanges, suivant qu'elles sont plus ou moins obliques les unes à l'égard des autres. Chaque objet à représenter a son caractère particulier, qui demande une manière propre à l'exprimer. Les chairs des hommes musclés, et dont les contours demandent d'être bien prononcés, veulent être ébauchées dans la gravure d'une manière méplate, un peu losange (Pernéty, p. 394). Voir aussi GRAVURE, ENC, *Recueil de planches*, pl. III, fig. 7.

**Lourd,** qui n'est pas peint ou dessiné avec légèreté, franchise, avec élégance, dont les contours ne sont pas coulants, dont les formes ne sont pas de bon goût (Pernéty, p. 394).

**Lumière** *(peinture)*. Par ce terme l'on n'entend point en peinture la *lumière* en elle-même, mais l'imitation de ses effets représentés dans un tableau : on dit, voilà une *lumière* bien entendue, une belle intelligence de *lumière*, une belle distribution, une belle économie de *lumière*, un coup hardi de *lumière*, etc. Il y a *lumière* naturelle et *lumière* artificielle. La *lumière* naturelle est celle qui est produite par le soleil lorsqu'il n'est point caché par des nuages, ou celle du jour lorsqu'il en est caché ; et la *lumière* artificielle est celle que produit tout corps enflammé, tel qu'un feu de bois, de paille, un flambeau, etc. On appelle *lumière* directe, soit qu'elle soit naturelle ou artificielle, celle qui est portée sans interruption sur les objets et *lumière* de reflet, celle qui renvoie en sens contraire les objets éclairés sur le côté ombré de ceux qui les entourent, *voyez* REFLET. Il ne faut qu'une *lumière* principale dans un tableau ; et que celles qu'on pourrait y introduire par une porte [...] etc., et qu'on appelle *accidentelle*, lui soient subordonnées en étendue et en vivacité (ENC, IX, 724b).

**Machine** *(peinture)*, terme dont on se sert en peinture, pour indiquer qu'il y a une belle intelligence de lumière dans un tableau. On dit voilà une belle *machine* ; ce peintre entend bien la *machine*. Et lorsqu'on dit une *grande machine*, il signifie non seulement belle intelligence de lumières, mais encore grande ordonnance, grande composition (ENC, IX, 798a).

**Magie.** Terme employé par métaphore dans la *peinture*, pour exprimer le grand art à représenter les objets avec tant de vérité, qu'ils fassent illusion, au point de pouvoir dire, par exemple, des carnations, ce bras, ce corps est bien de chair. [...] Cette *magie* ne dépend pas des couleurs prises en elles-mêmes, mais de leur distribution, suivant l'intelligence de l'artiste dans le clair-obscur. Quand il est bien traité, il en résulte un charme séduisant, qui attire les spectateurs, les arrête avec satisfaction, et les force à l'admiration et à l'étonnement (Pernéty, p. 396-397).

**Maniement;** action par laquelle on conduit le crayon, le pinceau sur la toile, et le burin sur la planche. C'est proprement la mécanique de la peinture. Une main légère, adroite et savante, présente une peinture pleine de franchise, de délicatesse et de facilité : une main lourde et pesante ne produit que du lourd, du peiné et du désagréable aux yeux d'un connaisseur (Pernéty, p. 402).

**Manière,** *en peinture*, est une façon particulière que chaque peintre se fait de dessiner, de composer, d'exprimer, de colorier, selon que cette *manière* approche plus ou moins de la nature, ou de ce qui est décidé beau, on l'appelle *bonne* ou *mauvaise manière*. Le même peintre a successivement trois *manières* et quelquefois davantage; la première vient de l'habitude dans laquelle il est d'imiter celle de son maître [...]. La seconde se forme par la découverte qu'il fait des beautés de la nature, et alors il change bien avantageusement; mais souvent au lieu de substituer la nature à la *manière* qu'il a prise de son maître, il adopte par préférence la *manière* de quelque autre qu'il croit meilleure; enfin de quelque vices qu'ayant été entachées ses différentes *manières*, ils sont toujours plus outrés dans la troisième que prend un peintre, et sa dernière *manière* est toujours la plus mauvaise (ENC, X, 37b).

**Manière grande** est à peu près la même que celle qu'on appelle forte et ressentie; elle prononce les contours un peu plus que dans la nature, elle en corrige les défauts; elle donne à toutes les figures un caractère de noblesse, de grâces et de grandeur, qui plaît, qui enchante et qui ravit (Pernéty, p. 400). *La grande manière* s'applique également à toutes les tendances artistiques qui ont marqué les périodes dénommées aujourd'hui par les historiens d'art époques de la Renaissance, du classicisme baroque et du baroque. *La grande manière* est synonyme de *grand goût* (E.M.B.).

**Maniéré.** Un peintre maniéré est celui qui se répète dans tous ses ouvrages, qui sort du vrai de la nature, et qui donne aux figures de ses tableaux une couleur toujours la même, sans consulter la couleur locale; qui ne varie pas ses airs de tête, ses caractères, et qui ne suit guère que son caprice (Pernéty, p. 401-402).

**Mannequin,** *en peinture*, statue ou modèle de cire ou de bois, dont les parties sont jointes de façon qu'on peut la mettre dans toutes les situations qu'on veut. Son principal usage est de jeter et ajuster des draperies : il y a des *mannequins* de grandeur naturelle et au-dessous (ENC, X, 17a). Voir aussi *Recueil de planches*, 2e liv., IIe part., DESSIN, pl. VI et VII.

**Marteline** (voir *ciseau*) est un petit marteau qui a des dents d'un côté en manière de doubles pointes, fortes et forgées carrément pour avoir plus de force, et qui se termine en pointe par l'autre bout (ENC, X, 164a). Voir aussi SCULPTURE, *travail du marbre*, *Recueil de planches*, VIII, pl. IV, fig. 29.

**Matoir** *(ciseleur)*, petit outil avec lequel ceux qui travaillent de damasquinerie, ou d'ouvrages de rapport amatissent l'or. C'est un ciselet dont l'extrémité inférieure qui porte sur l'ouvrage, est remplie de petits points faits par des tailles comme celles d'une lime douce (ENC, X, 197b). Voir aussi CISELEUR ET DAMASQUINEUR, *Recueil de planches*, 2e liv., IIe part., pl. I, fig. 21-23.

**Matoir** *(graveur)* sorte de ciselet, dont se servent les graveurs en relief et en creux, est un morceau d'acier de 2 ou 3 pouces de long, dont un bout est arrondi et sert de tête pour recevoir les coups de marteau (ENC, X, 197b). Voir aussi GRAVURE, *Recueil de planches*, V, pl. VIII, fig. 5-7.

**Méplat,** terme usité pour exprimer les parties rondes un peu aplaties du corps. C'est aussi une manière d'exprimer les muscles, en sorte qu'ils forment des plans, et paraissent larges, sans que les contours en soient altérés. Les *méplats* doivent être plus ou moins sensibles, suivant l'âge, le sexe et les conditions (Pernéty, p. 408). Voir ENC, X, 357b.

**Mesquin,** *en peinture*, est une sorte de mauvais goût, où tout est chétif et amaigri, et où il règne un air de sécheresse qui ôte le caractère et l'effet à tous les objets. On dit, les ouvrages de ce peintre sont secs, *mesquins* ; composition *mesquine*, caractère *mesquin*, *mesquinement* dessiné (ENC, X, 398b).

**Modeler,** terme de *sculpteur* : c'est faire avec de la terre, de la cire, etc. un modèle de l'ouvrage qu'on veut exécuter en grand (Pernéty, p. 412). Voir ENC, X, 599b-600a.

**Moelleux :** c'est en *peinture* l'opposé de dur et de sec. Le *moelleux* dans le dessin signifie ce coulant des contours, cette douceur dans les traits qui les empêche de trancher sensiblement. Un coloris *moelleux* est celui où le clair-obscur est bien entendu, où les couleurs grasses, nourries et bien fondues, rendent la fraîcheur et la délicatesse de la chair, suivant l'âge et le sexe. Une touche moelleuse est celle où les couleurs sont bien noyées et bien adoucies (Pernéty, p. 413). Voir aussi ENC, X, 608a.

**Naturel.** Dessiner sur le *naturel*, peindre sur le *naturel*, figures grandes comme le *naturel* (Pernéty, p. 417).

**Nuance** *(peinture)*, sont les passages insensibles d'une couleur à l'autre, ou du clair aux bruns. On ne se sert cependant guère de ce terme en peinture (ENC, XI, 276a). On utilise normalement le mot **passage.**

**Ordonnance** *(peinture)*, on appelle *ordonnance* en peinture le premier arrangement des objets qui doivent remplir un tableau, soit par rapport à l'effet général de ce tableau, et c'est ce qu'on nomme *composition pittoresque*, soit pour rendre l'action que ce tableau représente plus touchante et plus vraisemblable; et c'est ce qu'on appelle *composition poétique*. *Voyez* donc les mots PITTORESQUE et POÉTIQUE, *composition*, et vous entendrez ce qui concerne la meilleure *ordonnance* d'un tableau (ENC, XI, 594b).

**Palette** *(peinture)*, [...] La *palette* supporte les couleurs broyées à l'huile qu'on arrange au bord d'en haut par petits tas; le milieu et le bas de la *palette* servent à faire les teintes et le mélange des couleurs avec le couteau qui doit être pour cet effet d'une lame extrêmement mince. [...] On dit de certains tableaux, et on l'a dit de ceux de M. Le Brun, qu'ils sentent la *palette* ; ces mots signifient que les couleurs n'en sont point assez vraies, que la nature y est mal caractérisée, et qu'on n'y trouve point cette parfaite imitation, seule capable de séduire et de tromper les yeux (ENC, XI, 781b).

**Papillotage, papilloter,** *défaut d'impression* [...]. La même expression s'emploie aussi en peinture; on dit des ombres et des lumières, qu'elles *papillotent*, lorsqu'elles sont distribuées les unes entre les autres par petits espaces, produisant sur un tableau le même effet que des *papillotes* de papier blanc, éparses sur une tête dont la chevelure est noire (ENC, XI, 877a).

**Passage,** *se dit en peinture*, de la lumière et des couleurs : on dit ces *passages* de couleur, de lumières, sont charmants; de beaux *passages*. *Passages de lumière*, se dit d'une ombre ou demi-teinte extrêmement légère, placée entre des masses de lumières, et qui loin de les séparer semblent les réunir, en servant comme de route à l'œil pour passer facilement de l'une à l'autre. *Passage de couleur*, se dit de l'espace qui se trouve dans un tableau entre deux couleurs différentes, et qui par degrés insensibles participe autant de l'une que de l'autre (ENC, XII, 121a).

**Pastel,** *peinture au*, c'est une peinture où les crayons font l'office des pinceaux; or le mot de *pastel* qu'on a donné à cette sorte de peinture, vient de ce que les crayons dont on se sert sont faits avec des pâtes de différentes couleurs. L'on donne à ces espèces de crayons, pendant que la pâte est molle, la forme de petits rouleaux aisés à manier; c'est de toutes les manières de peindre celle qui passe pour la plus facile et la plus commode, en ce qu'elle se quitte, se reprend, se retouche, et se finit tant qu'on veut (ENC, XII, 153b-154a).

**Pastiche,** *(peinture)*, tableau peint dans la manière d'un grand artiste, et qu'on expose sous son nom. Les *pastiches*, en italien *pastici*, sont certains tableaux qu'on ne peut appeler ni *originaux*, ni *copies*, mais qui sont faits dans le goût, dans la manière d'un autre peintre, avec un tel art que les plus habiles y sont quelquefois trompés. Mais d'abord il est certain que les faussaires en peinture contrefont plus aisément les ouvrages qui ne *demandent* pas beaucoup d'invention, qu'ils ne peuvent contrefaire les ouvrages où toute l'imagination de l'artiste a eu lieu de se déployer (ENC, XII, 155b).

**Pâte,** en terme de *peinture*, signifie le tout ensemble des couleurs d'un tableau. Que votre tableau soit tout d'une *pâte*, et fuyez tant que vous pourrez de peindre à sec. *Du Fresnoy*. C'est-à-dire, selon, M. de Piles, qu'il faut que tout l'ouvrage paraisse d'une même continuité de travail, et comme s'il avait été tout fait en un jour des mêmes couleurs qu'on avait rangées le matin sur la palette (Pernéty, p. 445-446).

**Peindre de pratique,** c'est-à-dire que le peintre ne dépense rien en études (Naigeon (1798), XIII, 32).

**Peinture** *(hist. des beaux-arts)*, c'est un art, qui par des lignes et des couleurs, représente, sur une surface égale et unie, tous les objets visibles (ENC, XII, 267a).

**Peinture d'histoire :** on appelle ainsi les tableaux qui offrent des sujets d'histoire religieuse, d'histoire antique, médiévale et moderne, et des allégories. Les autres sujets en sont exclus. L'origine de ce genre remonte au plus haut Moyen Age, où la peinture était presque exclusivement religieuse, mais sa formulation théorique date du début du dix-septième siècle, au moment où se forme l'école classique française. Elle répond à ce qu'on croit être la raison essentielle de la peinture antique : la glorification des dieux et des héros (E.M.B.).

**Perspective** *(peinture)*, la *perspective* est l'art de représenter les objets qui sont sur un plan, selon la différence que l'éloignement y apporte, soit pour la figure, soit pour la couleur; elle est fondée sur la grandeur des angles optiques et des images qu'ils portent à différentes distances. On distingue donc deux sortes de *perspectives*, la linéaire, et l'aérienne. La *perspective* linéaire consiste dans le juste raccourcissement des lignes; l'aérienne, dans une juste dégradation des couleurs; car dégrader, c'est [...] ménager le fort et le faible des jours, des ombres et des teintes, selon les divers degrés d'éloignement (ENC, XII, 436b). Voir **dégradation.**

**Pesant,** en terme de *peinture*, signifie la même chose que *lourd*. On dit aussi une couleur *pesante* (Pernéty, p. 461). Voir **lourd.**

**Pétillant,** en terme de *peinture*, signifie éclatant, brillant, fort de couleurs. Que les corps qui sont derrière se lient et fassent amitié ensemble, dit Du Fresnoy, et que ceux de devant soient forts et *pétillants* (Pernéty, p. 461).

**Pétiller,** donner trop de coups de lumières et des réveillons à un tableau. Il faut du repos, et ménager en conséquence les masses d'ombres et de clairs, de manière que l'œil ne coure pas et ne se fatigue point en cherchant à s'arrêter (Pernéty, p. 461-462).

**Pierres fines,** *graveur en, (gravure)* artiste qui grave en creux ou en relief sur les *pierres fines*, et même jusque sur les diamants. MM. Vasari, Vettori et Mariette, ont donné l'éloge ou la vie des maîtres qui s'y sont le plus distingués (ENC, XII, 585b).

**Pinceau,** nom général qu'on donne à tout instrument dont les *peintres* se servent pour appliquer leurs couleurs. [...] *Pinceau*, se dit aussi en parlant des ouvrages d'un peintre. Ce peintre a un beau *pinceau*, un *pinceau* savant. Ce n'est pas là de son *pinceau* ; je reconnais son *pinceau* (ENC, XII, 637a et b).

**Pittoresque.** Qui est de l'invention, de l'imagination d'un peintre. Qui est le propre de la peinture. Ce mot vient de l'italien *pittore*. Ce mot se dit de la disposition des objets, de l'aspect des sites, de l'attitude des figures que le peintre croit le plus favorable à l'expression (Trévoux 1771).

**Pittoresque,** *composition (Peint.)*; j'appelle avec l'abbé du Bos, *composition pittoresque*, l'arrangement des objets qui doivent entrer dans un tableau, par rapport à l'effet général de ce tableau. Une bonne *composition pittoresque*, est celle dont le coup d'œil fait un grand effet, suivant l'intention du peintre et le but qu'il s'est proposé (ENC, XII, 664a).

**Poinçons,** dont se servent les *graveurs en cachets*, ce sont des morceaux d'acier qui sont de différentes formes et grosseurs, et dont l'un des bouts est gravé en relief (ENC, XII, 868a). Le ciseleur utilise également un poinçon. Voir CISELEUR ET DAMASQUINEUR, *Recueil de planches*, 2e liv., IIe part., pl. I, fig. 22.

**Pointiller.** Les *peintres en miniature* se servent de ce terme pour exprimer l'action de travailler leurs ouvrages. En effet, la miniature ne se fait que par l'assemblage de différents points que l'on marque sur le vélin avec différentes couleurs, et par l'arrangement et variété desquels on forme à son gré des figures, des paysages, etc. (ENC, XII, 880a).

**Pont Notre-Dame.** Dans quelques boutiques sises à l'époque sur le pont Notre-Dame - par exemple, chez Tremblin ou chez Bacot - on vendait des copies de tableaux de second ordre (E.M.B.).

**Position,** *terme de peinture*, c'est-à-dire *posture*. Un peintre doit choisir une attitude dont les membres soient grands, amples et inégaux dans leur *position*, en sorte que ceux de devant contractent les autres qui sont en arrière, et qu'ils soient tous également balancés sur leur centre (ENC, XIII, 161b).

**Précieux.** Les peintres appellent un coloris *précieux*, celui qui imite bien les couleurs locales des objets. Le Titien a excellé dans ce genre; c'est pourquoi M. Félibien dit qu'on trouve dans les tableaux de ce maître, de la force, de la vivacité, et un *précieux* que l'on admire (Pernéty, p. 477).

**Prononcer** *(peint.)*, ce terme, *en peinture*, se dit des parties du corps rendues très sensibles. Ainsi *prononcer* une main, un bras, un pied, ou tout autre partie dans un tableau, c'est la bien marquer, la bien spécifier, la faire connaître clairement : [...] on dit dans les ouvrages de peinture et de sculpture, que les contours sont bien *prononcés* lorsque les membres des figures sont dessinés avec science et avec art pour représenter un beau naturel (ENC, XIII, 456a).

**Proportion** *(peinture)*, la *proportion* consiste dans les différentes dimensions des objets comparées entre elles (ENC, XIII, 469a). Dans le *Recueil de planches*, Cochin a publié quelques planches gravées par de Fehrt et B.-L. Prévost de façon à montrer « l'échelle des proportions du corps humain d'après l'antique ». L'*Hercule Farnèse, Antinoüs, Apollon, Laocoon*, le *Gladiateur combattant* et la *Vénus de Médicis* présentent des modèles de proportions harmonieuses (2e liv., 2e part., DESSIN, pl. XXXIII-XXXVIII) (E.M.B.).

**Pyramider** : Etre disposé en pyramide. Voir le *Salon* de *1761*, p. 165, n. 111.

**Raccourci** *(peinture)*, il se dit de certains aspects de figures d'animaux, ou de quelqu'une de leurs parties dans un tableau. Par exemple, si une figure assise sur un plan horizontal, est représentée par la plante des pieds, ses jambes et ses cuisses seront ce qu'on appelle en *raccourci*. Si la figure était couchée, et qu'on la vît de la même manière, elle serait tout entière en *raccourci*, et ainsi des autres parties. On dit voilà un *raccourci* bien entendu, de beaux *raccourcis* (ENC, XIII, 740b).

**Raide,** en termes de *peinture*, se dit du dessin en général, et de l'attitude en particulier. Un dessin raide est celui dont les contours ne sont pas ondés et flamboyants, dont le trait est rendu avec sécheresse, avec contrainte. Une attitude raide est celle qui est outrée par rapport à la raideur des muscles, dans le temps qu'ils devraient être représentés plus simples (Pernéty, p. 505).

**Rechercher,** terme de *peinture* et de *sculpture*, qui signifie donner une plus grande perfection à un ouvrage. Quand un tableau est achevé, on le *recherche*, en donnant à certaines parties plus de force, en rehaussant les jours, en fortifiant les ombres, en adoucissant par des glacis et des demi-teintes légères, des endroits qui sans cela paraîtraient trop durs. On *recherche* une statue, en réparant, en finissant, en terminant avec soin jusqu'aux plus petites parties (Pernéty, p. 492). Voir aussi RECHERCHER *(sculpture)*, ENC, XIII, 849b.

**Reflet** *(peinture)*, c'est ce qui est éclairé dans les ombres par la lumière que renvoient les objets éclairés et voisins. Comme le *reflet* est une sorte de rejaillissement de clarté, qui porte avec soi une couleur empruntée de l'objet qui la renvoie, il s'ensuit que les effets du *reflet* doivent être différents en couleur et en force, selon la différence de la lumière, de la matière, de la disposition, ou de l'aspect des corps (ENC, XIII, 885a).

**Rehausser,** en termes de peinture, signifie donner plus de clair aux jours et plus d'obscurité aux ombres. Quand un tableau est fini, on le *rehausse* en donnant quelques coups de pinceau sur les lumières avec une couleur plus brillante, qui fasse sortir ces parties (Pernéty, p. 495).

**Rehauts,** terme de *peinture* et de *gravure*, qui signifie la même chose que les *clairs*, les *jours*, c'est-à-dire les parties de tous les corps qu'on représente éclairées, et qui paraissent frappées directement par la lumière (Pernéty, p. 495). Voir aussi REHAUTS (ENC, XIV, 43b).

**Rendre,** en terme de *peinture*, se dit d'un sujet qu'on représente tel qu'il est. On dit, voilà un portrait bien *rendu*, pour dire qu'il ressemble très bien la personne qu'on a voulu représenter. On le dit d'un sujet d'histoire, d'un paysage, et de tout ce que la peinture peut présenter à nos yeux (Pernéty, p. 497).

**Repos** *(peinture)*, c'est le contraste des clairs opposés aux bruns, et alternativement des bruns opposés aux clairs. Ces masses de grands clairs et de grandes ombres s'appellent *repos*, parce qu'en effet elles empêchent que la vue ne se fatigue par une continuité d'objets trop pétillants ou trop obscurs (ENC, XIV, 140a).

**Repoussoir,** *en peinture*, est une grande masse d'objets privés de lumière, placée sur le devant d'un tableau, qui sert à repousser les autres objets, et les faire paraître fuyants. Le *repoussoir* est un lieu commun de composition, dont les habiles gens ne font plus d'usage, à moins qu'ils ne sachent si bien en prétexter la nécessité dans leur tableau, qu'on ne s'aperçoive pas que c'est un secours (ENC, XIV, 141b).

**Ressenti,** qui est marqué avec force. On le dit en *peinture* et en *sculpture*, pour signifier ce qui est prononcé; des muscles *ressentis*. Les muscles dans les figures ou statues d'hommes, doivent être *ressentis*, quand il s'agit de les représenter dans un état violent. [...] Dans les femmes au contraire tous les traits doivent être moelleux, les contours arrondis [...] (Pernéty, p. 502).

**Retoucher** *(embellissement en peinture, en sculpture, en gravure)*, on dit *retoucher* un tableau gâté, son style, son ouvrage, en général ; tel maître n'a fait que *retoucher* un tableau exécuté sur ses dessins, par ses élèves ; on dit encore une copie *retouchée* par celui qui a fait l'original, ou par tel autre maître (ENC, XIV, 206b).

**Réveillon** *(peinture)*, c'est dans un tableau une partie piquée d'une lumière vive, pour faire sortir les tons sourds, les masses d'ombres, les passages et les demi-teintes; enfin pour réveiller la vue du spectateur (ENC, XIV, 224a).

**Rompre,** en termes de *peinture*, signifie mêler (Pernéty, p. 505). Voir **couleurs rompues.**

**Ronde-bosse ou bosse,** en *architecture*, est toute figure qui sert à l'ornement d'un édifice; ou plus généralement tout ouvrage de sculpture, dont les parties ont leur véritable rondeur, et sont isolées comme les figures (ENC, II, 338b). On utilise également ce terme d'art relativement à la peinture : une figure en *ronde-bosse*, c'est-à-dire une figure saillante, où les formes sont nettement indiquées (E.M.B).

**Rustique** *(archit.)*, épithète qu'on donne à la manière de bâtir, dans l'imitation plutôt de la nature que de l'art (ENC, XIV, 445b).

**Sage,** tableau *sage* se dit en *peinture*, d'un tableau dans lequel il n'y a rien d'outré, et où l'on ne voit point de ces écarts d'imagination, qui à force d'être pittoresques, tiennent de l'extravagant, et où les licences ne sont portées à tout égard qu'aux termes convenables (ENC, XIV, 495b).

**Sculpture** *(beaux-arts)*. On définit la *sculpture* un art qui par le moyen du dessin et de la matière solide, imite avec le ciseau les objets palpables de la nature (ENC, XIV, 834a).

**Sec,** voir **dur.**

**Site** *(peinture)*, c'est la situation, l'assiette d'un lieu. [...] *Site* s'entend particulièrement du paysage (ENC, XV, 230b).

**Sourd,** en termes de *peinture*, se dit d'un ton rembruni, et qui tire sur le noirâtre. Il se dit aussi des ombres fortes (Pernéty, p. 517).

**Soutenir.** On dit en *peinture* que les ombres doivent *soutenir* les clairs, et les faire valoir; qu'un groupe en *soutient* un autre. Toutes ces expressions signifient qu'il faut dans un tableau, ménager tellement les teintes que l'ouvrage ne soit point sec, qu'une couleur placée auprès d'une autre ne jure point avec elle, comme pourrait faire le gros bleu avec le rouge de vermillon. Il en est de même de toutes les autres couleurs ennemies (Pernéty, p. 518).

**Spirituelle.** On dit en *peinture* une *touche spirituelle*, pour signifier des coups de pinceaux fiers, hardis, placés à propos et avec franchise, pour exprimer le caractère des objets, et donner de l'âme et de la vie aux figures (Pernéty, p. 519).

**Strapasser** *(peinture)*, se dit d'un dessin ou d'un tableau, où le peu de beauté qui s'y trouvent paraissent plutôt l'effet d'une boutade, si l'on peut ainsi parler, que de la réflexion, dont presque toutes les parties sont forcées ou estropiées, et où règne enfin la confusion, le désordre et la négligence, au point que les choses ne sont, comme on dit, ni faites, ni à faire, quoiqu'elles soient cependant de façon à laisser voir que le peintre n'est pas sans talent (ENC, XV, 539b).

**Suave** *(peinture)*, couleur *suave*, se dit d'un tableau où la couleur a une certaine sérénité et une douleur qui affecte agréablement la vue sans la frapper trop vivement (ENC, XV, 561a).

**Symétrie** *(architect.)* est le rapport, la proportion et la régularité des parties nécessaires pour composer un beau tout. [...] La *symétrie* qui est le fondement de la beauté en architecture, en est la ruine dans la plupart des autres beaux-arts. [...] Rien n'est plus insipide dans un ouvrage de peinture où l'artiste n'a dû suivre dans la distribution de ses personnages sur la toile que la vérité de la nature, qu'un contraste recherché, une balance rigoureuse, une *symétrie* incompatible avec les circonstances de l'événement, la diversité des intérêts, la variété des caractères. [...] Rien de plus contraire aux grands effets, à la variété, à la surprise, que la symétrie (ENC, XV, 735a et b).

**Sympathie,** en termes de *peinture*, se dit des couleurs qui par le mélange en font naître une autre agréable à la vue. On dit alors que telle et telle couleur sont amies, qu'elles ont de la *sympathie*, de l'union entre elles. Le bleu, par exemple, rompu de jaune, forme un vert qui plaît à l'œil : le bleu au contraire mélangé avec le vermillon, produit une couleur aigre, rude et désagréable, d'où l'on conclut qu'il y a antipathie entre le bleu et le vermillon (Pernéty, p. 523-524).

**Taille** *(gravure)*, incision qui se fait sur les métaux, ou sur d'autres matières, particulièrement sur le cuivre, l'acier et le bois. Ce mot se dit aussi de la gravure qui se fait avec le burin des planches de cuivre et *tailles* de bois, de celles qui sont gravées sur le bois (ENC, XV, 856b).

**Tailles-douces** *(estampes en)* sont celles qui se tirent des planches gravées au burin ou à l'eau-forte. Celles qui se tirent des planches gravées en bois, s'appellent *tailles de bois* (Pernéty, p. 525).

**Tapisserie de haute lisse :** tapisserie où les fils de chaîne sont disposés verticalement. Voir TAPISSERIE DE HAUTE LISSE DES GOBELINS, ENC, *Recueil de planches*, VIII, pl. I-XIII.

**Teinte,** nuance de couleurs, mélange de plusieurs couleurs pour en composer une qui imite celle de l'objet qu'on veut peindre. C'est de l'expérience qu'on apprend singulièrement ce qui regarde le mélange des couleurs, et ce qu'elles font les unes avec les autres. C'est cette même expérience qui nous enseigne la manière d'appliquer les couleurs pour donner du relief aux figures, pour bien marquer les jours, les ombres et les éloignements. Le grand secret de la peinture consiste à bien donner les *teintes* et les *demi-teintes*. On appelle *demi-teintes*, un ménagement de lumière par rapport au clair-obscur, ou un ton moyen entre la lumière et l'ombre. La dégradation des couleurs se fait par ces nuances faibles et bien ménagées du coloris qu'on appelle *demi-teinte* (ENC, XVI, 8a).

**Teinte vierge;** couleur considérée en elle-même, et sans être rompue d'aucune autre (Pernéty, p. 528).

**Teinter :** couvrir uniformément d'une teinte légère, colorer légèrement (Robert).

**Tendre,** en termes de *peinture*, signifie un ton de couleurs bien fondues. Tous les ouvrages peints pour les petits lieux, doivent être fort *tendres* et fort unis de tons et de couleurs, les degrés seront plus différents, plus inégaux et plus fiers, si l'ouvrage est plus éloigné. [...] Peignez le plus *tendrement* qu'il vous sera possible, dit Du Fresnoy, et faites perdre insensiblement vos lumières larges dans les ombres qui les suivent et qui les entourent (Pernéty, p. 529).

**Terminé.** On dit en *peinture* un dessin, un tableau terminé, c'est-à-dire fini, arrêté, travaillé avec soin (Pernéty, p. 530).

**Terre.** Toutes les terres colorées, fines et en masse comme les ocres, sont employées dans la *peinture*, lorsque leur couleur est solide (Pernéty, p. 531).

**Terre molle :** terre glaise ou terre à potier, utilisée par le sculpteur (E.M.B.).

**Ton** *(peinture)*, nom qui convient en peinture à toutes sortes de couleurs et à toutes sortes de teintes, soit qu'elles soient claires, brunes, vives, etc. Voyez TEINTE (ENC, XVI, 405b).

**Touche, toucher** *(peinture)*, lorsqu'un peintre a suffisamment empâté et fondu les couleurs qu'il a cru convenables pour représenter les objets qu'il s'est proposé d'imiter, il en applique encore d'un seul coup de pinceau, qui achève de caractériser ces objets, et ces coups de pinceau s'appellent *toucher*. On dit *touches* légères, *touches* faciles; telles parties sont bien *touchées*, finement *touchées*; pour exécuter telle chose il faut savoir *toucher* le pinceau, ou avoir de la *touche* de pinceau (ENC, XVI, 445a).

**Touret** *(graveur en pierres fines)* sorte de petit tour dont les graveurs en pierres fines se servent pour travailler leurs ouvrages; l'arbre du *touret* porte les bouterolles qui usent, au moyen de la poudre de diamant ou d'émeri dont elles sont enduites, la partie de l'ouvrage qu'on leur présente (ENC, XVI, 474a). Voir aussi GRAVURE EN PIERRES FINES, *Recueil de planches*, V, pl. II, fig. 1 et 2.

**Tourmenter** *(peinture)*, *tourmenter* des couleurs, c'est les remanier et les frotter, après les avoir couchées sur la toile; ce qui en ternit la fraîcheur et l'éclat. Quand on les a une fois placées, le mieux serait de n'y point toucher du tout, si la chose était possible; mais comme il n'arrive guère qu'elles fassent leur effet du premier coup, il faut du moins en les retouchant, les épargner le plus que l'on peut, et éviter de les tracasser et de les *tourmenter* (ENC, XVI, 476a).

**Transparente,** en termes de *peinture*, est une couleur légère et couchée avec si peu d'épaisseur, qu'elle ne forme qu'une espèce de glacis à travers lequel on aperçoit la couleur qui est dessous. Les demi-teintes se font avec des couleurs transparentes (Pernéty, p. 542).

**Trou,** termes de *peinture*, se dit des masses trop brunes qui tirent sur le noir, et qui sont distribuées mal à propos sur le devant (Pernéty, p. 545).

**Tuer, détruire** *(peinture)*, lorsque dans un tableau il y a divers objets de même couleur, et frappés de lumières également vives, ces objets se *tuent* et se *détruisent*, en s'empêchant réciproquement de briller et de concourir à l'effet total qui doit résulter de leur union [...]. On dit encore que les couleurs d'un tableau sont *tuées*, lorsque l'impression de la toile sur laquelle on les a mises, les a fait changer, ou lorsque changeant la disposition d'un tableau, on place des parties lumineuses sur celles qui étaient ombrées, les dessous *tuent* ou *détruisent* les dessus (ENC, XVI, 737a).

**Unité** de rapport entre toutes les parties qui le composent : *unité* de proportion entre le style et la matière qu'on traite (Trévoux 1771).

**Variété.** Diversité qui provient de la multitude d'objets différents. [...] Il y a de la *variété* dans la musique, dans un tableau, dans les attitudes des figures (Trévoux 1771).

**Vérité** *(peinture)*, ce terme s'emploie en peinture pour marquer l'expression propre du caractère de chaque chose, et sans cette expression il n'est point de peinture (ENC, XVII, 72a).

**Vigoureux.** Un tableau *vigoureux* est celui où les lumières sont fortes, où les ombres arrondissent bien les objets, et où l'opposition des unes et des autres soit ménagée de manière qu'en faisant une grande impression sur l'œil, elle ne le frappe point avec dureté (Pernéty, p. 554).

**Vivacité,** en fait de *peinture*, se dit des couleurs qui ont de l'éclat et de la fierté, des couleurs brillantes et de celles qui n'ont pas été tourmentées en les couchant sur la toile (Pernéty, p. 555).

**Vrai,** voir **vérité.**

## TABLE DES ARTISTES

ADAM Nicolas-Sébastien (1705-1778), 251
AVED Jacques-André-Joseph (1702-1766), 98

BACHELIER, Jean-Jacques (1724-1806), 99, 146, 221
BAUDOUIN Pierre-Antoine (1723-1769), 232
BELLENGÉ Michel-Bruno (1726-1793), 241
BOIZOT Antoine (1702-1782), 144, 221
BOUCHER François (1703-1770), 102, 119, 195
BRENET Nicolas-Guy (1728-1792), 241
BRIARD Gabriel (1725-1777), 158

CAFFIERI Jean-Jacques (1725-1792), 162
CASANOVE Francisco Guiseppe (1727-1802), 162, 247
CHALLE Charles Michel-Ange (1718-1778), 97, 140, 218, 252
CHALLE Simon (1719-1765), 252
CHARDIN Jean-Baptiste Siméon (1699-1779), 97, 142, 219
COCHIN Charles-Nicolas (1715-1790), 162
COLLIN DE VERMONT Hyacinthe (1693-1761), 93

DE MACHY Pierre-Antoine de (1723-1807), 150, 241
DESHAYS Jean-Baptiste (1729-1765), 100, 133, 207
DESPORTES Nicolas (1718-1787), 150, 230
DOYEN Gabriel-François (1726-1806), 102, 152, 243
DROUAIS François-Hubert (1727-1775), 100, 151, 232
DUMONT Jean-Jacques (1701-1781), 114

FALCONET Étienne-Marcel (1716-1791), 160, 249
FAVRAY Antoine de (1706-1791), 247

GREUZE Jean-Baptiste (1725-1805), 101, 156, 164, 233
GUÉRIN François (mort en 1791), 158, 231

HALLÉ Noël (1711-1781), 94, 126, 198
HUEZ Jean-Baptiste Cyprien d' (1730-1793), 162

JEAURAT Étienne (1699-1789), 197
JULIART Nicolas-Jacques (1715-1790), 152

LAGRENÉE Louis-Jean-François (1725-1805), 96, 205
LA PORTE Roland de (env. 1724-1793), 158, 231
LA TOUR Maurice Quentin de (1704-1788), 222
LEBEL Antoine (1705-1793), 145
LEMOYNE Jean-Baptiste (1704-1778), 160
LOUTHERBOURG Philippe Jacques de (1740-1812), 223

MENGS Anton-Raphaël (1728-1779), 223
MIGNOT Pierre-Philippe (1715-1770), 103, 253
MILLET Joseph Francisque (1700-1777), 144, 221

NATTIER Jean-Marc (1685-1766), 94, 126, 198

OUDRY Jacques-Charles (1720-1778), 146

PAJOU Augustin (1730-1809), 103, 162
PARROCEL Joseph-François (1704-1781), 101, 155, 248
PERRONNEAU Jean-Baptiste (1715-1783), 231
PIERRE Jean-Baptiste Marie (1713-1789), 122, 199

RESTOUT Jean Bernard (1732-1797), 90, 186
ROSLIN Alexandre (1718-1793), 148, 231

VALADE Jean (1709-1787), 231
VANLOO Amédée (1719-1795), 138, 217
VANLOO Carle (1705-1765), 91, 116, 182
VANLOO Louis-Michel (1707-1771), 86, 113, 190
VASSÉ Louis-Claude (1716-1772), 103, 160, 253
VENEVAULT Nicolas (1697-1775), 221
VERNET Joseph (1714-1789), 99, 148, 226
VIEN Joseph-Marie (1716-1809), 95, 130, 201
VIEN Marie-Thérèse (1728-1805), 100, 231
VOIRIOT Guillaume (1713-1799), 152, 232

WILLE Jean-Georges (1715-1808), 254

## *ABRÉVIATIONS*

### *Abréviations spéciales à l'apparat critique*

| | |
|---|---|
| *add.* | addition dans |
| *om.* | omission dans |
| *supp.* | suppression dans |
| *supp.* [...]→ | substitution dans [...] donnant |
| *corr.* | corrigé par, dans |

### *Sigles courants de l'apparat critique*

| | |
|---|---|
| *D* | autographes, où qu'ils soient conservés |
| *V* | copies du fonds Vandeul (sauf les copies par Naigeon) |
| *N* | versions dues à Naigeon, manuscrites ou imprimées |
| *L* | copies conservées à Leningrad, envoyées après la mort de Diderot, par ses héritiers, à Saint-Pétersbourg pour Catherine II |
| *B.N.* | manuscrits (autres que ceux du fonds Vandeul ou ceux qui sont dus à Naigeon) conservés à la Bibliothèque nationale |
| *P* | manuscrits conservés à la Bibliothèque historique de la Ville de Paris |
| *Ar* | manuscrits conservés à la Bibliothèque de l'Arsenal |
| *G* | manuscrits conservés à Gotha |
| *S* | manuscrits conservés à Stockholm |
| *Z* | manuscrits conservés à Zurich |
| *U* | manuscrits convervés à Uppsala |
| *M* | manuscrits conservés à Moscou |
| *G&* | tous les manuscrits d'une même œuvre de la *Correspondance littéraire* |

La liste précédente est rappelée et complétée pour chaque œuvre ou groupement d'œuvres dans la Note critique qui les précède.

### *Abréviations générales*

| | | | |
|---|---|---|---|
| D. ou Did. | Diderot | p. | page ou pages |
| ch. | chapitre | pl. | planche |
| col. | colonne | pub. p. | publié par |
| éd. | édition de | r° | recto |
| fig. | figure | t. | tome |
| fol. | folio ou folios | trad. | traduction de |
| l. | ligne ou lignes | v. | vers |
| n. | note | var. | variante |
| n° | numéro ou numéros | v° | verso |
| o.c. | ouvrage cité | vol. | volume |

H. hauteur; L. largeur; M. mètre; T. toile (huile sur toile).

Sauf indications contraires, les dimensions des œuvres d'art sont indiquées en *mètres*. Nous avons aussi indiqué en mètres les dimensions des œuvres d'art disparues. Il en est de même pour les œuvres disparues dont les dimensions ne se trouvent que dans le Livret.

## *Sigle des ouvrages fondamentaux*

Les abréviations t., p., l., col. sont omises dans les références aux ouvrages fondamentaux.

| | |
|---|---|
| A.T. | Diderot, *Œuvres complètes*, éd. J. Assézat et M. Tourneux. Paris, 1875-1877 (20 vol.) |
| C.L. | *Correspondance littéraire, philosophique et critique* par Grimm, Diderot, Raynal, Meister, etc., éd. M. Tourneux. Paris, 1877-1882 (16 vol.) |
| CORR | Diderot, *Correspondance*, éd. G. Roth et J. Varloot. Paris, 1955-1970 (16 vol.) |
| DPV | Diderot, *Œuvres complètes*, éd. H. Dieckmann, J. Proust, J. Varloot. Paris, Hermann, 1975- |
| ENC | *Encyclopédie, ou dictionnaire raisonné des sciences, des arts et des métiers*, Paris, 1751-1766 (17 vol.) |
| INV | H. Dieckmann, *Inventaire du fonds Vandeul et inédits de Diderot*. Genève et Lille, 1951 |
| Naigeon (1770) | *Recueil philosophique*. Londres, 1770 (2 vol.) |
| Naigeon (1791) | *Philosophie ancienne et moderne* (Encyclopédie méthodique). Paris, Panckoucke, 1791 (3 vol.) |
| Naigeon (1798) | Diderot, *Œuvres*. Paris, 1798 (15 vol.) |
| Naigeon (1821) | Naigeon, *Mémoires historiques et philosophiques sur la vie et les ouvrages de Diderot*. Paris, Brière, 1821 |
| Moland | Voltaire, *Œuvres complètes*, éd. L. Moland, 1883 (53 vol.) |
| Rousseau | J.-J. Rousseau, *Œuvres*, éd. B. Gagnebin et M. Raymond. Paris, Bibliothèque de la Pléiade, 1968 et suiv. |

## *Dictionnaires*

(L'édition consultée est indiquée par sa date.)

| | |
|---|---|
| Académie | *Dictionnaire de l'Académie française* |
| Bayle | P. Bayle, *Dictionnaire historique et critique* |
| Furetière | A. Furetière, *Dictionnaire universel* |
| Littré | E. Littré, *Dictionnaire de la langue française* |
| Pernéty | Pernéty, *Dictionnaire portatif de peinture, sculpture et gravure*, 1757 |
| Trévoux | *Dictionnaire universel français et latin* (*Dictionnaire* de Trévoux) |

## *Périodiques*

| | |
|---|---|
| *A.A.F.* | *Archives de l'Art Français* |
| *B.A.F.* | *Bulletin de la Société de l'Histoire de l'Art Français* |
| *BSHAL* | *Bulletin de la Société historique et archéologique de Langres* |
| *C.A.I.E.F.* | *Cahier de l'Association internationale des études françaises* |
| *C.H.M.* | *Cahiers Haut-Marnais* |
| *D.H.S.* | *Dix-huitième siècle* |
| *D.Stud.* | *Diderot Studies* |
| *E.C.* | *Eighteenth Century* |
| *GBA* | *Gazette des Beaux-Arts* |
| *Lettre* | *Lettre critique à un ami sur les ouvrages de Messieurs de l'Académie* |
| *Mém. sec.* | *Mémoires secrets pour servir à l'histoire de la république des lettres en France, depuis 1762 jusqu'à nos jours* par Louis Petit de Bachaumont, Londres, 1780-1789 |
| *N.A.A.F.* | *Nouvelles Archives de l'Art Français* |
| *PMLA* | *Publications of the Modern Language Association of America* |
| *RHLF* | *Revue d'histoire littéraire de la France* |
| *RLC* | *Revue de littérature comparée* |

| | |
|---|---|
| *R.R.C.* | Musée du Louvre. Catalogue illustré des peintures. *École française XVII^e^ et XVIII^e^ siècles*, 1974, I-II, par P. Rosenberg, N. Reynaud et I. Compin |
| *RSH* | *Revue des sciences humaines* |
| *S.V.E.C.* | *Studies on Voltaire and the Eighteenth Century* |

## *Études*

| | |
|---|---|
| Dieckmann, *Cinq Leçons* | Herbert Dieckmann, *Cinq Leçons sur Diderot*. Genève et Paris, 1959 |
| J. Proust, D. *et l'Enc.* | Jacques Proust, *Diderot et l'Encyclopédie*. Paris, 1962 |
| Vandeul, *Mémoires* | *Mémoires pour servir à l'histoire de la vie et des ouvrages de M. Diderot*, dans *Œuvres complètes*. Paris, 1975, t. I |
| Venturi, *Jeunesse* | Franco Venturi, *La Jeunesse de Diderot* (de 1713 à 1753). Paris, 1939 |
| Wilson, *Diderot* | Arthur M. Wilson, *Diderot* (The Testing Years, 1713-1759). New York, 1957, ou *Diderot*. New York, 1972 |

## *Éditions séparées*

| | |
|---|---|
| *Neveu* ou *Le Neveu* | *Le Neveu de Rameau*, pub. p. Jean Fabre. Genève et Lille, 1950 |
| *Quatre Contes* | pub. p. Jacques Proust. Genève, 1964 |
| *Supplément* | *Supplément au Voyage de Bougainville*, pub. p. Herbert Dieckmann. Genève et Lille, 1955 |
| *Le Rêve de d'Alembert* | pub. p. Jean Varloot. Paris, 1962 et 1971 |
| *Physiologie* | *Éléments de physiologie*, pub. p. Jean Mayer. Paris, 1964 |
| *Salons* ou *Seznec* | Les *Salons*, pub. p. Jean Seznec et Jean Adhémar. Oxford, 1957-1965 (4 vol.) |
| *Hemsterhuis* | François Hemsterhuis, *Lettre sur l'homme et ses rapports, avec le commentaire inédit de Diderot*, pub. p. Georges May. New Haven et Paris, 1964 |

Essais et salons

## REMERCIEMENTS

L'éditeur remercie les personnes et les institutions qui ont autorisé la publication des photographies illustrant cet ouvrage :

Bibliothèque nationale, Paris : frontispice
Bildergalerie Potsdam-Sanssouci : 1
The Frick Collection, New York : 2
Musée Pouchkine, Moscou : 3
Nouveau Palais de Potsdam : 4
Musée des Beaux-Arts, Orléans : 5
Art Gallery of Ontario, Toronto : 6
Musée du Louvre, Paris : 7
The Metropolitan Museum of Art, New York : 8
Musée national du Château de Versailles et du Trianon : 9
Musée des Beaux-Arts, Lille : 10
Musée de la Marine, Paris : 13
Bibliothèque du Dauphin, Versailles : 14
Walker Art Gallery, Liverpool : 15
Musée du Petit Palais, Paris : couverture

## CRÉDITS PHOTOGRAPHIQUES

Art Gallery of Toronto : 6
Arch. phot., Paris : 16
Clichés des Musées nationaux, Paris : 7, 9, 13, 14
John Mills, Liverpool : 15
The Metropolitan Museum of Art, New York : 8
Bulloz, Paris : couverture

---

Achevé d'imprimer en octobre 2010
par la Sté ACORT Europe
www.cogetefi.com

Dépôt légal à parution
*Imprimé en France*